両利　経営

「二兎を追　　未来を切り拓く

Lead and Disrupt: Ho　　ive the Innovator's Dilemma

増補改訂版
Second Edition

チャールズ・A・オライリー
Charles A. O'Reilly III

マイケル・L・タッシュマン
Michael L. Tushman

入山章栄
［監訳・解説］

冨山和彦
［解説］

渡部典子
［訳］

東洋経済新報社

本書を「両利きの経営」に関する私たちの概念を見事に拡張し、
実行してくれたチェンジロジックの同僚に捧げる。

LEAD AND DISRUPT:
How to Solve the Innovator's Dilemma,
Second Edition
by Charles A. O'Reilly III, Michael L. Tushman

Japanese translation rights arranged directly with the Authors
through Tuttle-Mori Agency, Inc., Tokyo

いま何よりも「両利きの経営」が求められている

入山章栄

本書は、日本では二〇一九年二月に刊行され、日本中の経営者、ビジネスパーソンから圧倒的な支持・共感を得てベストセラーとなった『両利きの経営』の増補改訂版である。初版と比べて大幅に内容が追加され、さらに充実し、アップデートされたものになっているので、初めて本書を手にされる方だけでなく、すでに初版をお持ちの方にもこの増補改訂版を読むことを強くお薦めする。

この数年間で「両利きの経営」という言葉は、日本のビジネスパーソンの一般用語になった感がある。この言葉が広く普及するに至った背景には、間違いなく本書の貢献がある。そもそも「両利きの経営」は英語ではambidexterityと呼ばれ、成熟した大企業・中堅企業がイノベーションを起こすうえで、経営学において最も重要な理論といえる。

実は、このambidexterityという学術用語に「両利きの経営」という日本語訳を初めて充てたのは私(入山)が二〇一二年に刊行した著作である。その後、イノベーションを課題とする日本の経営者・ビジネスパーソンの間で「両利きの経営」という言葉はじわじわと広まりつつあったが、他方でこの学術理論をより豊富なビジネスの実践に当てはめた解説が求められていた。まさにそのタイミングで、同分野を切り拓いてきた世界的経営学者であるスタンフォード大学のチャールズ・オライリー教授とハーバード大学のマイケル・タッシュマン教授が、圧倒的に豊富な事例をもとに解説している本書が刊行されたのである。結果、今やさまざまな日本企業の経営会議で「両利きの経営」という言葉が飛びかっていると私は聞く。本書の初版が日本のビジネス界に果たした役割はきわめて大きかったといえるだろう。

それほど現在の日本企業では、イノベーションの創出が課題であるといえる。初版刊行時と比べれば、さらに圧倒的な不確実性に包まれている。コロナによるパンデミック危機、それに伴うリモートワークなど生活スタイルの劇的な変化、資源価格の高騰、国際的な軍事衝突の危機、そして、何より急速なデジタル化の浸透などだ。今やデジタルディスラプションにより、多くの産業・企業が一瞬で「消失」する時代である。この先の見えない不確実性の圧倒的に高い時代に、企業が現状維持のままで生き残ることはありえない。

企業は常に変化し、何らかの新しい価値(=イノベーション)を社会に出し続けなければ生き残れない。逆にいえば、デジタルなど、さまざまな新しい知見・技術を取り込みながら新しい価値を提供できれば、これまで停滞していた日本の成熟企業がこの不確実性の時代の勝者になることもありえるのだ。

イノベーション不足に悩むのは、決して日本企業だけではない。一見イノベーション大国と見られている米国でもそれは同様だ。本書でも述べられるように、多くの成熟企業がイノベーションを起こせないまま、事業環境の変化に耐えきれず退出していくのが米国のビジネスの本質であり、近年のデジタルディスラプションはそれを加速させている。

逆にいえば、その環境変化を乗り越えて新しい価値を創出できる企業が存在するのも米国だ。本書では、オライリー教授とタッシュマン教授が欧米企業を中心にした非常に豊富な事例をもとに、この変化の時代にイノベーションを起こしていきたい企業幹部や経営者に向けて、イノベーション理論の重要知見を展開していくのだ。

本書の四つの価値と、増補改訂版の特徴

初版でも述べたように、私の理解では本書の大きな価値は少なくとも四つある。

第一に、本書はおそらく世界で初めてambidexterityを明示的に中心テーマにしており、しかも、その超第一線級の研究者が書いた本だということだ。一般に、イノベーションに関する視点として日本でよく知られているのは、ハーバード大学のクレイトン・クリステンセン教授が提唱した「イノベーションのジレンマ」ではないだろうか。同書は実務家向けにわかりやすく説かれ、キャッチーな内容でもあったことから、世界的に流布した。

しかし、私も米国で研究してきた経営学者なのであえて断言するが、世界の学術的なイ

ノベーション研究で多くの経営学者が取り上げるのは、実はクリステンセン教授の説ではなく、間違いなく本書が取り上げる「両利きの経営」である。こちらは社会科学的に厳密に理論化され、さまざまな研究者により統計解析や豊富な事例に基づく実証研究が積み重ねられてきた。その意味で、「学術的に確かな理論」なのだ。

しかし、本書のような本がこれまでなかったこともあり、イノベーションのジレンマと比べると、日本の実業界では長く認知度が高くなかった。

世界の経営学界でこの「両利きの経営」という概念が広く知られるようになったエポックメーキングな論文は、スタンフォード大学のジェームズ・マーチ教授が一九九一年に『オーガニゼーション・サイエンス』誌に発表した論文"Exploration and Exploitation in Organizational Learning"である。その後、この概念を実務の世界に適用し、さらに第一線で研究を続けたのが、本書の著者であるチャールズ・オライリー教授とマイケル・タッシュマン教授だ。

二人ともイノベーション研究の第一人者だが、その研究は学術的な統計解析偏重ではない。二人ともコンサルタントなどの役割で企業の内部に入り込み、生きた情報に基づいた事例分析を行い、「両利きの経営」という考察を深めてきた。学術的にも一流でありながら経営の現場に精通しているのが、この二人の特徴だ。だからこそ、本書は学術的根拠がしっかりしているだけでなく、実践への示唆が多い「両利き経営の決定版」といえるのだ。

本書の第二の価値は、両利きの経営に関する事例を非常に豊富に集めた「良質な事例集」であることだ。両利き経営に関して、これほど多種多様な業界・企業の事例を挙げている書籍は他に類を見ない。特にこの増補改訂版では、新しい企業事例がさらに追加されて充実したものになっている。日本企業についての情報・事例が追加されているのも、特筆すべきところだ。

本書の第三の価値は、両利きの概念以外にも、イノベーションに関する経営学の重要な理論が紹介されていることだ。このあたりは、世界的な経営学者であるオライリー教授とタッシュマン教授ならではといえる。具体的には、環境変化の激しい中で自らも変化する企業のメカニズムを説明する「ダイナミック・ケイパビリティ（dynamic capability）」、市場と組織能力の二軸でイノベーションの方向性を表した「イノベーションストリーム（innovation stream）」（これは経営理論というよりは、二人のオリジナル・フレームワークと私は理解している）、進化生物学の多様化（variation）、選択（selection）、維持（retention）――いわゆる「ＶＳＲプロセス」が用いられている。これらの概要については、以下で簡単に解説する。

そして本書の第四の価値であり、私から見ると本書の最も大きな貢献は、「両利きになるための最大の課題は、リーダーシップにある」と、二人が大胆に結論づけていることだ。両利きの経営を行うために、リーダーがどのように振る舞えば組織を変えられるかを考察しているところが本書の大きな特徴であり、個人的にもこの主張が展開される第Ⅲ部は非常に読み応えがあった。成熟事業を抱えつつ、変革を求められている日本企業に属する読者には、多くのヒントが見つかるはずだ。

では初版と比べて、この増補改訂版では何が追加されているのか。最大のポイントは、新たに二つの章が書き下ろされたことだ。まず第4章では、「両利きの経営」を遂行するうえで重要な「組織(企業)文化」について解説がある。実は、私も「日本企業の改革を阻む最大の課題は硬直的・保守的な企業文化」だと痛感しており、この章が追加されたことにはまさに共感するところだ。

私の理解では、日本企業の多くにとって企業文化とは、「なんとなく生まれてきたもの」と見なされることが多い。すなわち、企業文化が「手なりでできている」のだ。しかし、文化はそもそも企業の根幹である。「文化とは人々の行動」だからだ。なぜ皆さんの会社の従業員が「探索」を進める行動をとらないのかといえば、それは「探索」という行動が文化として備わっていないからだ。そうであれば、探索する文化を植えつけていかなければならない。企業文化とは戦略的につくるものであり、その重要性を第4章は教えてくれる。

加えて、もう一つ追加された第7章も必読だ。この章は特に成熟した大企業・中堅企業で両利きの経営を進めるうえでの規律(ディシプリン)を、「アイディエーション」「インキュベーション」「スケーリング」の三つに分類し、それぞれの具体的な手法、ポイント、課題を整理している。私は著者のオライリー教授と親交があり、この三つの分類についての彼の学術論文を送ってもらうなどして、以前からこの知見を学んでいた。非常に実践的で解像度の高いフレームワークであると思ってきたが、この増補改訂版で実践的なフレームワークとしてお披露目されたのは嬉しい限りである。

加えて本書では、両利きの経営を進める企業事例にも豊富なアップデートがある。初版で取り上げられたいくつかの事例では、当該企業がその後にどうなったかの丁寧なフォローアップが書かれている。そして何より企業事例がさらに増え、なかでもＡＧＣ（旧・旭硝子）が取り上げられているのが日本人としては興味深いところだ。日本企業でも良質な「両利きの経営」を進めれば、変革は可能だ、ということなのだ。

そして、一部の訳語や訳文に推敲を重ね、適宜改良したことも申し添えておく。

最後に、巻末の冨山和彦氏の「解説」にも注目である。私も同氏を尊敬する一人だが、さまざまな日本企業の改革の最前線に立ってきた同氏が「両利きの経営」を強く支持していることはよく知られる。解説も初版のものと、今回の完全アップデート版の二つが収録され、冨山氏の本書への思い入れの強さを感じさせてくれる。同氏が増補改訂版の解説で述べるように、まさにデジタルトランスフォーメーション（ＤＸ）の本筋は、コーポレートトランスフォーメーション（ＣＸ）であり、インダストリアルトランスフォーメーション

（ＩＸ）だ。それを進めるうえで「両利きの経営」がますます重要になっていくのである。

本書のポイントとなる重要理論の概説

本書には、このような素晴らしい価値が豊富にある一方で、先述したように、膨大な事例の中に理論の説明が埋まっているので、一読しただけでは、それぞれの位置づけや関連性がややわかりにくいと感じる読者もいるかもしれない。

そこで、本書で取り上げている重要な五つの理論・フレームワークについて、ここで一通り簡単に解説しておこう。初学者であっても、以下の解説を頭に入れたうえで本文の事例を読んでいくと、両利きの経営のポイントがより明確になり、理解が深まるはずだ。その意味で、以降の部分は多くの読者にあらかじめ目を通していただくことをお勧めする。もし本文を読みながら、理論やフレームワークの理解で迷うことがあったら、またこの部分に戻ってきてほしい。

両利きの経営

本書の柱であり、世界のイノベーション研究でもおそらく最も重要な経営理論である。「両利き（ambidexterity）」とは、まるで右手も左手も利き手であるかのように、それぞれがうまく使える状態を意味する。

そして、企業活動における両利きは、主に「探索（exploration）」と「深化（exploitation）」という活動が、バランスよく高い次元で取れていることを指す（ちなみに、私は著作や講演で「知の探索」と「知の深化」のように、「知」を入れた呼び方をしているが、これらは本書のものと同義と捉えていただいて差し支えない）。

この両利きという概念は、一九八〇年代から行われてきた認知心理学の研究から出てきたものだ。もともと人間の認知には限界がある。人間である以上、これは避けられない本質だ。広い世界の中で、人間が認知できるのは目の前の一定範囲に限られ、そこにあるものだけで世界が構成されているように考える傾向があるのだ（専門用語では、マイオピア〈近視眼化〉と呼ばれる）。

しかし、現実の世の中には、認知の範囲外にもっと多くのより良い選択肢があるかもしれない。特に環境変化が起きたり、新しいことを試みようというときには、狭い範囲の考え方から脱してそれらの新しい知見に触れない限り、イノベーションを起こすことはできないのだ。

そこで、なるべく自身・自社の既存の認知の範囲を超えて、遠くに認知を広げていこうという行為が「探索」である。探索によって認知の範囲が広がり、やがて新しいアイディアにつながるのだ。しかし一方で、探索は成果の不確実性が高く、その割にコストがかかることも特徴だ。

一方、探索などを通じて試したことの中から、成功しそうなものを見極めて、それを深掘りし、磨き込んでいく活動が「深化」である。深化活動があるからこそ、企業は安定して質の高い製品・サービスを出したり、社会的な信用を得て収益化を果たすことができる。

このように、不確実性の高い探索を行いながらも、深化によって安定した収益を確保しつつ、そのバランスを取って二兎を追いながら両者を高いレベルで行うことが、「両利きの経営」である。両利きの経営が行えている企業ほどパフォーマンスが高くなる傾向は、多くの経営学の実証研究で示されている。

深化に偏った先にある、サクセストラップ

しかし一般的に、企業には、事業が成熟するのに伴いどんどん深化に偏っていく傾向があることも知られている。

なぜなら第一には、先ほどから述べているように、人や組織は認知に限界があるので、どうしても「目の前の知」を見がちになるからだ。探索にはコストがかかり、不確実性も高いので、どうしても敬遠されがちになる。

第二に、企業は社会の中で相手に信頼される必要がある。そして社会から信頼されるには、安定性・確実性が絶対条件となる。納期を守らない、思っているような品質のサービ

スを受けられないとなれば、誰も自社の製品・サービスを買ってくれない。

したがって企業は、社会で信用を得るために、ルーティンワークをこなし、納期を守り、四半期ベースで正しい数字を出すことで、事業を安定化させようとする。まさに「深化」の行動である。コストとリスクを伴う上に成果が不確実な「探索」よりも、社会的な信頼を確保できる「深化」に向かってしまうのは、企業の必然といえるのだ。

さらにいえば、成功すればするほど深化に傾斜しやすい。そもそも自分たちの認識の外に出ようと試みるのは、「自分たちが考えていること、やっていることが間違っているかもしれない」という疑いを持つからだ。逆にいえば、ひとたび成功して「自分たちのやっていることは正しい」と認識すると、自分の

「知の探索」と「知の深化」とサクセストラップ

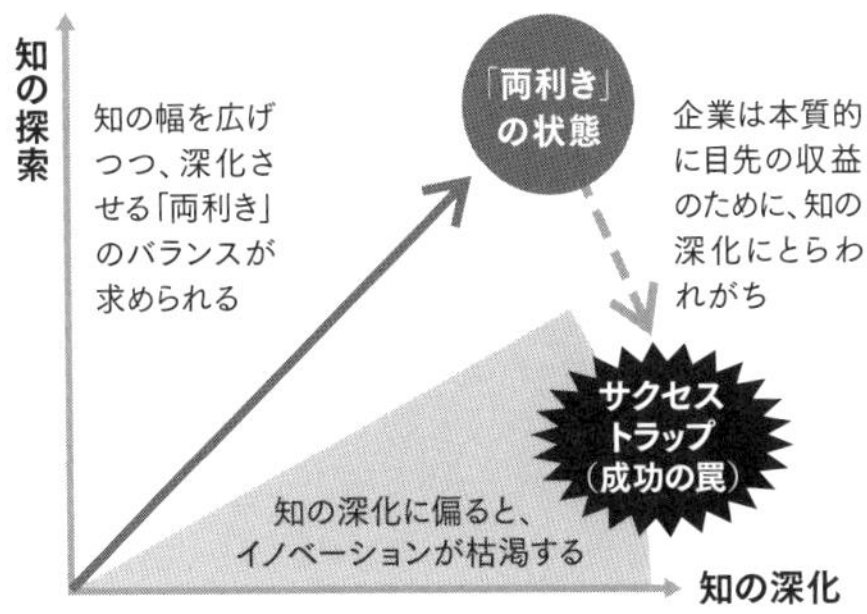

出所：入山作成。

認知している世界に疑念を持たなくなる。そこから抜け出せなくなるのだ。

このように、成功しているほど知の深化に偏って、結局はイノベーションが起こらなくなる状況は、「サクセストラップ（成功の罠）」と呼ばれる。なお、これは「コンピテンシートラップ（競争力の罠）」と呼ばれる場合もある。

実際、イノベーションに悩む多くの日本企業は、このサクセストラップに陥っている、というのが私の理解だ。だからこそ本書を通じて、「両利きの経営」の理解を深める必要があるのだ。

ダイナミック・ケイパビリティ

ダイナミック・ケイパビリティは、カリフォルニア大学バークレー校のデイビッド・ティース教授らが一九九〇年代に提示した考え方であり、「環境変化が激しい中でも、企業が恒常的に変化して、対応し続ける能力」を指す。

学術的にこの理論の背景にあるのは、ユタ大学のジェイ・バーニー教授らの功績で世界的に知られる「リソース・ベースド・ビュー（RBV）」である。RBVとは、簡単にいうと「企業は人材や技術、ブランドなどのリソース（経営資源）の集合体であり、重要で他に真似されないリソースを持つ企業が長期的な競争に勝てる」という考え方である。実際、企業は人材、技術、ブランドなど複数のリソースをうまく組み合わせることによって、ビジネス上の成果を出している。

しかし、変化が激しい事業環境では、重要なリソースや、それを投入すべきマーケット自体が変わっていく。そこで、企業としては環境変化に合わせて動的(ダイナミック)に、さまざまなリソースを再構築し、組み合わせ続ける能力が求められる。この能力がダイナミック・ケイパビリティである。ダイナミック・ケイパビリティを備えていることが、両利きの経営ができる企業の特徴として捉えられるのだ。

イノベーションストリーム

両利きの経営、サクセストラップ、ダイナミック・ケイパビリティ、そして、次に述べるVSRプロセスが経営学で確立された学術的「理論」なのに対し、私の理解では、イノベーションストリームは、オライリー教授とタッシュマン教授が独自に提示する実務的なフレームワークに近いといえる。これは、イノベーションを「市場」と「組織能力」という二軸で分類して説明するものだ(第3章の図3-1を参照)。

すなわち、縦軸に「これまで事業を展開してきた既存市場か、新規市場か」を、横軸には「これまで用いてきた組織能力を使うか、それとも新しい組織能力が必要か」を置くことで四領域に分け、自分たちがめざしたい方向性や、潜在的な競合他社の可能性を探るのである。

さらに、この四領域に矢印を加えることで、イノベーションの方向性を解説しているところも、両教授の興味深い試みといえる。もちろん企業にとって一般に最も難しいのが、「新しい組織能力で、新しい市場をめざすケース」(図3-1の領域B)になることは言うまでもない。

VSR(多様化・選択・維持)プロセス

本文での十分な学術的解説は省略されているが、VSRプロセスは、「多様化(variation)→選択(selection)→維持(retention)」という、進化生物学を応用した社会学の視点がベースとなっている。生物進化の過程では、まずさまざまな特徴を持つ生物が誕生する(=多様化)が、エサや棲み処など限りのある環境資源をめぐって競い合い、環境に合った特性を持つ生物のみが環境に選ばれ生き残り(=選択)、そして維持されていく。

このVSRプロセスは、企業にも当てはまりうる。たとえば現在なら、人工知能(AI)の技術を活用して、多様なサービスやビジネスモデルを開発したベンチャー企業が登場しているように、この分野は多様化の時代を迎えている。しかし、いずれは社会環境に選ばれた企業だけが選択されて生き残り、活動を維持していこうとするだろう。

さらに、このメカニズムは社内のイノベーションプロセスでも起こりうる。まず、企業内で考え出された多種多様なアイディアは、社内のスクリーニングプロセスで絞り込まれ、そこで選ばれたものだけが残っていくからだ。企業内では特に、「人材」や「情報」といった重要な経営資源においてVSRプロセスが働く傾向がある。こうしたリソースが企業の特性を規定し、そこから環境適応能力が形作られていくのだ。

各章の位置づけと注目ポイント

最後に、本書の構成を解説し、それぞれの位置づけをはっきりさせておこう。本書は、三部構成になっている。

第Ⅰ部の「基礎編」では、実際の企業のさまざまな成功事例と失敗事例を対比させながら、両利きの経営をはじめとして、先に紹介したイノベーションを考えるうえで主要な経営理論・フレームワークを解説している。先に述べたように、この増補改訂版では「組織文化」の章が追加されている。

第Ⅱ部「実践編」では、それらの理論・フレームワークで説明できる行動を実践してきた企業の、豊富な事例集になっている。多岐にわたる分野の企業が、いかに両利きの経営を展開していったかのストーリーを、「単発の事業・プロジェクトの事例」と「組織に仕組みとして埋め込んできた事例」の二つに分けて、紹介しているのが特徴だ。加えて第7章で、アイディエーション、インキュベーション、スケーリングの規律の重要性が示されているのが、増補改訂版の新しいところだ。

そして、第Ⅲ部「飛躍する」は本書の白眉ともいえるところで、両利きの経営を実践するための法則やルール、著者たちからの提言が提示されている。この第Ⅲ部には、経営学と実践の架け橋を築いてきたオライリー教授とタッシュマン教授ならではの示唆がふんだんに盛り込まれており、私も非常に興味深かった。ぜひ多くの方に読んでいただきたい。

このように本書は、大きくは三部構成だが、さらに細かく合計で一〇の章に分かれている。各章で私が注目するポイントを、簡単に挙げておこう。

第Ⅰ部 基礎編

第1章：変化できずに消えていった企業の事例を引きながら、「なぜ企業は変化し続けなければならないのか」という問題意識を提起している。そして、その問題を読み解くには、日本でもよく知られるクリステンセン教授の「イノベーションのジレンマ」だけではなぜ不十分か、についても指摘している（繰り返しになるが、この点は多くの世界の経営学者も支持するところだ）。そして、学術的にはより王道の「両利きの経営」の重要性を示唆している。

第2章：企業はなぜ「サクセストラップ」に陥るのか。そのメカニズムを丁寧に解説したうえで、それを回避する手段としての探索と深化の考え方を事例を用いて解き明かす。サクセストラップを逃れて効果的に両利きの経営を行ってきた成功例として、アマゾンがたどってきた軌跡が詳しく紹介されている。著者である両教授も勧めるように、私もこの章をまずは一読することをお勧めする。

第3章：前章で紹介したサクセストラップの具体的事例としてシアーズを、そして、それに対して両利きの経営を果敢に行ってきた事例としてボール社と富士フイルムを対比させながら、イノベーションの類型化に役立つイノベーションストリームとVSRメカニズムを解説している。第2章をさらに深く理解したい方に、お勧めの章だ。

第4章：新たに追加された、「両利き」を促すための組織文化について解説した章だ。先にも述べたように、多くの日本企業は文化を戦略的につくり込んでいない。その意味でも、多くの経営者・ビジネスパーソンに一読をお勧めしたい。

第Ⅱ部 実践編

第5章：両利きの経営、なかでも「探索」に成功した事業もしくはプロジェクトの例を七つ紹介している。それぞれの事例で企業が置かれている状況・アプローチに違いはあるが、両利きの経営の重要性は不変だ。各事例で両利きをどのように実現しているか、注目して読んでほしい。

第6章：単発の事業・プロジェクト事例を取り上げる第4章と異なり、「イノベーションを恒常的に起こすための仕組みを、組織の中に組み込もうとした大手ＩＴ企業のストーリー」を紹介する。それは、ＩＢＭ（成功事例）とシスコシステムズ（失敗事例）であるが、読者の皆さんは両社のどこに違いがあったのかを比較しながら読んでみてほしい。

第7章：増補改訂版で新たに追加された章であり、「両利きの経営」を進めるうえでの重要な規律である「アイディエーション」「インキュベーション」「スケーリング」について解説している。前述のように、これは両教授の最新研究の成果であり、他方で実践に大きな示唆を持つ。皆さんの会社がこの三つの規律のどこにどのような課題を持つのか、ぜひ本章を読んで考えてほしい。

第III部　飛躍する

第8章：これまでの成功事例などから抽出された、両利きの経営を実践するための四つのポイントとして、「戦略的意図」「経営陣の関与と支援」「両利きのアーキテクチャー」「共通のアイデンティティ」を提示し、それぞれを解説している。言葉だけだとシンプルに見えるが、それぞれが非常に重要かつ深いメッセージなので、ぜひ心に刻んでほしい。

第9章：本書の最大の特徴ともいえるかもしれない、オライリー教授とタッシュマン教授が主張する「両利きのリーダーシップ」の重要性を取り上げ、それを実践するうえでの五つのポイントが提示されている。さらに、これらの視点を解説するうえで、さまざまなリーダーの事例と、彼らの人間くさい場面も描かれている。リーダーにとって、いかに「探索」や「深化」という矛盾を内包しつつ組織をドライブさせていくかが「両利きの経営」を実現する鍵となるか、それがわかるはずだ。

第10章：本書で紹介される事例には、大きな環境変化に見舞われたり、あるいは業績危機などを契機に変化へと舵を切っている企業も多い。しかし理想的なのは、業績が好調に推移している最中に両利き経営にあえて舵を切って、成功し続けることだろう。この章では、そのような企業事例として、ＩＢＭと中国のハイアールの名経営者の取組みを紹介している。両社とも、余裕のあるうちにイノベーションを促すメカニズムを埋め込み、刷新（renewal）を図っているのだ。日本企業も現在、業績好調の企業と不調の企業の間で明暗が分かれつつある。読者の中にも、業績好調な企業にかかわっている方もおられるかもしれない。危機感を持ちにくいそのようなときにこそ、本章は特に一読する価値があるだろう。

私は「両利きの経営」がさらに広く、深く、日本のビジネス界に浸透することを願ってやまない。他方で近年はその言葉だけが先行して、本質から逸脱したような解釈や知見も散見される。今こそ本書を通じて、「両利きの経営」の本質を理解し、実践に当てはめてみてほしい。

Foreword

推薦の言葉

皆さんが手にしているのは革命的な書籍であり、次の疑問に応えてくれる。なぜある企業は流星のごとく輝かしい弧を描きながら消え去り、なぜある企業は繁栄を続けるのか。なぜある企業は自己改革を遂げることができ、なぜある企業はかつての市場リーダーであっても破綻してしまうのか。

企業間の違いは、素晴らしいCEOの存在にあるのか。従業員が優秀なのか。営業部門、マーケティング部門、製品開発部門が優れているのか。答えは「いいえ」だ。勝ち組は、絶えず破壊的な変化の起こる世界で、新たな組織能力を開発するか、瀬戸際に追いやられるかまで数年の猶予しかないと認識するところからスタートする。既存の資産、組織能力、ビジネスモデルをただ「深化」させるだけでは、長期的に生き残れないことにも気づいているので、新規事業を「探索」して未来の市場に備える。

既存のビジネスモデルを実行し「深化」を続けながら、同時に新しい製品、事業、ビジネスモデルを「探索」し創造するという、この急進的な概念をオライリーとタッシュマンは「両利きの経営」と呼んでいる。一見するとシンプルな概念だが、企業を変革する能力において革命的といえる。本書は「どうしてそうなるのか」を解説するだけでなく、より重要な「どうすればよいか」というツールも提供してくれる。

二〇世紀には、スタートアップに関して再現性のある成功法則を見つけ出すことは神秘的な魔術のままだった。「深化」対「探索」という考え方は、私自身がスタートアップ向けのリーン生産方式を構築するときの中心になった。鍵は、スタートアップは「大企業の単なる縮小版ではない」という気づきにあった。大企業は既知のビジネスモデルを実行・深化させ、自社の顧客、問題、必要な製品の特徴はすべて「既知」である。

かたや、スタートアップは再現性と収益性の高いビジネスモデルを求めて、サーチ・探索モードで活動する。ビジネスモデルのサーチには、リスクを最小化して成功確率を最大化するための、全く異なるルール、ロードマップ、スキルセット、ツール、文化が必要となる。

その特異性に気づくことが最初の一歩となった。当時はスタートアップのための標準的なツール、メソッド、プレイブックは存在しなかったので、私たちは独自のツールをつくって、創業者が素早くビジョンに沿って仮説を立案し、ファクトを検証できるようにした。顧客開発、アジャイルエンジニアリング、ビジネスモデル設計など、これらのツールはリーン・スタートアップの方法論となり、仮説検証、プロトタイプ開発、データとエビデンス（証拠）重視、初期仮説の微調整やピボット（路線変更）に関する厳密なアプローチとなった。今日、リーン・スタートアップはベンチャー立ち上げのデファクトスタンダードになっている。

二一世紀が始まって、早いもので二〇年が経ち、多くの企業がこうしたスタートアップのツールや手法を取り入れ、破壊的な変化に対処するようになった。しかし、大企業のイノベーターがリーン・スタートアップの方法論を使おうとするのを見るにつけ、はばかりながら言うと、その取組みがほぼ単独のイノベーション活動(企業のインキュベーターやアクセラレーターなど)に展開され、立派なコーヒーカップやポスターは出来上がっても、売上や利益にほとんど影響を与えない「イノベーション劇場」に終わっている。

オライリーとタッシュマンは本書の中で、こうしたツールがスタートアップには有効だが、大企業ではうまくいかない理由を簡潔にまとめている。既存企業の研究開発予算のほとんどは、既存の製品や事業部門、それに付随するプロセスや手続き、厳密な測定、コントロールを支える「維持的な」イノベーションに費やされている。このような正式な構造は実行・深化のマネジメントに必要であり、実は始まる前から破壊的イノベーションの息の根を止めてしまう。

深化型の企業では効率性、生産性、バラツキ削減を重視するのに対し、探索では探査、発見、リスクや失敗の受容に左右される。この両者を同時に実現して「両利きの企業」になるためには、機能ごとに組織を分けるだけでなく、異なるビジネスモデル、コンピテンシー、システム、プロセス、インセンティブ、文化なども必要になる。つまり、企業経営だけでなく、組織のあり方も変えなくてはならない。

これは誠に重要な概念である。

両利きの経営で真に成功するためには、「アイディエーション」「インキュベーション」「スケーリング」という新しいスキルを習得する必要がある。最初にアイディエーションで新しいアイディアを生み出す。過去二〇年間、コーポレート・ベンチャーキャピタル（CVC）、オープンイノベーション、ハッカソンやインキュベーターを通じた従業員の参加などの取組みが爆発的に増えている。

次のステップであるインキュベーション、つまり、リーン・スタートアップの手法で新しいビジネスコンセプトを徹底的に検証することに熟達した企業は少数ながら出てきている。しかし、新しい社内ベンチャーをうまく「スケーリング」して、破壊的な変化を先行し続けられる企業はかなり少ない。きわめて企業における革新的な新規事業の成功に不可欠なのは、この「スケーリング」という規律、つまり、中身の伴った収益性の高い新規事業を実際に構築することだ。スケーリングができて初めて、企業は本当の意味で勝利を手にする。スケーリングは両利きの経営の核心なのである。

両利きの経営の必要性を認識し、両利きの組織をつくることは、企業のリーダーシップの試金石となる。結局のところ、深化は皆さんの給料を、探索は皆さんの年金を支給するものだ。生き残る企業はその両方を行っている。

本書は、リーン・スタートアップの方法論が多くのスタートアップに与えたことと同じように、リーダーが未来に向けて自分たちの組織を変革するために欠かせないプレイブックとなるはずだ。

二〇二一年四月

スティーブ・ブランク

Preface:
Japanese
2nd Edition

日本の読者の皆さまへ

『両利きの経営』は二〇一六年に英語版の原著が、二〇一九年に日本語版が出版された。私たちが二〇年間にわたって、組織における両利きの経営――いかに成熟事業でうまく競争しながら、同時に自社の強みを活かして新しい成長事業に移行するか――というテーマの研究や執筆に取り組む中で学んだ教訓をまとめた本である。この経験から私たちが導き出した重要な洞察の一つは、両利きの企業を設計し運営する際に、上級リーダーがきわめて重要な役割を果たしていることだ。

それ以降も、私たちは破壊的な変化に直面している世界中の組織のリーダーの研究や協働を続けてきた。初版が好評を博したことで、欧米や日本の企業と協働することができた。そうした機会を通じて、当初の見解が裏づけられ、新たに重要な洞察も得られた。この増補改訂版には、私たちが過去五年間で学んだ教訓と洞察をいくつか盛り込んでいる。

この版で追加したのは、両利きの経営を成功させるための二つの重要な洞察、①両利きの経営を促進もしくは阻害する組織文化の役割(第4章)と、②両利きの経営の基礎となる基本的な規律（第7章）である。また、欧州企業や日本企業の事例を含めて、他の章も加筆修正をした。この追加部分によって当初の洞察が拡充されて内容が深まり、両利きの経営の実行に向けた新たな方法を示唆するものとなった。

過去五年間で、私たちがさらに洞察を深めたのが、両利きの経営を実行するうえでリーダーの考え方がきわめて重要であることだ。これは「言うは易し」だが、実際にどれほど難しいかを、私たちは目の当たりにしてきた。今日のビジネスで受ける短期的なプレッシャーへと、リーダーの全注意は向かいやすい。しかし、変化していく世界では、これが往々にして致命的になる。

興味深いことに、私たちが日本企業のリーダーと接した経験からいうと、彼らは長期的に組織の将来を考えようとする意欲や能力があることが多い。それに対して、一部の米国企業では、短期的な財務上のプレッシャーやインセンティブにリーダーが押しつぶされそうになり、短期重視に走って自社を危険にさらすおそれがある。その意味では、日本企業の経営者が長期的な視点に立てば、破壊的な変化に対処するうえで有利に働くのかもしれない。

日本企業の上級マネジャーがそれぞれの経験や知恵を共有してくださったことに感謝するとともに、この増補改訂版が他の多くの方々のお役に立てば幸いである。

Preface and Acknowledgments

はじめに

「なぜ成功している企業にとって、目の前で起こっている変化に適応し、イノベーションを起こすことが難しいのか？」

これは二〇年以上にわたって私たちを虜にし、本書で解明を試みたミステリーである。私たちは研究者として、執筆者として、時にはコンサルタントとして、多くの組織やマネジャー、リーダーたちと交流する機会に恵まれた。こうした組織はたいてい戦略的なビジョンを掲げ、巨大な金融資本を持ち、賢くて勤勉な人材が大勢揃っている。ところが、長期的に追いかけていくと、イノベーションや変化を前にしたときに、なぜか苦戦しがちなことがわかる。業界の変化に適応できずに、目も当てられない状況に陥る企業も少なくない。

こうした試練についてじっくり調べていくと、明らかに、ほとんどの場合が洞察力や資源の不足が問題なのではない。それでは、なぜ成功している企業がこれほど変化に適応しにくいのだろうか。

私たちの結論は、それを左右するのは戦略でも、テクノロジーでも、はたまた運ですらないというものだ。もちろん、そうした要因も大切なのかもしれないが、何といっても重要なのはリーダーシップだ。つまり、変化に直面してリーダーがどう行動するかが問われる。

過去一〇年の間に、ますます多くの産業や企業が破壊的変化に遭遇するようになるにつれて、この問いの重要性が増している。コロナ禍によるパンデミック(世界的大流行)はこの危機を加速させた。航空業界は壊滅状態となり、医薬品の臨床試験の進め方が一新され、遠隔医療は何世紀も続いてきた医療行為を様変わりさせた。オンライン小売業者は実店舗を打ち負かした。リモートワークは、働き方と商業不動産を恒久的に変えてしまうかもしれない。

五〇年前、S&P(スタンダード・アンド・プアーズ)500社の平均寿命は五〇年だった。それが今日では、ほぼ一二年である。企業倒産の割合がこれほど激増しているのは、破壊的変化が起きる確率が増えているからだ。このような変化を受けて、リーダーの肩には、この種の脅威にこれまで以上に素早く対応しなければいけないという重圧がのしかかってくる。音楽、メディア、ヘルスケア、小売、先端技術など、さまざまな業界で起きたことを理解し、イノベーションが自社にもたらす脅威を評価しなければならない。

五〇年前であれば、いや二〇年前でも、経営者は時間的な余裕があり、変化への対応が少々遅れても挽回することができた。それがもはや通用しなくなっている。今日の世界では、変曲点を逃したり、破壊的イノベーションに対応し損なったりすれば、企業はすぐにお役御免となり、倒産に追い込まれてしまう。

ライドシェア・サービスに対してタクシーが、オンラインバンキングに対して伝統的な銀行が、アマゾンとの競争にさらされた小売店が、あるいは、低コストの通信教育ポータルの台頭によって大学機関が、どれほど苦境に立たされているかを考えてみてほしい。リーダーはこうした脅威をどう捉えるべきなのか。破壊的変化を免れるためにはどうすればよいのか。どのような手が打てるのだろうか。

株主価値の最大化が重要視されている現在、リーダーはなぜ企業の存続にこだわるのだろうか。もしかしたら、廃業したほうがよいのではないだろうか。

私たちはリーダーシップの研究者として利益の重要性を理解しているが、組織のリーダーの真の役割について考えるうえで、利益にのみ重きを置くのは視野が狭く浅薄な見方だ。AES創業者のデニス・バッケは、「ビジネスで利益を出すことは、生物が呼吸するようなものだ」と語る。呼吸は生きていくために必要だが、生きる目的ではない。同じく、利益は企業の存在に欠かせないが、存在理由ではない。

私たちの考えでは、リーダーは投資家だけでなく、従業員やコミュニティに対しても責任を負っている。それで業績不振が正当化されるわけではないが、ゴールドマン・サックスの言葉を借りると、リーダーは「長期的な貪欲さ」を持ち、翌四半期や次年度だけでなく、より長く自社を成功させる方法を考える必要がある。これはつまり、組織が変化に直面しても生き残れるように支援する、それも四半期ではなく、数十年にわたって利益を出せる能力を維持するということだ。

その答えは一つでないにせよ、少なくとも、業界や組織が破壊的変化に直面したときにリーダーやマネジャーが参考にできる、確かな実用的知見があると私たちは考えている。こうした知見は、さまざまな産業や地域のリーダーたちが苦労して学んできた教えを踏まえたものだ。私たちは幸運にも、過去一〇年にわたって、リーダーたちと一緒にイノベーションと変化の問題に取り組んできた。そこで学んだことを詳しく解説するために、勝者となった企業と、残念ながら失敗に終わった企業のストーリーを紹介していく。

ページを読み進めていくと、概念上は簡単そうに見えても、多くの場合、実行するのはきわめて難しいことがわかるだろう。このためリーダーは、「何を」すべきかと、「どのように」それを行うかの両方を理解する必要がある。また、成熟事業で成功する組織を設計すると同時に、新しく立ち上げる事業でも競争しなくてはならない。

成熟事業の成功要因は漸進（インクリメンタル）型の改善、顧客への細心の注意、厳密な実行だが、新事業ではスピード、柔軟性、ミスへの耐性が成功要因となる。その両方ができる組織能力（ケイパビリティ）を「両利きの経営（ambidexterity）」と私たちは呼んでいる。リーダーが成功の要だとすれば、両利きの経営は戦うための武器にあたる。「イノベーションのジレンマ」を克服する鍵になるのが、この両利きの経営だと私たちは考えている。本書では、リーダーや企業がどのように両利きの経営を実践できるのかを明らかにしていく。

このストーリーを公平に、かつその複雑さをすべて伝えるために、私たちは変革や破壊的変化に取り組むリーダーや組織の詳細な事例を数多く取り上げた。事例は、米国、欧州、インド、アジアと、地域も業界や地域も多岐にわたる。さらに、民間企業や公的機関、大企業や中小企業と組織もさまざまだ。それらの成功例や失敗例を詳しく見ていくと、両利きの経営を導入する際の成否を分ける微妙なポイントが明らかになる。

背景や詳細を理解することが重要だと私たちは考えているが、読者の中には、多くの事例に目を通す時間や忍耐力がない人もいるだろう。なぜシアーズが失敗してアマゾンが成功したのか。あるいは、なぜシスコは失敗したのに、ＩＢＭは一五〇億ドルの有機的成長を遂げられたのかについて、興味がないかもしれない。そこで、二通りの本書の活用法を提案したい。

一つ目は、従来どおりに頭から読んでいく方法だ。第Ｉ部(第1章～第4章)では課題を設定し、両利きの経営を理解するためのフレームワークを提示する。第Ⅱ部(第5章～第7章)では成功例と失敗例を取り上げている。最後の第Ⅲ部(第8章～第10章)は、両利きの経営の考え方や教訓について考察した。順番に読み進めれば、リーダーが両利きの組織を構築するために何が必要かという背景、詳細、フレームワーク、さらに変化に適応するときに成功と失敗を分ける微妙なポイントも明らかになってくる。

ただし、前述したように詳細をすべて理解する時間や興味がない読者がいることも承知している。そこで、研究から導かれた重要ポイントだけを知りたい読者向けに、本書の主な教訓を取り上げた以下の三つの章を中心に読むという、第二のアプローチを示すことにしよう。

まず第2章では、組織アラインメント(整合性)と、それがいかに成熟事業(深化)では組織の成功に貢献し、新規事業(探索)では慣性を引き起こす原因となるかを解説している。このフレームワークは、両利きの経営がイノベーションのジレンマの解決策となる理由を理解するうえで核心となる。

次に第7章では、両利きの経営を支える三つの基本的な規律(ディシプリン)を示す。アイディアを出し合うアイディエーション(ideation)、それを検証するインキュベーション(incubation)、事業成功に必要な資産や組織能力を獲得するスケーリング(scaling)を取り上げ、それぞれが新規事業の絞り込みや成長に欠かせないことを説明している。

三つ目は第8章で、他の章で取り上げた多くの事例から学べることをまとめ、両利きの経営をうまく導入するための四つの要件を明らかにしている。以上の三つの章は、本書で取り上げた多くの事例を踏まえているが、細部まで入り込まずに読むことができる。

二〇一六年に出版された本書の第一版は、二〇年に及ぶ研究活動やコンサルティングの成果をまとめたものだが、私たちはその後も、コンサルティング会社のチェンジロジックの仲間と一緒に、破壊的変化に直面している世界中の組織のリーダーとの協働や研究を続けてきた。

今回の新版には、私たちが過去五年間で学んだことや得られた洞察を盛り込み、両利きの経営を促進したり阻害したりする組織文化の役割(第4章)と、両利きの経営の基盤となるイノベーションの規律（第7章）を取り上げた二章を追加した。さらに他の章も加筆修正したり、欧州や日本の企業における新しい両利きの経営の事例を追加したりすることにより、当初の洞察を充実させ、両利きの経営の新たな実践方法を提示している。

★　★　★

本題に入る前に、私たちの研究を支援し、組織における深化や探索の方法について理解を深めてくださった多くの方々（以下、敬称略）に心から感謝の言葉をお伝えしたい。

ＩＢＭのルイス・ガースナー、ブルース・ハレルド、サム・パルミサーノ、キャロル・コバック、ＵＳＡトゥデイのトム・カーリーとカレン・ユルゲンソン、サイプレス・セミコンダクターのＴ・Ｊ・ロジャースとブラッド・バス、ヒューレット・パッカードのフィル・ファラシとマーク・オマーン、フレックスのマイク・マクナマラ、ネーダー・ミハイル、デイビッド・ブロンスキー、ダヴィータのケント・ティリとジョシュ・ゴロンブ、ノバルティスのグレン・ブラッドリーとダニエル・ヴァセラ、アマゾンのスティーブ・ケッセル、ウォルマートのロリー・フリーズ、アンソニー・ハッカー、マーク・トールマン。インテルのサジ・ベン・モシエ、マーク・ヤヒロ、リミ・ダスグプタ、ＡＧＣの島村琢哉、平井良典、宮地伸二。皆さんが、破壊的イノベーションに直面した実体験を私たちに教えてくださったことに感謝している。

また、アマゾンのジェフ・ベゾス、富士フイルムの古森重隆、シスネロスのアドリアーナ・

シスネロス、米国航空宇宙局（NASA）宇宙ライフサイエンス局のジェフ・デービス、ハヴァス・ワールドワイドのデイビッド・ジョーンズ、ビクターズ・アンド・スポイルズのジョン・ウィンザー、ゼンサー・テクノロジーズのガネシュ・ナタラジャン、BTのベン・ヴェヴァイエンとアリソン・リッチー、ネッドバンクのイングリッド・ジョンソン、アナログ・デバイセズのヴィンセント・ロウチ、CSC（前職はマイシス）のマイク・ローリー、シスコシステムズのジョン・チェンバースなどのリーダー諸氏は、それぞれの知見や経験を快く共有してくださった。私たちはその姿を観察することを通じて多くを学んだが、それぞれのストーリーを正確に伝えきれていれば幸いである。

具体的に名前を挙げた方の他にも、スタンフォード大学やハーバード大学、あるいは、世界中の企業で私たちが行った経営幹部向け教育プログラムに参加したマネジャーたちから、大いに役立つ建設的なフィードバックをいただいた。そのおかげで、私たちは両利きの経営のニュアンスを理解しやすくなり、間違いや漏れている点を正すことができた。特に、私たちが二〇年以上にわたってスタンフォード大学とハーバード大学で教えてきた「変革リードと組織再生」プログラムの参加者に謝意を伝えたい。多くの方が積極的に時間や専門知識を提供してくれたからこそ、私たちは理解を深め、読者に役立つ教訓をまとめることができた。

同僚である学術研究者たちの知恵にも助けられた。本書はマネジャー研修用に執筆したものだが、両利きの経営に関する私たちの見解は大規模な学術研究に立脚している。こうした研究を逐一引用する（そして、読者をぐったりさせる）のは控えたが、本書は実証研究を踏まえたものである。特に、ハーバード・ビジネススクールのクレイトン・クリステンセン、カリフォルニア大学バークレー校のデイビッド・ティース、アムステルダムのエラスムス大学のジャスティン・ヤンセン、ロンドン・ビジネススクールのジュリアン・バーキンショー、オックスフォード大学サイード・ビジネススクールのマーク・ヴェントレスカ、サンタクララ大学のデイビッド・コールドウェルらの研究や見解を引いた。スタンフォード大学デザインスクールのジェレミー・アタリーとペリー・クレバーン、デラウェア大学のウェンディ・スミスとミネソタ大学のメアリー・ベナーら同僚も、本書の共著者となって、評論してくださった。

本書で述べた考えを活用するにあたって、コンサルタントとして一緒に取り組んできた同僚諸氏に心から感謝している。彼らは私たちの概念を採用し、組織がそれを実現するための支援をしてきた。チェンジロジック社のアンディ・ビンズ、クリスティン・グリフィンをはじめとする各メンバーが、本書で紹介するツールを使い、形作り、精緻化してきたのだ。どうすれば両利きの経営ができるリーダーになれるかという論点を理解するうえで、ビンズの経験や専門知識は非常に参考になった。

アップスタート・ロジック社の創業者兼マネジング・プリンシパルのピーター・フィンケルスタインは、こうした考えを支持してくれた二〇年来のかけがえのない友人かつ仕事仲間である。彼がその知性や精神面で支えてくれたことは、私たちが語るストーリーの欠かせない要素となっている。

最後に、加藤雅則、冨山和彦、入山章栄は日本企業の世界への窓口となり、両利きの経営が日本の組織にどのように適用されているかを教えてくれた。

書籍というものは(本書は特にそうだが)、実際に共同作業の賜物であり、著者の意見形成には大勢の人がかかわっている。成功企業が破壊的変化に直面して失敗しがちな理由を探る際に、私たちが多くの人の助けを借り、本書に載せた議論に反映させたことは間違いない。こうした方々の優れた見識をうまく表現できていればと願っている。私たちが今回の旅を始めるきっかけとなった、やっかいな傾向を軌道修正するうえで、本書が参考になれば幸いである。

二〇二一年四月

カリフォルニア州スタンフォードとマサチューセッツ州ケンブリッジにて
チャールズ・A・オライリー
マイケル・L・タッシュマン

両利きの経営

増補改訂版──目次

第4章 競争優位／競争劣位としての組織文化 189

第II部 実践編——イノベーションのジレンマを解決する

第7章 イノベーションの三つの規律 333

第III部　飛躍する――両利きの経営を徹底させる

第8章　両利きになるための四つの要件

第9章

両利きをドライブさせるリーダーシップと幹部チーム

第10章 成功し続けるために

The Basics: Leading in the Face of Disruption

第I部

基礎編

――ディスラプションに向き合うリーダーシップ

Today's Innovation Puzzle

第1章

イノベーションという難題

「大企業には人材がいる。企業には資源もある。だったら、なぜもっと革新的になれないのか」

——サム・パルミサーノ

（IBM元CEO）

1 本章のポイント

by Iriyama

この章では、変化できずに消えていった企業の事例を引きながら、「なぜ変化することが重要か」という問題意識を提起している。その際には、日本でもよく知られるクレイトン・クリステンセンの「イノベーションのジレンマ」という考え方だけでは、なぜ不十分であるかも指摘している（これについては、多くの経営学者も支持するところだ）。そして、学術的にはより王道である「両利きの経営」の有用性を示唆している。

Keyword

- □ 両利きの経営
- □ イノベーションのジレンマ
- □ ダイナミック・ケイパビリティ
- □ イノベーションストリーム

あなたはどのくらい長生きするだろうか。米国人はだいたい七九歳まで生きる。日本人は約八三歳。リベリア人は六四歳だ。

では、あなたの企業の寿命はどのくらいだろうか。そこで明かされるのは、高齢者の域には到底及ばないことだ。調査結果によると、四〇年存続する米国企業はごく少数で、〇・一％に満たない。[1] 一九七六年に創業した企業のうち一〇年後も生き残っていたのは、ほんの一〇％だ。

新興企業の死亡率が高いことは理解できるが、別の調査によると、米国の大手老舗企業でさえ、平均であと六〜一五年長い程度だ。[2] コンサルティング会社のマッキンゼーのリチャード・フォスターとサラ・カプランは、組織の寿命のはかなさを究明しようと、一〇〇〇社を対象に四〇年間の業績について追跡調査した。それによると、一九六二年から一九九八年までの間にわたって存続したのは、一〇〇八社中一六〇社だったという。[3]

一九三五年時点で、S&P500の株価指数に組み入れられた平均的企業は九〇年存続すると見込まれていた。二〇〇五年になると、それが一五年となり、さらに短くなり続けている。

S&P500では、平均すると約二週間に一度、銘柄が入れ替わっており、そのペースは加速している。[4]

最近、あるコンサルティング会社が行ったS&P500の入れ替え率に関する調査では、「この先一〇年間で、現在のS&P500銘柄の五〇%近くが入れ替わるだろう」と結論づけていた。[5] 一九七〇年のフォーチュン500の三分の一の企業が、一九八三年には姿を消した。これを見て、ある研究者は「平均的な大企業は規模が大きく、金融資本や人的資本が潤沢であっても、普通の米国人ほど長くは『生存』できない」と指摘している。[6]

なぜそうなってしまうのだろうか。人間の寿命に限界がある理由はわかる。研究によると、私たちの身体の細胞は時間とともに、正確に再生する能力を失っていくそうだ。細胞の老化が、私たちの寿命を制限する疾病の多くの原因となっている。人間は調子が良いと、食べすぎ、働きすぎ、運動不足など、健康に良くないことをあれこれしてしまうものだ。しかし、このうえなく健康な人でも、細胞の老化には勝てない。

一方で組織には、細胞の老化に相当するような明白な死因は見当たらない。成功企業は主導権を握り続けるのに必要な資源を完備している。財務力、市場インサイト、ロイヤルカスタマー、ブランド認知度、さらには、人材を引きつけて育成する能力も生み出している。こうした優位性を賢く使えば、市場や技術が進化しても、成功を持続させることができるはずだ。私たち人間と違って企業の場合は、成功を続けることに対して歴然たる生物学的な制約はない。

にもかかわらず、順調な組織でさえ滅びゆく、忌々しき傾向が見られる。

ネットフリックスとブロックバスターの例で考えてみよう。ネットフリックスの創業者兼CEOのリード・ヘイスティングスは、二〇一〇年に『フォーチュン』誌の「ビジネスパーソン・オブ・ザ・イヤー」に選ばれた。一九九九年創設のネットフリックスは、二〇一五年時点で会員数一億九五〇〇万人、年間売上高二〇〇億ドル以上の世界最大のオンラインDVDレンタルサービスと動画配信の会社となっている。

二〇〇二年時点で(この年にネットフリックスは株式公開を果たした)、主な競合相手であるブロックバスターの売上高は五五億ドル、顧客数四〇〇〇万人、店舗は六〇〇〇店だった。ところが、そのわずか八年後の二〇一〇年九月二三日に、ブロックバスターは破産申請している。何とも皮肉なことだが、ネットフリックスはその後間もなく、破綻企業の代表例であるイーストマン・コダックに代わって、S&P500に組み入れられた。

二〇〇二年にネットフリックスが株式を公開すると、ブロックバスターの広報担当は、「(ネットフリックスは)ニッチ市場のサービスだ。通販レンタルの需要が十分にあるとは思えないし、持続可能なビジネスモデルではない」と指摘した。[7] 二〇〇五年にネットフリックスがインターネットでの動画配信へと移行し始めると、ブロックバスターのCFO(最高財務責任者)は「現時点で(動画配信が)経済的に成功するとは思えない」と発言している。[8]

このように公の場でバッサリと断じる前にも、ブロックバスターはネットフリックスの内々の提案を断っていたという。二〇〇〇年、ヘイスティングスはブロックバスターの重役に会いにダラスに飛んだ。ネットフリックスの株式の四九％を購入して、オンラインサービス・プロバイダとしてブロックバスター・コムを立ち上げないかと持ちかけたのだ。

ところが、ブロックバスターは関心を示さなかった。郵送レンタルサービスのためにネットフリックスを買う必要などない（その気になれば買えるが）。新入りをひねりつぶそうと思えば、必要な資産はすべて整っていた。ネットフリックスの株式公開時の売上高はたかだか二七万ドル。ブロックバスターの規模から見れば、取るに足らない規模である。しかし、ブロックバスターが二〇〇四年に郵送レンタルサービスに乗り出した頃には、もはや手遅れとなっていた。

なぜブロックバスターは失敗し、ネットフリックスは成功したのだろうか。

その違いは、ずばりリーダーたちの変化の捉え方にある。ブロックバスターのリーダーたちは、好立地の店舗でのビデオレンタルという現業の成長と運営に集中し、それを得意としていた。同社の戦略はもっぱら、新規市場で成長し、既存市場でさらなる浸透を図り、映画のレンタル数を最大化するというものだ。二〇〇三年に同社の市場シェアは四五％と、それに続く競合企業の三倍大きかった。ネットフリックスの脅威が増していた二〇〇四年においても、ブロックバスターの売上高はまだ六％伸びており、重役たちは「ブロックバスターでの店舗体験」について鼻高々に語った。既存事業からの売上に加えて、企業買収（ハリウッドビデオなど）やレンタルの販促手法、DVD下取りプログラムの開発によって、拡大の機会があると考えていたのだ。
郵送とオンラインでのレンタル事業に参入するという意思決定は、受動的かつ防衛的な対応であって、積極的に変革をめざしていたわけではない。後知恵になるが、この時点でブロックバスターは、やがて重要性を持たなくなるゲームに勝つために注力していたことが見て取れる。

これとは対照的に、ネットフリックスのリーダーたちは、自社が手掛けているのはDVDレンタル事業だとは思っていなかった。それよりも、オンラインで映画サービスを提供していると見ていた。ヘイスティングスの言葉を借りよう。「私の頭は、AOLやコダックやブロックバスターが陥ったような形で、DVDで罠にはまるまいという思いでいっぱいだった。（中略）思いついたビジネスはどれも、慎重になりすぎたせいでつぶれてしまった[9]」

郵送レンタルサービスが最初にヒットしたが、彼らが発足初日から重視していたのは、いかにブロードバンドで届ける会社になるかである。「だから、そもそも企業名をDVD郵送サービスではなく、ネットフリックスにしたのだ[10]」。ネットフリックスの戦略は、価値、利便性、選択肢に軸足を置いていた。これらを提供するためなら、値下げや新技術への思い切った投資も厭わない（二〇〇六〜〇七年にビデオ・オン・デマンドに五〇〇〇万ドルを投じている）。特筆すべきは、新事業を成功させるために、既存事業とのカニバリゼーション（共食い）も辞さなかったことである。

動画配信はDVDレンタルサービスの売上を脅かしたが、ネットフリックスのリーダーたちは動画配信への移行を積極的に推進していたので、恐れるまでもなかった。今日、ネットフリックスの会員の九九％以上が動画配信を利用し、ともすればＨｕｌｕ《フールー》やＨＢＯなど競合他社に流れていたかもしれない顧客を維持している。ヘイスティングスから見れば、郵送レンタルサービスは同社の事業の一段階にすぎなかった。彼がめざすのは、インターネットにつながった全デバイスでネットフリックスの動画配信を利用可能にすることだ。

この目標を達成するために、ネットフリックスはサービスを有効化するためのソフトウェアを提供し、今では二〇〇種類以上のデバイスに搭載されている。この移行に伴って、ネットフリックスは五八カ所の地域配送センターを閉鎖した。オンラインサービスの会員料金はＤＶＤレンタルよりも安いが、郵送コスト七億ドルのほとんどが浮く。二〇一二年に二四〇〇万人だった会員数は二〇二〇年に一億九五〇〇万人に増えた。

最近では集客と顧客維持のためにコンテンツ制作にも乗り出し、二〇一九年には制作費一五〇億ドルをかけて『アレステッド・ディベロプメント』や『クイーンズ・ギャンビット』などのヒットドラマを生み出した。オリジナルの番組制作では短期的な利益を求めるのではなく、長い目で見て取り組んでいる。コンテンツ最高責任者のテッド・サランドスによると、「ＨＢＯがネットフリックスになるよりも早く、ネットフリックスがＨＢＯになる」ことを望んでいるそうだ。(11)

ブロックバスターが苦戦したあげくに倒産したのに対して、ネットフリックスの経営陣は、どうしてＤＶＤレンタルから動画配信やコンテンツ制作へと事業を移行できたのだろうか。これは本書の中心となる難題であり、私たちが過去一〇年にわたる研究やコンサルティング活動の中で、世界中の企業と一緒に取り組んできたことでもある。

1 組織の進化を牽引するリーダーの存在

この問題がどれほど一般的であるかという感触をつかんでもらうために、表１－１と表１－２の企業を見ていこう。二つの表に挙がった企業を比べると、どのような違いがあるだろうか。

表１－１には、ＩＢＭ、任天堂、ノキアなど有名な大企業もあれば、ＧＫＮ（英国）、ＤＳＭ（オランダ）、メルク（ドイツ）のように知名度の低い企業もある。ここから、各社に共通することを考えてみてほしい。世界各国の企業で業種も多岐にわたるのでわかりにくいかもしれないが、じっくり考えていくといくつかのパターンが見えてくる。

まず、表中の企業はいずれも古く、一〇〇年以上存続してきた。創業から平均一五八年であり、二〇世紀になって創設された企業はごく少数だ（ＩＢＭ、３Ｍ、ＤＳＭなど）。なかには本当に古い企業もある。たとえば、ＧＫＮは一七五九年創業の英国の航空宇宙関連の会社だ。

表1-1　表中の企業に共通することは何か

GKN	ブラザー	ボール
ジョンソン・エンド・ジョンソン	キリン	ハースト
シーメンス	RRドネリー	ノキア
AMEX	メルク	P&G
コーニング	FMC	IBM
スミス・アンド・ネフュー	シブステッド	DSM
ダブリュー・アール・グレース	NCR	ヴィヴェンディ
3M	任天堂	アームストロング

ここで、しばし考えてみてほしい。一七五九年に創業した会社が、どうして航空宇宙関連の会社になれるのだろうか。ライト兄弟の初飛行は一九〇三年一二月一七日である。これを踏まえつつ、S&P500の平均寿命は約一二年であることを考えてみよう。いったいどうなっているのだろうか。

ここから、表内の企業をめぐる第二の真実が導き出される——これは今日のリーダーに最も関係してくる部分でもある。市場と技術が変化するのに伴って、新規事業で競争するために、これら企業は自ら変革することができた。

たとえば、GKNは炭鉱業からスタートし、その後の産業革命で鉄鉱石の生産に着手し、一八一五年には英国最大手の鉄鉱石生産会社になっている。一八六四年に締め具(釘、ネジ、ボルト)の生産を始め、一九〇二年には同製品で世界最大のメーカーとなった。その後、GKNは金属鍛造の専門知識を活用して、一九二〇年に自動車部品、さらに航空機部品の生産を開始している。一九九〇年代には締め具事業を売却し、ボーイングなどの産業財の外部委託先に。そして今日では、航空宇宙、自

表1-2　表中の企業に共通することは何か

ラバーメイド	ファイアストン	カネボウ
コダック	ポラロイド	シアーズ
SSIH/ASUAG	デラックス	フィリップス
スミス・コロナ	ベスレヘム・スチール	RCA
DEC	コントロール・データ	ゼロックス
ウエスチングハウス	JCペニー	メモレックス
シーベル・システムズ	ICI	シンテックス
カールシュタット	ラジオシャック	コンパック
サーキットシティ	メリルリンチ	GM

動車、冶金業界で競争力のある、年商一三〇億ドル、従業員数五万五〇〇〇人を超える企業となった。こうした変革や成功が実現したのはひとえに、市場の変化に合わせて自社の強みを活かす方法を見通せるリーダーが存在していたからである。

ダブリュー・アール・グレースは年商三〇億ドルの特殊化学製品メーカーだが、一八五四年の創業時にはバットグアノ（肥料）を米国や南米に出荷していた。一一八年前に設立されたDSM（オランダ国営炭鉱）は今日、ライフサイエンスや物質科学分野の企業となっている。一九一一年の創業時には計算機を製造していたIBMは、今や七七〇億ドル企業である。ただし、売上の大半を稼ぎ出すのはソフトウェアやサービスと、五〇年前には存在すらしなかったビジネスなのだ。日本で一八八五年に誕生したビール会社、キリンは発酵関連の専門知識を活かしてバイオ医薬品や農作物生産を手掛けている。一八八七年に米国で出版社として発足したハーストは、今日では売上の過半数を電子メディアが占めている。大半のメディア会社が倒産していく中で、同社の電子メディアは成長事業となったのだ。メルクは三五二年前にドイツ南部の都市ダルムシュタットの薬局から始まり、現在ではヘルスケア、ライフサイエンス、機能性材料などの化学技術系の多国籍企業となっている。

若い企業でも同じように転身を遂げた事例はたくさんある。ストレージ製品メーカーのEMCは、一九七九年に発足した当時はオフィス家具を販売していたが、その後コンピュータ・ハードウェア製造、そしてソフトウェア開発会社へと姿を変えた（現在はデルに買収された）。RRドネリーは一五〇年前に印刷会社としてスタートしたが、今日ではその中核技術を使って、プリンテッド・エレクトロニクス事業（RFIDタグなど）を急成長させている。オンライン書店で有名なアマゾンは現在、ウェブ小売の最大手であると同時に、主要なクラウドサービス・プロバイダだ。グーグルがこれから一〇年後にどうなっているかは、誰にもわからない。

こうした企業の注目すべき点をさらに明確にするためには、時間の経過に伴って見事に転身を果たせた理由について考えなくてはならない。各社はダイナミック・ケイパビリティ、すなわち「企業が急速に変化する環境に対応するために、内外のコンピテンシーを統合、構築、再構成する能力」をうまく活用することができた。[12] その結果、成熟事業（既存の強みを有効活用できる分野）と新領域（新しいことをするために既存の資源を使う分野）の両方で競争可能となっている。中核市場と技術を変えたから、失敗を免れ、変化し適応することができたのだ。

足元の基盤が揺らぎつつある中で、次の目的地へと橋を架けてきたわけだが、なぜそんなことが可能だったのだろうか。

詳しい説明は後述するが、簡単に言ってしまえば、こうした企業には、成熟事業における既存の資産と組織能力を有効活用し、必要に応じてそれを新しい強みにつくり替えることに前向きで、かつ実際にやってのける「両利きの経営」のできるリーダーが存在したからである。ネットフリックスはDVD郵送レンタルサービスを行いながら、動画配信に投資することができた。IBMは大型メインフレーム・コンピュータ（Zシリーズ・サーバー）を売りながら、戦略コンサルティングを行うことができた。こうした事例は、本書で示していく明るい側面だ。

ここで再び表1－2を見て、「これらの企業に当てはまることは何か」を考えてみてほしい。最も顕著なのは知名度の高さだ。シアーズ、ポラロイド、ファイアストン、RCA、コダック、ベスレヘム・スチール、スミス・コロナなど、いずれも素晴らしいブランドである（あった）。それぞれの業界を牽引してきたが、破綻もしくは倒産寸前に追い込まれている。

たとえば、シアーズは一九三〇年代から一九七〇年代にかけて、米国有数の小売業者として一時は四〇万人以上を雇用していた。二〇〇四年のブロックバスターと同じく、シアーズの規模は二位以下の競合三社を合わせたよりも大きかったが、今日では倒産している。同じく、一八八一年に創業されたドイツの百貨店チェーンのカールシュタットは、同国で最も古く最も大きな小売業者だったが、二〇〇九年に倒産した。その一方で、最大のライバルであるカウフホーフは力強く成長を続けている。

RCAは一九五五年に、IBMの約二倍の規模を誇り、技術力で優っていると見なされていたが、一九八六年には姿を消すことになった。一九六〇年代まで何十年にもわたってタイヤ業界を引っ張ってきたファイアストンは、各方面から米国屈指の優良企業と見なされていたが、一九八八年に倒産してブリヂストンに買収された。[13]

一八八六年創業のスミス・コロナは、米国で五〇年以上にわたって君臨してきたタイプライターメーカーだ。一九八〇年には五〇%の市場占有率を誇り、電動式タイプライターやワードプロセッサーをいち早く製造したのも同社である。ところが二〇〇一年になると、同社製品はコレクターズアイテムと化し、倒産に追い込まれた。[14]

一八五七年創業のベスレヘム・スチールはかつて米国第二位の鉄鋼メーカーだったが、二〇〇三年に破綻している。一九三七年に設立されたポラロイドは、インスタント写真の市場を席巻し、デジタル画像処理にもいち早く投資した。組織論の研究者であるメアリー・トリプサスとジョヴァンニ・ガヴェッティによると、これらの投資を経営陣が活かしきれず、同社は二〇〇八年に幕を閉じることとなった。[15]

こうした気の滅入る話は、まだまだ続けられそうだ。コダックは二〇年にわたって苦闘したが、二〇一二年に九〇%以上の従業員を解雇した後、破産申請をした。一九二〇年創業のラバーメイドは、一九八四年に『フォーチュン』誌の「米国で最も高く評価される企業」ランキングに名を連ねたが、一九九九年には倒産寸前に追い込まれた。同誌のジャーナリストは「これは痛ましいことだと言わざるをえない。ほんの数年前には、米国で最も高く評価されていた

企業が、ほぼ無名の企業（ニューウェル）に譲渡されるとは」と述べている。(16)

二〇〇三年に、九〇年の歴史を持つ小切手印刷会社のデラックスは、紙の小切手で売上高の九〇％を稼ぎ出していた。電子決済に移行しようと中途半端に努力したものの、新規事業をスピンアウトさせて、紙媒体事業にこだわる道を選んだ。電子決済が急増してくると同社は苦戦を強いられ、コスト削減、従業員の解雇、製造拠点の閉鎖と相成った。一方、スピンアウトしたイーファンズは二〇〇七年に一八億ドルで売却されている。

失敗企業にはそれぞれ細かな違いがあるが、リーダーシップの失敗という点で共通している。どの企業もある時点では大成功し、さらに成功を続けていくための資源や組織能力を保有していた。表１－１の企業と違って、これら企業のリーダーたちはいろいろな点で失敗してきた。新しい機会をつかみとれず、企業が存続や繁栄を続けられる形で自社の資産を再構成できない、もしくはそうした取組みに消極的だ。それよりも、企業版ジャック・ケヴォーキアン[1]さながらに、自社の死を主導したのである。

このような例から、リーダーが今日、直面している根本的な課題がわかる。企業の規模、成功、年数とは関係なく、経営陣はこう問いかけてみる必要があると、私たちは主張したい。市

---

[1] 米国で末期患者を安楽死させるために自殺幇助活動を行い、「死の医師」と呼ばれた人物。

場と技術の変化によって的外れなことをやっている状況にならないために、どうすれば効率性を向上し、既存の資産と組織能力を「深化・有効活用(exploitation)」しながら、十分に「探索・開拓(exploration)」するための準備ができるか、と。

独創的な組織論を展開する研究者のジェームズ・マーチは、この一見すると簡単な問いへの対応がやっかいな理由は、両者のバランスをとるのが難しい点にあると指摘している。[17] 当然ながら、短期的な成功がはるかに確実な「深化」のほうがよい。[18]「探索」はそもそも非効率的で、リスクが高く、とにかく怖かったりもする。

しかし、探索に取り組まない企業は、変化に直面したときに破綻する可能性が高い。短期的なバイアスによって、「老舗企業は常に深化に専念し、すでに知っていることの活用にかけては腕を上げていく。その結果、短期的には優勢になるが、徐々に力を失い、つぶれてしまう」と、マーチは結論づけた。[19] ビジネス関連のニュースを見れば、このマーチの「予言」が多くの場合、当たっていることがわかる。

2

破壊的イノベーション論の限界

しかし、なぜ組織が技術や市場における変化の犠牲になるかについては、ハーバード・ビジネススクール教授だったクレイトン・クリステンセンの有力な説を引くことにしよう。クリステンセンによると、「破壊的技術」または「破壊的イノベーション」の特徴は、新しい顧客層の心をつかむ新しい製品やサービスの導入を通じて、新規市場を創造することにあったという。[20] 断定的な言い方をすると、メインストリーム（本流）の顧客は当初、これらは「改善」であって、最も有力な代替品と比べて魅力に乏しいという受け止め方をする。

ちょうど動画配信の初期の頃（DVDがはるかにレンタルしやすくなった頃だ）を思い出してほしい。あるいは、リナックスのような無料オープンソース・ソフトウェアが登場したときでもよい。後述するが、マイクロソフトやサン・マイクロシステムズなどのソフトウェア・ベンダーや法人顧客は、こうしたオープンソースのサービスは二流品と見なしていた。有力な競合他社の高度なサービスと比べると、リナックスは劣っていると見なされ、高度な技術がわかる趣味人にしか訴求力がなかったのだ。

しかし、クリステンセンが観察したように、これらの技術が改良されて十分な速さや品質になってくると、メインストリームの顧客も魅力を感じ始める。すると、既存のプレーヤー間で価格崩壊と大規模破壊が起こるのだ。鉄鋼（小規模電炉で高効率生産を行うミニミル）、小売（ネット販売）、医薬品（バイオ医薬品）、出版（オンラインニュースや書籍）、教育（公開オンライン講座）、コンピュータのハードウェアとソフトウェア（クラウドサービス）、写真（デジタルカメラと写真共有サイト）、エンタテインメント（音楽やテレビ番組の配信）など数々の産業が、クリステンセンの見解と符合する道筋をたどった。

このように、一見するとマイナーな脅威に直面したときに、「合理的な経営者であれば、収益性の悪い、小規模でかつ不確実なローエンド市場に参入することについて、説得力のある論拠を示すことはまずできない」と、クリステンセンは指摘する。(21)

クリステンセンの著書『イノベーションのジレンマ』が一九九七年に出版されて以来、破壊の重要性やそのインパクトについて膨大な量の研究や論述がなされてきた。現在では、破壊的変化に直面した組織は、継続的な改善やコスト削減がしばしば成功の鍵となる成熟事業で何とか競争しながら（深化）、実験やイノベーションが求められる新しい技術やビジネスモデルを探求（探索）する必要があるということで、幅広く合意されている。

その一方で、未解決のまま残されているのが、どのように企業がそれを実行できるか、あるいはすべきかという点だ。クリステンセンは著書で「探索と深化は同時にできないので、組織は破壊的変化に直面すると、探索にあたるサブユニットをスピンアウトしなくてはならない」と主張した。(22)

同書が出版された直後に、たとえば、ヒューレット・パッカード（HP）のスキャナ部門のリーダーたちはこの助言に従って、長年受け継がれてきたフラットベッド・スキャナの組織から携帯型スキャナ部門をスピンアウトしている。しかし、この新規事業は成熟事業の資産や組織能力を活かせなかったうえ、同社の経営陣もこの探索部門が必要とした保護や監督を提供することができなかった。コストと利益率に関するプレッシャーが強くなり、探索部門は苦戦を強いられたあげく、事業撤退に追い込まれた。クリステンセンの助言は広く受け入れられているが、HPのケースは同氏の助言の波及効果によって起こるパターンの一例にすぎない。

私たちの研究やコンサルティングの経験からいうと、過去と未来とが断絶されていると、新規部門の足を引っ張って成功を阻み、往々にして身動きのとれない状態に追いやってしまう。後述するように、既存組織に活用すべき資産があるならば(多くの場合は存在する)、探索を担当する組織にもそれが利用できるようにしなければならない。

確かに、過去と未来を切り離すことは戦略的に筋が通る。しかし必要なのは、ターゲットを絞り込んだ統合、新規事業に対する経営上層部の強力なバックアップ、組織全体のアイデンティティなどをはじめとする、より高度な分離なのだ。

一見すると無関係だが、これを見事に示している事例を、米国の教育制度の中に見ることができる。多くのチャータースクール[2]がうまくいっていない理由の一つは、この種の学校が従来の学区内で、戦略的、戦術的に融合されてこなかったことにある。

それでは、経営者は分離が必要な時期や範囲、既存資源の利用方法をどのように決めればよ

---

[2] 教育機関として認可されているが、従来の公的教育規制を受けない学校。

いのだろうか。言い換えると、クリステンセンが説く方法でないとすれば、企業はどうすれば、すっかりおなじみになったイノベーションのジレンマを解決できるのだろうか。

私たちは、それに対する一つの答えを持っている。これから解説していくが、まずはより大きな概念である破壊的イノベーションを把握したうえで、イノベーションストリーム、すなわちイノベーションの方向性の観点からそれを捉え直してみよう。これは、経営者が自社の課題を明確にし、探索部門を設置する方法や時期を決めるときの参考になりうる視点である。

3
市場と組織能力で捉えるイノベーションストリーム

大まかに見ると、成功と失敗の力学はそれなりに説明しやすい。図1-1を見れば、すぐにわかる。

成熟した技術や市場と、新しい技術と市場との競争をめぐるリーダーシップ課題について考えてみよう。単純化して、実現可能性(組織能力)や対応する顧客タイプ(市場)で分けると、イノベーションは概念上、二つの方向性(領域)で起こる可能性がある。

一つ目は「漸進型イノベーション」だ。ほとんどの場合、製品やサービスをより速くするか、

図1-1 イノベーションストリーム

より安くするか、より良くすることをめざしていく。こうした改善は難しかったり、高くついたりすることもあるが、既存の組織能力を頼りに、すでにわかっている道のりを進む。組織内に蓄積された知識に基づいて前進する。たとえば、次世代の自動車や携帯電話は技術的に高度になっているが、既存技術がベースになっている。ボーイングが発表する次世代の航空機（7X7型機など）も、リスクやコストはとんでもなく大きいが、基本技術はおおむね従前の組織能力を発展させたものだ。

イノベーションの第二の方向性は、大きな変化、もしくは不連続的な変化によって起こり、組織能力が無効になるような技術進歩を通じて改善が図られる。[23] この種のイノベーションには通常、異なる知識基盤が必要だ。たとえば、製薬業界では長年、創薬は主としてより高度な化学（低分子薬剤の開発）が基礎となってきた。しかし、技術進歩によってゲームチェンジが起こり、今日では遺伝子工学やバイオテクノロジー（高分子）を用いた創薬が増えている。その結果、製薬会社にはこれまでとは異質で、既存の能力を無効にしかねない形で、基本となる組織能力を転換させることが求められるようになった。

スミス・コロナの場合、コンピュータでの文書処理が発展したことで、機械式タイプライターのニーズがなくなった。スイスでは一九七〇年代に電子時計が出現し、機械式腕時計に使われていた精密機械工学の技術的ニーズが脅かされた。カジノではオンラインゲーム、新聞社ではコンテンツのデジタル配信への移行に伴い、全く新しい組織能力が求められたのだ。

このような「不連続型イノベーション」では通常、既存企業が持っているものとは異なる組織能力や技能が要求される。そのため、新技術やまだ確実とはいえない技術に投資しなくてはならないことが多い。

なお、その技術が必ずしも世の中で新しいわけではなく、その企業にとって新しいだけということもある。一九七〇年代に腕時計用クオーツムーブメントが登場したときがそうだ。これはエレクトロニクス企業の間では周知の技術だったが、スイスの機械式腕時計メーカーからすれば不連続な技術だった。

同様に、不連続型イノベーションは一見するとマイナーな改善によって起こり、既存の技術や部品を組み合わせることで既存の製品やサービスを大幅に向上させる。(24) このような、いわゆる「アーキテクチュアル・イノベーション」は大々的な技術進歩に基づくものではないが、既存の製品やサービスに破壊をもたらすことが多い。これは主にクリステンセンが「破壊的イノベーション」と述べたものと同じだ。[25]

これらは通常、もともと小さな顧客セグメント向けに安価な代替品を提供するところから始まる。もともとは利益率の低いローエンドのユーザーのみに訴求するため、既存企業も初めのうちは脅威だと感じない。しかし時間とともに、この新しいイノベーションの性能や速さが十分なレベルになってくると、メインストリームの顧客にも役立つようになり、業界全体の価格構造が崩壊していく場合もあるのだ。

鉄スクラップを再利用するミニミルが台頭してきたときの鉄鋼業界がまさにそうだ。ミニミルは当初、セメント用の補強材として使う鉄筋しか生産できなかったが、生産コストは大規模製鉄会社よりも二〇%安かった。それらの製鉄会社から見れば利益率の低い製品だったので、新参者に市場を譲った。ところが、時間とともにミニミルの技術は劇的に向上し、ニューコアなどの新興企業は総合鉄鋼メーカーよりもはるかに低コストで、より高品質の鉄鋼製品をつくれるようになっていく。その結果、大きな製鉄会社は次々と倒産することとなった。

イノベーションの組織能力とは別に、企業は既存顧客あるいは新規の市場セグメントに売り込むこともできる。このように新しい製品やサービスを既存顧客に売り出す場合は、これまでの顧客インサイトが役立つ。顧客とその好みについてよく理解しているからだ。一方、新市場に参入する場合、既存の製品やサービスを使うか、新しい製品やサービスにするかを選択する。しかしこの場合、その企業にとっては新規顧客なので、購買行動に関するインサイトを有していない可能性がある。

たとえば、一九六〇年代初期に米国へ輸出することにしたとき、ホンダはすでに世界最大手のオートバイメーカーだったが、米国の購入者に関するインサイトがなく、当初はうまく製品を訴求することができなかった。HPが一九七〇年代初期にデジタル腕時計を生産したときもそうだ。同社のリーダーたちは技術に精通していたが、消費財の売り方を理解していなかったため、この新規事業は失敗に終わっている。

対照的に、スイス企業が安価な電子時計(「スウォッチ」)の製造を始めたときには、新製品をローエンド市場に訴求力のあるファッションアイテムとして位置づけることができた。このようにイノベーションには、組織能力とは別に顧客基盤のインサイトも必要とされる。

次に図1-1を見ながら、ここまで解説してきた進化について考えてみよう。これはリーダーが、イノベーションのジレンマの解決に向けた次の動きを決めるための最も基本的なロードマップである。

基本的に、深化とはこれまで以上にうまく事業を行うこと。つまり、漸進型イノベーションだ。成功している企業は、時間とともに顧客理解を深め、より効率的に顧客ニーズを満たせるようになる。それを踏まえて戦略を進化させ、組織能力と公式な構造と文化を組織全体でさらに調和させる。これから見ていくように、組織アラインメントがうまくとれているほど、その成功確率は高まる。しかし、競争がますます激化して利益率が低下した場合、企業は新しい顧客セグメントに対応しようとするか、高利益率を狙える不連続的イノベーションもしくはアーキテクチュアル・イノベーションを通じて隣接市場への移動を試みることが多い。こうした違いについては、第3章で詳しく取り上げる。

こうした戦略のシフトには、ある程度の先読みが必要となる。悲しいかな、既存企業は往々にして創業当初の事業から移行する必要性がわかっていない、もしくは移行が遅すぎたり、うまくできなかったりする。[26] ブロックバスター、スミス・コロナ、ファイアストン、コダック、ボーダーズ、その他の表1－2に挙げた企業などがそうだ。

少なくともこれらの企業が破綻した一因は、既存顧客に既存製品・サービスを販売することから、新しい組織能力や製品を使って新規顧客に売り込むことへと移行する際に、リーダーたちがうまくマネジメントできなかったことにある。両利きになれず、利用可能なイノベーションストリームをマネジメントできなかったのだ。皮肉なことに、これらの失敗企業は必ずといってよいほど、成功につながる新技術を保有している。しかし、そこから価値を獲得できるという状況を、リーダーたちは見抜けないでいるのだ。[27]

それにもかかわらず、複数のイノベーションストリームを並行して進めながら、両利きの経営ができる企業を築くという課題に果敢に挑んできたリーダーも一部には存在する。本書で取り上げるさまざまな事例やリーダーたちを参考にすれば、技術、市場、規制における破壊的変化の真っただ中で、両利きの組織に何が必要であるかを学ぶことができる。多くの場合、試行錯誤しながら、それぞれの組織に適したやり方でイノベーションのジレンマを解決している。これから見ていくように、これは基本的にリーダーシップの問題であり、思慮深い経営者であれば誰でも学べることだ。

4 本書の構成

この章に挙げた話だけでも、イノベーションがペイント・バイ・ナンバー[3]ではないことがわかる。私たちは過去一〇年にわたって、変化と格闘する多数のリーダーや企業と一緒に仕事や研究を行ってきた。本書で紹介するのは健全なガイドラインであり、かつては偉大だったが後に破綻した企業を挙げた学術研究用リストに加わりたくないリーダーや組織にとって役立つ。本書で提案することは、研究結果や、成功企業のリーダーたちがもがき苦しみながら学んできたこと、さらには失敗企業の教訓を踏まえている。

第2章~第4章では、両利きの概念を理解するための一般的なフレームワークを紹介し、経営者にとって両利きの経営を実現させるのがなぜこれほど難しいのか、成功企業がいかに成功の犠牲になりうるかを探っていく。

第2章は、成熟事業での競争(深化)に必要な一連のスキルや組織アラインメントが、新規の事業や技術での競争(探索)で必要なものとどれくらい違うのかという説明から始めたい。さらにやっかいな課題が、深化のゲームにおける成功がいかにマネジャーの探求能力を実際に骨抜きにするか――いわゆる「サクセストラップ(成功の罠)」と呼ばれる現象だ。しかし、両利きとなって変化の中で成功を収めたいならば、探索と深化の両方が必要になる。この難題を実際にやり遂げるために、アマゾンの創業者兼CEOのジェフ・ベゾスが、オンライン書店からウェブサービス大手へと発展するために行った両利きの経営について紹介したい。この事例から、組織アラインメントの強さとその危険性、また、戦略上の変更に合わせてどのような準備をすべきかが明らかになる。

第3章では、探索と深化の概念を踏まえて「イノベーションストリーム」の考え方に立ち返り、長期的な成功には総じて市場と技術の変化に伴って組織が進化する必要があることを解説する。創業一四〇年以上の歴史を誇る二つの企業(シアーズとボール社)を比較し、一方では成長

---

〔3〕 一九五〇年代初頭に米国で流行した絵画キット。指示に沿って塗っていけば、アマチュアでもプロ並みの油絵を描くことができる。

が持続し、一方では一〇〇年以上にわたる繁栄の後に破綻したことについて探ってみたい。

両社の中身の濃い歴史には、企業とそのリーダーがいかにサクセストラップを避けつつ、一つの成功から次の成功へと組織を動かしていくか、という大きな話が凝縮されている。そして、それこそが私たちが伝えたいことだ。イノベーションストリームの観点から変化を捉えれば、経営者は組織アラインメントという概念を使って、破壊的な移行の中で組織を運営する方法を明らかにできることを紹介したい。

変革できる企業とうまくいかない企業が出てくる理由を解明する鍵は、組織文化が果たす役割にある。第4章では、この問題を直接取り上げ、組織文化がどのように競争優位性につながったり、変化に直面したときに競争劣位になったりするかを探っていく。リーダーの多くは、組織文化の重要性を認識しているが、実際にその取扱いや変革に成功しているケースは少ない。組織内のコントロールシステムとして働く文化がいかに組織アラインメントにおいて重要な要素になるのか、また、探索と深化ではそれぞれ異なるアラインメントや文化が必要になることを説明する。さらに、組織文化をマネジメントして変革するための五つの主要変数を明らかにし、両利きの経営を成功させるためには、リーダーが組織内で異なる文化をマネジメントしなくてはならないことを見ていく。

続く第Ⅱ部(第5章〜第7章)では、リーダーがこのアプローチを実行する際の苦労について、成功事例と失敗事例を挙げて詳しく説明する。これらの事例には細かな違いがある場合が多いが、いくつかの重要な一貫性が見られるので、両利き戦略を実行してトップに立つための要件について有益な教訓を導き出すことができる。

第5章では、全く異なる七社のリーダーがそれぞれ個人的なイノベーションのジレンマをどのように解決したかについて取り上げる。デジタルニュースからの挑戦に対応した新聞社(USAトゥデイ)、社内で画期的製品を生み出し競争優位性を高めた製薬会社(チバビジョン)、両利きの経営により社内ベンチャーを用いて新しいビジネスモデルを探索した大手電子機器メーカー(フレックス)、より幅広いヘルスケア・サービス会社になるために進化していった腎臓透析サービス会社(ダヴィータ)、従来の大きな組織構造では苦戦しつつも新技術の開発に挑んだエレクトロニクス会社(HP)、企業家精神を促す社内プロセスを開発した半導体メーカー(サイプレス・セミコンダクター)、コア技術を活かして新規事業を生み出し、新たな成長事業へと移行しつつある老舗ガラスメーカー(AGC)である。これらの成功事例を見ながら、両利き組織を設計するための三つの必須要素を突き止める。

第6章では、これらのインサイトをさらに広げて、IBMがかつて有機的成長であるEBO(新規事業機会)プロセスを生み出し、二〇〇〇〜〇六年に一五〇億ドル以上まで売上を伸ばした経緯を詳しく見ていく。また、同じような取組みで失敗に終わったシスコシステムズの事例も取り上げたい。これらの拡大版の事例は、第5章から学んだことを深く掘り下げてモデル化したものだ。重要なのは、他の組織のリーダーが利用できるテンプレートにもなることだ。

両利きの経営をシンプルにして他の環境に適用できるようにするために、第7章では「アイディエーション」(革新的なアイディアを生み出すプロセス)、「インキュベーション」(アイディアを検証する仕組み)、「スケーリング」(検証されたアイディアが新規事業として成功するために必要な資産や組織能力を獲得するうえで必要なアクション)という三つに分解して説明する。この三つのイノベーションの規律を考慮することで、なぜアマゾンのような企業が、宅配、映画制作、ヘルスケアなどの多様なビジネスに進出できたのか、なぜ半導体メーカーのインテルがこのアプローチを使って一〇億ドル規模の新規ビジネスを生み出そうとしているのか、その理由がわかる。この三段階のアプローチは、第6章で紹介するテンプレートと同様に、リーダーが両利きの経営の課題を実践的なステップに落とし込むのに役立つ。

第III部(第8章〜第10章)では、第II部の成功事例と失敗事例からの教訓も引きながら、自社を両利きにするために役立つフレームワークを紹介する。第8章では、両利きの経営を実現させるための構造的要件(何をしなくてはならないか)を整理する。ただし、これらは必要条件だが、十分条件ではない。両利きの経営では、実のところリーダーシップが試されるのだ。

第9章と第10章では、探索と深化に成功したリーダーの経験を踏まえながら、両利きの経営をどのように実行すればよいかを解説する。第9章では、広告、ソフトウェア、ヘルスケア、公共部門などの組織のリーダーがどのように両利きの経営という課題に取り組んだかを取り上げる。成功例と失敗例を引きながら、このアプローチで変革を成功させるために必要なリーダーシップスキルに関するガイダンスをいくつか示したい。

最後の第10章では、私たちが学んできたことをまとめて、最終的な組織戦略のフレームワークを紹介する。両利きの経営によって価値を付加できる場合と、このやり方が適さない場合とを考慮に入れながら、探索と深化の担当組織のマネジメントにおける文化的課題とリーダーシップ上の課題を中心に明確にしたい。ＣＥＯと経営チームがいかに両利きの経営を構想し、実行に移し、停滞する組織内で新たな成長を牽引できるかという全体の流れを説明していく。

ここで見てきた私たちの経験や証拠は、経営者にとってチャレンジングな図式だ。規模の大きな成功企業が驚くべき速さで失敗しかけており、実際に失敗する割合は増えている。しかし、耳寄りな話がある。本書でこれから紹介していくことは、一部の人にとって脱出のルートやインスピレーションの源となるだろう。そして何よりも、両利きの経営を通じて勝ち組に入り、イノベーションのジレンマを解決するためのロードマップになる。

Explore and Exploit

第2章

探索と深化

「神は、滅ぼしたいと思う者に四〇年の繁栄を与える」

——アリストテレス

2

本章のポイント

by Iriyama

この章では、サクセストラップ（成功の罠）について述べる。企業がサクセストラップに陥るメカニズムをアマゾンなどの事例を引きながら解き明かす。そのうえで、サクセストラップを回避する手段としての探索と進化の考え方を提示する。成熟企業でなぜイノベーションが起きないかを考えるうえでも、ぜひお読みいただきたい。

Keyword

- □ 組織アラインメント
- □ サクセストラップ
- □ 探索
- □ 深化

　これまでに紹介した事例は、成功企業がいかに陥穽にはまりやすく、市場と技術の変化に適応しきれないかを示していた。確かに物議を醸す話だが、変化を起こすことがこれほど難しい理由や、リーダーシップがこれほど大事な理由の説明としては物足りなさもある。

　この章では、成功が往々にして失敗につながる理由を示したうえで、思慮深いリーダーがこれを使えば自組織の失敗を回避できるという、シンプルなフレームワークを取り上げる。まずは、組織アラインメントが短期的成功の鍵となりうることを示すモデルから始めよう。続いて、この「サクセストラップ」（多くの場合、短期的な整合性を優先させて長期的な適合が難しくなってしまう）によって失敗の危険が増してしまう理由を解説する。そして最後に、アマゾンの事例を用いて、なぜ探索と深化とでは異なる組織アラインメントが求められるのか、リーダーがそこで起こる葛藤をどのようにマネジメントすれば、両利きの経営を推進できるかを探っていこう。

1 組織アラインメント——戦略との整合性をとる

マネジャーの仕事とは何か。そう尋ねて返ってくるのはたいてい、目標を明確に設定する、管理システムを設計する、業務を遂行するための組織構造とプロセスを確立する、資源を配分する、法令が遵守されるよう監視する、問題を解決するといった答えだ。リーダーシップでは、魅力的なビジョンを提供し伝達する、人々を刺激してやる気を引き出す、必要に応じて資源の再配分する、システムや構造の改変により組織変革を支援することが中心となる。

マネジメントは列車を確実に定時運行させることだとすれば、リーダーシップは適切な目的地に列車を確実に向かわせることだ。マネジメントは実践を、リーダーシップは戦略と変革を扱う。長い時間をかけて組織を成功へ導くためには、その両方が必要なことをほとんどの学者や実務家はすでに認識している。

しかし、実践とは実際のところどのようなものだろうか。実践の中枢にあるのは、組織アラインメント、つまり、人、公式の組織、文化によって戦略実行をしっかりと支えることだ。それをモデル化したのが図2-1のコングルーエンスモデルである。[1] 戦略と目標が明確になっていれば、目標達成に欠かせない成功の鍵(KSF[主要成功要因])を突き止められる。たとえば、自分の戦略をうまく実行するために、今後一年〜一年半の間にやるべきことを三〜四つ定める、といったことだ。そうやって具体化すれば、人、公式の組織、文化をうまく合わせるための検討が確実にできる。各要素（人、公式の組織、文化）を診断するには、以下の項目を考えてみよう。

どのような種類の人材やスキルが必要になるだろうか。

……………………………………

- 達成しようとすることが、当事者に明確になっているか。当事者にやる気があるか。
- 必要なときに適切な情報が得られるように、組織が構成されているか。
- 適切な項目を評価し、報酬を与えているか。
- 適切なモニタリングとコントロールシステムが整備されているか。
- 各自の目標達成に向けて、とるべき行動が共有されているか（つまり、ＫＳＦを支える文化になっているか）。これらの期待値が幅広く共有され、しっかりと維持されているか。

こうした問いに答えていくと、戦略を実行する方法において、組織の整合性がとれているかどうかを見極めやすくなる。調整がうまくいかない（たとえば、適切なスキルがない、あるいは、誤った評価基準を用いている）場合、首尾よく実行できる可能性が遠のく。

［１］コングルーエンスは調和や適合性の意。

図2-1　コングルーエンスモデル

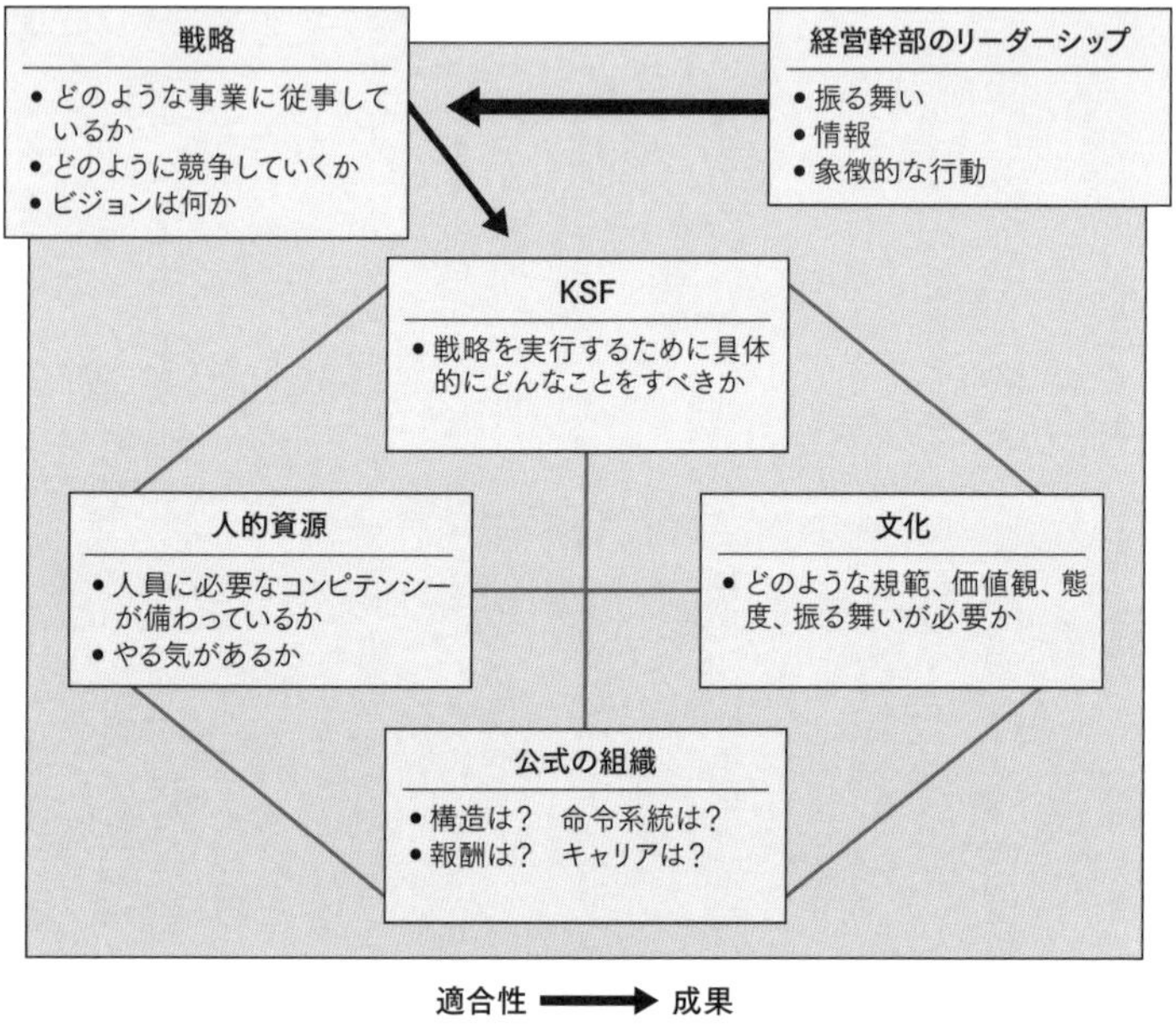
戦略
• どのような事業に従事しているか
• どのように競争していくか
• ビジョンは何か
経営幹部のリーダーシップ
• 振る舞い
• 情報
• 象徴的な行動
KSF
• 戦略を実行するために具体的にどんなことをすべきか
人的資源
• 人員に必要なコンピテンシーが備わっているか
• やる気があるか
文化
• どのような規範、価値観、態度、振る舞いが必要か
公式の組織
• 構造は？　命令系統は？
• 報酬は？　キャリアは？
適合性
成果

このフレームワークがどのように役立つかを示すために、仮にあなたが大きな成熟事業を運営しており、広く知られる技術や実績あるビジネスモデルを用いているとしよう。さらに、成熟事業では競争が激しいので、低コストで戦うという事業戦略を掲げている。

たとえば、インテルやトヨタの工場を思い浮かべてほしい。ここでのKSFは、(おそらく品質向上とリーン生産で)コストダウンを進めて効率性と生産性を高め、漸進型イノベーション(より速く、より安く)をめざすことだろう。そのために必要なのが、優れたオペレーション上の専門知識、規律のとれたアプローチ、迅速な問題解決、短期集中といったスキルだ。

また、効率性や生産性を向上させるために公式の組織で一般的に強調されるのは、漸進型改善に対する明確な評価基準や報酬制度、素早く学習し、改善された手法を実行するための短期的フィードバック・ループを備えた、機能的組織(製造、エンジニアリング、製品開発、営業、研究開発)である。これは「深化」にあたり、効率性、コントロール、確実性、バラツキの縮小に力点が置かれる。改善は、絶え間ない調整機能といえる。

低コスト戦略では、非効率性を最もうまく減らせる企業が勝つ。調整不足の場合(たとえば、緊急性の意識やチームワークがあまり見られない文化である場合や、自分の仕事を絶えず改善するスキルや意欲のない労働者がいる場合)、効率性で劣るため、ライバルに軍配が上がる。こうした世界におけるマネジメントの役割は、人、構造、文化の間の整合性を絶えず向上させることだ。

ここで、事業や技術の今後の行方が不確かな、新興企業のリーダーが直面する課題について考えてみよう。新しいソーシャルメディアの場合、全体としてめざす戦略はイノベーションと柔軟性をベースに素早く拡大することだ。成長、柔軟性、迅速なイノベーションがKSFとなるが、どのようなスキルが必要になるのだろうか。技術的なスキルが重要なのは明らかだが、素早く適応して動く能力も大切だ。技術や市場が不確実だとすれば、フラットな組織で、新規プロジェクトに迅速に対応できるようにしなければいけない。実際、フェイスブック(現メタ)のエンジニアには「速やかに動き、ぶっ壊す」ことが奨励されている。

成熟した組織では役立つ標準化とプロセスが、ここでは致命傷になりかねない。同じく利益率などの財務指標は、新規顧客数、最初のページだけ見てサイトから離脱してしまう直帰率、顧客維持といったトラックスケールほど役に立たない。スピードと柔軟性を推進する文化で求められるのは、自発性、実験、スピードだ。[1] これは「探索」を促すためのアラインメントであり、検索、発見、自律性、イノベーションが中心となる。

このようなケースでは、いくつか注意すべき点がある。第一に、アラインメントの方法はそれぞれ全く異なるが、特定の戦略をうまく実行するために調整しないといけない。効率性とコストに基づく競争で勝利を飾るのはたいてい、バラツキを減らし、漸進型イノベーションの促進に最も成功している組織だ。市場が急変する状況下で成功するためには、迅速な実験や適応が最もうまくできるようなアラインメントが必要になる。

第二に、アラインメントはマネジャーの主な役割だが、システムとプロセスを準備し、仕事を組み立て、みんなにやる気や責任感を持たせて、絶えず改善を促していくのは並大抵のことではない。

第三に、ある戦略で成功したアラインメントが、別の戦略には有害になることもある。そして、ここに障害が存在する――成熟した組織の成功に寄与したアラインメントが、新規事業にとって命取りとなりかねないのだ。同じように、新事業にとって効果的な組織アラインメントが、成熟事業を非効率的にしたりする。そして何よりも、企業戦略には有効期限がある。第1

図2-2　サクセストラップ

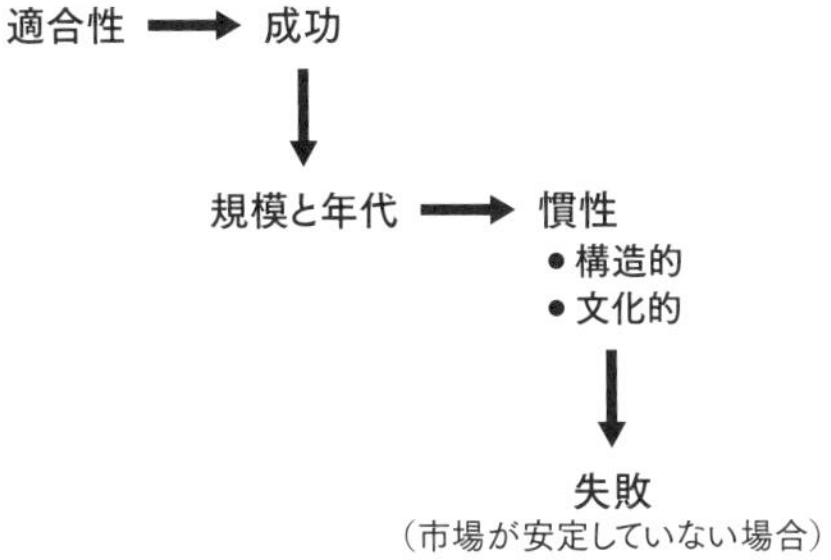

章のシアーズとブロックバスターの事例で見たように、ある時点で組織を成功に導いたアラインメントが、別の時点では危険にさらす元凶となるかもしれない。誇り高き伝統を持つ優良企業ほど、「サクセストラップ」と私たちが呼ぶものに対して、最も脆弱だったりするものだ（図2-2）。

たとえば、ドイツのソフトウェア大手SAPが中堅企業向け市場に参入しようとしたときのことを考えてみよう。一九七二年にIBM出身のエンジニア五人が創業したSAPは、世界中の法人顧客向けに、大規模なカスタマイズのERP（基幹系情報）システムを開発することで、華々しい成功を収めてきた。同社のソフトウェア・システムを使えば、在庫や原材料の管理から顧客関係管理や生産計画まで、あらゆるものを統合できる。SAPは二〇〇六年までに九四億ユーロにまで売上を伸ばし、ERP市場を席巻した。従業員数は約四万人を数え、競合するオラクルの三倍の規模を誇っていたのだ。

ところが二〇〇六年になると、SAPの株価は低迷する。アナリストやSAPの予測では、ERP市場の成長率は落ちるとされていた。しかも悪いことに、それでSAPの成長が鈍化すれば、投資家が期待する二〇一〇年の成長目標が未達となりかねない。

この不本意な現実に直面して、共同CEOのヘニング・カガーマンは戦略の見直しを命じた。その結果、既存のERP市場には成長機会が乏しいことが確認されたが、一縷の望みも見つかる。どうやら中小企業向けの市場に大きな成長機会がありそうなのだ。カガーマンはこれに気づき、SAPは「既存のERPソフトウェアを買っていない中堅企業という非常に大きな機会」に向けて取り組むことを発表した。(2) 二〇一〇年までに新規のSMB顧客を一万社獲得し、新たな成長で売上高を一〇億ドルにすると宣言したのである。

これを達成するために、SAPは新しい中堅企業向け製品として、オンラインで同社のソフトウェアにアクセスできる「SAP ByD(ビジネス・バイデザイン)」を導入した。高額のカスタマイズのソフトウェアを設計するのではなく、新製品はSaaS(サービスとしてのソフトウェア)の形態をとる。また、長文のサービス契約書に署名し、数百万ドルかけて戦略的なERPを実装するのではなく、サービスを利用した分だけ支払ってもらう。この新しいビジネスモデルは、大企業向けにカスタマイズの大規模システムを売る既存事業と並走させるように、明確に設計されていた。

ここで一歩下がって、この異なる二つの事業で必要とされる組織アラインメントについて、じっくりと考えてみよう。ERPのビジネスモデルの主流は大手法人顧客向けに、長い販売サイクルで、非常に高額の複雑なシステムを販売するというものだ。こうした統合型システムの設計や実装は非常に複雑で、高度なプログラミングやサービスのスキルが必要とされる。そして、まさにプログラミング課題が複雑だからこそ、そのソリューションを開発できる技術者がSAPに入社していたのだ。こうしたプロジェクトの運営に必要な公式の組織が拠り所とするのは、機能面での専門知識の深さ、慎重な計画や設計、長期の枠組みだ。SAPの文化は、この必要条件にうってつけで、細部までとことん意識することや、入念な計画やアラインメント、イノベーションに対する長期展望などが強調されていた。

対照的に、新しいSaaSのビジネスモデルで大事なのは、低利益率、短い販売サイクル、標準化された製品、ユーザー一人当たりの売上高、レスポンスの早さだ。イノベーションはSAP内のテクニカル・スタッフだけが担当するのではなく、パートナーを含めたみんなが担う。図2-3は、二つの事業で求められる組織アラインメントをまとめたものだ。これほど大きな違いがある中で、どのようにByDプロジェクトを展開していけるのだろうか。実行上の問題が最も起こりやすいのはどの部分だろうか。

中小企業向け事業への参入戦略は健全だったが、SAP全体の成長は二〇〇九年になると伸び悩み、ByD製品は頓挫しかけていた。共同CEOのレオ・アポテカーは、ByD製品の難しさについて次のように振り返る。「販売するのは、もはや技術ではない。ビジネスチャンスだ。(中略)同時に、人的資本から知的資本の販売へとコンサルティングのビジネスモデルを変

図2-3 SAPの組織アラインメント

ERPの設計

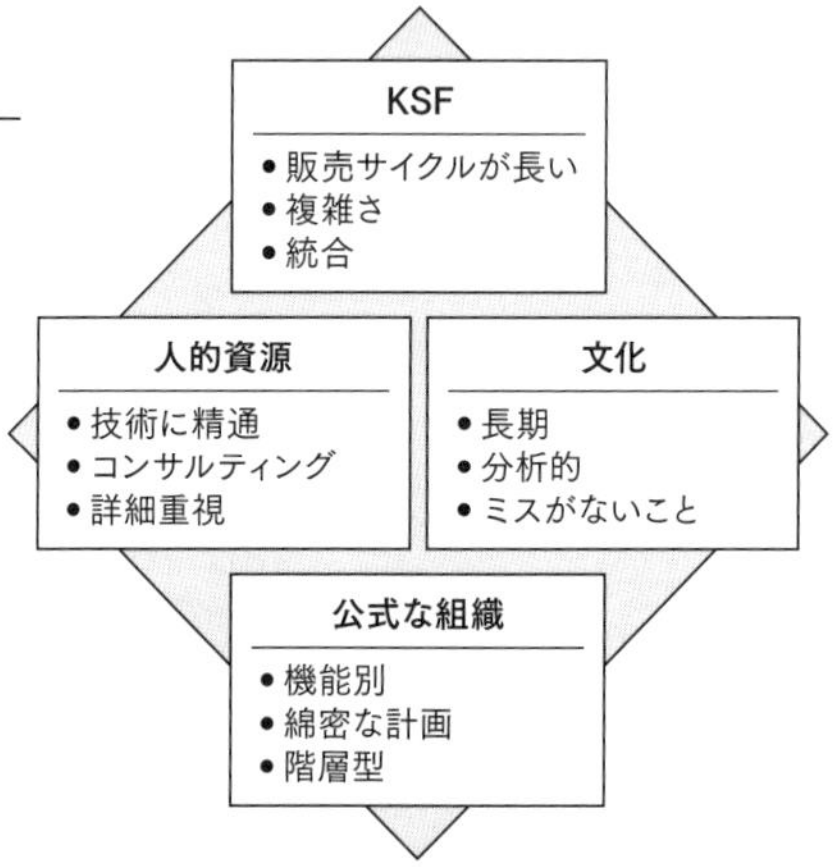

SaaSの設計

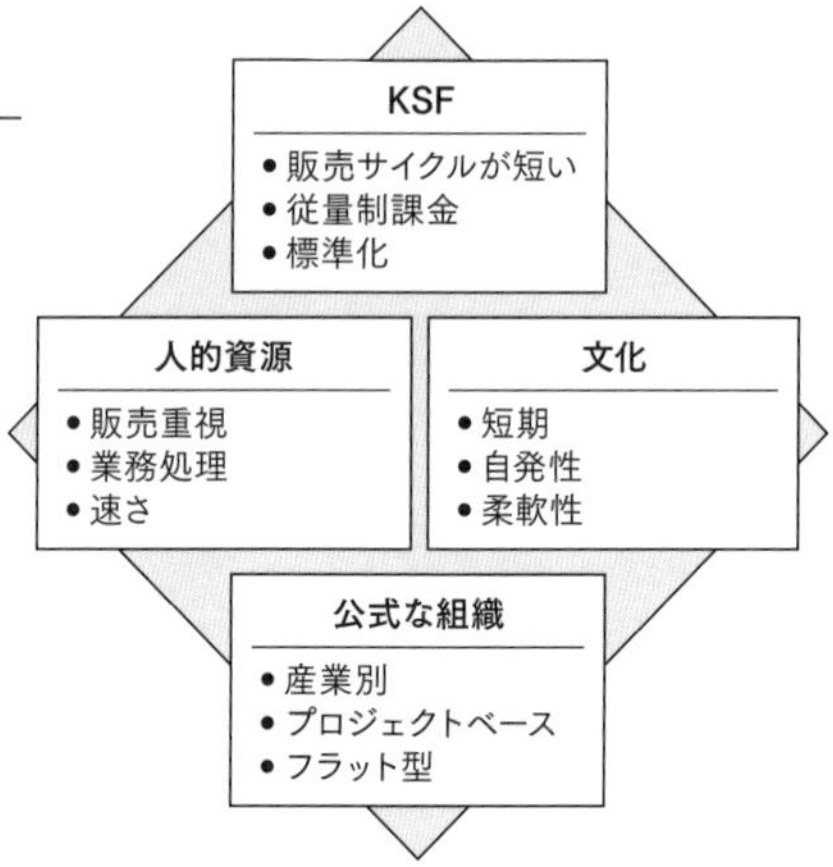

えつつある。そのためには、社内の人々の遺伝子構造を変えなくてはならない」[3]。ByD製品は技術的に成功していたが、組織の問題がその導入を阻んでいたのだ。

こうした問題によって製品の市場投入に支障が出ていた。SAPのテクニカル・スタッフの多くは、新サービスでは役不足で物足りないと捉えていた。そもそもSAPに入社したのは、小さなモジュールではなく、複雑な統合型のソフトウェア・システムの設計や構築がやりたかったからなのだ。営業部隊は営業部隊で、大型システムの売り込みに慣れており、小さなパッケージは売りたがらない。大手法人の顧客二〇〇社を担当するマネジャーの目には、安価なByD製品は、良くても邪魔なもの、悪くすると脅威に映っていたのだ。

これまでうまく回ってきた大きな機能別組織も、中堅企業向け市場で要求される迅速かつ柔軟なモデルを推進する助けにはならなかった。ところが、上級マネジャーたちは別組織を設置するよりも、部門横断型チームでこの新しいByD事業を運営しようとしたのである。

その結果はというと、二〇一〇年になると、顧客が購入する先はサクセスファクターズ、ネットスイート、セールスフォース・ドットコム、マイクロソフト・ダイナミクスなどの競合品となっていた。SAPの顧客は一万人の予想に対してわずか一〇〇〇人。売上高も一〇億ドルの予想に対して三五〇〇万ドルにとどまった。二〇一〇年二月、ByDプロジェクトが成功しなかったことも影響して、共同CEOのアポテカーは解任された。SAPは二〇一三年一〇月二〇日に、ByD製品のサポートを打ち切ることを発表している。損失額は三〇億ユーロと推定された。[4] 大きな成功事業が小さな事業をつぶしてしまったのである。

ByDプロジェクトは頓挫したが、SaaSとして販売するのは正しい戦略だった。二〇一一年一二月に、SAPは別の試みとして、HRクラウド・ソフトウェアを手掛けるサクセスファクターズを三一億ドルで買収し、二〇一四年にはさらに八三億ドルを投じてコンカー・テクノロジーズを傘下に収めた。その後に取得したアリバの資産と併せて、SAPの中小企業関連の資産をすべて新組織に統合している。新しいクラウド戦略を策定し、全顧客が社内システムとSaaS製品のどちらも利用できるハイブリッド型サービスとしてSAPのサービスを位置づけたのだ。

2

イノベーションを阻むサクセストラップ

ByDプロジェクトの息の根を止めた原因として、一つにはSAPが成功していたことが挙げられる。コダック、シアーズ、ブラックベリーなどの企業を苦しませたのと同じ病だ。その背後にある論理は油断のならないもので、注意を怠ればすぐに窮地に追い込まれてしまう。

たとえば、こんな具合だ。戦略はまずまずで、アラインメント機能のおかげで短期的に成功する。つまり、経営者は戦略を実行するために、適切な人材の獲得に奔走し、組織をきちんと整備し、評価や報酬の対象を適切に定め、KSFの達成につながる行動を促す文化を醸成する。これをやり遂げるのは簡単ではないが、うまくいけば調整力が働き、戦略実行が促され、企業は順調に成長していく。時間とともに組織が大きくなると、どのように微調整すればよいかをマネジャーは学び取り、より良い評価基準を開発し、学んだ教訓を新しい手順やプロセスに反映させ、より良い組織構造になる。コントロールや調和のとり方が向上し、装置を動かすのに必要なスキルが蓄積されるのだ。こうした変化はすべて組織の業績向上につながる。

ただし残念ながら、こうしてアラインメントが綿密であるほど、構造的慣性が生じやすくなる。成功に向けた構造、システム、プロセス、指標を開発しようと懸命に頑張ってきた人たちは、特に低収益事業に不確実な機会があるからといって、これまでに築き上げてきたものを変えたがらないのだ。

規模や構造的慣性とは別に、成功している組織は長く存続していく中で、規範がつくられ、成功にかかわる行動について期待値が設定される。ある行動をとれば、ステータスや認知の面で公式にも非公式にも報いられる。一方、別の行動をとれば、周囲から眉をひそめられ、罰せられることを、人々は学んでいく。規範を守る人が出世し、新規採用では企業の期待値に合った能力を持つ人が選ばれる。[5] この社会的なコントロールシステムや文化的な適合は戦略実行に役立ち、企業の成功に貢献する。そのことが残念ながら「文化的慣性」にもつながり、一層変えにくくなるのだ。
こうしてパラドックスが生じる。公式なコントロールシステムのアラインメント（構造や指標など組織的ハードウェア）と、社会制御システム（規範、価値観、行動など組織的ソフトウェア）は、戦略をうまく実践するうえできわめて重要だ。しかし、そのせいで組織的慣性も醸成され、明らかに脅威に直面しているのに変革が難しくなってしまう。このためマネジャーは短期的に、懸命に組織を戦略と合わせようとする。外部環境が比較的安定していれば、これが組織の成功と生き残りの鍵となるのだ。

ＳＡＰの場合、顧客が大規模なＥＲＰシステムを使って自社事業を運営している限りにおいては、アラインメントを通じて成功を推進することができた。しかし、成熟市場とクラウドサービスが出現し、仕様に応じて課金するＳａａＳという新しいビジネスモデルを前にすると、これまで自社を成功に導いてきた、まさにその調整力のせいで危険にさらされることになった。リーダーが必死に培ってきた構造的、文化的な慣性によって突然、新しいビジネスモデルの実行や適用ができない状況になってしまうのだ。

第１章に挙げた企業を思い出してみれば、この落とし穴がどれほど一般化し、知らぬ間に広がっていくかがわかるだろう。たとえば、組織論研究者のメアリー・トリプサスとジョヴァンニ・ガヴェッティが行った詳細な事例研究からも、ポラロイドが破綻する前、多数の新しいデジタル画像処理のコンピテンシーを培っていたのに、既存プロセスが厳格で、経営陣が新しいビジネスモデルを実行に移せなかったがために、自社のイノベーションをうまく商業化できなかったことがわかる。[6]

コダックも同じ轍を踏んだ。エレクトロニクス分野で素晴らしい技術を持っていたのに、フィルムや写真にこだわったがために、衰退市場から抜け出せなかった。「コダックは、フィルムと競合するものは何であれ、戦おうとする抗体を開発したようだ」と、同社を救済するために投入された、ある上級マネジャーは嘆く。[7]

コダックは偉大なブランド、研究開発、製造、素晴らしい売上総利益率を誇っていたが、階層的な文化と完璧な製品設計を強調してきたことが、新しいビジネスモデルの新規事業へと移行するには災いした。SAPと同じく、コダックではさまざまな部門がバラバラに新しい脅威に対処しようと取り組んだため、焦点がぼやけ、資源が分散されてしまったのだ。

コダックの案件を手掛けたことのあるコンサルタントの一人は、「富士フイルムと違って、コダックは決して顧客重視の企業ではなく、マインドセットを全く変えられなかった」と指摘する。

対照的に、コダックの直接的なライバルである富士フイルムは異なる対応をとった。同社CEOの古森重隆によると、両社とも同じ脅威に直面していたという。「問題は、そこで何をするかだ。（中略）技術的に言うと、すでに豊富な経営資源があったので、それを新規事業に転換させる方法があるはずだとわれわれは考えた」[8]。富士フイルムは、カメラや機器だけでなく、化粧品、液晶パネル、医薬品開発にも界面化学の専門知識を応用した。同社は今日、コダックの二〇倍の規模になっている。

サクセストラップが企業の直面する問題の根本原因だとすれば、どうすればこのジレンマを克服できるのだろうか。その答えはいたって簡単だ。戦略とアラインメントの関係と、それが時間とともにどう変化するかを理解すればよい。前述のとおり、戦略が変われば、必要な組織アラインメントも変わってくる。成熟市場やある戦略で競うために必要なことは、別の市場や戦略で戦う場合に必要なこととはまるで違う場合もある。

このような探索と深化の違いに関する過去四〇年の研究結果を踏まえると、サクセストラップへの答えは、複数の組織アラインメントを管理する必要性をマネジャーが認識すること。言い換えると、両利きの経営をすることだ[9]。企業と戦略の進化に伴って、アラインメントのとり方も進化させなくてはならない。企業の初期段階に必要でも、成長段階には不要かもしれない。成長期にうまくいったことが成熟期には役立たない場合もある。図2-4は、この進化における課題を表したものだ。

探索段階では、新しい事業コンセプトとビジネスモデルの実証、市場セグメントと顧客の特定、実行に必要な組織能力の開発がKSFとなる。組織アラインメントで重要なのは、スピード、自発性、適応力だ。これは通常、こうした環境を好む人々を雇用し、フラットでかつ学習する組織を維持し、成長や顧客獲得を評価や報酬の対象とし、実験と機敏さを重視する文化を

図2-4　組織の進化

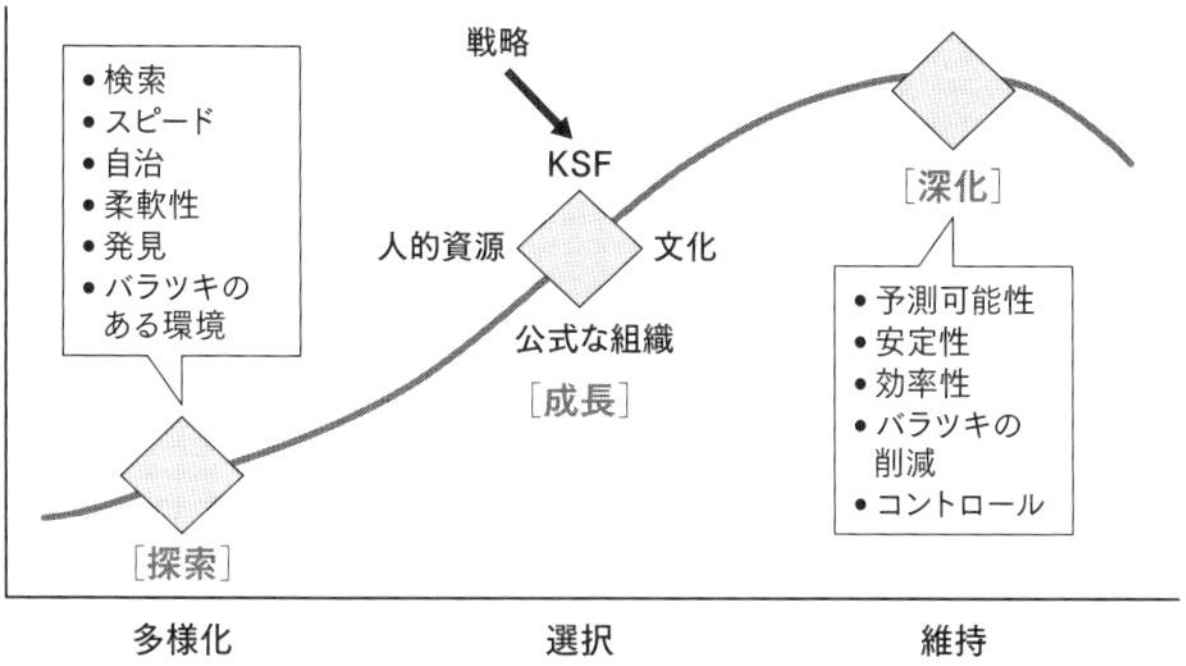

醸成することを意味する。

組織が順調に成長し始めると、広範な製品サービスの提供、効率性の重視、利益率と市場シェアの評価などへと力点は移っていく。この段階になると組織はプロセスと手順を確立し始め、より厳格な評価と管理を行い、より公式な構造が確立される。

成功して市場と技術が成熟してくると、競争基盤はコストや効率性に移ることが多い。KSFも効率性と漸進型改善となる。組織アラインメントはより中央集権的になり、標準化される。プロセス管理が中心となるにつれて、人々は専門知識を深めていく。生産性の向上やライン拡張によって何とか成功にこぎつけるのだ。

比較的安定した市場や技術の場合、こうしたアラインメントはおおむね漸進型の変化とともに長い期間をかけて起こることが多い。[10]世界の古参企業の多くはこのパターンに当てはまる。たとえば、日本の建設会社の金剛組は五七八年に創業され、寺院や神社の建設や修理を専門に手掛けてきた。[11]

宿泊業、食品生産、特殊金属加工、小売、鉱業、天然資源などの分野でも、同じように非常に古い企業が見つかる。北米最古の企業は小売業のハドソンズ・ベイ・カンパニーであり、三五〇年にわたって存続してきた。これらの業界は何世紀にもわたって変化してきたが、そのほとんどが（革命ではなく）進化の形をとってきたので、漸進型の打ち手で適応することができた。

図2－1のモデルが示すように、こうしたシフトは同時ではなく順番に起こった。たとえば、エクソンモービルのルーツをたどると、一八七〇年にスタンダードオイルとして発足している。その後、動乱や再編の時期をいくつも経ながら、一九九九年に現在の形となった。石油の探索、採掘、精製、販売にかかわる技術は大きく変化したが、同社の基本的ミッションは変わらない。今日のエクソンモービルは一八七〇年当時の姿とはすっかり様変わりしているが、同社が目の当たりにした変化のほとんどは徐々に起こったので、戦略、構造、文化を同時に変える必要はなかった。[12]ただし最近では、非化石燃料の需要が高まる中で、同社が将来においても成功できるかどうかについて懐疑的な見方がある。[13]

エクソンモービルが過ごしてきた長い時代とは異なり、今日の世界は漸進型の変化だけではなくなっている。その証拠に、変化のペースが格段に速い。たとえば図2－5が示すように、携帯電話、インターネット、コンピューティングの技術浸透は、前世代の技術変化（電気、自動車、電話など）よりもはるかに速く進行してきた。電気と電話の世帯普及率が五〇％に達するま

図2-5　組織変化のスピードが加速している

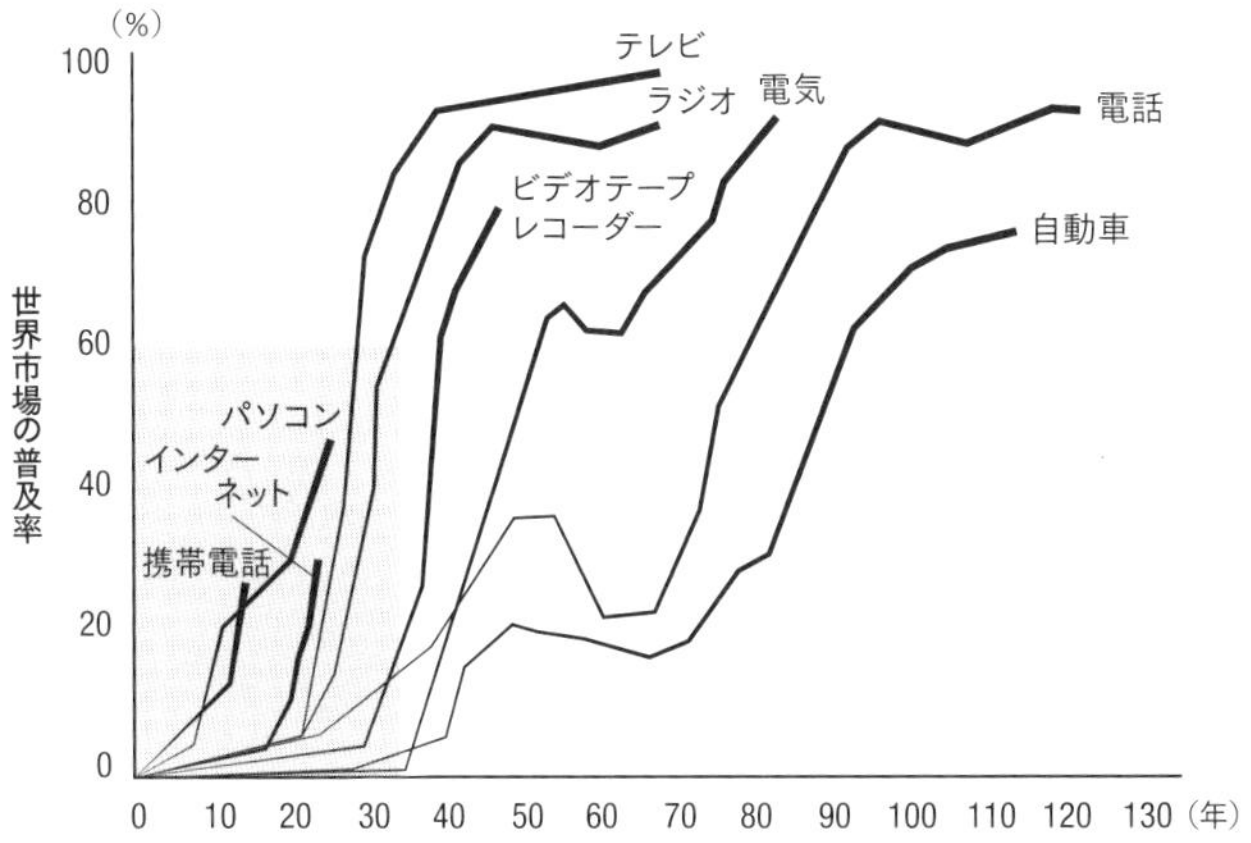

出所：IBM資料から作成。

でに五〇年以上かかったが、インターネットは一四年、携帯電話はわずか一〇年だ。人工知能や機械学習がどのくらいのスピードで普及するのかについては知るよしもない。

　こうした変化に伴い、大企業の失敗率が急上昇している。以前であれば、経営陣は数十年かけて自社を軌道修正していくことが多かった。しかし、もはやそうもいかない。今日の経営者にとって、新しい能力を開発するか、崖っぷちに追い込まれるか。手を打つために残された時間は、ほんの数年かもしれない。

　こうした世の中で生き残っていくためには、さらなる深化が求められる。そして、ここでリーダーの出番だ。リーダーは既存の資産や組織能力を深化し、今日の収益源である成熟事業で競争しながら、新規事業を探索して未来の市場に備えなければならない。図2－4をもう一度見てほしい。複数の事業がそれぞれのペースで成長や成熟段階を経ていく様子を見守っているのが、成功しているリーダーの姿だ。

概念的には、戦略が違えば組織アラインメントも違ってくる理由はすぐにわかるが、これを実際に機能させることは非常に難しい。この課題を詳しく見ていくために、ある成功企業の事例を引こう。この企業は二〇年間、オンライン小売業、ウェブサービス、ビデオ制作、電子ハードウェアなどさまざまな市場で競争しながら、小さなスタートアップ企業から、年商三八〇〇億ドルの巨大企業へと成長を遂げてきた。

3 アマゾンの探索と深化のモデル

ジェフ・ベゾスは一九九四年にアマゾン・ドット・コムを法人化し、「地球上で最大の書店」として宣伝した。翌年七月に同サイトはサービスを開始している。一九九六年、アマゾンの売上高は一六〇〇万ドルだったのに対し、競合大手のバーンズ・アンド・ノーブルとボーダーズの売上高は、いずれも約二〇億ドルにのぼった。

そこから早送りして二〇年後、従業員数は全世界で一三〇万人以上になった。書籍や音楽、玩具、電子機器、宝石、スポーツ用品、生産財、おむつ、衣類、食品、ワイン、家具、美術品など幅広い商品を扱い、三八〇〇億ドルを売り上げている。二〇一三年、アマゾンの売上高は二二%増だったのに対し、ウォルマートは二・二%増にとどまった。売上五〇〇億ドルを達成するのにアマゾンが要した期間は一六年間で、これはウォルマートの半分に相当する。

マッキンゼーの調査によると、競合する小売大手五社と比べて、アマゾンの取扱商品数は約七倍。価格は五〜一三%安く、顧客満足度は一三%高い。また、アマゾンは売上高の六%を研究開発費に充てているが、これは他の小売業者の三倍にのぼる。そうこうするうちに、ボーダーズは破産を申請し、バーンズ・アンド・ノーブルは従業員を解雇し、店舗を閉鎖し、プライベートエクイティーファンドに買収された。アマゾン関連の最近の書籍には、アマゾンは「何でも屋」になったとの文言があった。(14)

しかし、アマゾンが成し遂げてきたことを表そうとすると、こうした比較ではいくつかの点で控えめすぎるだろう。アマゾンは今日、オンライン小売事業者をはるかに超越した存在になっている。同社が有力テック企業として提供しているクラウド・コンピューティングのプラットフォーム(アマゾン・ウェブ・サービス)を使えば、ターゲットなどの小売業者から、野球のメジャーリーグなどの非営利団体、ノバルティスなどの製薬企業、CIA(中央情報局)などの政府機関に至るまで、幅広い組織がオンラインビジネスを展開することができる。

また、他社の製品の保管や配送を代行する流通サービス会社(フルフィルメント・バイ・アマゾン)、動画配信会社（アマゾン・インスタント・ビデオ）、エレクトロニクス・ハードウェア会社（キンドル、アレクサ）、アップルやネットフリックスと競合する動画コンテンツ制作会社（アマゾン・スタジオ）、書籍の出版（キンドル・ダイレクト・パブリッシング）も手掛けている。技術系コンサルティング会社のガートナーの推測によると、アマゾン・ウェブ・サービスのコンピューティングパワー（処理能力）は、ＩＢＭをはじめとするクラウドサービスの同業他社一四社の五倍にのぼるという。

自社で在庫を持たずに、イングラムなどの取次店から本を仕入れるオンライン書店が、どうして二〇年で世界屈指のテック企業に転身できたのだろうか。これから説明していくように、書籍販売から幅広い商品へ、自社製品の販売から他の小売業者向けのオンライン売り場へ、物販からフルフィルメントセンターへ、流通サービスからクラウドサービス、動画配信、コンテンツ制作へと移行していった背後には、リーダーシップと両利きの組織のストーリーがある。アマゾンのリーダーたちは、効率性や漸進型改善が重視される小売や物流などの成熟事業を深化するのと同時に、既存の資産や組織能力を使って、柔軟性と実験が第一に求められる新領域の探索を行うことができた。

アマゾンがどのようにこうした変革を成し遂げたかを見ていくと、既存の資産を活用しながら新しい機会を探索することで、絶えず自社を再発見してきた方法も明らかになる。私たちの考察では、アマゾンは三段階の進化を遂げてきた。表2－1はアマゾンの進化の概要とイノベーションを整理したものだ。

表2-1 アマゾンのイノベーション

フェーズ1（1994～2000年）

1	探索	インターネット書店
2	深化	顧客の意思決定に役立つ書評を提供
3	深化	数量の増加に対応して倉庫を建設
4	深化	フルフィルメント・テクノロジーに投資
5	深化	マーケティング用のアフィリエイト・プログラム
6	探索	SWATチーム……音楽とDVD販売へ
7	深化	パートナーシップ（アマゾンの倉庫で他の小売業者の製品を保管し出荷）
8	深化	幅広い商品のフルフィルメントに向けたより高度な技術
9	探索	オークションでイーベイと競争
10	探索	ドットコム企業への投資（ペッツ・ドットコムなど）

フェーズ2（2001～05年）

11	深化	他の小売業者向けプラットフォームを開設
12	深化	物流を組織能力の中心に定めて、能力向上に努め、 他の小売業者にもその能力を提供可能にする
13	探索	アマゾンプライム……会員への無料配送

フェーズ3（2006年以降）

14	探索	カリフォルニア州パロアルトに子会社A9（検索エンジン）
15	探索	広告サービス（クリックリバー）
16	探索	クラウド検索（MTurk）
17	探索	カリフォルニア州クパチーノのラボ126で消費財を開発
18	探索	動画配信（アマゾン・インスタント・ビデオ）
19	探索	開発者向けプラットフォーム（アマゾンEC2）
20	深化	シンプル・ストレージサービス（アマゾンS3）
21	探索	クラウド・コンピューティング（アマゾン・ウェブ・サービス） ……EC2やS3などのプログラミングを組み合わせたもの
22	深化	製品カテゴリー拡充のための企業買収（ザッポス、ダイパーズ・ドットコムなど）
23	探索	映画や番組制作（アマゾン・スタジオ）
24	深化	メーデー……新様式のカスタマーサービス
25	探索	アマゾン・スマートフォン（ファイアフォン）
26	深化	ツイッチ（ゲーム配信）
27	探索	アマゾン・ゴー（リアル店舗）
28	深化	ホールフーズ
29	探索	アマゾンケア
30	探索	ズークス（自動運転タクシー）

◆フェーズ1　書店からオンライン・スーパーストアへ（一九九四〜二〇〇〇年）

アマゾンのCEOでインターネットの破壊的可能性をいち早く見出したジェフ・ベゾスは、最初にオンライン小売業のアイディアを思いつき、どの商品カテゴリーがインターネットで最もよく売れるかを考えた。

ベゾスのビジョンは、顧客とメーカーの間の仲介者となり、世界中のほぼすべての種類の商品を販売するインターネット会社になることだった。買い手が自分の購入するものを正確に理解しており、かつ、オンラインで売りやすい商品はどこにあるのか。これにぴったり当てはまる日用品として、彼の目に飛び込んできたのが書籍だった。従来のモデルでは、出版社が書籍をつくり、中間業者である取次店を経由して書店に供給される。インターネット書店はこのビジネス全体を破壊する可能性を秘めていた。

ベゾスが最初に導入したのは、ウェブサイト（アマゾン・ドット・コム）で書籍を宣伝し、顧客が本を注文すると、アマゾンが取次経由で本を購入し、顧客に配送するモデルだ（最初のイノベーション）。このモデルの素晴らしさは、自社では在庫を持たずに膨大な選択肢を提供し、未払い費用を含んだ営業差益が生じるところにある（アマゾンの顧客は本の配送前に支払うが、卸売業者との決済は月末締めである）。アマゾンはそのおかげで、どんな実店舗で持つよりもはるかに広範な品揃えで商品を提供できるようになった。

ベゾスの哲学は、物販で儲けるのではなく、顧客の購買決定を手伝うことで儲けるというものだ。この哲学は今日でも健在だが、これが第二のイノベーションに結びついた。すなわち、書評（レビュー）の提供である。最初のうち、社内エディターが書評を作成していたが、すぐに顧客が自分で書き込むようになった。こうした書評は他の顧客の書籍選びの参考になるために価値が付加され、ウェブサイトの成功につながった。一九九六年の時点で、二〇〇〇年までに約一億ドルを達成するとしていた目標売上高は大きく上振れして、一六億ドルを記録した。

初期の成長によって在庫や配送で混乱が生じると、倉庫設備（第三のイノベーション）や格段に高度なフルフィルメント技術（第四のイノベーション）に投資を行った。アマゾンで扱う書籍を他のウェブサイトにも推奨してもらおうと、アフィリエイト・プログラムを用意し、アマゾンのサイトに顧客を誘導した推薦者に料金を支払うことにしたのだ（第五のイノベーション）。ここからアフィリエイト・マーケティングとして知られる数百万ドルの事業が誕生している。

一九九七年、物流能力を高めるために、ベゾスはＳＷＡＴチーム（専門部隊）を発足させた。オンライン販売の際に在庫が減っている商品を特定したり、配送しやすくするためだ。この探索活動をきっかけに、アマゾンは音楽やＤＶＤ販売も展開していった（第六のイノベーション）。この期間中、アマゾンは他の小売業者とパートナーシップ契約を結び、オンライン販売や出荷の代行も始めている（第七のイノベーション）。たとえば、イートイズと在庫管理、物流、オンライン販売などの取扱いについて契約を結び、基本的に販売や出荷を一手に引き受けるようになった。

アマゾン経由で保管・出荷される商品の種類や量が増えるにつれて、アマゾンのフルフィルメントセンターにおける規模や複雑さも増していった。これを機会と見て新設したのが、ますます高度な技術を装備したフルフィルメントセンターだ（第八のイノベーション）。ベゾスはスタッフに、小さな物（書籍や宝石）から大きな物（産業用掃除機や生産財）まで、あらゆる種類の商品の取扱いが可能なフルフィルメントセンターを設計するよう指示した。

アマゾンの進化に伴い、ベゾスは常に本業以外の探索でリスクをとることに力を入れてきた。しかし、この期間中に取り組んだことがすべて成功したわけではない。オークションでイーベイと戦おうとする試み（第九のイノベーション）は失敗した。新技術を探索するために行った数々の買収も同様である（たとえば、コスモコムやペッツ・ドットコムへの出資）（第一〇のイノベーション）。

こうした投資の多くは短期的に失敗したが、なかには最終的にアマゾンが新分野へと移行するための組織能力の開発に役立ったものもある。たとえば、オークションでイーベイと競争しようとする試みは空振りに終わったが、そのときの技術をプラットフォームの一部に用いて、他の小売業者向けオンライン市場を提供したところ、成功事業となっている。DVDの郵送レンタルサービスを手掛ける欧州企業に投資したことも、後のアマゾンのプライム会員プログラムの基礎を成す、きわめて重要なソフトウェア関連の組織能力を獲得するのに役立った。

ベゾスは顧客経験を高める改善を徹底的に重視し、自社のバリューの中で明確に打ち出してきた。それは、顧客中心に考えることへのこだわり、倹約の精神（飛行機ではビジネスクラスに乗らない）、行動重視、オーナーシップ、社内政治の禁止（他の人のアイディアを横取りしない）、事実に基づいて反論するスタイル（パワーポイントの使用を認めず、提案とアイディアは六ページ以内の文章にまとめる）、といったものである。

ベゾスの戦略は短期的な収益性よりも、フリーキャッシュフロー（ＦＣＦ）や市場シェアを増大させる長期的見解に立って意思決定することを重視している。「利益率は最適化の対象ではない。私たちが望んでいるのは、一株当たりＦＣＦの絶対額を最大化することだ。（中略）ＦＣＦは投資家が使えるものだが、利益率は使えない」[15]

ベゾスの考えでは、小売業者は二つのタイプに分かれる。より高い料金を取る方法を探す小売業者と、より安くする方法を見つけようとする小売業者だ。アマゾンが常にめざしてきたのは後者であり、「きわめて低い利益率で、私たちは常に非常に心地好く事業運営を行ってきた」という。[16]

アマゾンの売上高は二〇〇〇年には二七億ドルとなり、書籍販売から、ベゾスの言葉を借りると「探せば買いたいものが見つかる場所」へと変貌を遂げた。漸進型改善（より優れた物流、ミスのないピッキングと出荷、短い注文時間）に絶えず投資し、品揃えを拡充してきたが、それは新領域を探索したり、次の変革の準備となる一連の組織能力を養うためにも役立ったのである。

◆フェーズ2　オンライン・プラットフォーム（二〇〇一〜〇五年）

二〇〇〇年代前半までに、アマゾンは自前の商品を販売するだけでなく、他の小売業者がそれぞれの商品を販売できるオンライン・プラットフォームも提供するようになっていた。たとえば、玩具メーカーのトイザらスのプラットフォームとなって、同社のウェブサイトを運用している。トイザらスの在庫品をアマゾンの倉庫に保管し、出荷や配送手配を代行するのだ[2]。

アマゾンは他の小売業者にもこのサービスを提供することで、類を見ない品揃えとなり、実店舗を展開する競合他社が持たない高度な電子商取引スキルを磨き続け、他の小売業者から売上に応じて手数料収入も得られるようになった（第一一のイノベーション）。

アマゾンの手法は、商品の売上状況を細かく見守り、商品カテゴリーの動向を学び、十分な在庫があればその商品がひとりでに売れ始めるというものだが、これが正のスパイラルを生み出した。つまり、低めの価格と幅広い品揃えのおかげで、より多くの顧客がアマゾンのサイトを訪れる。顧客が多くなればなるほど販売数量が増え、さらに多くのサードパーティーの販売業者がアマゾンのサイトに魅力を感じるようになる。こうした事業者は手数料収入を払ってくれるうえ、アマゾンのフルフィルメントセンターやサイト運営用のサーバーなどの固定費の負担軽減にも貢献する。こうして効率性が高まると、さらに値下げができるというわけだ。

二〇〇二年、アマゾンは成長を続け、物流の組織能力を向上させるために投資をしていった。その中で、物流はコモディティなのか、コアコンピタンスなのかという重要な戦略的な問題が浮上した。コモディティだとすれば、なぜ投資するのか。サードパーティーのベンダーが持つ機器やソフトウェアをただ利用すればよいではないか。こうした議論を踏まえた判断は、アマゾンが本当に顧客に価値を提供するつもりなら、物流は組織能力であるべきだ、というものだった。アマゾンはこの考えに沿ってすべてのソフトウェアを書き換え、物流改革に取り組むことになる(第一二のイノベーション)。この強化された新しい組織能力により、購入品が届く日時を顧客に具体的に約束できるようになった。

この時点で始めたのが、時間に敏感で、そのために追加料金の負担を厭わない顧客を対象とする新サービスだ。こうして誕生したアマゾンプライムは、毎年七九ドルを払った顧客には、アマゾンで購入した全品について二日間以内の無料配送を保証する(第一三のイノベーション)。最初のうち、どのような財務分析を行っても、アマゾンプライムは赤字という結果になった。会員になるのはヘビーユーザーだけではないかという懸念もあった。しかし、ベゾスの見方は違った。「七九ドルが重要なのではない。ことの本質は人々の心理を変えることにあり、よそでは買い物をしなくなるだろう」(17)

---

〔2〕トイザらスは二〇一八年三月に米国内の全店を閉鎖し、事業を清算。

アマゾンプライムによって、顧客は会員としての恩恵を最大限に享受したいという衝動に駆られ、アマゾンにどっぷりと依存するようになった。サイトでの購入額は平均して二倍に増えた。顧客はより多くのカテゴリーにまたがって購入するようにもなり、それによってさらに多くの売り手がアマゾン向け商品を取り揃えるようになったのだ。

これにより営業レバレッジ[3]が大きくなり、アマゾンの資産からより多くの儲けが生まれ、利益率が向上した。また、アマゾンプライムから「フルフィルメント バイ・アマゾン」という新しい機会も生まれている。これは、売り手がそれぞれの商品を、アマゾンのフルフィルメントセンターに預けてそこから出荷されるというもので、やはり営業レバレッジが利く。アマゾンはサードパーティーの売上から手数料を受け取る。自社インフラを使って売上が得られるので、自社で商品を売るよりも儲かる。

このようにして、アマゾンの売上高は二〇〇四年に六九億ドルに達した。オンライン小売業者から、他の小売業者向けのプラットフォームへと再び転身を果たしたのである。その間に、自社の取扱商品の品揃えも拡充し、新商品カテゴリーに関する顧客インサイトをつかみ、何よりもファンのロイヤルティを強固にした。

◆フェーズ3　クラウドサービス・プロバイダになる（二〇〇六年以降）

分権化と独立した意思決定は、アマゾンの哲学の柱となってきた。ベゾスの見解では、「階層構造では十分に変化に対応しきれない」という。問題に最も近い人々が問題解決に最も適した立場にあると、彼は信じているのだ。アマゾンでは、「ツー・ピザ・チーム」(ピザが二枚あれば、みんなに十分に行き渡るくらいの少人数のチーム)をつくり、それぞれがソフトウェア開発者、事業担当者、設計スタッフなどを抱えている。「こうした分権化はイノベーションに重要だと思う。なぜなら、そのほうがつくろうとするものにより近いところにいるからだ」[18]

ベゾスは、常に本業以外でリスクをとれるよう支援してきた。たとえば、独自の商品検索エンジン(当初は失敗に終わり、その後、売却した)を開発するために、カリフォルニア州パロアルトに別組織(A9)をつくった(第一四のイノベーション)。また、広告サービス(クリックリバー)を立ち上げ(第一五のイノベーション)、困難な問題を解決するために人工知能やクラウドソーシングの活用(MTurk)を探求する研究所(第一六のイノベーション)に資金を投じている。カリフォルニア州クパチーノにあるラボ126は、アレクサやエコーといった消費者向け製品の開発拠点だ(第一七のイノベーション)。

ラボ126のグループはキンドルを開発し、二〇〇六年にはアマゾン・インスタント・ビデオを生み出した(第一八のイノベーション)。アマゾンプライム会員は無料でその一部を利用する

[3] 売上の変化に対する利益の感応度。

ことができる。一見すると、これらは全く異なる取組みだが、アマゾンがオンライン小売業向けの技術プラットフォームになるために必要な組織能力を養うという共通の目標がある。

この種のイノベーションの取組みの一つが、南アフリカのケープタウンで行われた独自のITプロジェクトだ。プログラマーのジョン・デールツェルをリーダーに、ITプロジェクトに遅延が生じるボトルネックを解消しようとする試みから始まった。デールツェルのチームは、これらのプロジェクトのコードベースを基本的な構成要素に減らし、開発者がアマゾン・サーバー上であらゆるアプリケーションを動かせるようにしたのだ（第一九のイノベーション）。「EC2」と名づけられたこのサービスは、もともと社内の開発スピードを上げるために設計されたものだが、誰もがすぐに社外開発者にも役立つことを理解した。これが、シンプルなストレージサービス（S3）として知られるプロジェクト（第二〇のイノベーション）や他の社内ソフトウェア・アプリケーションと統合して、現在のアマゾン・ウェブ・サービス（AWS）へとつながった（第二一のイノベーション）。

AWSは基盤となるソフトウェア、ハードウェア、データセンターを、「開発者と企業がウェブサービスを使って、高度でスケーラブルなアプリケーションを構築するために」設計されたサービスとして提供する。有力ベンチャーキャピタリストで、アマゾンの社外取締役でもあるジョン・ドーアは、このプロジェクトを知ったときに余計なことだと感じて、良い顔をしなかった。

しかし、ベゾスは彼の意見に耳を貸さなかった。アマゾンがこの数兆ドル規模の市場で、おのずとコスト優位に立てると考えていたのだ。AWSは今日、六〇億ドルの売上高を生み出し、急成長中の独立したクラウドサービス事業となっている。『ウォールストリート・ジャーナル』の報道では、AWSは一日で、他の事業を上回る売上を創出できるだろうと推測された[19]。

アマゾンは新領域へと移行し続け、衣類や生鮮食品などの新カテゴリーを追加し、ザッポスやダイパーズ・ドットコムのような好調なオンライン企業を買収し(第二二のイノベーション)、オンライン配信サービスを増やした。また、映画制作のアマゾン・スタジオには一〇億ドルを投じた。新しい脚本や映画を制作し、それをアマゾン・インスタント・ビデオで配信しようというのだ(第二三のイノベーション)。アマゾンには、一万作以上の長編映画の脚本や二七〇〇件以上のパイロット番組の売り込みがあったという。こうした脚本やシリーズは、アマゾンの伝統に則って、書籍と同じ要領で会員によってレビューされる。消費者のテレビに簡単に動画配信できる新しいセットトップボックスに取り組んでいるとの噂もある。

二〇一三年には、キンドルでの新サービスとして「メーデー」も開始した(第二四のイノベーション)。これは、遠隔サポート、ビデオ・チャット、動画映像を組み合わせた新しい形でカスタマーサービスを提供しようというものだ。二〇一四年に、アマゾンは自社のファイアフォンを売り出し、スマートフォン事業にも参入した(第二五のイノベーション)。さらに、ゲームをライブ配信するツイッチ(第二六のイノベーション)も買収している。

二〇一五年には独自の小売店「アマゾン・ゴー」の実験に乗り出し（第二七のイノベーション）、続く二〇一七年にはホールフーズ・マーケットを買収（第二八のイノベーション）。最近では、ヘルスケア分野への参入を探索し、オンライン薬局のピルパックを買収し、遠隔医療を活用したバーチャル・ヘルスケア・プログラム「アマゾンケア」や一次医療クリニックのヘイブン[4]を立ち上げた（第二九のイノベーション）。また、自律走行ができるロボタクシーを製造するスタートアップのズークスを買収した（第三〇のイノベーション）。

このようにして新しい市場や商品を絶え間なく追求する中で、「意図的なダーウィン理論」という文化をアマゾンは築いてきた。それは、顧客中心に考えることへのこだわり、行動と絶え間ない実験、倹約、直接的なフィードバック、継続的な結果測定を重視する文化だ。一部の人が指摘するように、こうした競争的な環境には大きなストレスがつきもので、みんながみんな魅力的に感じるわけではない[20]。しかし、そのおかげでアマゾンは、配送のような成熟事業で抜きん出た存在となり、動画配信などの新規事業で実験することができるのだ。

4

探索と深化に向けた戦略と実行

このように歴史を簡単に振り返ってみると、アマゾンが二〇年の間にいかにさまざまな変革を成し遂げてきたかが明らかになる。同社のストーリーは、企業が既存の組織能力と市場を深化しつつ、新しい組織能力や市場を開拓している典型例だ。

アマゾンの意思決定は、顧客中心に考えることへのこだわり、低価格、長期展望を重視する一連のコアバリュー（基本的価値観）によって推進されてきた。「長期志向になれば、顧客の利益と株主利益は一致する。短期で見れば、必ずしもそうではない。（中略）発明には長期のアプローチが欠かせない。というのは、その途中で多くの失敗を経るからだ。（中略）常に二〜三年で重要な財務結果を見ていく必要があったとすれば、私たちが行ってきた最も有意義な活動の一部は決して始められなかっただろう。たとえば、キンドル、ＡＷＳ、アマゾンプライムなどがそうだ」とベゾスは言う[21]。

アマゾンの戦略を説明する際にベゾスが指摘するのは、顧客志向を打ち出す企業は多いが、そのほとんどがそうなっていないことだ。その理由として、「企業はスキルを重視する。新しい分野に事業を広げようと考える際に、最初に考えるのは『なぜこれをやるべきなのか。自分たちにはその分野のスキルがない』ということだ。すると、企業の寿命は有限になってしまう。というのは、世の中は変わっていくため、かつては最先端スキルだったとしても、すぐに顧客

〔4〕二〇二一年二月に事業終了。

には不要なものとなるからだ。それよりも『自社の顧客には何が必要か』から始まる戦略のほうがはるかに安定している。この問いを考えてから、自社のスキルとのギャップを調べていくのだ[22]」。

このアプローチは、「本業に専念せよ」「コアコンピタンスに集中せよ」といった従来の戦略上の教えを無視したものだ。むしろ、短期の漸進型イノベーションを活用しながら、資源や経営陣の支援を探索に振り向けて、長期的な成功に向けた組織能力を重視している[23]。ベゾスいわく、「オペレーションをより効率的により低コストにするといった細かなイノベーションは日々大量に生まれている。(中略)その反対側では、キンドル、AWSとアマゾンプライムのような大型イノベーションもある[24]」。

両利きになることの必要性と、大企業にはそれを支援する機会がある点について、ベゾスははっきりと同意している。「素晴らしい点の一つは、私たちが今では、短期の財務報告に重要な影響を及ぼさずに、非常に大規模な実験に耐えうる規模になっていることだ[25]」。キンドルの例からわかるように、アマゾンはこうした実験のいくつかが短期的に既存事業とカニバリゼーションを起こすことも厭わないのである。

第7章で詳しく見ていくように、アマゾンで探索と深化を同時に進めるアプローチが成立しているのは、単に企業戦略によるものではなく(戦略は明らかに重要だが)、主にこのアプローチを実行するために組織アラインメントを図るリーダーの手腕によるものだ。一歩下がって、アマゾンの戦略を成功に導いてきた要素を抽出すると、次の五つが鍵となると思われる。いずれもリーダーシップに跳ね返ってくることだ。

第一に、顧客と低価格に重点を置くことにより「何でも屋」をめざすという、ベゾスの「全体的な戦略的意図」がある。この野心的な志によって、ありとあらゆる商品を保管し出荷する組織能力に絶えず投資することが正当化される。フェーズ1（一九九四～二〇〇〇年）では、書籍に必要なレベルをはるかに超える、大規模かつ高度な倉庫の建設に踏み切る根拠となった。

同じくこの意図に促されて、顧客経験に関する既存の組織能力について実験を繰り返し（幅広い品揃え、迅速な配達、効率性の向上など）、社内的に、また必要があれば買収を通じて、新しい領域の探索を続けていった。「より多くの実験ができるように、実験のコストを引き下げようとしてきた。実験の数を一〇〇から一〇〇〇に増やすことができれば、創出されるイノベーションの数は大幅に増える」と、ベゾスは語る。

第二の点は、「企業のミッションとバリューが非常に明確」になっており、トップダウンでもたらされた「共通のアイデンティティ」があることだ。アマゾンが「顧客志向であることの証しとして、業界全体や世界中でレベルを引き上げる」ことに、どれほどひたむきであるかを示す卑近な例としては、株主向けのアニュアルレターを見ればよい。

ベゾスは毎年、自社のミッションと、消費者に低価格で提供するために着実に取り組んでいることを繰り返し伝えるために、最初の一九九七年のレターを添付する。この全体的な価値観は、同社の戦略的ビジョンと相まって、アマゾンの全く異なる部分を一つにまとめる接着剤となっている。

第三に、舵取りをする人間はベゾスだけではない。アマゾンには「非常に足並みの揃ったシニアチーム」が存在し、彼らにはベストの結果を出すことが求められている。「誰かを雇用するたびに、その人が次の雇用者のレベルを引き上げなくてはならない。そうすれば、全体の人材プールは常に向上していく」という。このプロセスの一環として、上級職の選考プロセスには「バーレイザー」(基準を上げる人)と呼ばれる社内資格者が関与することがはっきりと定められている。バーレイザーの明白な役割は、確実に品質や文化面で適合する人材を確保することである。

アマゾンのリーダーたちは、反対意見も戦わせながら意思決定を行うが、ひとたび決まったことにはとにかく全力を注ぐ。この点について、残酷で共感に欠ける空気を醸成すると見る人もいれば、最高のものを求める取組みだと受け止める人もいる。[26]

第四には、アマゾンは探索的なイノベーションを追求するとき、通常は「両利き組織の形態」で、小規模で(多くの場合)地域別に分かれたユニットで探索活動を行う。複数レベルでのリーダーシップが鍵となるため、こうした分権型アプローチで権限を移譲し、結果について説明責任を持たせようというのだ。

コミュニケーションを増やす必要があるとすれば機能障害の兆候だと、ベゾスは主張する。

それはみんなが有機的な形で取り組んでいないことを意味するからだ。このように構造的に分離させれば、部門横断型チーム内で探索と深化を並行して進めるときには達成しにくいレベルの集中や強度が可能になる。その一方で、これらのチームを本社の部門にとどめておくことで、アマゾンならではの資源にもアクセスできる。

第五として、アマゾンのリーダーシップには、探索と深化を同時に行うときに生じる特有の「葛藤を許容する能力」と、破壊的変化を追求し続ける勇気がある。ベゾス自身の取組み姿勢がそれを体現している。たとえば、そのせいでアマゾン本体の商品の売上を損なうことになったとしても、ウェブサイト上に競合品を掲載するように強く求めた。また、アマゾン自身のシューズ販売サイト（エンドレス・コム）と直接競合するにもかかわらず、ザッポスの買収に踏み切ったのも同様だ。

キンドルのせいでハードカバー本の売上が減るとしても、新しい組織能力（ハードウェア開発など）を培うために投資を行い、こうした取組みに社内で最も優秀な人材を起用した。利益が足りないと株主が不満を表明しても、ベゾスは研究開発投資を維持してきた。早期の失敗に対して懐疑的な意見が出てきても、新商品カテゴリー（生鮮食品など）の探索を続けてきたのだ。こうしたことから、ぶれることなく顧客と長期展望に全力を尽くしていることがわかる。

ベゾスは語る。「ゆっくりと安定的に進んでいけば、時間とともに、どのような挑戦にも食らいついていける。（中略）私がすべてのアイディアを持っているわけではない。それが私の役割ではない。私の役割は、イノベーションの文化を構築することだ」と。[27]

◆結論

戦略の実行とは適合性のある組織にすることだ。適切な人材を配置し、意思決定者が正確な情報を得られるような構造にし、適切な対象を評価して報奨を与え、ＫＳＦを満たすために必要な行動を促進する文化を持つことが重要である。それを達成するのは、マネジメントにとって難しい仕事といえる。

しかし皮肉なことに、この章で見てきたように、破壊的変化に直面すると、ある事業の成功につながった組織アラインメントが、新規事業ではうまく働かない場合がある。アマゾンの事例が示すように、リーダーの役割は今日の利益をもたらす成熟事業で競争すること、そして、組織の未来を確保する事業を探索することの両方をこなすことにある。そのやり方は、次章で取り上げる。

Achieving Balance with Innovation Streams

第3章

イノベーションストリームとのバランスを実現させる

「生き残るのは、最も強い種でも、最も賢い種でもない。最も敏感に変化に対応する種である」

——チャールズ・ダーウィン

3

本章のポイント

by Iriyama

サクセストラップに陥った企業の事例として、失敗したシアーズと、両利きの経営を果敢に行ってきたボール社、富士フイルムとを対比させながら、イノベーションの類型化に役立つイノベーションストリームとVSR（多様化・選択・維持）メカニズムを解説している。前章をさらに深く理解したい方には、お勧めの章である。

Keyword

- □ 多様化
- □ 選択
- □ 維持
- □ イノベーションストリーム
- □ イノベーションのジレンマ

第2章で説明したように、変化に直面した組織が生き残るには、リーダーは相矛盾する二つの重要なことをやってのけなくてはならない。それは、継続的な漸進型のイノベーションや変革を通じて、既存の資産と組織能力を深化すること。そして、既存の資産と組織能力が新規参入者に対する競争優位性となりうる新しい市場や技術を探索することだ。

その際に問題になるのが、成熟事業が激しい競争の中で成功するのは困難なため、経営陣の資源や注意がすべてそちらに向かいやすいことだ。新しい事業やビジネスモデルを用いた実験は逸脱行為である、もしくは、既存事業ほどの売上高や利益率につながらないと見なされることが多い。そして、選択する場面になると、深化に過剰投資し、探索に過小投資する傾向が見受けられる。

しかし、すでに見てきたように、一部の企業はこの困難極まりない状況を巧みに切り抜け、時間とともに進化を遂げてきた。たとえば、二六〇年前に炭鉱業から始まったGKNは今日、年商一三〇億ドルの宇宙航空と自動車の会社となっている。一八八六年に滅菌包帯製造から始まったジョンソン・エンド・ジョンソンは、今や医薬品、医療機器、消費財などの製品ポートフォリオを持ったグローバル企業だ。一九三七年創業のトヨタ自動車は自動織機メーカーから始まった。ノキアは一八六五年に製紙会社として、ニューコアは一九〇五年に自動車メーカーとして、ハリスは一八九五年に印刷機メーカーとして発足した。こうした企業と、失敗に終わった何千社との違いはどこにあるのだろうか。運が味方した部分があるにせよ、各社のマネジメントや適応能力に依るところも大きいはずだ。

この章では、探索と深化のバランスのとり方について理解を深めるのに役立つフレームワークを紹介する。その説明として、まずは一四〇年以上の歴史を持つ二社の進化の道筋を追っていこう。

このような事例は、探索と深化に関する脅威や機会を知る窓となり、リーダーシップの課題を具体化するのに役立つ。技術あるいは市場が変化すると、求められる組織的な調整がどのくらい異なるのか。また、大きな変化に直面すると、リーダーがいかにサクセストラップに陥りやすいかについても言及したい。このフレームワークを使うと、先に挙げた失敗事例についても説明できる。また、概念レベルではわかりやすくても、探索と深化を実践するのが難しい理由も明らかになるので、リーダーにとって秩序立てて考えながら、未来の成功に向けて準備するための実践的な方法となる。

1 シアーズ――成功からの凋落

一九七二年、シアーズは米国GDPの一％を占めていた。全米世帯の過半数がシアーズ・クレジットカードを持ち、米国人の三人に二人が、三カ月に一度はシアーズの店で買い物をするような状況だ。大型店が約九〇〇店、小型店は約二六〇〇店。株価は二万ドル。シアーズに長年勤務していると、退職する頃には大金持ちになっている人も多かった。一九七三年、当時の会長のゴードン・メトカーフは、シカゴにシアーズタワーを建設している。一一〇階建てのビルは当時、世界一の高さだった。それから一〇年後、シアーズは倒産寸前で、シアーズタワーは意気消沈した従業員から「メトカーフの最後の構造物（勃起）」と呼ばれていた。

表3－1を見ると、この無残な凋落ぶりがわかる。シアーズは一九七〇年に売上高が約三〇〇億ドル、従業員数は四〇万人以上と、小売業で絶大な力を誇っていた。米国最大手というだけでなく、当時二位のJCペニーの四倍もの規模である。それが二〇〇〇年のランキングでは、シアーズはかろうじて一三位に名前があるが、順位は下がるばかり。翻って、一九六二年創業のウォルマートは、一九七〇年時点では売上高三一〇〇万ドル、従業員数一五〇〇人だったが、二〇一二年にはシアーズの一三倍の規模となっていた。

表3-1　米国大手小売業ランキング

	1970年	現在
1	シアーズ	ウォルマート
2	JCペニー	アマゾン
3	Kマート	クローガー
4	ウールワース	コストコ
5	マクローリー	ウォルグリーンズ
6	グラント	ホームデポ
7	ジェネスコ	CVS
8	アライド	ターゲット
9	メイ	ロウズ
10	デイトン・ハドソン	アルバートソンズ

二〇〇五年、業績低迷に歯止めのかからないシアーズは、エドワード・ランパートが率いる大手ヘッジファンドのESLインベストメンツに買収された。ESLは以前、破綻したKマート・チェーンも買収している。[1] 買収された後も、シアーズの既存店の売上高は年々下降を続けた。(1)「シアーズ――米国が買い物をしない場所」という見出しをつけた記事まであった。(2) 二〇〇八年、エール大学で開催されたCEOサミットでは、「シアーズを立て直せるか」という質問に、参加者の六〇%が「いいえ」と答えている。(3) 二〇一八年一〇月二三日、シアーズは破産申請して徐々に整理を進め、その後、次々と店舗が閉鎖された。

このストーリーから痛いほど伝わってくるのは、リーダーが自社の成功を持続させることがいかに難しいかということだ。シアーズは一九二〇年代に、未来を危うくする最初の大きな脅威に直面したが、見事に試練を乗り切った。一九七〇年代にも全く同じような脅威に直面し、そしてついに経営破綻に追い込まれた。なぜ、どのようにそういう状況になったのかがわかれば、企業が長く存続するために何が必要か、また、なぜ企業がこうも失敗しやすいのかが垣間見えてくるだろう。

◆成功のストーリー

シアーズの創業は一八八六年である。当時二三歳だったリチャード・W・シアーズは、ミネソタ州ノースレッドウッドでセントルイス鉄道の電信技師だったが、あるときふと、金張りの懐中時計を通信販売してみようと思いついたのだ。[4] 彼は早速、一二ドルで時計を仕入れ、仲間の電信技師に一四ドルで売り始めた。当時、店で同じものを買えば、二五ドルもした。リチャードが非凡だったのは、全品に返金保証をつけることで、面識のない人から実物を見ずに買うことに対する抵抗感をなくしたことだろう。

こうして誕生した事業は全米最大の小売店へと発展する。一〇年も経たないうちに、リチャードは新たにパートナーとなったインディアナの時計職人のアルヴァ・ローバックと一緒

[1] 正確には、二〇〇三年にESL傘下に入ったKマートホールディングスが二〇〇五年にシアーズを買収した。

に商いで成功していた。扱う商材は、クリームセパレーター（乳脂肪分離機）、自転車、服、玩具、ピクルス（二四種類）、工具、「消化、薬物中毒、吃音、難聴、愚行」用の治療薬など多岐にわたった。[5]

当時、ほとんどの米国人（約七〇％）は地方の田舎町に住んでおり、店に行こうにも満足な交通手段がなかった。[6] そんな中で、文明と洗練さに触れる機会となったのが、シアーズのカタログである。何しろ品揃えが豊富で、価格も安く、古き良き雑貨店でワンストップ・ショッピングのように買い物ができるのだ。こうしてシアーズは「世の中で最も安い供給業者」を自称し「米国の農家の人たちの仕入れ係」となることで、一九一〇年までに小売の一大帝国を築いていった。

一九二〇年代に、シアーズは最初の危機に見舞われた。不況で農家がつぶれ、シアーズのカタログ事業の業績も悪化したのだ。そこで、元陸軍将校のロバート・ウッドがＣＥＯに任命されたが、彼の頭を占拠していたものがある。それは、農家から都市へと人口が移っていることを示す統計データだ。ここから洞察を得た彼は、この人口移動がシアーズの未来にどのような影響を及ぼすかを見抜いた。また、自動車の台頭によって新しい移動手段が登場し、人々の買い物の仕方が変わることも予測していた。

ウッドは、一九二五年に革命的な動きに出る。シアーズの変革に乗り出し、地域のカタログ配送センターを店舗へと転換したのだ。店舗開設によりカタログ販売とのカニバリゼーションが起こると、社内では反対の声や不満が生じたが、ウッドはそれを押し切って移行を進めていった。一九二九年までにシアーズの店舗数は三〇〇店以上に増え、全売上の四〇％以上を占めるまでになった(7)。

ウッドは自動車の重要性が増すことを見越して、すでにデパートが進出している駐車しにくい都市の中心部ではなく、郊外や町外れに出店することも命じた。こうした場所は駐車場に困らないし、物件価格も安い。その後さらに、人口が増えていた西部地域にも出店を始める。この動きは見事に当たり、続く五〇年間の最も重要な成功要因となった。

これから見ていくように、企業が長期的に存続し、繁栄するうえで核心となるのが、ウッド将軍のようなリーダーが、組織の既存の資産を再構成して新しい機会をつかむ能力を持っていることだ。シアーズの例でいうと、カタログ配送センターを店舗に変えて、新規事業に参入する能力である。両利きの経営——既存事業の深化(カタログ販売)で競争しながら、新規事業を探索する(独立した店舗)ことができれば、変化に直面しても組織は生き残っていける。

一九三二年までに、新店舗からの売上高がカタログ販売を追い抜くようになった。郊外地域が発展すると見越して、新たな出店場所にしたのが町外れの農場や果樹園である。シアーズが店をつくると、コミュニティができた。シアーズは顧客が必要とするものは何でも率先して販売し、顧客の懐に余裕がなければ割賦販売で提供する。全米の何千軒ものプレハブの家まで届けた。

新しい中間層のニーズが農機具から自動車、新しい家へと変化するにつれて、品揃えも変えた。家電製品や、タイヤの「オールステート」シリーズなどの自動車部品を売り始めたのだ。こうした商品の売上拡大に伴って、自動車保険や生命保険も扱うようにした。

また、サプライヤーとのネットワークをてこ入れし、長期にわたる協力関係を築き上げた。有名な逸話がある。ウッドはあるとき、破綻しかけた機関車製造会社のCEOに電話をかけ、冷蔵庫製造に転向するよう勧めた。ここから誕生したのが、米国有数の家電メーカーとなったワールプールだという。

シアーズはその後、キューバ（一九四二年）、メキシコ（一九四七年）、カナダ（一九五二年）など海外に展開していく。ウォルマートは安価で良品を売るというアイディアを推進してきたが、そのはるか前にシアーズがすでに同じことを行っていたのだ。

この五〇年に及ぶ拡張期に、シアーズのビジネスセンスは称賛の的となった。ピーター・ドラッカーは、「ビジネスが何たるか、経営が何たるかを、これほどよく表す例はない」と述べている。[8] 一九五〇年代初め、小売取引で支払われる五ドルのうち一ドルはシアーズの会計カウンターで支払われていた計算だ。米国人の二〇人に一人が、シアーズもしくは同社のサプライヤー（何千社にものぼる）で働いていたとする推計もある。[9]

一九六〇年代半ば、小売大手となったシアーズは、マスコミから「米国の巨大小売会社」や「小売の鑑」と呼ばれていた。一九六三年にシアーズの店舗で扱っていた何千品目もの商品の半分が、一〇年前には店で買えなかったものだ。一九六八年、シアーズは三一の製造会社の全部もしくは株式の一部を保有するようになり、その名は工具のクラフツマン、洗濯機のケンモア、電池のダイハードに引けをとらない優れたブランドとなっていた。ピークに達した一九七二年、シアーズは四〇万人以上の雇用を創出していた。

◆失敗のストーリー

しかしその後、衰退が始まる。一九七〇年代になると、一九二〇年代と同じく、人口動態の大きな変化に再び直面した。[10] 郊外への大移動や、冷蔵庫や洗濯機への飽くなき需要など、長く続いた第二次世界大戦後のブームは落ち着き始めていたのだ。自宅にシアーズ製品を揃えたいと思う若いブルーカラー世帯は減っていた。シアーズに代わる新しい専門チェーンストアや、Kマートなどのディスカウントストアが出現し、低価格の商品が手に入るようになっていた。しかも、こうした新しいチェーンストアのほとんどは、シアーズと同じショッピングモール内にあり、顧客は価格を比較できる。

今回は一九二〇年代と違っていた。シアーズの経営陣は断固たる行動をとれず、議論に明け暮れているうちに出遅れてしまったのだ。しかも彼らが選択したのは、新しいライバルの専門店に低価格で対抗するのではなく、オペレーションの集中管理だった。新店舗の備品は基本に立ち返ることを重視し、シアーズ商品の広告に人気ファッションモデルのシェリル・ティーグスを起用するなど、変革に乗り出すのではなく、身をかがめて効率性の向上に励むことを重視した。シアーズの経営陣は、一九二〇年代のように既存事業（カタログ販売）と新規事業（郊外の小売店）で競争するのではなく、一九七〇年代は守りに入って、目の前の人口動態の推移を無視することにしたのだ。

ドナルド・カッツが広範な企業史研究の中で見てきたとおり、シアーズの「経営陣が教わってきたのは、どう変化すべきかではなく、どう成長すべきかの一辺倒だった」[11]。シアーズは尊大になっていた。ある重役は当時、「シアーズは競争に備えたりしない。ナンバーワンはシアーズ。ナンバー2も、ナンバー3も、ナンバー4もシアーズだ。自社の売上を四等分しても、二番手の競合よりもまだ大きいのだから」と豪語していた[12]。別の重役も「今やっていることをもう少しうまくやれば大丈夫だ」と発言している[13]。シアーズに長年勤めてきた経営幹部たちで構成された取締役会は、すっかり内向きになっていたのだ。

一九七八年までにシアーズの事業運営費用は、無情にも全社の売上高を超える水準に達しつつあった。一九七三年から七八年にかけて、シアーズの支出額は四〇％増加し、利益率は半減する。四〇万人以上の従業員を抱え、コスト過剰に陥っていた。経営陣がしきりに自社を救済するには何が必要かを議論するうちに、社内では意見の対立が生じていた。ある重役は「私たちは二〇年間、戦略を持たず、圧政的な官僚主義をのさばらせ、その犠牲になってしまった」

と指摘する。[14] シアーズは一九八〇年を迎えられないだろうと思っている重役もいた。シアーズの輝かしい歴史がシアーズの終焉を招いたのだ。

一九八〇年四月に、家族三代にわたってシアーズで働いてきたエド・ブレナンが社長に就任した。長年にわたって会長を務めてきたエド・テリングと一緒に、ブレナンは数々の全面的な変革を行った。第一に、早期退職制度で上位一五〇〇人の管理職のうち六〇％を削減した。

第二に、テリングの旗振りでサービスを多角化し、オールステート保険の経営に加えて、ディーン・ウィッター（証券業）、コールドウェル・バンカー・リアルエステート（不動産業）を買収した。一九八〇年代には、オールステート保険の従業員数は四万人を数え、シアーズは金融大手となっていた。テリングはシアーズブランドの「信用度」を活かして金融サービスへと積極的に移行することで、新規顧客を生み出そうとしたのだ。

テリングの壮大な構想では、シアーズの顧客はコールドウェル・バンカーから家を購入し、ディーン・ウィッターで住宅ローンを組み、シアーズで家具を揃え、オールステートで家財保険を掛けることができる。こうした買収によりシアーズは、当時、世界最大の小売業者、第二位の損害保険会社、最大手の不動産仲介会社、第七位の証券会社となった。さらに、テリングはシアーズ・ワールド・トレードを設立し、輸出会社として「シアーズと世界のために新会社を発明する」ことをめざした。[15]

一方、ブレナンは「未来の店」を標榜し、既存店の九〇〇店のオーバーホールに着手した。

店舗をより魅力的なショッピングの場にしようと試みたのだ。取材でターゲットやウォルマートなどのローコスト経営の小売業者との競争戦略について尋ねられると、ブレナンはこう答えている。「ディスカウント市場について、私は五年間かけて勉強してきた。シアーズの名前をつけないチェーンを始めることも検討したが、むしろ『未来の店』でいくことにした。私たちにとってディスカウントは後回しでかまわない」[16]

皮肉にも、シアーズにはプライスクラブ(現コストコホールセール)を買収する機会があったが、同社の重役の何人かが指摘したように、「一〇年遅すぎた」[17]。一九九二年、シアーズは売上高五二〇億ドル、損失三九億ドルを計上する。損失額の七五%を占めていたのは、販売部門(シアーズの店舗)だった。そして、一九九三年にカタログ事業から撤退した。

じりじりと下降し続ける中で、シアーズは二〇〇五年に、かつて破綻したKマートを買収したESLインベストメンツを率いるエドワード・ランパートに買われることになる。市場は当初、シアーズを若返らせる機会だとして歓迎した。この合併の評価をめぐって、「売上ではなく、収益性が重要だ。縮小するかもしれないが、(中略)より優れた戦略があれば安定感が増し、ウォルマートとも競争できるようになるだろう」と前向きな批評をする人もいれば、「シアーズの家電製品にKマートやジョーボクサーのアパレル用品を追加したところで、どの企業も上向きはしない」と懸念するアナリストもいた[18]。

短期的には、ランパートはコスト削減を遂行した。しかし、あるアナリストが指摘したように、「ランパートが注力したのはコスト削減策だけで、販売促進策はほとんど講じなかった」。シアーズの店舗への設備投資は、ターゲットやウォルマートの四分の一未満であり、ランパートは「つぶれかけたシアーズの店に資金をつぎ込むのを嫌がった」と指摘するアナリストもいる。その結果は予想どおりで、既存店の売上は合併後に毎年下がり続け、シアーズの株価はS&P500を一九%ポイント下回った。同社の業績を追跡してきたあるアナリストは、「シアーズは出口のない袋小路に追い詰められている」と評している。[19]

シアーズの経営陣は、ベスト・バイ、ホームデポ、ターゲット、ウォルマートの脅威に対抗するための革新的な方法を探す代わりに、新規事業で漸進型の改善を続けた。たとえば、シアーズ・ホームライフ、ウエスタン・オート・サプライ、ツール・テリトリー、ザ・グレート・インドアーズ、シアーズ・エッセンシャルズなどがそうだ。

脱モール型のシアーズ・グランド・セントラルや、オンラインを使ったマイゴーファーも手掛けている。マイゴーファーは、買い手がオンラインサイトで注文すると、倉庫で商品を受け取れる仕組みだ。[20]しかし、そのほとんどが腰の引けた取組みで、ことごとく失敗に終わった。

経営陣が犯した過ちは、成功している脱モール業態の戦略が新しい看板名で展開していることに気づけなかったことにある。市場が劇的に変化する中で、リーダーたちは漸進型イノベーションに頼りきっていた。古くからのショッピングモール事業と新しい大規模小売店事業の両方で競争する方法を、全くもって見つけ出せなかったのだ。

結局のところ、シアーズの最終価値はその清算価値に見て取れる。推計によると、シアーズの資産価値は一五〇～二〇〇億ドルだ[21]。ケンモア、クラフツマン、ダイハードなどのブランドは、他の小売業者にライセンス供与している。一三〇店舗を展開していたファッション性の高いアパレルブランドのランズエンドは売却された。

ランパートは小売畑の人間ではなく、ヘッジファンド・マネジャーだ。彼がKマートの買収で大成功したのは、Kマートの格安の不動産を売却したことによる。

◆成功のパラドックス

なぜシアーズは失敗したのだろうか。学者やコンサルタントが後から振り返って、そこに至った理由を断定するのは簡単だ。ロシアの文豪レフ・トルストイが不幸な家族について語った有名な言葉になぞらえれば、どの事業の失敗もその事業ならではの形をとり、単純な答えでは決して状況の複雑さを捉えきれない。しかし、ピーター・ドラッカーが指摘するとおり、「すべての失敗は経営者の失敗である」。企業のリーダーには、確実に新しい脅威を察知し、組織の既存資産を再構成して新しい機会を捉える責任がある。これが、組織のリーダーが果たすべき役割の本質なのだ。

シアーズの年代記が示すように、リーダーはサクセストラップに陥りやすい。安定した環境では、戦略、構造、人、文化の適合性がとれていることが事業の成功につながる。シアーズは原型となったカタログ事業でシステム、プロセス、構造を構築し、それによって急成長を遂げ、主に田舎の顧客基盤を対象にすることによって繁栄してきた。一九二五年にシアーズのCEOに就任したロバート・ウッドは、米国の人口が町へ移動していることに気づき、この新興成長市場を相手にするために出店を始める。社内の抵抗は大きかったが、彼は店舗販売へと自社を転換させた。伝統的なカタログ事業の「深化」と、小売店という新たな世界の「探索」を支援したのである。

続く五〇年間で、シアーズの戦略と構造は、この市場セグメント（主にショッピングモール）に特化することで進化を遂げ、九〇〇〇店にまで拡大した。しかし、この成功を支えた組織アラインメントによって、シアーズは成功と同時に、ほとんど変革できない体質になってしまう。一九九二〜二〇〇〇年に同社のCEOを務めたアーサー・マルティネスは、「私の最も恐るべき敵であり、究極的に最も強力な味方は文化だ。長年の文化とそこから生まれた巨大な官僚主義だ。（中略）シアーズは過去を愛するのと同時に、それにからめ捕られてしまった」と指摘した。[22]

これは、二万九〇〇〇ページの規定文書や、真新しい課題を解決するために過去に目を向ける傾向などにも見ることができる。シアーズのリーダーたちは、効率を高めてコストを削減し、既存事業を深化する能力は習得してきたが、顧客や競争の変化に応じて新業態を探索する能力はなかった。深化とコスト削減を強調して社内ばかりを見て、顧客や競争には目もくれなかったのだ。

シアーズは早期に、カタログ販売から小売店へ、物販から金融サービスへと移って市場のシフトに適応したが、新しい市場には適応できなかった。シアーズにはこうした調整が無理だったのだろうか。ベスト・バイやターゲットのようには、なれなかったのだろうか。

一九八〇年代のマッキンゼーの調査によると、シアーズ、コールドウェル・バンカー、オールステート、ディーン・ウィッターの顧客リストを合わせると、全米世帯の七〇％以上をカバーしていたという。シアーズには三二〇〇万人のアクティブなクレジットカード保有者が存在していたが、これは全米世帯の五七％にあたる。[23]

シアーズ社内のコミュニケーション・ネットワークのキャパシティは、AT&Tや米国政府を除けば、世界中のどこのシステムよりも規模が大きい。実際にある時点では、航空会社やホテル業界向けの予約システムをシアーズが取り扱うことも可能だった。確かに、同社のIT設備をもってすれば、ターゲットやベスト・バイなどの専門店チェーンと戦い、ウォルマートが調達システムで行ったようなこともできたはずだ。シアーズにはそれだけの資源があったが、変革する能力、つまり、両利きになるための能力を欠いていたのである。

その代わりに、シアーズは「世界で最も安い店」から「世界最大」へ、さらにはブレナンいわく「世界で最も便利な店」になることをめざした。しかし時間が経つにつれて、シアーズは世界で「最も必要のない店」になっていたことが明らかになる。ブレナンの後任としてCEO

になったアーサー・マルティネスによると、シアーズは「成長したときに自社はどうなっているのか」という最も基本的な質問に答えられなかった。[24]

自社は、ディスカウントストア（「エブリデー・ロープライス」）か。専門店（ランズエンドのような「インストア・ブティック」）か。それとも、量販店なのか。小売市場が低価格をうたう店（ウォルマートやターゲットなど）と高品質志向の店（サックス・フィフス・アベニューやノードストローム）に分かれていったときに、シアーズは大型ホームセンターとデパートの中間で立ち往生していた。一九二〇年代には、市場の変化を見越して、自社の立場を利用して利益を生み出せたのに、一九七〇年代には、そうした組織能力が失われていたのである。

シアーズの事例から明らかなのは、企業とリーダーが市場の変化についていけなかったことだ。シアーズの店舗は、ウォルマートやターゲットなどのディスカウントストア、ベスト・バイやホームデポなどの大規模専門店、メイシーズやノードストロームなどの高級百貨店、そしてアマゾンやイーベイなどのオンライン小売の狭間で進退窮まってしまった。

従業員は、「出社するとほとんどの場合はよく働き、チームプレーヤーとしても真面目だが、間違った場所で、間違ったときに、間違った仕事をするようにと、毎日のように間違った指示を出している」が、マルティネスは彼らを糾弾しなかった。[25] 失敗したのは、リーダーシップをとる立場の人間である。

その結果、一九九二〜二〇〇〇年に、シアーズのリーダーたちは一〇〇店舗以上を閉め、一〇八年間続いたカタログ事業を畳み、五万人の従業員を解雇した。シアーズタワーを売り払い、一九九三年にはオールステートをスピンオフし、家庭用品サービスへと移行することでシアーズブランドの信用力を活かそうとしたが、失敗に終わる。一九九三〜九七年にかけてやや盛り返したものの、二〇〇〇年には再び下降スパイラルをたどることに。脱ショッピングモールの取組み（自動車部品事業、シアーズ・ホームライフ、ツール・テリトリー、シアーズ・グランド・セントラルなど）は鳴かず飛ばずに終わった。

その一方で、ホームデポ、コールズ、サーキットシティ、ベスト・バイは何百店もの新規出店を果たしたが、それはシアーズが罠にはまったショッピングモール内ではない。シアーズは自社の大きな強みを探索と深化に活用する代わりに、小売業のオペレーションの維持や改善から非小売の金融投資まで資金を分散させ、下降スパイラルをたどり続けたのだ。

シアーズのストーリーは、ウォルマートのそれとどのくらい異なるのだろうか。比較してみればすぐにわかる。ウォルマートもシアーズと同様、単一市場に特化することからスタートした。より小さな地方のコミュニティで販売するディスカウント業態である。シアーズと同じように急成長を遂げ、米国だけでなく南米にも展開していった。かつてのシアーズのように、今日のウォルマートは米国のＧＤＰに占める割合がかなり大きい（二・三％もある）。

しかしシアーズと違って、ウォルマートは市場の変化に自社の業態を適応させてきた。大規模ディスカウント店から始まったウォルマートは今では七一ブランドを展開しているが、その大半が「ウォルマート」の名を冠していない。ウォルマートは一六カ国で総合スーパー、スーパーマーケット、総合ディスカウントストア、レストランなどを展開しているが、「当社の素晴らしい物流を基盤に動いている限り、ウォルマートの名前かどうかは重要ではない」と、ウォルマートの元新業態担当幹部のアンソニー・ハッカーは言う。(26)

ウォルマートは、既存の物流、IT、グローバル調達を活用しながら、これらとローカルのブランド資産とを組み合わせて新業態と新市場を探索し、一業態(ハイパーマーケット)一ブランド(ウォルマート)から、九業態七一ブランドまでになった。小さい町の大規模店から始まって、今日では大都市の小規模店(ウォルマート・エクスプレス)へと移行しつつある。

言うまでもなく、ウォルマートも失敗を喫しており、ドイツと韓国への進出がうまくいかなかったのは有名な話だ。しかし同社のリーダーたちは、積極的にオンライン販売に乗り出すなど、新市場を探索するために既存の組織能力を意識的に活用している。五〇年以上にわたってショッピングモールのコア店舗の深化を重視した後、売上減少と手強い新たな競合に直面しても、脱モール業態になかなか移行しきれなかったシアーズと違い、ウォルマートは自社の基本的な強みを活用して新規事業の探索に積極的に取り組んできた。

2 ボール社――一四〇年の成長軌跡

ここで、年商一一五億ドル企業の一四〇年以上にわたる歴史について考えてみよう。ボール社という名前を聞いたことのない人でも、その製品をいつも使っているかもしれない。同社は今日、世界最大手の飲料容器メーカーとして、コカ・コーラ、ペプシ、バドワイザー、青島《チンタオ》、ハイネケン、カールスバーグ、クアーズなどの飲料メーカー向けに世界中で年間二〇〇〇億缶以上を生産している。

飲料や食品業界向けプラスチック容器製造のリーダーで、リモートセンシング(遠隔測定)用画像衛星の生産でもリーダーの地位にある。一九九三年のハッブル宇宙望遠鏡の修理や、二〇〇三年に打ち上げられた火星探査車マーズ・ローバーにも同社の技術が一役買った。

一八八〇年に、灯油を運ぶために使う木製カバー付きブリキ缶のメーカーとして創業したボール社が、どのようにアルミ缶やスチール缶、さらには、ハイテク技術の世界的メーカーになれたのだろうか。

◆ブリキ缶から宇宙航空事業へ

話は一八八〇年に始まる。フランク・ボールら四兄弟がランタン用の灯油を運ぶ木製カバー付きブリキ缶をつくり始めた。しかし、創業後しばらくして、ブリキ缶に代わって経済性に優れたガラス製容器が登場する。ボール兄弟は直ちにガラス製容器に事業を鞍替えし、最大のヒット作となった密閉瓶「ボールジャー」（米国人が代々、家庭で瓶詰めをつくるときの定番品となった）などの生産を始めた。

一九〇五年には従業員数が二〇〇〇人を超え、新聞はボール兄弟を「フルーツ瓶男爵」と書いている。成功の鍵となったのは、絶えずイノベーションを重ねたことだ。ボールジャーに競合品よりも優れた密閉性能を持たせたり、製造プロセスを自動化したりしてきた。その後、未稼働の設備を使って関連事業に参入し、冷蔵庫用ガスケット（シール材）やラジオ用電池ケーシングの製造を始めた。

ボールジャーの売上が頂点に達したのは一九三一年のことだ。大恐慌が始まると、ボール社は新しいガラス製品の開発に着手し、一九三三年に禁酒法が撤廃されると、ビールや酒類用のボトル市場に参入した。同社のリーダーたちは小規模でコスト効率の悪いガラスメーカーを買収して、そこで自社の優れた製造能力も活用し始めた。同社の市場シェアは一九三五年までに五五％になったが、一九四七年の反トラスト法の判決で、これ以上の企業買収を禁じられてしまう。一九四九年、ボール社はそれまでの六九年間で初めて損失を計上することとなった。

当時のCEOのエド・ボールは熱心なパイロットで、航空技術の進歩に夢中になっていた。航空宇宙などの事業に、ガラス技術を応用する機会がある。彼はこのアイディアを実行に移そうと、陶器や電子機器の専門知識を持つ研究開発ディレクターを雇い入れた。一九五六年には、個人用小切手を切ってコロラドの小さな企業を買収している。この企業はあるデバイスを製造していたが、精密ガラス製造に転用できると、エドはにらんでいたのだ。

このデバイスは商業的には失敗だったが、その後、ボール航空宇宙技術部門が発足し、やがて航空宇宙分野における一連の新しいアプリケーションにつながった。一九五〇年代から六〇年代にかけて、同部門はボール社の成長を牽引し、今日では売上高が九七億ドルとなっている。この時期に、ゴム製品や機械部品などいくつかの新規事業を実験的に行っている。

一九六九年になると、ボール社は冶金学の造詣を深め、飲料用として金属缶がガラス容器を代替するだろうと見て取った。そこで、同社のリーダーたちはこの新興成長市場へ移行するために数社を買収した。また、航空宇宙事業からエンジニアも異動させて、競争優位性になりうる卓越した技術力を習得させた。

続く二〇年間、飲料会社がガラス容器から金属容器へと移行する中で、ボール社は着実に成長を続けていった。一九八〇年代には、中国、欧州、南米にも拡大していく。この時期にCEOを務めたジョン・フィッシャーは、自社を「主に技術ベースの包装会社」と定義したが、この概念は今日も当てはまるものだ。

しかし一九九〇年代になると、一〇〇年以上にわたって自社の基盤となってきたガラス事業で、過剰設備と価格低迷が目立ち始めた。合理化や近代化に取り組んだが、期待ほどの利益を生み出せる事業にできなかったのだ。当時のCEO兼会長のデイブ・フーバーは、「縮小市場の中で低コスト製造業者というポジションは、もう続けられないことがわかった」と説明している。[27]唯一のコスト削減方法は、投資して数量を増やすことだが、これは衰退市場において経済合理性がない。そこで一九九五年に、ガラス事業からの撤退という苦渋の決断を下し、関連資産を売却したのである。

後年、この意思決定はどれほど難しかったかと問われたときに、フーバーはこう答えている。「ボール社の直近の一二五年間の歴史を振り返ると、さまざまな事業で参入や撤退を経験してきたことがわかる。私たちがここにいる理由の一つは、変化と存続の方法の見極めができたからだと思う。（中略）ガラス事業からの撤退は正しい選択だった」[28]

それ以降、ボール社は変革を続けた。一九九四年には、アルミニウム缶からペットボトルへと市場が再びシフトするのを察知し、プラスチック容器事業に投資している。プラスチック事業で豊富な経験を持つマネジャーを雇用し、研究開発費をかけ、製造工場の建設に着手した。この事業では企業買収はしなかったが、五年で五億ドル以上に成長した。この移行の旗振り役となったのは元CEOのエド・ボールやフィッシャーら上級リーダーたちだ。一九九八年、一一一年以上にわたって本拠としてきたインディアナ州マンシー（同地にボール州立大学も設立している）を離れて、コロラド州ブルームフィールドに本社を移転した。この動きによってコストが低減され、航空宇宙と製造機能の文化的融合が図られたのである。

ボール社の売上は、二〇二〇年に一一五億ドルに達した。同社は漸進型イノベーション（ライン拡張、新しい種類の缶、製造プロセス改良）と不連続な変革（新しい航空宇宙技術）の両方に注力し続けている。元CEOのフーバーは、同社の目的を「顧客には高品質の製品・サービスを、株主には魅力的なROI（投資収益率）を、従業員には有意義な職場生活を提供すること。あるいは、私たちのコミュニティに時間的、資源的に貢献することなど、あらゆるステークホルダーに価値を付加すること」だと定めた。[29]

密閉瓶、アルミ缶、ペットボトルを発明したのはボール社ではないが、その用途を見通し、一三〇年以上にわたって競合他社よりも効率的に製品をつくることができた。「ボール社の成功の中心には、変化を習得し、必要に応じて自社をつくり替えてしまう類いまれな能力が常にあった」と、企業評論家のリチャード・ブロジェットは指摘する。[30]

フーバーも同様の見方をしていた。「次の二五年で、今はまだ行っていない事業に従事しているだろう。（中略）引き続き包装関連であるとしても、もっと幅広い製品やサービスになっていると思う。（中略）それから、航空宇宙事業もまだ続けているだろう[31]」

◆ボール社はなぜ成功したのか

第1章で挙げた失敗企業の数が正しいとすれば、ボール社はなぜ大多数の企業のように破綻しなかったのか。少なくとも影の薄い存在にならなかった理由は、どこにあるのだろうか。代表製品の「ボールジャー」は過去の付け足し的な話にすぎない。

ボール社が成功した理由は明白だ。一四〇年にわたって自社を進化させ、技術と市場の変化に合わせて変革を促すリーダーが存在したからにほかならない。彼らがこうした行動をとった背景には、政府が企業買収にストップをかけたときのように必要に迫られてということもあれば、アルミ缶のように市場を先読みし、いち早く新しい市場に移行したケースもある。

ボール社は間違いなく一四〇年の歴史を持つ企業だが、これはリーダーたちが既存の組織能力を活かして新分野へと動ける能力があってのことだ。同社はずっと両利きの経営を続け、技術と市場の変化に応じて進化を遂げることができた。同社の二〇一一年のアニュアルレポートには、「私たちは長い歴史の間に四五以上の事業を行い、そのすべてが技術進化や時として技術革命に結びついてきた」という記載がある。(32)

同社のリーダーたちはこれを達成するために、企業買収と内部成長の両方を使って、既存の組織能力を活用して新しい組織能力を養ってきた。一九五〇年代に、技術系事業を手掛けるスタートアップを買収し、アルミニウム缶市場に参入したが、ペットボトル事業は一から立ち上げている。

新規事業で実験し、十分な資本利益率に届かない事業は売却する。一〇〇年以上にわたって同社のアイデンティティとなってきたガラス事業も例外ではない。定期的に不採算工場を閉鎖し、戦略計画に合わないアースウォッチなどの会社はスピンオフした。

その一方で、既存顧客との関係や製造の専門知識を活用して新規事業に参入している。たとえば、最初のペットボトルは、アルミニウム缶事業で関係を培ってきた顧客に営業をかけた。元CEOのジョージ・シセルによると、「当社にはアルミニウムメーカーとしての経験がある。(中略)(ペットボトルのプロジェクトを支援するために)これまでの関係を基盤にすることができた」という。[33] こうした関係があるため、ボトルを製造する前に相当数の予約注文をとることができたのだ。ただしその後、ペットボトル事業から撤退するという決定をしている。

ボール社は自社の技術と製造に関する専門知識を活用して、コスト削減と生産開発の期間短縮を図ってきた。特に、工場を購入し、グローバル展開を始めてからはそうだ。最近では、自社技術を活用して押出し加工のアルミ缶に特化するという意思決定を下した。同社のアニュアルレポートを見ると、未来の成功の鍵は、卓越したオペレーションを通じて「現業の価値を最大化」することと、専門技術を活用して「新しい製品と組織能力を拡大する」ことの両方(つまり、探索と深化)にあると明記されている。[34]

包装事業に特化して航空宇宙技術部門を売却せよというウォール街の圧力にもかかわらず、

同社の上級リーダーたちは全く異なる事業を管理し、全体を活用するための支援を行ってきた。CFOのレイ・シーブルックは、二つの事業（航空宇宙と包装）を保有することは「家の中に正反対の性格の人が一緒にいるようなものだ」と言う。「包装事業は非常に体系的で、きちんと整備され、時間主導型だ。航空宇宙事業では、一カ月間、姿を見かけない人もいる。何をしていたのかと聞くと、銀河系間の何やらの設計に出向いていたという答えが返ってくる。片方の事業では人々のやる気を促すものが、もう片方の事業ではイライラの元凶になる」[35]。シアーズと違って、ボール社のリーダーたちは顧客重視の姿勢を維持しつつ、自社の組織能力を理解しているのだ。

3 どうすれば時の試練に耐えて組織は存続できるのか

興味深いことに、なぜ時間が経っても生き延びる組織もあれば、存続できない組織もあるのかという理由を探るうえで、直接関係してくるのが最近の進化生物学の研究だ。「進化」の本質は、時間とともに変化や転換することにある。「自然選択」は、時間とともに有利な特徴（生き延びるのに役立つ特徴）が一般的になり、不利な特徴は少なくなっていくプロセスを指す。これについて、進化生物学者のデイビッド・スローン・ウィルソンは「分類学的な固有性にかかわらず、自然選択は生物とその環境との関係に基づいている」と指摘する。[36] したがって、鳥、昆虫、粘菌、人間と同じように、これは組織にもそのまま当てはめることができる。

進化論の三つの基礎は、「多様化（variation）」（有機体や組織が違う特徴を持つ）、「選択（selection）」（これらの違いが、その有機体が生き延びる能力において重要な場合がある）、「維持（retention）」（ある世代から次の世代へと、有益な特徴が受け継がれる可能性がある）である。[2] 時間とともに環境が変化すると、特徴上の多様化がその有機体にうまく適合したりしなかったりする。

そして適合すれば、生存確率が高まる。組織が存続しようと競争し苦闘するうちに、組織間で競争力の違いが明確になる。組織における適合性とは、生物学における繁殖の成功ではなく、（物理的、財務的、知的な）資源を引きつける能力を指す。適合性の低い有機体は死に絶える。

このため、組織レベルで生き延びる場合、事業部門全般で起こる多様化と選択のプロセスが作用する。つまり、その環境とともに、組織の生態学的な適合性を維持する方向でプロセスを管理していく、経営陣の能力にかかっているのだ。このプロセスはランダムな多様化ではない。多様化、選択、維持という意図的なアプローチであり、既存の資産と組織能力を用いて、新しい機会に対処するために再構成する。

これが明確に行われると、計画的に投資して、組織学習を促進し、その結果、企業の「学習方法を学ぶ」能力として特徴づけられる反復可能なプロセスになっていく。[37] そこには、分権化、差別化、的を絞った統合、両利きの経営に付随する複雑なトレードオフに対する上級リーダーの調整力など、一連の複雑なルーティンが含まれている。[38] このため、何度も探索と深化ができる組織のほうが、それができない組織よりも、生存確率が高くなるのだ。

チャールズ・ダーウィンが生物学的な種について書いたのは一五〇年前のことだが、その論理は今日の組織にも当てはまる。『フォーチュン』誌は一九五九年に、ゼネラルモーターズ（GM）を米国最大でかつおそらく最強のメーカーだと評した。それから五〇年後、GMは経営破綻している。

ゲイリー・ハメルは二〇〇〇年に出版した『リーディング・ザ・レボリューション』の中で、エンロンを世界で最も賢い企業の一つだと称賛した。[39] そのエンロンは二〇〇一年に廃業し、*Enron: The Smartest Guys in the Room*（邦題『エンロン――巨大企業はいかにして崩壊したのか？』）という皮肉なタイトルの映画がつくられている。[40] ヘッジファンドのロングターム・キャピタル・マネジメント（LTCM）は、二人のノーベル賞受賞者が創業メンバーに名を連ねていたが、一九九八年に破綻し、米国の金融市場を破滅の淵に追いやった。[41]

ダーウィンの指摘は正しかったのである。強さや知性があっても、生き残れる保証はない。企業、植物相、動物相にとって、生き残るためには適応するしかないのだ。

［2］本書巻頭の「解説」で紹介したVSRメカニズムを指す。

組織の観点でいうと、深化がマネジメントの問題だとすれば、探索は基本的にリーダーシップの問題である。先述の事例が示すように、シアーズ初期のリーダーたち（リチャード・シアーズとロバート・ウッド）は、低価格の量販店から郊外の小売大手企業へと転換を図るために支援することができた。しかし、その後のリーダーたちは、大規模小売店やオンラインショッピングを前にして、自社を変革しきれなかった。ボール社の歴代のリーダーは、効率的な製造による見事な深化と、技術的スキルを活用して新技術を開発する探索の両方に注力を続けてきた。

組織的イノベーションに関する最近の調査を見ても、大企業が長年にわたって成功することがいかに難しいかがわかる。この調査結果は悲観的な論調でまとめられ、「大企業には経験、財務力、巨大なコアコンピタンス、膨大な戦略上の資産などがあるのに、なぜもっと繁栄していないのか」という疑問を投げかけている。[42]

ここまで見てきた証拠により、組織は他の有機体のように多様化、選択、維持という進化の圧力にさらされる。そしてリーダーたちは、自分たちに有利になるようにこのプロセスを形作ることができる。有名な組織論の研究者であるジェームズ・マーチはこう指摘する。「組織に突きつけられる基本的な問題は、現在の生存能力を確保するために十分な深化活動に関与すると同時に、未来の生存能力を確保するために十分なエネルギーを探索活動に投入することだ」[43]

次項では、この課題に対応するためにリーダーが検討できる方法の一つを示したい。

◆イノベーションストリーム

第1章で挙げたような失敗が起こる理由をさらに理解するために、市場や技術の移行が企業や産業に与える影響や、そうした変化が既存事業の脅威となりうる状況について、分析的に考えてみたい。そこで、第1章で解説したイノベーションストリームという概念に戻ることにしよう。

イノベーションを起こすときには、①既存の組織能力を漸進的に変化させる場合(漸進型イノベーション)と、②不連続的もしくはアーキテクチャーの変化に基づいて、新しい組織能力を身につける必要がある場合(新しい技術やビジネスモデルなどによる不連続型イノベーション)があった。そこで、技術やビジネスモデルのイノベーション(図3-1の横軸の組織能力)と市場・顧客(縦軸)について考えてみよう。

こうやって単純に分解すると、企業が競争可能なカテゴリーは主に四つある。

領域Aは、既存の組織能力を拡大し続け、新しい製品・サービスを既存市場に提供する場合である(たとえば、物流の組織能力を改善しているウォルマートや、マイレージ・プログラムを導入した航空会社など)。

領域Bは最も破壊的で、新しい組織能力を開発し、かつ新市場に対応しなくてはならない(たとえば、クオーツ技術を開発し、大衆市場の顧客に電子式腕時計を売り出した精密機械式時計のメーカー)。

図3-1　イノベーションストリーム

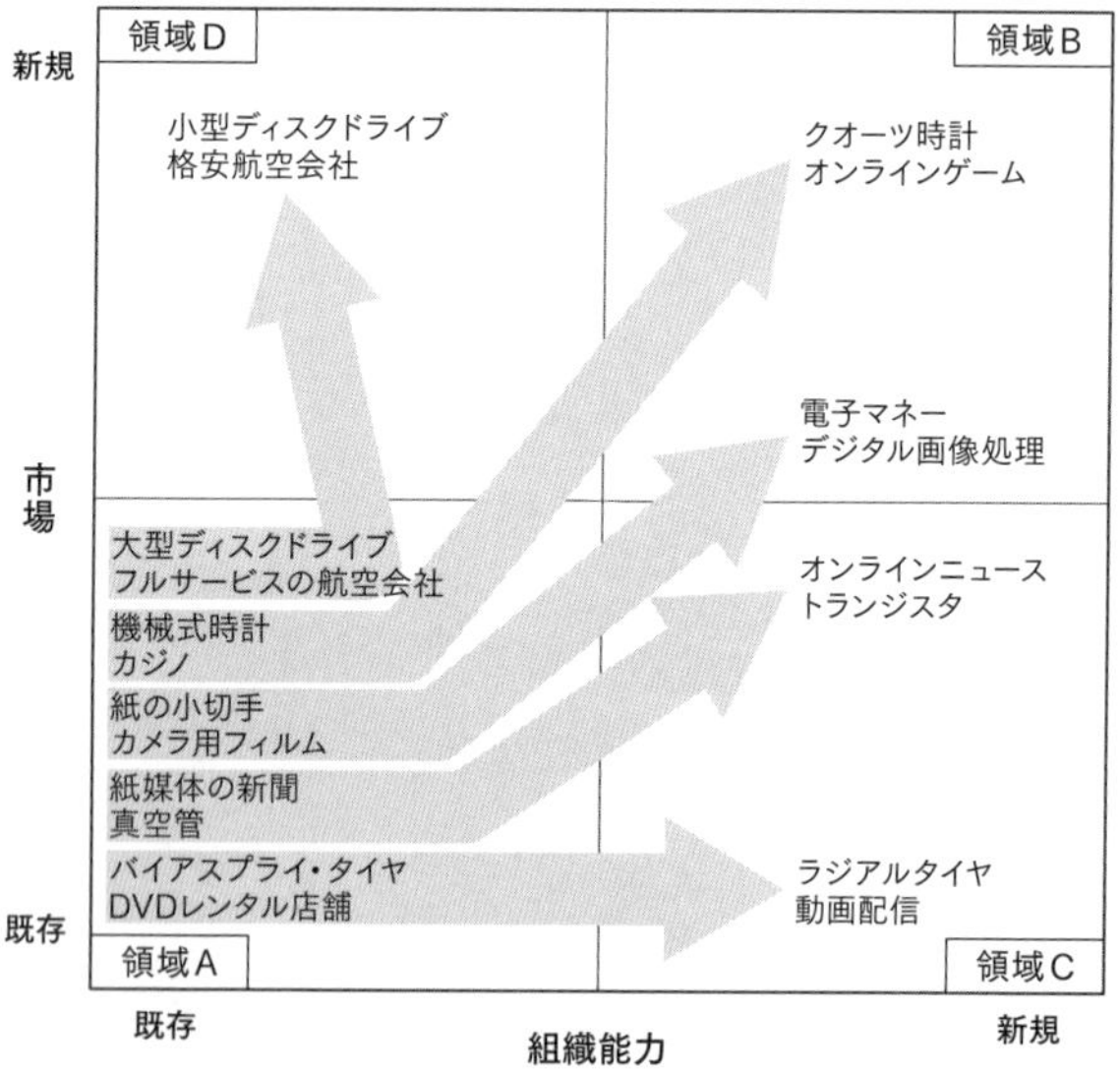

出所：Photo Marketing Association.

領域Cはそこまで破壊的でもないが、既存の市場・顧客に新しい製品・サービスを届けるために、新しい組織能力を身につける必要が生じたりする（たとえば、郵送レンタルではなく、動画配信を通じて既存顧客に映画コンテンツを提供するネットフリックス）。オープンイノベーションや分散型イノベーションによって、従来型のイノベーションプロセスがますます外側へ押しやられていくにつれて、この領域のイノベーションが一層広がりを見せている。

領域Dは、既存の組織能力を使いながら、新しい異なる市場に対応する場合だ（たとえば、長距離運航でフルサービスを提供している航空会社が、短距離運航で価格に敏感な顧客向けに格安航空会社を設立する)。各領域は、それぞれ変革マネジメントの課題を示している。

富士フイルムとコダックの比較

このフレームワークの使い勝手の良さを示すために、第2章で挙げた富士フイルムの事例を再び見ていこう。二〇〇一年時点において、富士フイルムとコダックはフィルム販売の世界的リーダーとしてほぼ互角だった(富士フイルムのシェアは三七%、コダックは三六%)。両社はフィルム販売を専業としてスタートし(コダックは一八八八年、富士フイルムは一九三四年創業)、その後カメラを開発するようになった。

両社ともに似たようなビジネスモデルで、強力な製造スキルを持ち、小売部門における存在感も大きかった。また、X線フィルム、写真現像、デジタル画像処理など関連領域にも、本業の銀塩フィルムの営業力を活用している。しかし、世界におけるフィルムの売上は二〇〇〇年をピークに急降下し、二〇〇五年には半減したのである。

これほどのスピードで激減するとは誰も予想していなかったため、両社はともに苛烈な財務的圧力にさらされた。たとえば富士フイルムの場合、二〇〇〇年時点でフィルム販売は売上の六〇%、利益の七〇%を占めていたので、危機を乗り切るために、富士フイルムは化学分野の専門知識を新規市場に活かそうと努力をし始めた。これに対してコダックは、あくまでも本業である写真事業の研究開発を収益化しようと、知的所有権の保護に向けて積極的に訴訟活動を展開した。

コダックのある重役は倒産後に、コダックは「決して背後で起こりつつあることを振り返って見ようとしなかった」と述べている[44]。それよりも自社の中核となる強みは、技術的な専門知識ではなく、ブランドとマーケティングにあると思っていたのだ。コダックのリーダーたちがとった危機対応は、多角化の取組みを減らし、代わりに画像処理に集中することだった（化学品事業を売却した後、二〇〇四年にカメラ事業を売却）。事業の中核と見なされない技術の商業化をめざし、従業員が半自治的に小規模で立ち上げたプロジェクトを早い段階でつぶしてしまったのである。

富士フイルムは、新任CEOの古森重隆の采配下で、それとは反対方向へと進んだ。「自分たちの技術資源や経営資源を活かせる分野はどこかを見極めなくてはならなかった[45]」。財務的圧力の中で、古森が明確に打ち出したのが、自社の独自技術を新しい製品・サービスに応用することを重視する新たなビジョンである。彼は幹部チームに三つの難題を与えたが、それは図3－1のフレームワークを完全に網羅していた。

つまり、①既存技術で新しい市場にさらに適用できることはないか（領域D）、②新しい技術で既存市場に適用できることはないか（領域C）、③新しい技術で新しい市場に適用できることはないか（領域B）[46]というイノベーションストリームの観点から、三つの新領域のそれぞれで、本業（領域A）を超えて成長する機会を体系的に見定めるようにと、古森はチームに迫ったのである。

これを達成するために、「ビジネスモデルを再構築しなければならなかった」と、古森は語る。[47]五〇〇〇人を解雇するとともに、研究開発を中央に集約し、研究の初期段階と新技術に焦点を置き直した。関連する新しい組織能力を獲得するために、積極的にM&Aにも取り組み始めた。従業員から出てきた新規事業案に資金を拠出できるように、社内ベンチャーキャピタルのプロセスも用意している。古い組織は一四のビジネスユニットに分けて、独自に新規事業を運営できるようにした。積極的に奨励したのが、新しい文化やマインドセットだ。たとえば、古森は上位一〇〇〇人のリーダーに、自社の成長に必要なことや障壁について、二ページのレポートを書くように求めている。

さらに、富士フイルムが市場で差別化するために利用できそうな三つの主要技術も突き止めた。液晶ディスプレイや半導体用の機能材料、界面化学の専門知識を使った医薬品、コラーゲンや抗酸化技術の専門知識に基づくアンチエイジング・クリームを使った化粧品だ。これらの投資にはリスクがあり、コストがかかることを認めながらも、古森は「効率を犠牲にしなければいけない局面も経営にはある」と述べている。[48]コダックと違って、既存の顧客に既存の組織能力を活かす取組みを継続しながら、既存や新規の市場向けに中核となる組織能力を開発しようとしたのだ。

古森の考えでは、「経営者には、二〇年、三〇年先を考えて、いや、もっと先のことをも考えて、会社を存続し繁栄させる責任がある」[49]。古森は「Value from Innovation」という新しいコーポレートスローガンを掲げて、エンジニアを大学に派遣して電気工学を勉強させたり、東芝出身の技術者を採用するなどして(日本企業の間ではあまり見られないことだ)、新しい技術や事業の探索における失敗は罰しないこととした。もっと起業家精神に富んだ文化が必要だと絶えず強調し、探索的な新規事業を追求し続けたのである。ナノテクノロジーや界面化学などの既存の組織能力を新しい市場に適用すること(領域D)や、新規市場と既存市場の両方について、企業合併や人材への投資を通じて新しい組織能力を開発すること(領域BとC)にも力を入れた。

コダックやSAPは、スピードが遅くリスクを嫌う文化を持った機能別組織で、探索活動を軽視したマネジメントに努めたが、古森はそうではなく、新規事業の重要性を高め、そこに資源と「経営陣の注意」(これが重要である)が確実に集まるようにしたのだ。

富士フイルムは今日、年間売上高が二三〇億ドルとなり、過去一五年の年間成長率は一〇%を超える。二〇二〇年の売上高のほぼ半分をヘルスケアと素材が占め、日本を代表する医療機器メーカーとなっている[50]。図3-2にあるとおり、同社のリーダーたちは、エレクトロニクス(複合機、半導体材料、携帯電話用レンズ、液晶画面用フィルム)、医薬品(アルツハイマー病、エボラ出血熱)、化粧品(アンチエイジング・クリーム)、再生医療(組織移植)、医療機器(医療用画像処理、内視鏡)、フィルムというように、中核となる組織能力を活用して多様な産業で見事に戦っている。優良企

図3-2　富士フイルムのイノベーションストリーム(2000～20年)

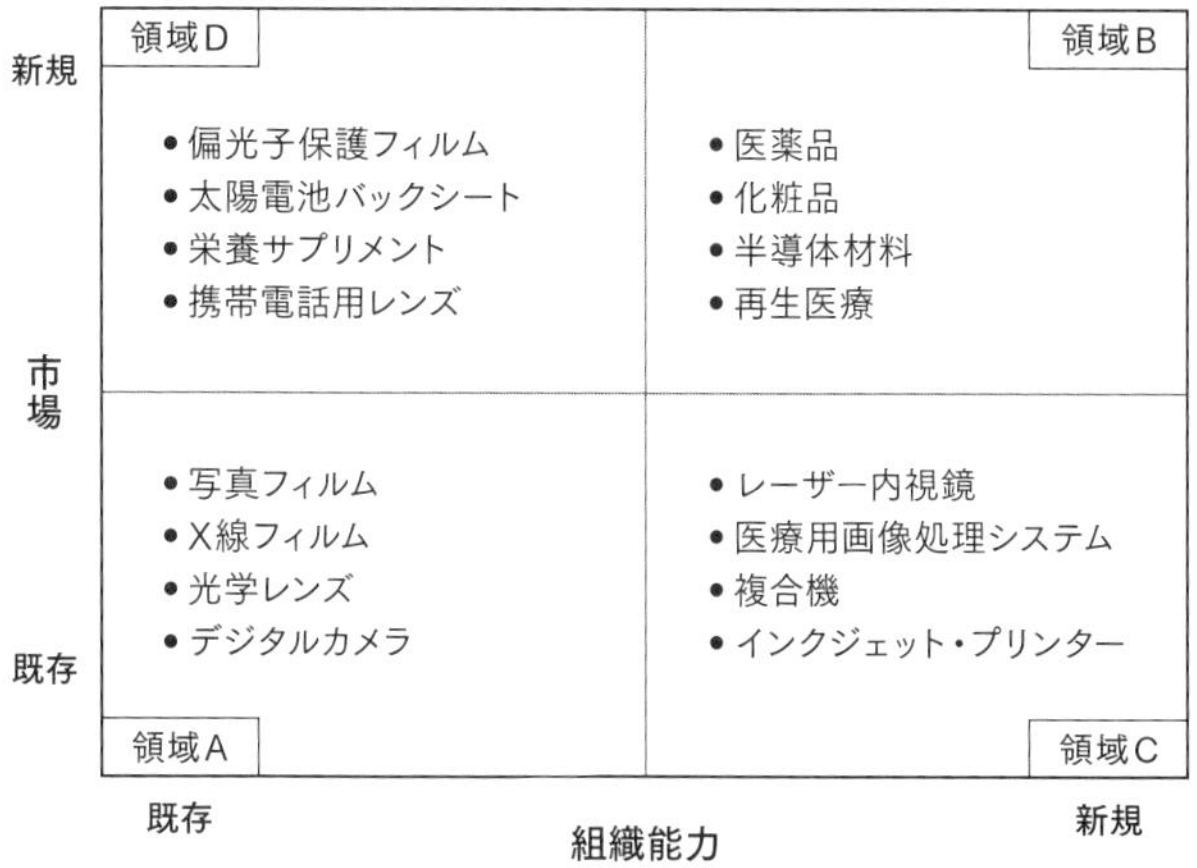

業は外部変化に適応できるが、「最も優れた企業は自ら変化をつくり出せる企業だ」と古森は指摘する[51]。

これに対して、コダックは年商一〇〇億ドルであり、二〇一九年には株価の最安値を更新した。業績は振るわず、知的財産権を売り払ったり、不動産を賃貸したりしている。

この事例は一般的な形で、組織、とりわけ成功している組織が本業を超えてイノベーションを起こすことがいかに難しいかを示している。しかし、こうした課題の性質は、新しい組織能力の開発、新規市場への参入、もしくはその両方というように、争点がどこにあるかで微妙に異なってくることがある。そこで、四つの領域ごとにリーダーが遭遇する難しさについて考えてみよう。

◆領域A　既存の組織能力、既存の市場

ほとんどの企業ではほぼ常に、すでに知っている顧客・市場を対象に、既存の技術を拡張していくことでイノベーションは起こる。技術上の知識を発展させたり、新しい製品・サービスを追加したり、隣接市場に拡大したりすることもあるが、基本的に既知の領域内のことだ。金融機関は顧客向けに新サービスを発表し、自動車会社は若年層の顧客セグメントを狙って新モデルを導入し、技術系企業は小型化または高速化した製品を提供し、ファストフード・チェーンはメニューを増やす。こうした「イノベーション」には多額の費用がかかることもあるが（たとえば新薬開発など）、既存の組織能力と市場に関する知識に基づいているので、基本的には深化にあたる。

これを実現させるために、経営陣はいつもと違う形（たとえば、プロジェクトチームやマトリクス組織、新しい指標、インセンティブなど）で組織を整備する必要があるかもしれないが、ベースになるのは既存の構造やプロセスだ。「コングルーエンスモデル」（図2-1を参照）の観点で、人材のスキルや公式の組織における小さな変更が求められたとしても、全く新規の異なるアラインメントは要らない。リーダーから見ると、こうした課題はたいてい既存の組織内で対応したり、他の人に任せたりできることが多い。

しかし、なかには、（その組織が成功するのに役立った）旧来の組織アラインメントではもはや通

用せず、必要な組織能力や対象市場を大きく移行しなくてはならないこともある。この場合、慣性のせいで新しい製品・サービスが危険にさらされると、会社がつぶれてしまうかもしれない。これを具体的に説明するために、戦術の失敗事例を見直してみよう。図3－1の破壊的な可能性を秘めたカテゴリーのうち、どの領域に企業が位置づけられるかを見ていくのだ。

◆領域B　新しい組織能力、新しい市場

最も破壊的で脅威となる変化は、新しい組織能力の開発と、新しい顧客・市場にこれらの製品を売る必要がある場合だ。クオーツ時計が出現して、何が起こったかを考えてみよう。

スイスの腕時計産業

一八六〇年代から一九六〇年代まで、スイスが腕時計産業を支配した。[52] それ以前は、時計製造で卓越していたのは主に英国だったが、一八六〇年代になると、スイスがより安価な時計を製造し始め、英国に代わって世界的リーダーとなったのだ。それから一〇〇年後の一九六〇年代も、依然としてスイス勢が優勢であり、スイス国内には高品質の機械式ムーブメントや腕時計を手掛ける企業が一六〇〇社以上も存在していた。

一八四八年創業の優れた時計メーカーとして知られたオメガは、一九六〇年代半ばに電子式

時計のアイディアを探るため、ヌーシャテル大学工学部の二つの研究科に対して補助金を出している。成果は上々で、一九六八年にオメガの上級マネジャーに調査結果が報告された。研究者たちは電子式時計の製造に必要な基礎技術をいくつか発見し、特許を取得し、それをオメガに提供しようとしたのだ。オメガの経営陣の反応はというと、その申し出を断ってしまったのである。

より正確で、より安価な時計をつくろうとする新しいアプローチは、高品質の腕時計メーカーというオメガのコアアイデンティティを脅かすものだ。精密機械工学の熟練スキルが無用となり、自社ブランドの脅威にもなりかねない。また、価格に敏感な消費者という異なる顧客セグメントに売り込む必要があるが、それは利益率が低い事業でもあったのだ。数カ月後にこの技術は、ほぼ無名の日本企業、服部時計店（現セイコーホールディングス）にライセンス供与された。

それから一五年の間に、スイスの時計産業は崩壊していった。八〇〇社が倒産し、スイスの一大時計製造拠点であるジュラ州では五万人が失業している。スイスが新技術をようやく受け入れたのは、国内の二大時計グループのSSIHとASUAGが破綻し、新しいCEOにニコラス・ハイエクが起用されてからのことだ。スイス企業はハイエクの指揮の下で、電子式時計と機械式時計の製造を開始した。ローエンドはスウォッチやフリックフラックが、中間価格帯はロンジンやオメガなどのブランドが、ハイエンドはブランパンやブレゲが競争力を持つようになる。こうして最終的に、売上で世界的リーダーに返り咲いたのである。

オメガが電子式時計の受け入れを渋った理由は理解できるが、それは間違っていた。機械工学はスイス時計産業の中核となる組織能力だ。スイスの時計メーカーは、おおむね宝飾店で主に高級志向の顧客に高級時計を売って成功してきた。こうした時計は利益率が高く、販売数量は比較的少なく、ブランドが命である。

一方、電子式時計はたいていほぼ無名ブランドで、ドラッグストアをはじめとする小売店で販売される薄利多売品だ。この新製品の中核となる組織能力は、エレクトロニクスと製造にかかわるもので、精密工学ではない。上級マネジャーたちがローエンドの製品を見て尻込みし、機会を見逃したことが、結局のところ命取りになった。

このとき、彼らは探索と深化を両方とも活用できなかったのだろうか。もちろん可能だ！そして、最終的にそうなった。しかしそれには、両利きとなって異なる組織アラインメントにより、一つの組織を運営していく必要があった。コングルーエンスモデルの観点でいうと、異なる戦略、異なるKSF、異なる人材とスキル、異なる組織構造や文化を意味する。要するに、低利益率の製品に対して過度な労力をかけていると見えるほどの抜本的な移行が求められる。

カジノ運営企業

もう一つの例として、シーザーズ・エンターテインメント（元ハラーズ）、ラスベガス・サンズ・コーポレーション、ウィン・リゾーツなど、米国の大手カジノ運営企業が直面した課題を考えてみよう。米国にはカジノが九〇〇カ所以上あり、産業規模は六〇〇億ドルにのぼる。推計によると、米国の成人の二五%以上が少なくとも年一回はカジノを訪れるという。カジノ運営企業は儲けを出すために、顧客理解を非常に得意とし、多くの場合、高度なCRM（顧客関係管理）技術を用いて効率的に場を管理してきた。うまく運営すれば、不況の間でも収益性の高い事業になりうる。

カジノ運営企業にとっての課題は、足を運んでくれる顧客の平均年齢が比較的高いことだ。若い人々はカジノに行くよりも、オンラインゲームで遊ぶ確率がはるかに高い。カジノ運営企業の未来を調べていくと、このまま存続していくためにはオンラインゲームを提供し、年齢の高い顧客ほどには好みを熟知していない若い世代を集客しなくてはならないことがわかる。

さらに難しいのは、オンラインゲームには、全く異なる技術力が要求されることだ。朗報として、カジノ運営企業はリスク管理や詐欺被害の防止、運を左右するゲーム運営のやり方について貴重な組織能力を持っている。とはいえ、カジノとオンラインゲームで成功するには、全く異なる顧客層を対象に、全く異なるタイプの組織を運営できなくてはならない。リーダーたちが両利きとなって、二つの全く異なる組織の整合性をとりながら事業を回していく必要があるのだ。

ここで再びコングルーエンスモデルを持ち出すと、新しいオンラインビジネスには、全く異なる人材とスキルセット、異なる組織構造、異なる指標と異なる文化が求められる。既存のカジノ運営の範囲内でそのような事業を運営しても、成功する確率は低い。

新聞社

インターネットによる破壊に遭遇している企業も同様の課題を抱えている。たとえば、新聞社が直面している問題がそうだ。過去一〇年というもの、日刊紙の定期購読者は激減し、広告収入も同じく落ち込んだ。一九四五年をピークに、日刊紙の購読世帯の割合は九〇％以上も減少している。推計によると、新聞の読者の平均年齢は五五歳である。[53] ベビーブーマーの読者は親世代よりも三分の一少なく、X世代はベビーブーマーよりも三分の一少ない。三〇歳未満の読者のうちで新聞を読むのは一〇％未満だという。若い読者は日刊紙ではなく、モバイルデバイスでニュースを見ているのだ。

二〇〇五年から二〇〇九年にかけて、一〇五社以上の新聞社が撤退もしくは倒産し、一万三〇〇〇人のジャーナリストが失業した。[54] 二〇〇〇年以降、クラシファイド広告[3]の売上は約六〇〇億ドルから一八〇億ドルに減少した。[55]『ロッキー・マウンテン・ニュース』、『ボルチモア・エグザミナー』、ニューオリンズの『ザ・タイムズピカユーン』、『デトロイト・フリー・プレ

[3] 数行程度の簡単な広告を、地域やジャンルごとに分類して一覧表示する広告手法。

ス』などの大手日刊紙は廃刊するか、毎日の発行をやめている。

こうした状況に直面した新聞社は、購読者数の減少と高齢化が進む紙媒体の読者にどのようにサービスを提供するか、また、いかにオンライン・プラットフォームを使って若い顧客向けにウェブ媒体でニュース配信するかで苦労してきた。幸いにも、新聞社にはニュースコンテンツを作成するという、潜在的に貴重な組織能力がある。

しかし問題は、このコンテンツを活かしてオンラインで売上が出せるかどうかだ。そのためには、異なるビジネスモデル、異なるスキルセット(ウェブデザインなど)を持った人材、新しい技術(オンライン・プラットフォーム)、新しい組織や指標、異なる文化(より速く、より柔軟に)が必要になる。この変革に成功するには、マネジャーたちは両利きになること、つまり、紙媒体とオンラインの両方のマネジメントを学ぶ必要があるのだ。

異なるアラインメントが必要になること以外にも(それだけでも十分に難しい問題だが)、新しい顧客に関する学習(これは比較的簡単にできる)をはじめとして、新しい組織能力を獲得し、開発することも、領域Bにおける課題である。富士フイルムの事例で見たように、これには通常、既存の従業員とは異なるモチベーションや新しいスキルを持った人々を迎えること、試行錯誤による学習を通じて社内で新たに開発すること、新規事業や文化の融合も伴う企業合併やライセンス許諾を通じて獲得することなどを組み合わせなくてはならない。この新しいビジネスモデル、新しいアラインメント、新しい人材、新しい事業という組合せは、往々にして多くのリーダーの手には余るものだ。

こうした課題に直面したときに、特に差し迫った危機にさらされていない成功企業でよく見られることだが、従来の上級マネジメントチームはこの課題に対応したがらない。その理由はよくわかるが、すでに見てきたように、そのせいでサクセストラップがあちこちに多すぎて、成功企業は待ちの姿勢をとり、必要な変化を起こすのが間に合わなくなってしまう。

ネットフリックスCEOのリード・ヘイスティングスが述べているように、「こうした企業は結局のところ、新しいことに十分に集中して取り組まないのは間違いだと気づいて、後から挽回に向けて必死に絶望的な戦いをする」ことになる。[56]

◆領域C　新しい組織能力、既存の市場

領域Cでは、従来と同じ一般的な顧客向けに、新しい製品・サービスのための組織能力を開発していく。これもリーダーがマネジメントするうえで二番目に困難な移行である。新しい組織能力の開発が求められるので、領域Bの課題の多くを伴うが、すでに知っている市場・顧客に新しい製品・サービスを届けるので難易度は少し低くなる。

たとえば第1章で、ネットフリックスが、DVD郵送レンタル（五〇カ所以上の倉庫と受注処理用に多額の投資が必要になる）から、動画配信へと事業転換を図った際の課題について解説した。D

VD利用客は二〇一〇年をピークに減少したが、動画配信の顧客はおおむねそのまま維持してきた。ただし、そこで要求される技術は全く異なるものだ。ネットフリックスはマーケティングやカスタマーリレーションシップに関する既存の組織能力と、映画やテレビ番組の調達力を活用できたが、それを顧客に届けるためには一連の新技術に投資しなくてはならない。この移行は問題なく進むものではなく、二つの別々の組織や文化をうまく調整する必要があった。[57]

進化する市場と、アマゾン、ウォルマート、Ｈｕｌｕなど他の動画配信サービス事業者との競争を背景に、ネットフリックスは自前でコンテンツ制作も始めている。それが成功しているのは、ＤＶＤ郵送レンタルという成熟して衰退に向かいつつある事業を運営する能力と、動画配信サービスという新規事業を成長させる能力を、同社の経営陣が併せ持っていたからだ。

ファイアストン

これに対して、既存の顧客に新しい組織能力を開発するという類似の課題に直面したファイアストンは、それまで製造してきた標準的なバイアスタイヤを、ラジアルタイヤに置き換えることに失敗した。組織の失敗を研究してきた経営学者のドン・サルの指摘によると、その原因はファイアストンが新技術の出現を見逃したからではない。[58]「過去の成功のせいで」失敗したというのだ。ラジアルタイヤがはるかに優れていることを示す証拠は十分にあった。耐久年数が長く、安全性が高く、低コストである。ファイアストンも当然、それを知っていた。

残念ながら、ラジアルタイヤの製造には全く新しい組織能力が必要であり、ファイアストンのリーダーたちはバイアスタイヤの製造における既存の組織能力に固執してしまった。組織構造やプロセスを劇的に変えるという課題に対して、難しい変化を避け、既存の製造プロセスをラジアルタイヤに修正することに全力を傾けたのだ。それは最終的に、生産性と品質の低下を招く結果となり、一九七八年には市場最大のリコールが発生する事態を招いた。新技術の受入れを渋ったせいでファイアストンの業績は急降下が始まり、一九八八年に同社の残骸はブリヂストンに買収されることとなった。

RCA

最後の説明として、残念な結果に終わったRCAの事例について考えてみよう。一九一九年にラジオ・コーポレーション・オブ・アメリカとして創設された同社は、一九五五年には米国屈指の大企業として、真空管製造で世界をリードするようになった。その技術力によって、ラジオとテレビ(NBC)、レコード制作、初期のコンピューティングへと多角化も果たした。

しかし一九五〇年代半ばに、真空管事業を脅かす可能性を秘めた新技術、トランジスタが登場する。RCAは優れた研究手腕のおかげで、新しいCMOSという半導体技術の主要特許を使って、この新規事業で好ポジションにつけていた。しかも、RCAの規模は主な競争相手であるIBMの二倍にのぼった。ところが一九八六年になると、RCAは姿を消していた。最初にGEに売却された後、解体されたのだ。何が起こったのだろうか。

後日、マッキンゼーのパートナーとなったリチャード・フォスターは著書『イノベーション――限界突破の経営戦略』の中で、RCAが変革に失敗した様子を詳述している。(59) RCAは必要な技術を持っており、半導体部門を発足させたが、社内では投資判断をめぐって激論が交わされた。

真空管事業のリーダーたちの主張はこうだ。同事業が減退しているのは事実だが、再投資を続ければまだ利益が出せる。しかも、ここで投資をしなければ、将来の事業に資金を回すための利益も得られない。半導体は実際に有望だが、莫大な投資が必要であり、リターンは不確実だ、と。これに加えて、社内の上下関係や組織的な問題も議論を呼んだ。

ファイアストンと同じくここでも再び、RCAの経営陣は毅然とした行動をとらずに立ち往生してしまう。その間に、モトローラやインテルなどのスタートアップが勝利を収めた。RCAは、成熟した真空管事業と新しい半導体事業のマネジメントに失敗したのである。

◆領域D　既存の組織能力、新しい市場

これは、企業が既存の組織能力を用いて新しい未知の市場・顧客セグメントに対応する場合に起こる課題だ。使用する組織能力についてはよく理解されているが、市場が新しいため、顧

表3-2　米国の航空会社（1982年に存在していた会社の2015年時点の状態）

	航空会社	状態
1	ユナイテッド航空	経営破綻（その後、再建）
2	パンアメリカン航空	清算
3	アメリカン航空	経営破綻（その後、再建）
4	デルタ航空	経営破綻（その後、再建）
5	イースタン航空	清算
6	トランスワールド航空	清算
7	ノースウエスト航空	清算
8	リパブリック航空	清算
9	コンチネンタル航空	清算
10	ウエスタン航空	清算
11	USエアウェイズ	清算
12	ピードモント航空	清算
13	サウスウエスト航空	黒字
14	ブラニフ航空	清算
15	テキサス・インターナショナル航空	清算

客ニーズが異なっていたり、未知のものだったりする。基本的な組織能力はすでに存在し、市場が不確実なだけなので、こうした移行は一見するとリーダーにとって容易に思える。しかし、見かけは簡単そうでも、予想外の結果になることが多い。

大手航空会社と格安航空会社

過去四〇年にわたって米国の大手航空会社が苦しい立場に置かれてきたことを考えてみてほしい（表3-2）。破綻や合併を特徴とする大不況に見舞われたのだ。

そうなった要因はいくつかあるが（一九七八年の規制緩和、燃料価格の高騰、テロの脅威など）、米国の航空大手が苦しんできた主な理由は、サウスウエスト航空をはじめとする格安航空会社（LCC）が台頭したことにある。なぜ大手航空会社は、LCCの脅威への対応がこれほどお粗末だったのだろうか。

ローエンドの競争に直面して、ほとんどの企業は自社内にLCCを設立して競争しようとした。ユナイテッド航空が試みたのはテッドというLCCだ。デルタ航空はソングを、コンチネンタル航空はコンチネンタル・ライトを設立した。USエアウェイズとアメリカン航空は、既存のLCC（エア・カリフォルニアとパシフィック・サウスウエスト航空）を買収している。

しかし、これらはことごとく失敗した。その理由はどこにあるのだろうか。こうした事業がそれほど難しいとは考えられない。同じく航空機に依存し、同じクルーと整備士を活用でき、同じ目的地に飛ぶのだ。どうして難しくなりようがあるのか。ところが、その業績は惨憺たるものだった。これを理解するために、図3－1に戻ってみよう。

LCCであれ、大手のフルサービス航空会社であれ、基本的な組織能力（航空機、予約システム、運航サービスなど）は同じだが、顧客セグメントや期待されているものは大幅に異なっている。

LCC事業の成功の鍵の一つは、利用可能な座席や距離当たりのコストをいかに低く抑えるかだ。簡単にいうと、これは航空機を上空で飛ばし続けることを意味し、近距離運航につきものの難しい課題である。うまく対応するには、滑走路から速やかに離発着しないといけない。言い換えると、乗客や荷物の乗降、清掃、給油を迅速に行うということであり、そのためには、大手の文化にはなかった一定レベルのチームワークと緊急性が求められる。そして結果はというと、全くこうした取組みができなかったのだ。

ＬＣＣの経営では、フルサービスの航空会社の経営とは異なる組織アラインメントが必要とされる。前者の場合、スピードと柔軟性が鍵となるが、サービスはそれほど求められない。対照的に、フルサービスの航空会社では、高い料金を支払ってくれる顧客の心をつかんだり、サービスやアメニティを提供したりすることが鍵となる。フルサービスの航空会社の利益率はうまくいけばＬＣＣよりも高くなるが、二つの組織では人材、指標、インセンティブ、文化のタイプが全く異なっているのだ。

どちらのタイプの航空会社も、経営における基本的な組織能力はおおむね変わらないが、大手航空会社の上級リーダーたちはＬＣＣを成功させられなかった。なかには、単純に二つの組織を切り離すことに失敗して、結果的に対立や運営上の混乱が生じたケースもあれば、スイスの機械式時計メーカーのように、低収益事業からのリターンを理解できなかったケースもある。その結果は痛いほど明らかだ。

◆破壊的イノベーションとイノベーションのジレンマ

クレイトン・クリステンセンは一九九七年に『イノベーションのジレンマ』を出版し、いかにして大型ディスクドライブ（一四インチのフォームファクタなど）を生産するリーダーがいつも決まって新しい小型ドライブ（八インチのフォームファクタなど）でつまずいてしまうかを解説した。

領域Dの課題（既存技術で新市場に参入）に直面したときに、メモレックス、アンペックス、コントロールデータなど、大半の大手ディスクドライブ・メーカーは小型フォームファクタでの競争を試みたが、失敗に終わった。ここで興味深い謎が、これらの企業には小型ドライブを自社のものにする技術力があり、実際に生産もしていたことだ。新製品があるにもかかわらず、なぜか市場では失敗しているのだ。

クリステンセンの研究から、市場が予想していなかった形で、新しい便益を提供する製品・サービスが発展していくことを意味する「破壊的イノベーション」と呼ばれる概念が発展していった。これらの製品・サービスは多くの場合、既存顧客から見ればある次元のメリットで劣っているが、新しい顧客セグメントにとっては安価に手に入るようになる。これは一般的に新しい技術の発展というよりも、市場の変化だ。

クリステンセンは、ミニミル（技術的にそれほど進歩していない）が鉄鋼業界に及ぼした影響をはじめとして、破壊的なイノベーションが進んでいく事例をいくつか挙げている。たとえば、パソコンはメインフレーム事業に、オープンソースのソフトウェアは特許で守られたオペレーティングシステム（OS）に、通信教育は単科大学や総合大学に、大規模ディスカウント店は従来型デパートに、無線通信は固定電話会社に影響を与えた。

こうした事例から、既存企業にとっての脅威は、基本的な組織能力を知らなかったり利用しなかったことではなく、成熟事業と新規事業の両方での戦い方を見極められないことだとわかる。新規事業では常に顧客の好みや低利益率という新しい未知の組合せが求められるのだ。

クリステンセンの結論は、「合理的なマネジャーであれば、収益性が低いばかりか、成功も保証されていない小さなローエンド市場に参入することに対して、説得力のある議論をまとめに展開することはできない。（中略）うまく経営されている企業がより高額を支払ってくれる顧客を探す場合、従来の顧客から離れるとは考えにくい」というものだ。[60]

実は、クリステンセンは最初の著書の中では、このジレンマを簡単に解決する方法を見つけられなかった。探索と深化を同時に行うことは企業には不可能だというのだ。その後、彼が見出した解は、新しい破壊的事業を単純にスピンアウトすることだった。

しかし、破壊的イノベーションをスピンアウトさせても解決策にはならない。大手総合鉄鋼メーカーは、ミニミルの利幅が薄いことを見て、この機会をやり過ごした。一〇年も経たないうちに、ミニミルはより低コストでより高品質の鉄製品を生産できるようになり、USスチールなどの大手は倒産した。

ウォルマートやターゲットなど低利益率の大規模小売店によって、総合百貨店は規模縮小を余儀なくされている。マイクロソフトのエンカルタや、その後に登場するクラウドソースのオンライン百科事典のウィキペディアによって、百科事典のブリタニカは倒産に追い込まれた。リナックスなどオープンソースのソフトウェアは、サンのソラリスやノベルのネットウェアといった特許に守られたOSから利益を奪っている。

こうした例のいずれでも、マネジャーが対峙している課題と必要な解決策は単純明快だ。技術、競争、規制の変化に直面して、既存企業は既存の組織能力の深化が重要となる成熟事業で競争しながら、同時に、既存資産を使ってより探索が求められる事業で競争していかなくてはならない、ということだ。

大局的に見ると、これは特に解決困難な問題のようではないが、実は難しいことを示す証拠がある。ここまで見てきたとおり、深化を成功させるために必要な組織アラインメントは得して、探索に必要な組織アラインメントの妨げとなる。

4

戦略的インサイトと戦略的実行

ここまでに紹介した成功事例や失敗事例から、どのようなことが学べるのだろうか。第一に、これまで見てきたように、組織のリーダーが既存事業の成功を深化させながら、既存の組織能力を活用して新市場を探索する両利きの経営を行うことで、初めて長期の成功がもたらされる。

ここまでに挙げた事例から抽出される二つの重要なテーマは、さらにじっくりと探ってみる価値がありそうだ。まず、既存のビジネスモデルを活かして、未来の探索に役立つ形で既存の資産を再構成する場合には、リーダーシップがきわめて重要になる。以降の章で見ていくように、この能力は養っていく必要があるうえ、しっかりと守らなければすぐに失われてしまう。

注目すべき価値のある重要な第二のテーマは、探索と深化とでは、求められる組織アラインメントや組織能力が根本的に異なることだ。企業が成熟市場で勝つために必要なことは、新しい市場や技術に必要なこととほぼ正反対といってもよい。さらに悪いことに、深化で成功すると往々にして、探索がうまくいかなくなる。第8章でより正式なフレームワークを紹介するが、その前にここまでの教訓を簡単に整理しておこう。

◆リーダーシップ

シアーズが初期に成功したのは、米国の地方の住人は通信販売で商品やサービスを買うだろうと考えた創業者の慧眼あってのことではなく(モンゴメリーワードなど、他社も同様のことをしている)、シアーズが最も安価に商品やサービスを提供できたからだ。そのためにシアーズは、CEOのジュリアス・ローゼンウォルドの采配の下、最も効率的で最も費用対効果の優れた通信販売品の卸売業者になる必要があった。

創業から一九二〇年の不況までの約三五年間、シアーズは品揃えの幅と効率経営により市場を席巻する。その効率性のほとんどが今日でいうところの優れた経営や実践によるもので、その結果、競合他社を上回る売上総利益を生み出すことができた。大きな市場の変化と、JCペニーやウールワースなどのチェーンストアとの競争に直面したときには、社内の強い反対を押し切って、自社を店舗販売と郊外に移行させたリーダーが存在した。

ダニエル・ラフとピーター・テミンは研究論文の中で、一九二五年にCEOに就任したロバート・ウッドは、カタログ事業を守ることではなく、シアーズの全社的利益を最大にすることに関心を持っていたと指摘している。[61] ウッドの現状打破への意気込みは、次の五〇年に及ぶシアーズの成功の布石となった。同じように、ネットフリックスCEOのヘイスティングスが動画配信への移行にあたってDVD郵送レンタルとのカニバリゼーションを厭わなかったことや、ボール社のリーダーたちが市場の変化を定期的に予測して、ウォール街から叩かれても資源を再配分して先手を打てたことも見てきた。

これと対照的なのが、スミス・コロナの失敗であり、アーウィン・ダニールスが同社について包括的な研究を行っている。[62] ダニールスによると、一八八六年創業のスミス・コロナは約七〇年にわたってタイプライター事業で圧倒的な強さを誇り、一九八〇年の市場シェアは五〇%にのぼった。一九七六年に同社のリーダーたちは、電子タイプライターとパーソナル・ワードプロセッサーが出てくることを予想し、エレクトロニクス担当部門を別に設けている。

その結果、一九八五年に最初のパーソナル・ワードプロセッサーが発売された。しかし、この市場が衰退していく中で、経営陣はそれに続く転換を拒んだ。一九九三年にはCEOが、

「当社の中核市場はタイプライターとワープロだが、今後も強いままだろう」と述べている。それから一〇年も経たないうちに同社は倒産した。その理由を聞かれたときに、同社の元CFOは「経営ビジョンの失敗だと思う」と答えている。(63)

同じく、インスタント写真の有力プレーヤーだったポラロイドは、デジタル画像処理技術をいち早く開発し、その機能は競合他社のものよりも約四倍は優れていた。ところが、同社の上級リーダーたちはこの技術進歩を活用する代わりに、自分たちはメーカーであって、ソフトウエア（デジタル画像処理）はめざすべき未来ではないという考えに固執してしまう。新しいマーケティングの組織能力に投資することも、新しい流通チャネルを構築することも、新しいビジネスモデルを開発することも拒絶した。それどころか、一九八五年の株主に宛てたアニュアルレポートの中で、「電子画像システムが普及しても、視覚的な記録をずっと残したいという人間の基本的ニーズは残る」とCEOが言及したのだ。(64) 電子画像システム部門を設立したものの、上級リーダーたちはハードウェア事業でしか儲けは出せないと信じて、古いビジネスモデルにこだわり続けたのである。

一九九六年に、ポラロイドは電子画像システムの組織能力の大半を売り払い、長く苦しい崩壊の過程を経て、二〇〇八年に撤退した。かたや富士フイルムの古森は、新しい組織能力を獲得し、既存の組織能力を新市場に活用し、それらを用いて古い市場を蘇らせている。

こうした事例から学べる重要な教訓は、探索を正当化し、促進するところに上級リーダーたちの重要な役割があることだ。第9章でさらに詳しく見ていくが、とりわけすでに成功しているときには、リーダーたちが新しい組織能力の開発を積極的に推し進めない限り、組織は停滞していくだろう。悲しい事実だが、事業が成功しているとき、マネジャーがその成功を保護し、既存の活動を徐々に改善して、小規模の低利益率の事業で実験するために資源を「無駄に使うまいとする」傾向に陥ることは避けられないようだ。

月並みかもしれないが、ここでマネジメントとリーダーシップの違いを挙げるとしっくりくる。マネジメントは現状を維持して改善する。組織内に浮上する多くの「間違った」考えを回避するのが役割だ。しかし、リーダーシップを発揮するには、隅々まで見渡し、現状を不安定にさせたとしても実験を行わなくてはならない。上級リーダーたちが優秀なマネジャーになると、組織は危険にさらされる。

リーダーシップを長年研究してきたウォレン・ベニスによると、「失敗する組織はたいてい過度に管理され、リーダーシップはほとんど見られない」という。[65] 両利きの経営では、リーダーたちは優れたマネジャーかつ優れたリーダーでなくてはならない。変化に直面して成功するために、組織は両方を兼ね備える必要があるのだ。

◆組織アラインメント

シアーズやボール社などから得られる第二の重要な教訓は、組織アラインメントから生まれるパワーと危険性である。深化では効率性、生産性、差異を減らすことが強調されるのに対し、探索はその反対で、要求水準の高い調査、発見、差異を増やすことが重要になる。この洞察は、長年の組織研究でも実証されてきた(66)。探索と深化をどちらも同時に実現するためには、それぞれをサブユニットに分けるだけでなく、異なるビジネスモデル、組織能力、システム、プロセス、インセンティブ、文化も必要である。要するに、異なる組織アラインメントが求められるのだ。

一九世紀末のシアーズの早期の成功から学んだことを考えてみたい。シアーズが一八六〇年から第一次世界大戦の終わりまで成功した主な理由の一つは、低コストを維持する能力にあった。これは(深化で成功するために一般的に必要な組織アラインメントもそうだが)専門化、形式化、階層構造に大きく依存する。シアーズは創業後に急成長を遂げたが、一九〇〇年代初期になると倒産の危険に瀕した。とどまるところを知らぬ成長により、非効率な部分が大幅に増え、不満を抱く顧客が多くなったのだ。

当時のCEOのローゼンウォルドは、新しい省力化技術(特に伝票を送るためのエアシューター)に投資を行い、非常に規律がとれて形式化されたシステムを導入し、それまでの混乱状態に秩序をもたらしたことで高く評価されている。シアーズが一九二〇年代初期に成功を持続できたのは、この機械的な構造のおかげだった。

ところが、一九二〇年代後半になって人口動態の変化が起こると、まさにこの厳密な組織アラインメントが同社の変革を阻んでしまうのだ。市場が移行すると、シアーズの成功要因となった組織の資産（設備、システム、人材、スキル、文化）が慣性を生む巨大な温床となった。ウッドがいなければ、成功を可能にしたその同じ資産によって、いとも簡単に終焉を迎えていたかもしれない。

皮肉にも、これまで見てきたとおり、これはまさに最近のシアーズでも起こったことだ。五〇年間の成功を支えた、まさにその組織アラインメントが同社にとって現在、命取りとなりつつある。長年学んできた価値ある教訓がすべて、今となっては的外れになっているのだ。同じ論理は、過去の成功が未来の人質となったブロックバスター、スミス・コロナ、ポラロイドなどの企業にも当てはまる。何とも皮肉なことだが、ある時点で成功に必要だった組織アラインメントが、次の時点で害をなすかもしれない。

成功が保証されていない新規の探索部隊に資源を回すという提案に対して、事業の深化で成功してきたあるマネジャーが述べたコメントを考えてほしい。

……………………

「私が思うに、あなたの提案は、顧客が欲しがるかどうかすらもわからない製品を生産するために、存在するかどうかも知れない、既存市場よりも間違いなく小さい市場に何百万ドルも投じろというものだ。しかも、その際に用いるビジネスモデルは、既存の製品ラインよりも確実に利益率が低い。あなたの警告によると、この投資によって深刻な組織上の問題が出てくる。そして、私たちの既存事業は資源を声高に求めている。なぜこの投資をすべきなのか、今一度教えてほしい[67]」

………………………

こうした教訓を、ネットフリックス、ボール社、富士フイルムなどの成功事例と対比しよう。これまで見てきたように、ネットフリックスの早期の成功の一部には、効率性と規律を促すような組織アラインメントを設計し、実行する能力が関係していた。同社のリーダーは、映画レンタルサービスで翌日配送を可能にするために、物流ソフトウェアに重点投資をして特許を取得した。しかし、深化用の組織アラインメントをとことん改善していくのと同時に、探索の推進も続けた。同社がデータ配信を向上させるハードウェアの開発プロジェクトで失敗したのは有名な話だ（初期のデバイスは帯域幅に制約があり、映画を一作品ダウンロードするのに一〇時間かかり、費用も一〇ドルにのぼった）。

世界屈指の効率性を誇るボトリング工場を運営するボール社は、プレハブ住宅とプラスチック射出成形など多様な分野で、自社の組織能力を用いて探索も行ってきた。同社のリーダーたちが重視してきたのは、想像力と細部へのこだわりだ。社内で（ペットボトルなどの）技術を開発し、必要に応じてそれを生産するために合併を活用してきた（金属缶など）。彼らは、自社の未来を左右するのは、深化か探索のいずれか一方ではなく、両方とも同時に行うことだと認識している。火星探査車マーズ・ローバーをつくるのに役立つ組織アラインメントは、彼らが中国のボトリング工場でコスト削減を進めていくのに役立つ組織アラインメントではない。

ここから学べるのは、組織アラインメントが持つ力と実行の重要性である。得られた洞察を行動へと翻訳できない限り、未来を見通せたとしても無意味なことは明らかだ。そしてこれは必然的に、異なる組織アラインメントであってもマネジメントできることを意味する。ここまで解説してきた成功事例（ネットフリックス、ボール社、アマゾン、ウォルマートなど）は、探索事業と深化事業の間で組織のアラインメントを大きく変えてきたのだ。

◆結論

両利きの経営は概念としてシンプルだが、経営者にとってそう簡単に実行できるタスクではない。以降の章で、アマゾン、インテル、ＩＢＭ、シスコ、ＵＳＡトゥデイなどの有名企業や、フレックス、ダヴィータ、ＡＧＣなど知る人ぞ知る企業のリーダーたちが、どのように探索と深化に取り組んだのかをじっくりと見ていく。こうした詳細な事例は、自分の組織で両利きの経営を実践したいと考えるリーダーにとって参考になるだろう。

Culture as Competitive (Dis)Advantage

第4章

競争優位／競争劣位としての組織文化

「組織文化は戦略に勝る」

――ピーター・ドラッカー

本章のポイント

by Iriyama

今回、新たに追加された章であり、「両利きの経営」を促すための組織文化について解説する。日本企業の多くは文化を戦略的につくり込んでいない。しかし、文化は企業の根幹であり、「探索」という行動が文化として備わっていくためにも、文化を戦略的にマネジメントしていくことはきわめて重要であることを理解してほしい。

Keyword

- □ 組織文化
- □ 規範
- □ 前提認識
- □ 情緒的影響
- □ 規範的影響

ここまで企業変革の成功事例（ボール社、ＧＫＮ、アマゾン、富士フイルムなど）と失敗事例（ブロックバスター、シアーズ、ＲＣＡ、コダックなど）を見てきた。特筆すべきは、成功の原動力も、強い慣性の力が働いて過去にがんじがらめになるのも、その企業の文化に起因することだ。文化は競争優位にも競争劣位にもなりうる。

たとえば、コダックの取締役会は一九九三年に、ジョージ・フィッシャーを新たなＣＥＯとして雇い入れた。モトローラでＣＥＯ職を経験してきたフィッシャーに、コダックの変革と新しいデジタル時代への移行を託したのだ。当時のコダックには優れたデジタル画像処理技術があり、移行の準備は整っていたが、フィッシャーは失敗して二〇〇〇年にＣＥＯを解任された。数年後に取材されたときに「なぜコダックを変革できなかったのか」と聞かれたフィッシャーは、理由の一つに文化を挙げた。「コダックの文化は非常に礼儀正しく、意見の相違があっても立ち向かってこない。（中略）そのことにすぐに気づけなかった。前もって文化的慣性の対策にもっと時間をかければよかった」[1]

マッキンゼーは一九九〇年代後半に、技術変化が加速して企業の倒産が相次いでいることを指摘した。リチャード・フォスターとサラ・カプランは三六年間にわたって一〇〇〇社のデータを収集し、なぜ生き残れる企業と生き残れない企業があるのかを探った。そこから導き出した結論は「文化のロックイン、すなわち、市場の脅威が明らかになっても組織文化を変えられず、市場に対応しにくいこと」に問題があるというものだ。(2) その見解に立つと、根本原因はリーダーの隠れた前提認識やルール（メンタルモデル）にある。企業の成功要因とされる文化が、リーダーが市場の変化に適応するのを妨げてしまうのだ。

それに対して、ルイス・ガースナーが主導したＩＢＭの変革について考えてみよう。一九九〇年代初頭、ＩＢＭは経営不振に陥っていた。株価は急落し、ウォール街のアナリストの多くはＩＢＭをバラバラに解体して売り払うように要求した。一九九二年までに六万人以上が解雇され、前任のＣＥＯは改革に取り組んだが、同社は絶望視されていた。一九九三年、同社史上初の外様のＣＥＯに就任したのがガースナーだ。彼の采配の下、ＩＢＭは一〇年で落ち目のコンピュータ製造会社から、好調なソフトウェアやサービスの事業者へと生まれ変わった。

ガースナーはこの変革について説明する中で、それ以前の経営陣がＩＢＭを変革できなかった最大の理由は、戦略が失敗したからではない。それよりも、別の時代、別の戦略のためにつくられた価値観や文化にあった、としている。「文化や価値観、行動の問題にたどり着くまで、ＩＢＭを全く変えられなかった」(3)。二〇〇二年、退任間際のガースナーは企業変革に必要な事柄について、こう振り返っている。「本当に企業を変革しようとするならば、文化を理解しなければならない。（中略）私は五五歳になってようやくそれがわかった。文化がすべてだ」[4]

マイクロソフトの変革でも同じようなことが語れる。かつての栄光の時代を考えると、二〇一四年のマイクロソフトは見る影もなかった。三つの中核事業（オフィス、ウインドウズ、サーバー・ソフトウェア）はそれぞれ、モバイルデバイスへの移行、クラウド・コンピューティング、グーグルとアマゾンの台頭により、存続の危機にさらされていた。

二〇一四年二月、スティーブ・バルマーの後任として、入社二二年目のベテラン社員のサティア・ナデラがCEOに就任した。ナデラが引き継いだのは、一三万人の従業員を抱え、きわめて個人主義的かつ政治的で、熾烈な内部競争と失敗を恐れる文化を持った会社である。従業員の九〇％はウインドウズに打ち込んでいた。

ナデラは二〇一五年の株主総会の冒頭の挨拶で、「私たちが文化を変えられるかどうかが、将来の成功を占う先行指標となる」と述べた。続く五年間で、チーフ・ピープルオフィサー[1]のキャスリーン・ホーガンと一緒に、文化を変革して会社を立て直すために絶え間なくキャン

---

［1］ CHRO（最高人事責任者）とほぼ同様の意味だが、社員を経営資源としてではなく一人の人間として見ることや、組織文化や従業員満足度などを重視する姿勢を示すために用いる企業が多い。

ペーンを展開していく。リスクを取ることを称賛し、失敗を受け入れることを重視する「グロースマインドセット（成長する考え方）」を掲げて、クラウド事業（Azure）をこの取組みの中心に据えたのだ。ウインドウズ部門をなくしてオフィス製品をクラウドで利用できるようにし（オフィス365）、営業とエンジニアリングを統合した。「外部から学習し、その学びをマイクロソフトに持ち込む貪欲な姿勢が必要だ」と、ナデラは説く。[5]

ナデラのCEO就任から五年で、マイクロソフトは大きく変貌を遂げた。株価は六倍になり、時価総額が一兆ドルに達した二番目の企業となったのである。

ホーガンの説明によると、体系的なやり方で組織文化を変革したという。包括的なビジョン（「地球上のすべての個人とすべての組織が、より多くのことを達成できるようにする」）を明確にし、古い文化と今後成功するために何が必要であるかを突き止めるべく掘り下げて診断し、望ましい行動に関するシンプルな説明とストーリーを提示した。また、グロースマインドセットがどのような行動を表すのかについて、上級幹部チームが絶えずコミュニケーションをとってロールモデルを紹介した。さらに、一万八〇〇〇人を対象としたマネジャー研修などで体系的に組織内に浸透させたり、新しい行動に報いて古い行動を罰する形に人事制度（採用、選抜、研修、業績管理、インセンティブ）をつくり替えたりしている。「文化の変革は複雑なレバーを一斉に引かなければならない。（中略）特効薬はない」と、ホーガンは結論づけている。[6]

こうした例は、本章で取り上げるいくつかのテーマを示している。第一に、文化は競争優位の源泉にもなれば（たとえば、アマゾン、ネットフリックス、ノードストローム）、逆に、変化を阻み、競争劣位の要因にもなりうる（たとえば、シアーズ、コダック、ブロックバスター）。これをはっきり示す調査結果がある。デロイトによると、米国の経営幹部の八六％が、文化は潜在的な競争優位性であり、ビジネスの成功において重要だと考えていた。[7] 経営者を対象とした最近の調査でも、フォーチュン一〇〇〇社のCEOとCFOの七八％が、企業価値に影響を与える上位三項目に文化を挙げていた。[8]

このように注目されているにもかかわらず、組織文化とは何か、文化をどのように管理すべきかについて、いまだ明確な答えはない。たとえばデロイトの調査では、六八％の人が自身について「文化を理解していない」と回答し、自社に適した組織文化があると考えている人は一九％にすぎなかった。

第二に、文化は不変ではなく、IBMやマイクロソフトの例が示すようにリーダーが変えられるものである。文化は、戦略を実行するうえで重要な要素であり、戦略が変われば異なる文化が必要になるかもしれない。第2章で取り上げたように、深化を成功させるために組織的に整備すべき人材、構造、評価基準、文化は、探索に求められるものとは全く異なる。

第三に、われわれは数十年にわたる研究に基づいて、五つの主要な文化のチェンジドライバーを明らかにする。そして最後に、両利きの組織を構築するというリーダーシップ課題に戻って、リーダーが組織内で異なる文化をマネジメントする方法を説明する。

しかし、こうした問題に取り組むためには、最初により根本的な問題を考える必要がある。文化とは何か。そしてもっと重要なのが、リーダーはどうすれば文化を生み出し、マネジメントし、変化させることができるのか。その正体が明確でなければ、文化の重要性や、創出や変革の方法も見えてこない。

1 組織文化とは何か

文化という言葉はさまざまなレベルで捉えられる。たとえば、社会や国には識別可能な文化がある。

文化心理学者のミシェル・ゲルファンドは、国の文化に「タイト」か「ルーズ」かの違いがあるとしてきた。(9) 日本やパキスタンなどのタイトな文化の国では、どう振る舞うべきかについて非常に明確な期待が存在し、それに従わない人は制裁を受ける。一方、米国やイスラエルなどルーズな文化の国では、適切な行動に対する期待は少なく、許される行動の範囲が広い。

「お国柄」のようなものがあることは誰もが知っている。日本で期待される行動は、オーストラリアで期待される行動とは違う。ただし、今回は組織レベルでの文化の理解と認識に注目したい。

組織文化とは、大まかに言うと、組織のメンバーが共有している考え方や行動のやり方に関する期待である。こうした期待は、何が重要であるかを定義する共通の前提認識、価値観、信念、さらに組織メンバーの適切な態度や行動を定義する規範に基づいて決まる。また、組織メンバーが、誰も見ていないときにどのように振る舞うべきかを示す重要な指針となる。要するに、組織文化は重要なことを定義する共通の価値観と、組織メンバーの適切な態度や行動を定義する規範と共通の期待を表している。

組織文化を考えるうえで参考になるのが、おそらく組織文化に関して最も重要な研究者であるエドガー・シャインの説だろう。[10] シャインによると、私たちの文化の捉え方には三つの異なるレベルがある。①無意識的な、もしくは当然だとされている組織に関する基本的な前提認識や信念、②支持(たとえば、話題になる)もしくは実践されている規範や価値観、③会社のシンボル、服装、言語など、目に見えるけれども得てして解読しにくい文化的な人工物だ。シャインの著書『組織文化とリーダーシップ』は非常に大きな影響力を持つが、「リーダーが行うべき本当に重要な唯一のことは、文化の創出とマネジメントである」とし、「リーダーシップの独特かつ本質的な特徴は、文化を巧みに操ることだ」と結論づけている。

規範は明らかに組織文化の重要な側面であり、どのような行動が期待されているかを示す。組織によっては、お互いにどう折り合いをつけるか、顧客とどう接するか、どのように意見の相違に対処するか、どのように新しいことやイノベーションに挑戦するかといった重要な事柄が規範に含まれる。たとえば、礼儀正しく、上司に刃向かわないことが期待されている組織もある。

何年も前の話だが、ＧＭでは、みんな提案するとうなずくのに、支援してくれない「ＧＭ流うなずき」と呼ばれる傾向が見られた。この行動は、一〇〇人を超える死者を出したイグニッションスイッチの不具合問題をＧＭが正せなかった文化的理由とされている。(11)

対照的に、インテルやマッキンゼーなどの組織で期待されているのは正反対の行動だ。インテルの従業員は「建設的な対立」を教わり、同意できなければ常に意見を戦わせることが期待されている。マッキンゼーでは、たとえ相手が上級幹部でも異論があれば「反対する義務」があると全社員に教育している。ＧＭと、インテルやマッキンゼーとの違いは、期待される行動、つまり文化を定義する規範にあるのだ。

ザッポスやノードストロームでは、素晴らしい顧客サービスが期待され、従業員は規範や価値観を通じて、たとえ競合他社を紹介することになっても、顧客のためにできることは何でもするように奨励されている。ノードストロームの場合、従業員ハンドブックの一ページ目に規則が一つだけ書かれている。「どんな状況でも自分の判断で行動せよ。他に規則はない」。つまり、顧客に満足してもらうためであれば、理由を何も聞かずに返品を受け付けるといった、合理的な範囲内でできる限りのことをすることが、規範や価値観を通じて従業員に期待されているのだ。

そうかと思えば、異なる規範や価値観を持ち、そこまで顧客を重視しない企業もある。たとえば、カスタマーサービスのホットラインに電話して、「大事なお電話をいただき、ありがとうございます」という自動音声案内を聞きながら二〇分待たされる状況を考えてみてほしい。そこでは、顧客サービスという価値観は共有されているが、真の規範においては顧客がそれほど大事だと思っていない。

それでは、文化の構築と形成に関心を持つリーダーは、どこから手をつければよいのだろうか。シャインの三つのレベルのすべてに関して多数の研究が行われてきたが、リーダーシップの観点からは、規範と価値観に主眼を置くことが最も役立つ。というのも、直接的に形成やマネジメントができるからだ。(12) この観点に立つと、リーダーとそこで導入するシステム(たとえば、業績評価制度で何を評価対象とし、どう報いるか)によって文化的な規範と価値観は強化することができる。

2

規範が行動に及ぼす影響

規範とは何か、どんな働きをするかを理解するために、一見すると不可解だがよく知られる実験をいくつか見ていこう。たとえば、大学生にスクリーンに映し出された線の長さを推測してもらう。真の被験者に気づかれないように、明らかに不正確な（長すぎたり短すぎたりする）推定値を他の実験参加者に言ってもらうと、何も知らされていない被験者の回答はその影響を受けたものとなる[13]。

また、スタンレー・ミルグラムの有名な実験では、正解しなかった相手により強い電気ショックを与えるように被験者に指示した[14]。世界中の実験結果を見ると、命にかかわるとされるレベルの電気ショックを与えようとする被験者がたいてい六〇％以上にのぼった。

こうした実験をはじめとする多くの研究結果から、人間の行動に関して強力だが見落とされている事実がわかる。私たちはとるべき行動について他者の合図を頼りにし、傍から見て予測外の行動をとってしまうことが多い。なぜこのようなことが起こるのだろうか。

その答えは、規範（社会的期待）の力と、私たちが多くの場面でどう行動し感じるべきかという指針を他者に求めることにある。社会環境、特に組織の中では、他者の情報を参考にして行動することが多い。この影響には二タイプある。「情報的影響」もしくは記述的規範（例：ここでは誰もネクタイを締めない）と、ある行動をとるかとらないかを承認したりしなかったりする「規範的影響」もしくは命令的規範（例：ネクタイをしている人をからかう）である。

このような合意は、それほど重要には見えないが、記述的規範と命令的規範が組織内の人々の行動の決定的要因になることを示す証拠は膨大な数にのぼる。組織のメンバーの間で考え方やとるべき行動について合意があれば、人々は組織に溶け込み、行動を調整するのに役立つ。[15]それに従わない人は、集団から孤立したり排除されたりすることもある。

ある行動が重要だとする規範についての広範な合意（コンセンサス）があり、人々が強く感じ、遵守しない人に制裁を科すことも厭わない（規範に関して強度がある）場合、強い文化が存在する。[16]こうした状況では、新しいメンバーには、①遵守してその場に溶け込む、②遵守せずに社会的・心理的に排除されやすくなる、という二つの選択肢がある。多くの人が過小評価しているのは、文化が行動に及ぼす影響がどれほど強力かという点だ。

私たちは往々にして、行動に影響を及ぼすのは他人の期待よりも、価値観やニーズや性格だと考えてしまう。制約のない状況であれば、性格が行動の重要な決定要因になるかもしれないが、強力な規範が存在する集団や組織（宗教団体、軍隊、強い文化を持つ企業など）では、その重要性ははるかに低く、他者の期待に行動が大きく左右される。

このロジックでいくと、組織文化を考えるうえで非常に役立つ方法は、これを共有された規範を通じて組織内で機能する社会的なコントロールシステムとして捉えることだ。つまり、文化は「人とシステムによって時間をかけて強化される行動パターン」として定義することができる。そうだとすれば、文化は漠然としたもの（例：「組織をまとめる接着剤」）ではなく、マネジメントが可能だ。

文化とは、金銭や昇進などの制度によって公式に、あるいは同僚や上司の承認によって非公式に報われる行動を指す。このように文化を捉えれば、文化の診断（どのような行動パターンが存在するかを理解する）、マネジメント（戦略と調和させる）、さらには変革（行動パターンを変える）も可能になる。その点について、以下で見ていこう。

3 組織文化と戦略を調和させる

「正しい」あるいは「最良の」組織文化というものは存在するのだろうか。効果的な組織にするために、リーダーが直接取り組むべき具体的な規範や価値観はあるのだろうか。この疑問に取り組んだのが、ハーバード大学教授のジョン・コッターだ。

コッターは、文化の強い企業は文化の弱い企業よりも業績が良いはずだという直感に沿って、米国大手二〇〇社以上のデータを集めて五年間の業績を調べた。残念ながら、組織文化の強さと業績には何の関係も見つからなかった。彼はそこで諦めずに、文化が強いからといって戦略的にかみ合っているとは限らないと考えて、データを再分析してみた。それでも何も見つからない。

コッターはさらに熟考し、変化の時代にはある時点で戦略的に適した文化でも、別の時点ではそうではないかもしれないことに気づいた。そこで、強力でかつ戦略的に整合性がとれているだけでなく、適応力もある文化をつくり、新しい状況に合わせて文化を調整できるリーダーのいる企業に注目しながら、データを分析し直した。すると今度は、組織文化と企業業績（純利益の成長率と株価上昇率）との間に非常に強い相関が見られたのである。

「文脈上、あるいは戦略の面で適した文化であっても、イノベーションや変革を促進する規範や価値観が含まれなければ、長期的に力強い業績を推進することはできない」と、コッターは結論づけている[17]。

この調査結果は、直近の研究でも検証されてきた。適応性、協調性、倫理性の高い文化を持つ企業は一般的に、そうした部分の規範が弱い企業よりも、優れた業績を上げていた[18]。マイクロソフトCEOのナデラはそうした調査結果を踏まえて、「常に自らを刷新できる文化が必要になる。（中略）重要なのは学習と改善を続けることだ」と述べている。

ここから実験やチームワークを促進する規範が広く有用なことがわかるが、本当の鍵は組織文化と戦略の調整力にある。文化は企業戦略を確実に実行するためのメカニズムだ。では、組織文化はどのようにして競争優位性につながるのだろうか。

ここではローコスト・リーダーと顧客中心という二つの基本的な競争戦略の中で、文化がどう貢献するかを考えてみよう。サウスウエスト航空は、米国で最大でかつ最も成功している格安航空会社だ。低コストを実現するために、どのような文化を築いてきたのだろうか。

航空会社は資本集約型ビジネス（ホテル、石油精製、半導体製造なども同様）であり、成功する鍵の一つは資産稼働率を高めることにある。サウスウエスト航空の場合、機体を上空で飛ばし続けることを意味する。

この問題への対応として、一つには効率的に運航スケジュールを組む正式な管理システムが挙げられるが、同じく重要になるのが、機体の回転率を高めつつ顧客対応力をつけることだ。サウスウエスト航空のある経営幹部が言うように、「機体が地上で停まっていれば儲けにならない」。重要なのは柔軟性とチームワークの両方を奨励する文化だ。そこで、迅速に機体が飛び立てるように、パイロットや航空機を誘導するランプエージェント、客室乗務員が協力しながら、次のフライトに向けて駐機中の機体を準備するのが一般的だ。言い換えると、従業員は会社やお互いのことを気にかけているので、積極的に協力し、助け合い、主体的に問題を解決しようとする。[19] こうしたサウスウエスト航空の組織文化は低コスト戦略を実行するうえで重要な要素となっている。

興味深いことに、サウスウエスト航空は一九六七年の創業以来、四半期業績が赤字になったことはほとんどなく、破産申請も経験していない。競合他社も同様だとは、決して言えない。[20]

次に、顧客中心戦略について考えてみよう。この戦略で成功するためには、競合他社よりも常に優れたサービスを提供することで、顧客が他の競合他社に離反せずに、自社の製品やサービスを継続購入するようになることだ。これを実現させるためには、どのような行動パターンが必要だろうか。

ファースト・リパブリック・バンクは急成長中の中堅銀行で、富裕層の顧客のあらゆる銀行業務のニーズに応えることに注力している。取り揃えている商品やサービスは他行でも扱っており、低コストな場合も多い。一方、同行が提供するのは、顧客が価値を認めて喜んでお金を払ってくれる商品やサービスだ。同行は長年にわたって年率二〇％で成長を遂げてきた。新規顧客の半分は、既存顧客が家族や友人に同行の話をしたのがきっかけで利用するようになる。

こうした状況を実現させるために、同行のリーダーたちは顧客サービスに全力を注ぐだけでなく、サービスを提供する従業員も驚くほど大切にする、強力でかつ広く共有された文化を創り上げてきた。それは、全従業員が顧客を大切にすることに常に専念する権限を持っている、思いやりと協力の文化だ。創業者兼CEOのジェームズ・ハーバートは、「私たちは基本的に、銀行業を前提とした営業とサービスの組織だ」と言う。同行の競争優位性は、商品やサービスの差別化ではなく、戦略と文化をうまく合わせる調整力にある。

しかし、共通の行動パターンが戦略の実行を支えることもあれば、妨げることもある。第1章から第3章までの事例で見てきたように、企業が成功すると、それを支える文化が育まれるが、変化に直面すると、成功をもたらした文化そのものが慣性や変革への抵抗の元凶になりやすい。シアーズやコダックなど、失敗した企業がまさにそうだ。

ここで学ぶべきは、戦略を実行するために、従業員の間でどのような行動様式を共有する必要があるかを慎重に検討しなくてはならないということだ。ローコスト戦略に必要な行動パターン(たとえば、倹約、細部へのこだわり、絶え間ない漸進型改善など)は、イノベーション戦略を成功に導くものではない。どのような行動が求められているかを明確に考え、それを植え付けるためのシステムやプロセスを設計することがリーダーシップ課題となる。

組織文化は戦略の実行に役立つだけでなく、従業員を引きつけ、やる気を引き出し、維持するうえでもきわめて重要だ。企業に非常に強い規範や価値観があれば、それが従業員候補者へのシグナルとなり、自分に合った企業かどうかの判断に役立つ。

第5章で紹介する「シリコンバレーの海兵隊[21]」とも称されるサイプレス・セミコンダクターは、非常に高いレベルの個人業績、細部へのこだわり、完全な透明性とオープンさを重視する成果志向の文化を持つ。協働や顧客については強調しない。それでも、文化が明確なので、そうした職場環境を好む人が集まり、合わない人は選別され、排除される。サイプレスの文化は攻撃的で制限が多すぎると感じる人もいるかもしれないが、それを好む人にはサイプレスは素

晴らしい職場だ。(22)

このように、文化がリーダーとその組織にとって重要な理由はいくつかある。第一に、社会的なコントロールシステムとして機能し、戦略の実行を助けたり、妨げたりする。第二に、強力な組織文化がある場合、適切なタイプの従業員を引きつけ、動機づけし、維持することがしやすく、合わない従業員をふるい落とせる可能性が高い。全体的に見ると、強い文化がある（すなわち、組織のメンバー間で広く共有されている）場合、競争優位性の創出に役立つ。具体的にいうと、強い文化が価値観となって競争優位性につながる可能性があり、他社には簡単に模倣されないのだ。

4 リーダーはどのように文化を創出し、マネジメントするのか

リーダーはどのようにして、組織内の文化を規定する規範や価値観を創出して形成するのだろうか。表4-1は、世界中の強力な文化を持つ企業を示したものだ。デンマークのマースク、日本のファナック、米国のファースト・リパブリック・バンクやウォルマートなどが含まれる。企業規模は大小さまざまで、上場企業や非上場企業、さらには軍隊組織もある。ハイテク企業

表4-1 強い文化を持つ組織の例

ノードストローム	ルルレモン	国際宇宙ステーション
グーグル	ダヴィータ	シーウェル
ウォルマート	ザッポス	ネットアップ
オラクル	ネットフリックス	サイプレス・セミコンダクター
ファースト・リパブリック・バンク	メタ	REI
サウスウエスト航空	トレーダージョーズ	P&G
ブリッジウォーター・アソシエイツ	コマース・バンク	USAA
アメリカ海兵隊	マッキンゼー	ディズニー
SASインスティテュート	メアリーケイ	アップル
ファナック	マースク	チックフィレ
IDEO	アメリカ陸軍特殊部隊	ツイッター
ナイキ	ザ・リッツ・カールトン	コストコ
マース	ジェットブルー航空	パタゴニア
インテル	アメリカ海軍特殊部隊	ホールフーズ
	パブリックス	サムスン

からローテク企業、金融サービス、製造、ヘルスケアなど、業界も多岐にわたる。こうした組織を定義する規範や価値観は異なっていることが多いが、リーダーがそれを創出して形成するプロセスやテクニックは非常に似通っている。

先述したように、文化が規範的影響や情報的影響を通じて作用し、何に注力し、どう行動すべきか従業員を導くとすれば、リーダーの役割は、重要なことやとるべき行動を示す明確なシグナルを従業員に確実に伝えることにある。その意味で、リーダーは組織に向けたシグナル発生器であり、とるべき行動や、その理由を従業員に理解させるのが仕事だ。[23]

この課題について、新入社員の立場で考えてみよう。新しい会社に入った場合、どんなことを考えるだろうか。最初に気になるのは、どう振る舞えば、その会社に溶け込みうまくやっていけるか、ということだろう。では、仲間に受け入れられ、職務をそつなくこなすために必要な行動を、どのように見極めるのだろうか。

一つ確かなのは、他の人を観察したり、シニアリーダーの言動を注意深く見守って誰が報われるかを見たり、やるべきことや避けるべきことについて他の人に助言を求めたりする可能性が高いということだ。おそらく、こんな組織文化だという感覚をつかむまでに、それほど時間はかからないだろう。早く出社して遅くまで働くべきか。どんな服装が良いのか。他の従業員とどう接するべきか。手を抜いても大丈夫か。上司の意見に反対しても構わないのか。失敗は許されるのか。

こうした答えは時間とともに明らかになるだろう。そうやって人々やシステムによって強化される行動パターン、つまり、組織の文化を学んでいくのだ。すでに述べてきたように、強い文化であるほど、そこに溶け込みうまくやっていくために必要な行動は、より明確になる。弱い文化であるほど、適切な行動がそれほど明確ではなく、人々の行動に大きなバラツキが見られる。

5 組織文化の創出と変革のメカニズム

文化が規範や価値観によって定義される行動パターンだとすれば、リーダーは文化の形成や変革に向けて何ができるのだろうか。強い文化を持った組織のリーダーが使う共通のメカニズムや変数は五つある。これらの変数はいずれも、「正しい」行動をとることがはっきりと期待されている環境に身を置けば、それに逆らうのが難しくなるという基本心理に基づいている。

①リーダーの言動

ほとんどの人は、グループや組織に溶け込んで受け入れられたいと思っている。そこでリーダーに注目する。リーダーの言動を観察し、うまくやっていくために何を重視するのかを見極めようとするのだ。どこに時間をかけて、どんな質問をするのか。何を好み、何を好まないのか。何に高い優先順位を置いているのか。こうした情報をもとに、どう行動すべきか、何に注意を払い、何を無視してよいのか、どうすれば良い従業員だと思われるかを判断する。リーダーは、組織に伝えるシグナル発生器であり、従業員のとるべき行動の解釈に役立つ。

GEの元CEOであるジャック・ウェルチは、リーダーが文化をうまくマネジメントするために二つのことが必要だと述べている。一つは、同じメッセージを送り続けること。そして二つ目に、「聞き飽きたと思わせる」こと、つまり、何度も繰り返すことだ。

リーダーのシグナルが明確で一貫していれば、社員はとるべき行動をすぐに学ぶ。リーダーが、文化とは何かについて「しつこくて飽きが来る」まで伝え、適切に行動した人が報われたり、そうでない人が罰せられたりする様子を見えるようにすれば、新入社員に期待される行動や態度を伝える規範が生じるだろう。こうした規範は時間とともに定着し、正しい行動として受け入れられるようになる。リーダーの行動やコミュニケーションは、文化を牽引するための最初でかつ、おそらく最も重要な手段である。

②社会活動やセレモニーへの参加

強い文化を示すリーダーは一般的に、組織のメンバー間の絆を築くために社会活動やセレモニーを奨励する。内的報酬と外的報酬(グループの一員であること自体が報酬である)を重視し、メンバーであるシグナルとしてグループ承認を活用する。家族や友人、顧客を巻き込んで活動することもある。その根底にあるのは、いわゆる「漸進的コミットメント」と呼ばれる心理だ。私たちはある行動を選択するたびに入れ込むようになり、当事者意識が高まっていく。特に、そ

の選択が他人から見える場合はそうだ。(24)

バルマーがマイクロソフトのCEOだった頃、五日間の年次総会では主にプレゼンテーションやデモンストレーションが行われていた。ナデラの下で、このイベントは三日間の全社的ハッカソンに発展し、一万八〇〇〇人以上が参加するようになった。ファースト・リパブリック・バンクでは半期に一度、三日間の「カルチャー・キャリア・ラウンドテーブル」が開かれる。部門横断で参加した社員は、文化大使となって顧客中心の組織文化を強化している。文化形成に参画することで、その文化へのコミットメントが高まっていく。

③ストーリー、専門用語、シンボルを用いた明確なシグナル

強い文化を持つ組織は通常、期待される行動を非常にはっきりと伝える。万人向きの組織ではなく、おそらく特別な人だけが成功することを打ち出している場合もある（「少数精鋭、誇り高きマリーン」など）。こうしたメッセージは、文化の模範となるような態度や行動をとる従業員を鮮やかに感動的に表現したストーリーを通して、しつこく伝えられる。そういう人を持ち上げて、しばしばヒーローに仕立て上げるのだ。ストーリーはリーダー自身が語ることもあるが、リーダーに代わって、従業員や顧客などから文化的メッセージが広まっていく場合もある。(25)

たとえば、マイクロソフトでは過去五年間、金曜日の定例経営会議で、グロースマインドセ

ットという文化的価値観に沿って何か特別なことをした従業員のストーリーを欠かさず紹介してきた。他にも、その組織にとって特別な表現、スローガン、用語を使って、仲間意識やインクルージョン（包摂性）を強化している組織がある（「グーグラー」「一人はみんなのために、みんなは一人のために」など）。

シンボリックな行動が文化のある側面を示す場合もある。たとえば、本社ビルで経営陣、人事部、カスタマーサービス部門が働いているとしよう。経営陣が最上階で、人事部やカスタマーサービスの従業員が下の階だとすれば、組織文化についてどのようなシグナルを送ることになるだろうか。あるいは、一階や中間階に経営陣がいて、最上階に人事部やカスタマーサービスの従業員がいる場合はどうか。つまり、物理的な建物内の従業員や部門の配置でさえ、文化を象徴する可能性があるということだ。

④入念に設計された報酬制度

評価や報酬の対象となることが実行される事実に異論を唱える人は、ほとんどいないだろう。これは、組織文化を定義する行動にも当てはまる。その組織文化に必要な行動は本当に報われるのか。それとも、みんなが重要だと言っているだけで、全く別のことに報いているのか。

強い文化を持つ組織のリーダーは、報酬制度と期待される行動とがぴったり合うように徹底している。お金が重要な動機づけになるのは明らかだが、文化を形成する手段としてはあまり適さない。多くの場合、金銭的報酬は頻度が少なすぎて、特定の行動を強化しきれないのだ。それよりも、強い文化のある企業のリーダーは、規範を遵守しているシグナルとして、認識、承認、地位、昇進などをよく利用する。こうした象徴的な報酬（今月の最優秀社員、感謝状など）は些細なことのように見えるが、誠意をもって授与すれば、文化面の強化に非常に役立つ。

多くの組織において大きな危険となるのが、公式の報酬制度（金銭や昇進など）が望ましい行動と一貫しない場合だ。たとえば、リーダーがチームワークやイノベーションが重要だと主張しても、チームプレーヤーとは言いがたい人が出世したり、イノベーションを試みて失敗した人が罰せられたりするのを見れば、従業員はすぐに、リーダーの言うことは現実離れしている、悪くすれば、言葉巧みに操ろうとしていると思うようになる。

⑤整合性のとれた人事制度

文化を創出し変革させるための最後の変数は、文化的規範に沿って行動する人材を採用、選定、訓練し、報酬を与え、昇進させるように、入念に整えた人事制度である。たとえば、強い文化を持つ企業は、採用プロセスに複数のステップを設けていることが多い（グーグル、サウスウエスト航空、ブリッジウォーター、サイプレスなど）。新入社員の採用では技術的なスキルや業務経験だけでなく、その企業の文化的価値観に合っているかどうかを見る。入社後には、新たに期待される行動についてしっかりと訓練される。成果を出し、文化に合っている人には報酬を与え、昇進させる。成果を上げても文化に合わない人は排除される。

この五つのメカニズムのベースにあるのは、文化を形成するためには、期待される態度や行動についてリーダーが強いシグナルを送る必要があるという考えだ。期待される行動について同じメッセージを一貫して発信し、人々を巻き込み、文化を鮮明に描き出し、価値観を実践する人を目に見える形で選び、会社になじませ、報酬を与えることで、従業員にどうすれば成功できるかを理解させる。時間とともにこうした期待は組織に浸透し、新入社員は期待されていることをすぐに理解できるようになる。

この文化のアプローチには三つの特徴がある。まず、こうした変数によって、軍隊、宗教団体、カルト教団、スポーツチーム、強い文化を持つ企業などで、どのように強い文化が育まれているかがわかる。第二に、これは普遍的な心理であり、日本のロボティクス会社のファナック、デンマークの海運会社のマースク、米国のヘッジファンドのブリッジウォーターをはじめとして、世界中で見られる。[26] 第三に、これらの変数はリーダーにとって、文化を戦略に合わせ、必要に応じて文化を変えるための実践的な方法となる。

6

組織文化と両利きの組織

文化の働きを理解したところで、両利きの組織における文化の役割をどう考えればよいかという問題に戻ろう。いくつかの重要な教訓がありそうだ。第一に、第2章のコングルーエンスモデルで示したように、文化は戦略を実行するうえできわめて重要な要素となりうる。その場合、ある戦略を実行するために必要な行動について、リーダーが明確に示すことが重要だ。

たとえばメアリー・バーラは、二〇一四年に経営難にあえぐGMのCEOに就任した。前述したように、同社は安全性をめぐるスキャンダルに巻き込まれ、GM車の事故で一〇〇人以上が死亡していた。外部監査報告書では、安全問題に対処できなかった主な理由として組織文化が指摘され、バーラにとってGMの文化を正すことは大きな課題となっていた。

バーラはスピーチの中で「私は『文化』という言葉が嫌いだ。実際は私たち全員がどう行動するかが文化である」と述べている。[27] そこで文化について語る代わりに、誠実さや説明責任など七つの重要行動を明らかにし、六年かけてそれを組織内に浸透させていった。文化が行動として組み立てられない限り、マネジメントすることはできない。

第二の教訓は、一般的に深化と探索の整合性をとるためには、異なる文化が必要だとリーダーが理解することが重要であることだ。深化を促進する規範（たとえば、漸進的な改善、細部へのこだわり）は、探索に必要な規範（たとえば、リスクテイク、柔軟性）とは実質的に異なる。深化部隊と探索部隊がそれぞれ異なる文化を持つことが認められなければ、成功する可能性は低い。

たとえば、サジ・ベン・モシェはインテルの最高インキュベーション責任者として、画期的な新規事業の開発を担当している。インテルで支配的なのは、慎重なプロセス、時間をかけて熟慮したうえでの意思決定、細部へのこだわりを重視する、優れた製造企業としての文化だ。ベン・モシェはこの文化が新規事業を殺してしまうことを理解し、自分が率いる両利き部隊には、大胆なリスクテイク、失敗への寛容さ、部門横断型チームワークを奨励する文化をはっきりと打ち出した。

しかし、探索部隊と開発部隊にはそれぞれ異なる文化が必要だとしても、異なる文化のせいで組織間の協働が進まなくなるリスクが生じる。リーダーはそうした状況を改善するために、組織を結びつける共通の価値観を強化しなくてはならない。つまり、同じ価値観を共有しながら、異なる規範を生み出すのだ。深化に取り組む部隊で顧客中心やイノベーションの意味するものは、探索部隊で意味するものとは異なるかもしれない。しかし、持ち場は違っても、同じユニフォームを着て、同じチームのためにプレーする。第9章で説明するように、そのためにはリーダー自身が両利きになる必要がある。

これまで説明してきた手法で文化を変えられるとすれば、なぜそこでつまずくリーダーが多いのだろうか。

私たちの経験上、基本的な要因が二つある。第一に、一部のリーダー（特に技術畑一筋で来た人）は、強力な社会的なコントロールシステムとして文化を捉えていない。文化の力を認めずに、組織のハードウェア（構造、評価基準、インセンティブ）を重視して、コダックで失敗したフィッシャーのように、ソフトウェアを無視してしまう。戦略、技術、インセンティブ、組織設計といった「大きな」問題に主眼を置き、それで組織の方向合わせをして、戦略を実行するのに十分だと思い込んでしまう。

このアプローチは、十分な時間があれば、組織変革を進める方法としてうまくいく。しかし、これまで見てきたように、今日のリーダーにはそんな時間的なゆとりはほとんどない。既存文化は変革の取組みを遅らせ、新しい秩序に反対する人々が受動的に抵抗するのを許し、変革の取組みを台なしにしてしまうことが多い。

私たちの単純な分析以上に文化の変革が難しい第二の理由は、上級リーダーが自身の行動を変えなくてはならない場合が多いことにある。ただ意識するだけでなく、個人的に実際に刷新する必要があるが、これは「言うは易く行うは難し」だ。必要な文化を説明できることと、それを実行することは同じではない。

上級リーダーはその地位に就くまでには、自分なりに成功してきたキャリア上の行動を持っている。そうした行動は、己を省みて変化を受け入れるよりも、決断力や自信に基づくものが多い。しかし、第9章と第10章で取り上げるように、文化と両利きの経営には、自分の行動を素直に振り返り、必要に応じてそれを変えられるという新しい行動レパートリーが求められる。ここに文化の変革が失敗するポイントがあるのだ。

仮にリーダーや幹部チームが、ある行動（協働、オープン、リスクテイクなど）を特徴とする文化を支持あるいは是認しているにもかかわらず、圧力の下でそうした行動を一貫して見せられないとすれば、組織に伝わるシグナルはきわめて明白だ。私の言っていることよりも、私がしていることをしなさい。文化を変える取組みは冗談だから、まともに受け取らなくていい。自重していれば、これもまた過ぎ去るだろう、と。

◆結論

ベン・ホロウィッツはシリコンバレーの有名な起業家兼ベンチャーキャピタリストで、エアビーアンドビー、ボックス、メタ、インスタグラム、スラックなどの企業に投資してきた。起業、リーダー、投資などについて経験豊富な彼は、「文化を計画的に設定しなければ、三分の二は偶発的になり、残りは間違いにつながるだろう」と主張する。(28) 私たちも同感である。文化はとにかく重要で、マネジメントを怠るわけにはいかない。

この章では、組織文化をマネジメントせずに放置すると、慣性の大きな原因となり、企業が過去にとらわれてしまうことを見てきた。文化について明確に対処しない限り、リーダーの両利きになる能力も損なわれてしまう。その一方で、リーダーは組織文化をマネジメントし、変革できることも示してきた。続く三つの章では、さまざまな組織のリーダーたちが、どのようにして両利きを実現し、組織を変革して新旧の市場や技術面でうまく競争力を得ているのか、また、両利きにかかわる文化的な課題にどう対処したのかを、具体的に紹介しよう。

Ambidexterity in Action: Solving the Innovator's Dilemma

第Ⅱ部

実践編

――イノベーションのジレンマを解決する

Seven Innovation Stories

第5章

七つのイノベーションストーリー

「手際よくしっかりと適応しなければ、戦略は役立たない」

――ルイス・ガースナー

本章のポイント 5

by Iriyama

両利き的な「探索」に成功した事業もしくはプロジェクトベースの成功事例を七つ紹介する。それぞれ置かれている状況やアプローチに少しずつ違いはあるが、両利きの経営をどのように実現しているかに注目してほしい。

Keyword

- □ 両利きの経営
- □ 起業家連合
- □ 準部門

これまでの章から、いくつかのパターンが明らかになった。

第一に、ある事業が成熟事業と新規事業の両方で競争に打ち勝つ——すなわち、既存の資産と組織能力を深化しながら、それらを使って新しい資産や組織能力を創出してこそ、長期的な成功を手にできる。残念ながら、規模の大きな成功企業は自らの成功の犠牲になってしまうことが多い。しかも、まずいことに、変化のスピードが増す中で、この傾向は加速しているようなのだ。

第二に、サクセストラップの根本原因は、組織アラインメントならびに構造上や文化的慣性におおむね関係している。これらは戦略と実行が密接に結びつくと生じやすい。皮肉にも、リーダーは戦略を首尾よく実行するために自社組織（KSF〔主要成功要因〕、人材、構造、文化）のアラインメントをとらなくてはならないが、まさにそのせいで変革が難しくなってしまうことがある。

イノベーションストリームでは多くの場合、長期的成功のために新しい組織能力や市場が必要になることを考えると、このパラドックスは火を見るよりも明らかだ。新規の事業や戦略で新しいアラインメントが必要になったときに、従来の(成功してきた)物事の進め方のせいで新しいやり方が骨抜きにされかねない。短期的には、現状維持のためという口実は総じて説得力がある。

しかし、一部の企業は、こうした慣性を克服し、新旧両方の事業で競争していくために、組織の資産を活かした両利きの経営のやり方を学んできた。実際のところ、両利きの経営とはどのようなものなのか。その成功事例からどのような重要な教訓を学べるのだろうか。

本章では、組織とリーダーが既存の資産や組織能力を活用しながら、同時に既存資産を再構成し、脅威と機会に適応するための新しい組織能力を開発する方法の説明として、幅広い業界(ヘルスケア、新聞、製造、先端技術)の大小さまざまな七つの組織におけるリーダーたちの行動に迫ってみたい。これらの事例で過去の慣性を克服していく際に見られた両利きの基本要素が三つある。こうした知見で理論武装しながら、前章までに挙げた失敗事例の多くがこのアプローチとは異なることを見ていく。

ここで紹介する事例は、それぞれ置かれた状況は異なるが、リーダーが用いた手法には大きな共通点があり、ひな型として参考になる。まずは、USAトゥデイのトム・カーリーがオンラインニュースという難題に立ち向かったストーリーから始めたい。

1 両利きの経営の成功事例

◆USAトゥデイ――新聞を自己改革する

新聞業界では日刊紙の定期購読が急減し、広告収入はかつての三分の一の水準まで落ち込んでいる。二〇〇五年から二〇〇九年にかけて、一〇〇紙以上の日刊紙が廃刊に追い込まれてきた。[1] 紙媒体が直面した課題は、いかにコンテンツ制作(報道)の組織能力を活かして新しいオンライン会社を展開していくか。USAトゥデイの元社長兼発行人のトム・カーリーの言葉を借りると、「いかに新聞ではなく、ネットワークになれるか」である。

一九九〇年代後半、USAトゥデイは事業として好調だったが、不確実な未来に直面していた。USAトゥデイはガネット社の一部門として、一九八二年に全国紙を発行し始めた。多色刷りの紙面は批評家の失笑を買い、ファストフードのマクドナルドになぞらえて「マック・ペーパー」とも呼ばれた。最初の一〇年間で五億ドル以上の赤字を計上したが、一九九二年に初めて黒字転換を果たす。それ以降は急拡大を続け、一九九〇年代後半には全米で最も広く読まれる日刊紙になった。主な定期購読者は、出張の多い裕福なビジネスパーソンだったので、全国の広告主にとって魅力的な広告プラットフォームとなり、安定した広告収入が得られた。

もっとも、一九九〇年代に入ると、先行きに暗雲が垂れ込めてくる。特に若者の間で、新聞購読者数が着実に減っていた。テレビやインターネット・メディアでニュースを見る機会が増え、競争は激化する一方だったのだ。しかも、新聞の印刷コストは急騰していた。力強い成長と利益を維持するには、自社が伝統的な新聞事業の枠を超えて手を広げるしかなく、それには劇的なイノベーションが必要だと、カーリーは心得ていた。ニュースの取材と編集という既存の組織能力を、全く新しいメディアに用いなくてはならない。そこで、カーリーが打ち出したのが「ネットワーク戦略」である。新聞、テレビ、オンラインで配信するコンテンツ制作に明確に焦点を定めたのだ。

しかし、カーリーは幹部チームに対して不満を募らせていった。結局のところ、彼がどれほどネットワーク戦略に全意識を集中させても、その戦略的意図は「五セントコインほどの厚み(深さ)」でしか理解してもらえなかった。

カーリーは自らの信条に従って行動した。一九九五年にオンラインニュース・サービス、USAトゥデイ・ドットコムを立ち上げるために、ロレイン・シチョースキーを抜擢したのである。彼女はUSAトゥデイのメディアプロジェクトのゼネラルマネジャーで、同紙のマネー部門の元エディターだ。カーリーは、彼女に新聞事業とは独立して自由にオペレーションを行う権限を与えた。

図5-1　USAトゥデイの組織図（1999年）

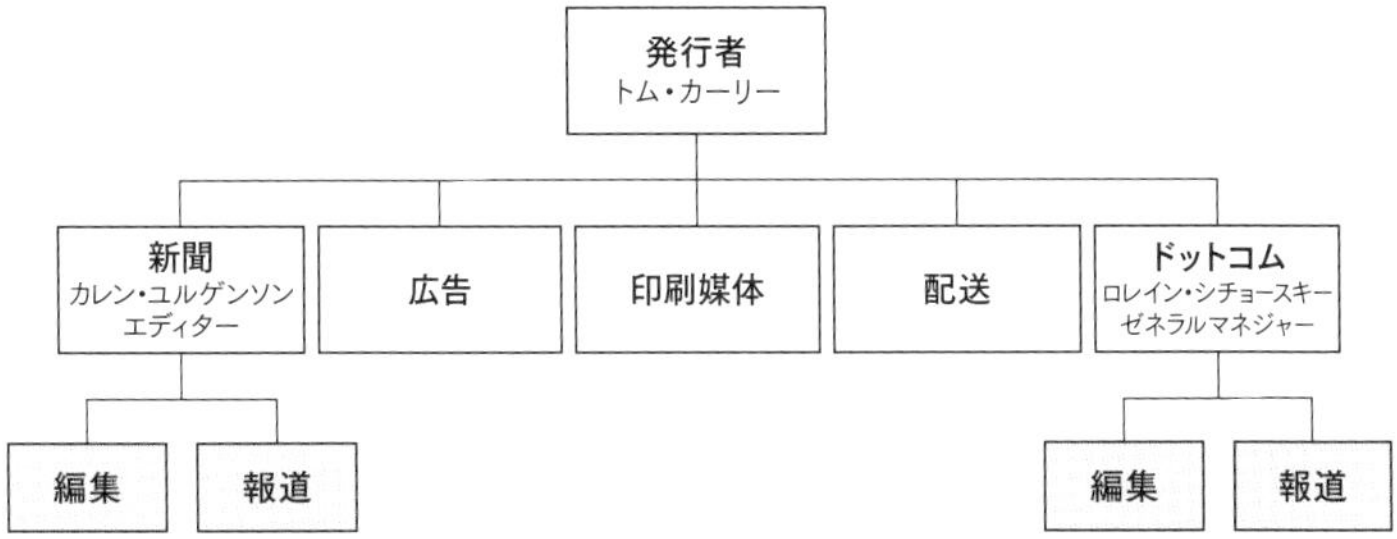

シチョースキーが始めたのは一種のスカンクワーク（業務外の自主的活動）だ。外部から人材を登用し、新聞部門とはフロアも分けた（図5－1はその組織図）。彼女は根本的に異なるタイプの組織を構築し、即時のニュース配信や起業家的で非常に協力的な組織文化に適した役割やインセンティブを導入したところ、インターネットの利用は激増し、このベンチャー事業は成功を目前にしているように見えた。

ところが、その先に待っていたのは残念な結果だった。USAトゥデイ・ドットコムのその後の一〇年は、終盤でこそ多少の利益が出たものの、伸び悩み、全社的な業績にインパクトを及ぼすことはほとんどなかった。カーリーの理解では、問題はこの新ユニット（組織単位）が新聞事業のオペレーションと分離しすぎて、新聞社の巨大な資源を活かしきれていないことにあった。

シチョースキーはカーリー直轄の幹部チームに入っていたが、他のチームメンバーから満足な支援を受けられなかった。みんなシチョースキーのユニットを新聞事業の競合と見なしており、彼女の成功に手を貸す動機は乏しく、各自の潤沢な資源を共有しようとしなかった。利用可能な資金の大部分は新聞で消費され続けていたため、USAトゥデイ・ドットコムはすぐに資金難に陥り、優秀なスタッフが辞めていった。

他社はインターネットベンチャーという形をとっていたので、シチョースキーは自分の担当事業を新聞から完全にスピンアウトさせようと強く働きかけたが、カーリーの見解はその逆だった。同紙は成功していたが、広告主や若い読者層を維持するには、オンラインでのプレゼンスとガネット社傘下の三六の地元テレビ局への番組供給力を併せ持つ必要がある。

それに気づいていたカーリーは一九九九年にネットワーク戦略を打ち出し、一日一回発行する紙媒体の新聞、USAトゥデイ・ドットコム経由で常時更新するオンラインニュース、テレビという三つのプラットフォームでニュース記事と画像を共有することにした。カーリーは自分のビジョンについて「われわれはもはや新聞事業ではなく、ニュース情報の世界にいる」と説明している。

プラットフォーム戦略を成功させるためには、新聞記事を書き、テレビで報道し、必要に応じてウェブニュース制作者とネタを共有できる記者が欠かせない。これは些末な問題ではなかった。何しろ、USAトゥデイのエディター(当時)のカレン・ユルゲンソンの言葉を借りると、「記者はガラクタ収集家のように、自分のネタを抱え込んでおきたいと思っている」からだ。新聞記者は通常、テレビのニュースキャスターにあまり敬意を示さず、USAトゥデイのオンラインニュースのエディターと速報を共有することに懐疑的だった。競争相手がウェブ上でそのニュースを見れば、スクープを抜かれてしまうというのだ。

こうした障害に直面しても、「形態に関係なくコンテンツを届けることをもっと学ぶべきだ」と、カーリーの心は揺らがなかった。これをやり遂げるためには、新ユニットを他と大きく切り離すよりも、さらに融合を図る必要がある。実際には、USAトゥデイのブランドや、コンテンツの収集やキュレーションという組織能力から、戦略的レバレッジを利かせたいと思っていたので、ドットコム部門を切り離すつもりは毛頭なかった。

この戦略をやりきるためには、マネジメントが大きな課題となる。新聞事業を維持しつつ、テレビ放送やオンラインニュースでイノベーションも追求できる組織をつくらなければならないことを、カーリーは承知していた。そこで二〇〇〇年に、USAトゥデイ・ドットコムのリーダーを交代することにして、ジェフ・ウェバーを抜擢した。ウェバーは社内でネットワーク戦略を強く支持してきた幹部の一人で、ウェブニュースの専門家ではなかったが広く尊敬され、新聞部門内で良い人脈を持っていた。

カーリーは外部からディック・ムーアも引き入れ、テレビ網を運営するUSAトゥデイ・ダイレクトをつくった。オンライン、テレビ、新聞で組織を分けたまま、独特のプロセス、構造、文化を維持し続ける一方で、三事業の上級リーダーたちに一枚岩になることを求めたのだ。

ネットワーク戦略を遂行する

事業間の統一を図るために、カーリーとユルゲンソンは一連の変革を進めた。公正さ、正確さ、信頼性というUSAトゥデイの価値観を補強し、たとえユニットごとに文化の違いがあったとしても、プラットフォーム全体で確実に同じ価値観を持てるようにした。オンライン部門とテレビ部門の責任者は編集会議を毎日開く。そこで、ストーリーや役割分担の見直し、アイディアの共有など相乗効果が出せそうな部分を明らかにする。この編集会議を通じて、大きな視点で統一感を持たせるとともに、具体的なニュース(コンコルドの墜落事故、共和党全国大会など)でも細部の統一が図られたのである。

この戦略を成功させるにはUSAトゥデイの記者の協力を取りつけることが肝心だと、部門責任者はすぐさま理解した。そこで、異なるメディアでニュースを同時に掲載できるように、テレビとウェブ放送で新聞記者を訓練し、ビデオカメラを装備させるという共同決定を下している。こうした素早い動きはすぐに実を結んだ。記者たちは、自分の記事がこれまでよりも幅広い視聴者に届き、自らテレビに出る機会があると気づき始めた。また、放送メディア用に記事をまとめやすくするために、ニュース編集室にネットワークエディターというポジションが新設された。

それと同時に、カーリーは組織やマネジメント方法を大きく変えている。ネットワーク戦略に関与することに理解を示さない上級幹部の多くを辞めさせ、カーリー直属のチームが共同戦線を張ってスタッフに一貫したメッセージを伝えるように徹底させたのだ。経営幹部向けのインセンティブ・プログラムも変更し、各ユニット固有の目標を、三メディア共通の成長目標に結びつけた共通のボーナスプログラムとした。

人事政策についても、異なるメディア間での異動を奨励し、昇進・報酬決定の際にはコンテンツの共有に積極的だったかどうかが考慮されることになった。この取組みの一環で、友達ネットワークという貢献状況を認識するためのプログラムがつくられ、部門をまたがる成果がはっきりと報われるようになったのだ。上級幹部たちは組織全体で絶えずビジョンを伝え続けた。共有と相乗効果は奨励されていたものの、三つのユニットを組織として統合することについては慎重にバランスが保たれていた。各ユニットは物理的に分離し、それぞれで全く異なる人材モデルを追求している。たとえば、USAトゥデイ・ドットコムのメンバーは押しなべて新聞記者よりもかなり若く、はるかに協力的でペースが速い。新聞記者は断固として孤高を保ち、テレビスタッフよりも掘り下げた記事を載せることに傾注し続けた。

こうした変革により、USAトゥデイは両利きの組織となった(図5-2)。事業別ユニットは三つだが、力のある経営陣がそれぞれの事業ライン全体を監督し、要所については統一が図られている(編集会議)。USAトゥデイは両利きの組織のおかげで、ブランドやコンテンツ制作の組織能力を活かして、成熟した日刊紙事業で果敢に競争しながら、強いインターネット・フランチャイズ事業を発展させ、ガネット社傘下のテレビ局に速報ニュースを提供することが

図5-2　USAトゥデイの両利き組織（2004年）

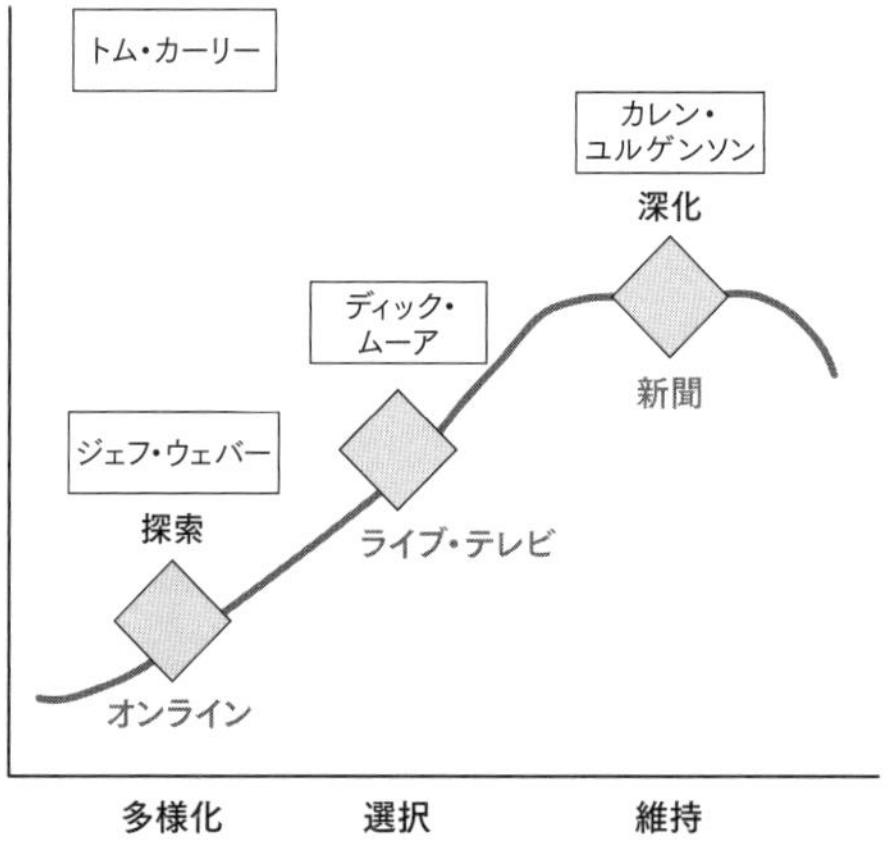

できたのだ。過去一〇年の間にオンラインニュースの重要性が増してきたため、オンラインや新聞のニュース編集室は統合された。

USAトゥデイの事例から学べること

このアプローチはなぜうまくいったのだろうか。どうして古い事業における慣性の力に流され、新しい事業を邪魔することがなかったのか。特に重要な要素がいくつかある。

第一に、カーリーが戦略的意図（「新聞ではなく、ネットワークになる」）をはっきりと打ち出し、探索ユニットと深化ユニットがいずれも同じ組織の一員として協力し合うべき、正当な理由を示した。

第二に、組織全体に適用される共通の価値観（公正さ、正確さ、信頼性）という形で、共通のアイデンティティを与えている。

第三に、最終的にカーリー配下の上級幹部チームが足並みを揃え、新戦略に尽力するよう徹底させ、熱心でない人は参加意識の高い人と交代させた。

第四に、探索と深化の両ユニットを構造的に分離させつつ、重要な接点のマネジメント（日次の編集会議）と運命共同体としての報酬制度を通じて、しっかりと統合が図られている。

最後に、カーリーとそのチームは、新組織を推進する勇気を持っていた。紙媒体の資源を転用して、新しいウェブプロジェクトに資金を回すといった意思決定は物議を醸したが、諸々の反対意見に屈しなかったのだ。

その後の展開

もちろん、新聞業界は変わり続けている。広告収入は今もなお急速に減少しており、新聞の前に広がる未来は不確実だ。二〇一四年八月、親会社のガネット社は、ＵＳＡトゥデイを出版局とデジタル版に分けることを発表した。

二〇一九年、ガネット社とＵＳＡトゥデイは、二六〇〇以上の新聞を保有し、どの新聞よりも大規模なオンライン読者層を有する投資グループに買収された(2)。

◆チバビジョン――探索に命運を懸ける

グレン・ブラッドリーは一九九〇年に、チバビジョンの社長に任命された[3]。チバビジョンは一九八〇年代初期に、スイスの大手製薬会社チバガイギー（現ノバルティス）の一部門として発足した。本社は米国アトランタにあり、コンタクトレンズと関連するアイケア製品を眼科医や消費者に販売している。

同社は初期にこそ、米食品医薬品局（FDA）に認可された二重焦点コンタクトレンズなど、革新的な新製品をいくつか生み出したが、市場リーダーのジョンソン・エンド・ジョンソン（J&J）にかなり水をあけられた二番手のままだった。J&Jは大量生産で先行し、チバビジョンが後追いで学習曲線を進んでも、絶対に追いつけないことに、ブラッドリーは気づいていた。さらに悪いことに、J&Jは一九八七年に、チバビジョンの従来型コンタクトレンズの売上を脅かす、使い捨てコンタクトレンズを発売したのである。

一九九〇年代初め、規模の経済を利かせて優位に立つJ&Jに対して、チバビジョンの利益がジリ貧になっていくことは明らかだった。とはいえ当面は目立った下降もなく、事業は持ちこたえられそうだ。低リスクの漸進型プロジェクトによる現行のイノベーションパイプラインでは、J&Jの牙城を切り崩せない。全く新規の製品が出なければ、チバビジョンは徐々に衰退し、最後は倒産に至るだろう。生き残って成長するためには、成熟した従来のコンタクトレンズ事業で儲けを出し続けながら、同時に一連のブレークスルーを生み出さなくてはならないと、ブラッドリーは理解していた。

一九九一年に、ブラッドリーは漸進型イノベーションをすべてやめて、画期的なイノベーションを狙った六つのプロジェクトに全社の研究開発費を集約し、それぞれで革命的変革に注力することにした。そのうち四つは使い捨て商品や連続装用レンズなどの新製品であり、残りの二つは新しい製造プロセスに関するものだ。

この動きはリスクが高く、物議を醸した。しかし、ブラッドリーはそれまで行われていた何十件ものレンズ関連の小型研究開発プロジェクトを打ち切り、六つのプロジェクトに回すキャッシュを確保したのである。既存ユニット内では独自に漸進型イノベーションが継続されるが、全社の研究開発予算は今や、ブレークスルーを生み出す試みだけに充当されることになった。「あまりスマートな進め方ではなかった。(中略)簡単な移行ではなく、特に短期目標を脅かすことになったので、過去を捨てきれない人もいた」とブラッドリーが述べているように、チームの約三〇%の人が辞めていった。

古い組織の制約下で、こうしたプロジェクトをマネジメントしようとしてもうまくいかないことをブラッドリーは心得ていた。当然ながら、人員や財務資源の配分をめぐる対立が起こり、動きが鈍り、画期的なイノベーションに集中できなくなる。さらに、新しい製造プロセスには異なる技術力が要求されるので、新旧ユニット間でコミュニケーションがとりにくくなるだろう。このため、新しい六つのプロジェクトについては自治的なユニットをつくり、それぞれで独自の研究開発、財務、マーケティング機能を持たせることにした。そして、現状を打破しようとする意欲があり、独立して動ける力を持ったプロジェクトリーダーを選んだのである。各ユニットは具体的なマイルストーン、資金調達、経営陣との合意形成に関して経営陣と「契約」を交わした。

短期的な売上成長に向けててこ入れをするために、ファッション・コンタクトレンズ（瞳の色を変えられるコンタクトレンズ）のメーカーも買収した。これらのレンズには既存技術が使われていたが、販売対象は新しい顧客層だ。

新ユニットのプロジェクトリーダーたちは独自組織を自由につくることができたので、全く異なる構造、プロセス、組織文化をつくっていった。連続装用コンタクトレンズのチームはアトランタに留まったが、施設は既存のレンズ事業と離れた場所にあった。使い捨てコンタクトレンズのチームはドイツを拠点に選んだ。各チームは独自にスタッフを雇用し、独自の報酬制度をつくり、開発から製造へと移るプロセスも独自に決めた。

しかし、既存事業のプロセスや文化的規範から新しいユニットを保護することの重要性を理解していたとしても、既存事業と新規事業との間で専門知識や資源を相互に共有しなければ、成功にはこぎつけられない。そこでブラッドリーは、全社的にマネジメントを統一するためにいくつかの手を打った。

最初に行った、そして、おそらく最も重要なステップは、ブレークスルーを狙う全プロジェクトのリーダーたちが報告を上げる相手を、研究開発担当バイスプレジデントのエイドリアン・ハンターにしたことだろう。ハンターは既存事業に精通し、全社にまたがって経営幹部たちと緊密な関係を築いてきた人物だ。彼はブラッドリーと密に連携しながら、古い事業と新ユニット間のトレードオフや対立を注意深くマネジメントした。また、全体的なレベルで統合を図るために、新ユニットのリーダーは全員、ブラッドリーの経営チームの会議に出席することになっていたのだ。

ブラッドリーら経営チームは、「生涯にわたってもっと健康な目を」というチバビジョンの新しいビジョン・ステートメントも発表している。これは、全事業にとって意味のあるものだ。こうした動きは主として言葉上のものだったが、大きな効果があった。画期的プロジェクトと従来の活動とのつながりを明らかにし、共通の大義に向かって全従業員を結束させ、組織が別でもバラバラになるのを食い止めることができたのだ。

ブラッドリーが指摘したように、このスローガンはみんなが力を合わせて働く経済的な理由だけでなく、社会的な価値観にもなっている。ＵＳＡトゥデイと同じく、チバビジョンも報酬制度をつくり替え、担当ユニットの結果よりも全社の業績に基づいて、上級マネジャーの報酬が決まるようにした。こうして同社は両利き組織となったのである（図５－３）。

図5-3　チバビジョンの両利き組織(2005年)

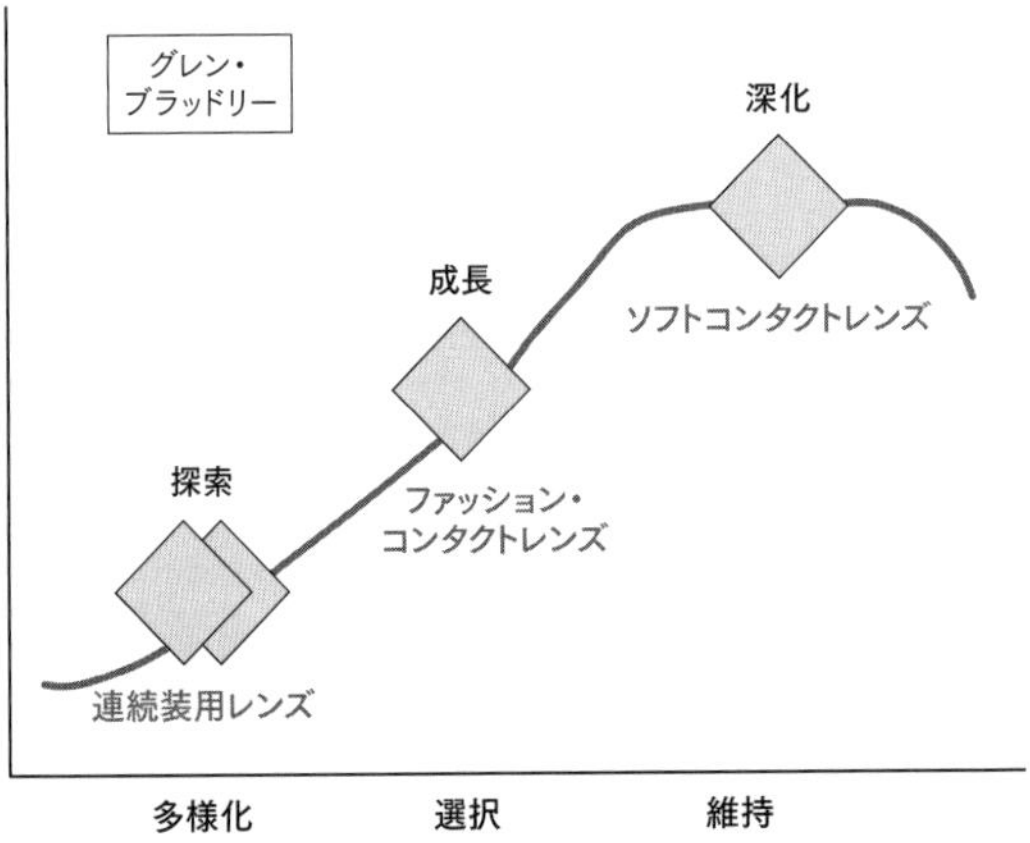

結果

両利きの経営は実を結んだ。チバビジョンはその後の五年間で、新しいコンタクトレンズ製品を次々と発売し、加齢黄斑変性の新しい治療薬も市場に投入している。また、斬新なレンズ製造プロセスを開発して生産コストを激減させた。こうして、一部の市場セグメントでJ&Jを追い抜いたのである。さらに、既存のレンズ事業でも十分な利益を維持し、使い捨て商品や連続装用コンタクトレンズの投資に回すキャッシュを十分に生み出すことができた。

新戦略をとった時点で、チバビジョンの年間売上は約三億ドルで頭打ちの状態だった。それから一〇年後、同社の売上は三倍以上の一〇億ドル超になった。新薬はノバルティスの医薬品部門に移転したが、一〇億ドル規模の事業になりつつある。

ブラッドリーとそのチームは、意識的に両利きの経営をめざした結果、従来のコンタクトレンズやケア用品を使って成熟市場で巧みに競争しつつ、次の成長エンジンとなる新しい製品や技術への移行もやってのけたのである。

チバビジョンの事例から学べること

なぜチバビジョンは成功したのだろうか。例のごとく、幸運に恵まれた部分もある。ブラッドリーの一連の賭けのうち、いくつかは報われた。しかし、そこには明らかに運を超えたものがある。

ブラッドリーはUSAトゥデイのトム・カーリーと同様に、小規模ユニットを別々に設置し、一人の上級幹部の直属として、その幹部が資源や支援を提供し、モニタリングを行うようにした。各ユニットに対して、それぞれのKSFに合わせたアラインメント（人材、構造、文化）を奨励し、現状を打破する意欲やスキルを兼ね備えたリーダーを登用している。探索ユニットの責任者を上級スタッフ会議に出席させるようにして、さらに高いレベルでの統一を図った。包括的な戦略的意図（「生涯にわたってもっと健康な目を」）を打ち出し、探索事業と成熟事業の二兎を追うことにもお墨付きを与えた。さらに、限られた部門業績ではなく、全社的な業績を重視しながら、上級幹部の報酬制度をつくり替えている。最後の点として、既存の成熟事業のマネジャーから不満が出るようになっても、ブラッドリーは新規事業に資源を提供し続けた。

その後の展開

二〇一一年、チバビジョンの親会社であるノバルティスは、眼科医療機器大手のアルコンを買収した。チバビジョンはアルコンのビジョンケア部門に統合され、その後、製品のブランド名はアルコンに統一された。二〇一九年、ノバルティスはアルコンを独立企業としてスピンオフ（分離）した。

◆フレックス――スタートアップを育てる

エレメンタムは、典型的なシリコンバレーのスタートアップのように見える。オフィスビルがあるのは、カリフォルニア州マウンテンビューだ。建物内の大きなオープンスペースを歩いていくと、世界中からやって来た大勢のエンジニアやプログラマーが隣り合わせに座っている。それぞれノートパソコンを広げ、ヘッドホンで音楽を聴きながら、仕事に励んでいるのだ。

会議室には、フローチャートや方程式が手書きされたホワイトボード、必須アイテムのソファとビーンバッグ・チェアもある。小さなキッチンスペースがありランチ（時には夕食）を持ち込めるので、食事のために外に出るわずらわしさもない。よく働き、楽しむことも忘れない、精力的で賢い人たちの文化がそこにはあるのだ。張り紙には「ドリンキングアワーの間は仕事をしない！」の文字。ペットの犬を連れてきてもよい。個人用オフィスはない。

エレメンタムは、シリコンバレーの多くのスタートアップと同じく、スタンフォード大学でコンピュータサイエンスとMBAを修め、二一歳で最初の会社を売却した経験を持つシリアルアントレプレナー[1]のネーダー・ミハイルによって立ち上げられた。ご多分に漏れず、ミハイルも米国出身ではない。

しかし、エレメンタムが数多のシリコンバレー発スタートアップと違うのは、シンガポールを本拠とする年商二五〇億ドル、従業員数二〇万人のフレクストロニクス（二〇一五年にフレックスに社名変更）が手掛けた起業家的な新規事業であることだ。フレックスの本業は電子機器の受託製造であり、医療機器、自動車、防衛、電気通信、コンピュータ、ゲームセンター、消費財といった業界の法人顧客を擁する。サプライチェーンを管理し、アップル、LG、シスコ、HP、マイクロソフト、フォードなど、一般消費者にもなじみのある企業の製品を製造してきた。

低利益率で競争の激しい事業なので、絶えず漸進型の改善をして、効率性を高めることが成功の鍵となる。シックスシグマやTQM（総合的品質管理）の塊といってもよい。低コストと短納期を実現させることで、競合と差別化を図っている。フレックスのほとんどのマネジャーは在職年数が一〇年以上にのぼり、コスト削減はお手のものだ。同社はコスト削減と漸進的な改善にこだわりを持つ典型的な深化型組織といえる。

---

[1] 連続してスタートアップを立ち上げる起業家。

そのような優れた深化型企業がどうすれば新しい破壊的技術やビジネスモデルの探索活動もできるのだろうか。

深化で浮かび上がった課題

フレックスはフォーチュン・グローバル500に入る電子機器製造受託サービス（EMS）企業で、デザイン、製造、物流、アフターサービスを相手先ブランドで提供するサプライチェーン・プラットフォームでもある。三〇カ国以上に一二〇以上の工場があり、三万のサプライヤーと取引している。元CEOのマイク・マクナマラはフォードやインテルなどでオペレーションやサプライチェーンマネジメントを経験した後、フレックスで二四年間、勤めることとなった。「私たちは効率性を追求する事業を行ってきた」とマクナマラは言う。

マクナマラが他の多くのCEOと違っていたのは、卓越したオペレーションだけでなく、未来に対する懸念も口にしてきたことだ。サプライチェーンの各構成要素（製造、物流、アフターサービスなど）は縦割りで管理され、サプライチェーン全体が隅々までわかるような情報が得られないことに彼は気づいていた。その結果、きわめて重要でかつ複雑なサプライチェーンを持つ企業の場合、オペレーション全体の状況がどうなっているか、世界的なチェーンの一部が利用不能になったときのリスクなどを総合的に見通せない。

たとえば、マレーシアの製造工場は大きなシステムの小さなパーツにすぎないが、そこで火災が起きれば、販売チャネル全体が立ち行かなくなるおそれがある。全体がつながっていないせいでユーザーは、異なるＥＲＰシステムから出したスプレッドシートを組み合わせて、縦割りの機能を統合して理解しなければならなかった。

フレックスはまず、社内のＩＴグループを中心にこの状況の是正に乗り出した。ところが、何千万ドルも費やしたにもかかわらず、包括的な解決策は全く出てこなかった。マクナマラの見たところ、問題なのはＩＴグループが顧客にとって重要性の高い問題について全体観をはっきりと持たないままで現行システムを開発し、一部の問題の限られた解決策ばかりに注力しがちなことだった。

人事や金融関連のクラウドサービスを提供するワークデイの社外取締役も兼任していたマクナマラからすれば、もっと良いやり方がある。「私の理解では、ワークデイが適切なソフトウエアを使ってできることの威力は、アーキテクチャーとイノベーションのスピードだ。それはサプライチェーン全体に適用することができ、はるかに大きい市場となる」というのだ。

現状に不満を募らせていたマクナマラは、ついに直属の部下である取締役（全一〇人）の中から、イノベーティブ・ソリューションの責任者だったネーダー・ミハイルを抜擢し、サプライチェーンの隅々まで管理し、顧客が全体の状態を即座に把握できるソフトウエア・ソリューションを考え出すように命じた。

離れた場所での探索

コーヒーのマグカップから、仕事で使うキーボード、子どもに買い与える玩具に至るまで、ありとあらゆるものにサプライチェーンがある。リーンな経営が標榜され、複雑さが増し、リスクの拡大が懸念される中、その市場は二〇兆ドル規模になりうる。顧客との対話を通じて、ユーザーがそれぞれのサプライチェーン全体を管理できるクラウドで提供するソフトウェア・プラットフォームに大きな機会があることを、ミハイルは突き止めていた。

それは、ちょうどオープンテーブル社がレストラン予約で、セールスフォース・ドットコムがCRM（顧客関係管理）で行っているようなサービスだ。このシステムがあれば、モバイルアプリを使ってリアルタイムで、チェーンのあらゆる部分のデータを集計して活用できる。ユーザーはカスタマイズされたダッシュボードを使って、サプライチェーンにおけるリスクを特定して先に手を打ったり、あらゆる部品や完成品がどこにあるかを追跡したりすることも可能だ。

フレックス側としても、「うちの製品は時間どおりに出荷されたか」「タイで洪水が起きたが、当社のサプライチェーンにどんなリスクがあるか」などという、ユーザーからの重要な質問に回答できるようになる。従来型のERPシステムは、数百万ドルの費用をかけて数年がかりで開発していたが、それと違って、新製品はSaaS（サービスとしてのソフトウェア）として売り出し、顧客には利用状況に応じて支払ってもらう。大口顧客であれば、だいたい年間二〇万〜三〇万ドルとなる。

図5-4　フレックスの両利き組織

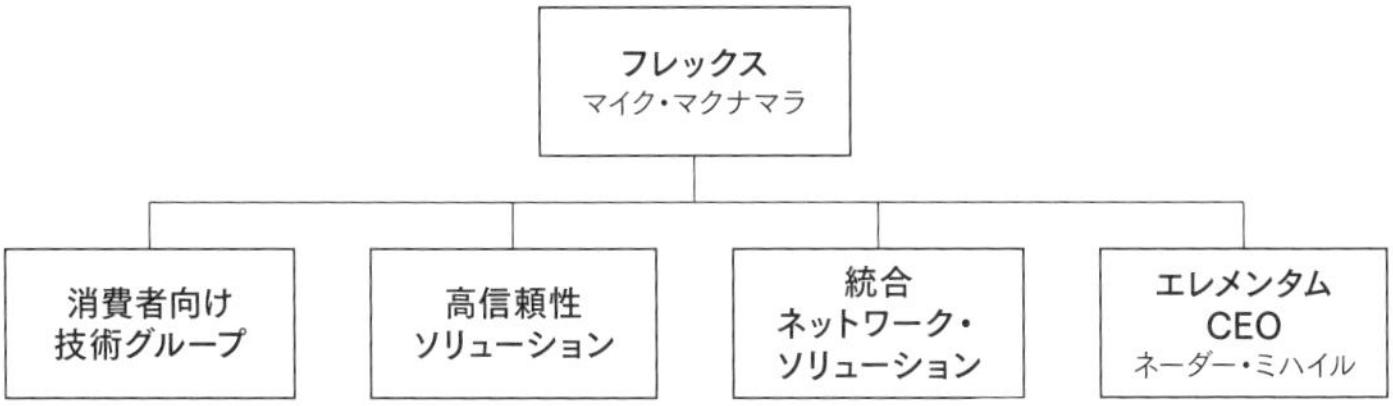

それまでフレックスは、自前の複雑なサプライチェーンを管理し、莫大な量の有益なデータを収集して潜在顧客にアクセスしてきた。そこで、二〇一二年にミハイルはマクナマラに対して、大企業の社内ベンチャーとして新会社エレメンタムをインキュベーション（育成）することを提案し、同意を取りつけた。フレックスがまず二〇〇〇万ドルを投じ、そこでエレメンタムが成功すれば、ベンチャーキャピタリストから追加資金を調達するという案だ。二人は、本体と切り離すことで、競争相手も含めて関係する全ユーザーに営業活動をかけることができれば、新会社の可能性は大きく広がると見ていた。「うまくいけば、この企業はフレックス本体以上の価値があるかもしれない。社内に留めておけば、飼い殺しになる」と、マクナマラは言う。

　これをうまく機能させるために、ミハイルは二足のわらじを履くことにした。フレックスに籍を置きつつ、エレメンタムのCEOを務めるのだ（図5－4）。フレックスの取締役であれば、社内にあるサプライチェーンに関する膨大な専門知識にアクセスできるうえ、社内の人脈を使って潜在顧客にコンタクトもとれる。ミハイルは毎朝、サンノゼのフレックス本社に出勤し、マクナマラと頻繁に顔を合わせた。

オフィスはすべてガラス張りなので、他のチームメンバーにも、マクナマラがミハイルと会っていることがわかる。これは、新規事業がマクナマラの肝煎りだという合図になった。その後で、ミハイルはマウンテンビューに移動し、新会社のCEOという役割を果たすのだ。

ただし、すべての取締役がこの新会社に満足していたわけではない。ミハイルも気づいていたように、そのうちの何人かは、ミハイルからオフィスを取り上げ、部下を引き抜こうとした。彼らが懸念していたのは、エレメンタムにその気はなくとも、価値ある情報を競争相手に渡してしまうのではないかということだった。

マクナマラが全面的に協力し、会いたいときにいつも会ってくれたからこそ、この構造はうまくいったのであり、「彼(マクナマラ)がいなくなれば、私たちは終わりだ」と、ミハイルは語る。二人は、マクナマラが退任した場合は、エレメンタムのスピンアウトを加速させることをタームシート[2]に盛り込もうともしたという。

オペレーションを分けることにはいくつか重要なメリットがあると、ミハイルは考えていた。第一に、フレックスに組み込まれている場合、ある種の人材は雇用できなかった。「独自の組織でなかったならば、この人たちはここにいなかっただろう」とミハイルは指摘する。スタートアップとして、エレメンタムにはスピード、柔軟性、実験を重視する文化が必要であり、漸進型の改善や信頼性を重視するフレックスの文化とは全く違うものでなくてはならなかった。

フレックスのデータやチャネルを活用することには大きなメリットがある半面、難しい問題も伴う。財務報告、法的要件、さらに一部の人事関係など、大きな組織のプロセスの多くがエレメンタムにも適用されてしまうからである。企業方針に背くことになるため、人員の解雇や迅速な採用がやりにくいと、ミハイルはこぼしていた。

さらに、新規採用者に株式を与えることは、大組織では十分に認められていない。このため、ミハイルやCOOのデイビッド・ブロンスキーは、しばしばこうした規則を無視して、副次的な影響に対処する必要があった。

エレメンタムは二〇一四年二月、ライトスピード・ベンチャー・パートナーズからシリーズB[3]で四四〇〇万ドルを調達した。ヤフーの創業者であるジェリー・ヤン、ワークデイやピープルソフトの創業者であるデイブ・ダッフィールド、ボックスの創業者であるアーロン・レヴィからも新たに出資を受けている。[4]「エレメンタムは単に業界を破壊するのではなく、ルールを書き換えている」とレヴィは語った。

ある業界関係者の推測では、エレメンタムがスピンオフした場合、企業価値は一〇億ドルに

[2] 投資契約にあたってスタートアップと投資家が、主な条件について合意して共有するための書類。
[3] スタートアップの資金調達ラウンドの一つで、一般的には事業が軌道に乗り出した段階で行われる。

なるかもしれないという。もちろん、エレメンタムが最終的に成功する保証はどこにもないが、スタートアップとして邁進中である。

フレックスの事例から学べること

なぜエレメンタムとフレックスは、これほど成功したのだろうか。

ＳＡＰの事例と対比させてみると、参考になるだろう。エレメンタムとＳＡＰのＢｙＤ（ビジネス・バイデザイン）事業は大きな深化型組織の社内ベンチャーであり、どちらもＳａａＳという新しいビジネスモデルを用いている。古いやり方を打破し、新しいスキルセットが必要なモデルだ。どちらも新市場を切り拓き、新しい収入源の育成をめざした。こうした類似点にもかかわらず、二つの組織がそれぞれの戦略を実行するやり方にはいくつかの大きな違いがあり、そこが成否の分かれ目となった。

第一に、ＳＡＰは機能別組織の中で、ＢｙＤをプロジェクトチームとして運営しようとしたが、フレックスはエレメンタムを地理的に離れた場所に置いた。

第二に、エレメンタムはＣＥＯという高いポジションの人間から支援を取りつけ、この取組みに反対する人々からどうしても生じてくる抵抗に打ち勝てるよう、力添えしてもらった。また、全体的なレベルで統合が図られていたので、フレックス内の重要な資産（エレメンタムの成功に欠かせない資産）にも確実にアクセスすることができた。対照的にＳＡＰの場合、ＢｙＤは階層構造のせいで進捗が妨げられたり意思決定が遅れたりすることが多く、その都度支援を求めてアピールせざるをえなかったのだ。

最後に、エレメンタムは別組織として運営しているので、KSFに合わせたソフトウェア（人材と組織文化）を導入できた。一方、SAPはプロジェクトチームという構造だったことから、探索活動と深化活動との間で絶えず摩擦が生じてしまった。エレメンタムはこの点において、チバビジョンのグレン・ブラッドリーの取組みに似ていた。つまり、探索と深化のユニットを分けて、全体的なサポートを行い、専用の資源が配分され、インセンティブをカスタマイズしたのだ。

その後の展開

二〇一八年、フレックスに二四年間在籍したマクナマラはCEOを退任した。後任者は一年も経たないうちに、フレックスは中核事業の製造に集中すべきで、エレメンタムが手掛けるSaaSソリューションを追求すべきではないと判断した。ミハイルが予測していたように、CEOからの支援がなくなると、彼らは弱い立場に追い込まれた。

二〇一九年、ミハイルとブロンスキーは、自ら調達した二億ドルの一部を使ってバイアウトを行い、製品の改良を続けた。ミハイルはこれまでの歩みを振り返って、フレックスの支援に感謝しつつも、常に少し重荷に感じていたことも認めている。「今ではより速く動き、営業第一ではなく、製品中心の考え方に専念できるようになった」

◆ダヴィータ——新規事業に挑む

ダヴィータは、もともとトータル・リーナル・ケアという名の、従業員一万二〇〇〇人、年商一五億ドルの腎臓透析サービス会社だったが、一九九九年時点で厳密にいえば破綻していた。株価は五〇ドルから二ドルに暴落。株主から訴訟を起こされ、証券取引委員会の取り調べを受けていたのだ。債権者の一人が融資を引き上げていたならば、同社は清算されていただろう。

そんな企業が二〇一九年には、売上が一一〇億ドル超え、チームメンバー数六万五〇〇〇人を擁し、企業買収を行うことなく、業界トップの成長率を誇っている。株価(二〇一四年時点)は二〇〇〇%以上上昇した。[5] ダヴィータは今日、米国の大手腎臓透析サービス事業者となっている。そして何よりも、単なる腎臓透析企業から、調剤薬局サービス事業など他のヘルスケア市場への移行を果たした。同社のリーダーたちがやってきたことは、まさに両利きの経営とリーダーシップの話である。

ダヴィータの初期の歴史(一九九九～二〇〇五年)は、典型的な企業再建のストーリーだ。新しくCEOに就任したケント・ティリは大幅な方向転換を断行した。組織を再編し、新しいマネジャーを雇い入れ、企業名を変更。チームワーク、オペレーションの効率性、患者のケアを重視する強力な文化を創り出したのだ。二〇〇五年までに、ティリとそのチームは、スタッフの離職率を半減させたほか、大きな透析サービス会社を買収し、売上を三〇億ドルへと倍増させている。おそらく特に重要だったのは、業界最高のアウトカム（臨床成績）を達成したことであり、その成果は今日まで続いている。

二〇〇四年、会社が好調に推移している中で、ティリは少人数のチームを発足させた。ダヴィータが自社の強みを活かして新たな収益源を生み出す方法を探るためだ。チームに課せられたのは、同社に大きな経済価値をもたらしそうな新市場に、ダヴィータの臨床上の強みを組み合わせる方法を見つけることだった。

チームが注目した分野の一つが、慢性腎臓病患者のための調剤薬局サービスだ。慢性疾患の患者は通常、複数の薬を飲まなくてはならないという複雑な医学的問題を抱えている。患者の多くは交通手段に困っており、薬を手に入れにくいこともわかった。それぞれの病状や治療が複雑なため、投薬計画を守らずに頻繁に入院する人も多い。ダヴィータの透析や腎臓病治療に関する専門知識と、米国における糖尿病患者数の増加を考えると、この分野には拡大の余地があると思われた。

チームはまず事業を開始するにあたって、合弁事業のパートナー候補を探してみたが、目ぼしい相手は見つからなかった。そこでティリは二〇〇四年に、コンサルティング会社のベインで働いていたときの元同僚で、当時はダヴィータの上級マネジャーを務めていたビル・ヒューソンに、こうした患者を対象とした専門の調剤薬局事業を立ち上げるように命じた。ヒューソンは起業家精神を持つ人物として知られていた。

調剤薬局事業「ダヴィータRx」

新規事業を確実に監督するため、当時本社のあったロサンゼルスで活動を始めるようにとティリは提案した。しかし、ヒューソンとその右腕のジョシュ・ゴロンブが強く求めたのは、もう少し物理的な距離を置くことだ。調剤薬局事業は本業の透析サービス事業と完全に異なるので、格段に起業家的なマインドセットやアプローチが必要だという理屈である。

本社には新規事業に活用できる重要な資産（患者、データ、臨床的な専門知識、バックオフィスの事業効率性、一部の組織文化）があるが、違いも大きく、新たな組織アラインメントが必要となるため、同じ場所では勢いを削ぐことになりかねない。そこでダヴィータは、新規事業を始めるために、ベイエリアにある小さな専門薬局を購入した。

こうして、ダヴィータRxという名称で、「調剤薬局を中心とした慢性疾患ケアで世界的リーダーになる」というビジョンを掲げ、ダヴィータの患者五〇〇人を対象に事業がスタートした。この事業が存続可能なことを実証するために、ティリはヒューソンとゴロンブに一八カ月の猶予を与え、おおむね独立して運営することを認めたのである。

ヒューソンとゴロンブは二〇〇五年にパイロット事業を始めた。この事業は急成長し、三つの調剤薬局のフルフィルメントセンター（通信販売の配送センター）から二二州の患者を対象にサービスを提供するようになった。

ダヴィータRxは薄利多売のビジネスだ。このため最初のうちは、オペレーションの組織能力を構築し、迅速に規模を拡大することに専念した。バックオフィス機能に時間や資金を使う代わりに、人事サービス（人事や研修）、購買、IT、財務面で本社に支援してもらった。

ゴロンブがこの期間について説明する際に指摘するのが、調剤薬局事業はほぼすべての面で、透析サービスセンターの運営とは異なっていたことだ。起業家的な新規事業として、組織の階層は少なく、曖昧な部分も多い。採用するのは介護者ではなく、作業員タイプの人々だ。透析サービス事業で重視されていた指標やシステム（利益額や利益率）は、新規事業（成長、マイルストーン）にはそぐわなかった。自社株を持つ独立系のスタートアップのような値上がり益は見込めないので、報酬制度を変更し、ボーナスや印象的な肩書（透析サービスのオペレーション担当者ではありがたみを感じない）の比重を増やす必要があった。

ゴロンブに言わせると、これがうまくいったのは、ヒューソンがティリなどダヴィータの上級マネジャーと信頼関係を構築していたからだという。「こうした信頼関係がなかったなら、不可能だったと思う」と、ゴロンブは語る。

ダヴィータの患者やデータを活用するだけでなく、全体的なビジョンと価値観もダヴィータから持ち込まれた。それは、チームワーク、患者のケア、卓越したオペレーションなどを重視するものだ。これを叩き込むためにダヴィータRxの従業員には、ダヴィータのトレーニング・アカデミーを受けさせ、全従業員が用いている実践方法を身につけさせた。また、透析サービスセンターに行って、どのようなタイプの対象患者がいるかを直接見るようにした。

調剤薬局事業では患者と毎日会うことはない。このため、ゴロンブやヒューソンは実習や研修を通じて、あるいは、上級マネジャーと頻繁に顔を合わせることで、共感を育めるように懸命に取り組んだのである。

新規事業を成長させるうえで問題が全くなかったわけではない。二〇〇七年、成長率は全般的に伸びていたが、患者の満足度が急降下し、離反率が警戒レベルに達した。本体の診療所担当責任者は、Rx事業がクライアントに与える影響を苦々しく思い、ティリに不満を漏らした。ティリはこの問題を取り上げ、ヒューソンとゴロンブに、オペレーションを中止すべきかどうか考えるように指示している。この期間を振り返って、「私のキャリアの中で最悪の瞬間だった」と、ゴロンブは言う。

この危機をきっかけに、患者の満足度を再び重視するようになった。ゴロンブはオペレーションを改善するために六カ月間、ダラスの主要な調剤薬局に移って、ダヴィータのあらゆる場所の診療所担当スタッフと数え切れないほど話し合いを重ね、信頼回復に努めた。

Rx事業はダヴィータの一〇〇%子会社として運営されていた。本社と子会社間の接点の管理は経営検討会議を通じて行われ、ティリをはじめとするダヴィータの上級幹部が調剤薬局事業の財務指標、臨床上の指標、オペレーション指標を六〜八週ごとに評価した。

同事業は順調に推移し、二〇一五年の売上は八億ドル以上となり、新規事業から成熟事業へと成長を遂げている。特筆されるのが、ダヴィータRxでは競合他社よりも患者の服薬遵守率が二倍高く、入院率が半分以下になっていることだ。この部門は主要な事業ユニットとなり、同社が透析サービス事業者から総合ヘルスケア事業へと進化するのに一役買っている。

二〇〇九年、ヒューソンはゴロンブにバトンタッチし、ゴロンブがダヴィータRxの社長に就任した。保険医療費への圧力が高まるにつれて、低コストで患者をケアする力がさらに重視されるようになっている。

ダヴィータの事例から学べること

Rx事業の成功にきわめて重要だった点がいくつかあると、ゴロンブは考えていた。

第一に、調剤薬局事業は透析サービスとは全く異なるので、オペレーションを分けたことだ。そのおかげで、ダヴィータの組織内で運営していたら困難だったであろう組織（人材、構造、システム、文化）をつくることができた。

初期の従業員で、Rx事業戦略の責任者を務めたキム・マルティネスは、調剤薬局が既存の事業部内で始まっていたならば、絶対にうまくいかなかったと断言する。新しいオペレーションには、曖昧さと変化になじめる人が求められるが、それは成功した診療所で必要とされる要素とは正反対だというのだ。

第二に、ヒューソンはCEOをはじめとする上級幹部たちと信頼関係を築いていたので、独立して活動しながら、患者やデータ、資金調達などバックオフィス作業で支援が欲しいところは大組織の重要な資産を利用することができた。Rx事業と本社には共通の価値観があったので、共通のアイデンティティも生まれ、Rx事業の営業部隊がダヴィータの調剤薬局サービスの利用について患者に案内する際に、診療所の関係者と緊密に連携をとりやすかったのだ。こうした信頼関係は、摩擦が目立ち始めたときに特に重要となる。ティリの支援がなかったならば、新規事業はおそらく失敗していただろう。

最後に、Rx事業にダヴィータの組織文化を注入することで、人材を引きつけ、維持しやすい環境になったとゴロンブは考えている。このおかげで、より独立した存在として競合関係にも発展しうる組織体にするよりも、大きなダヴィータ村の一員として見てもらうことができた。

その後の展開

米国では約五〇万人が腎臓透析を必要としている。二〇一九年には、ダヴィータの透析患者の六九％が、公的医療保険のメディケアや他の政府系医療支援を受けていた。二〇一七年、慈善事業の支援を受けて治療費を支払っていた患者に関する規制が変更され、多くの患者に悪影響が及び、Rxは経済的に成り立たなくなった。その結果、二〇一八年に同部門はドラッグストア大手のウォルグリーン社に売却された。

◆ＨＰのスキャナ部門――「準部門」という選択

一九九六年、コロラド州グリーリーにあるヒューレット・パッカード（ＨＰ）のスキャナ部門ゼネラルマネジャーのフィル・ファラシはある問題を抱えていた。[6] 一九九〇年代初期から、同部門は好調なフラットベッド・スキャナ事業を補完するために、ポータブルスキャナの開発に取り組んでいたのだが、どれほど尽力しても成果がたいして上がらなかった。五年間で五つの開発プロジェクトを手掛けたが、それ以前の取組みと比べて新型ポータブルスキャナの発売に近づいたとはいえない。プロトタイプはいくつかできたものの、そこから先に進めていく方法がはっきりと見えていなかった。

主力のフラットベッド・スキャナ事業

パソコン用スキャナが初めてお目見えしたのは、一九八〇年代半ばである。スキャナは写真などの画像を複製、保存、操作して、デジタルファイルに変換できるデバイスだ。フラットベッドと呼ばれるタイプはコピー機と同じように、文書を置く大きなガラス面、その文書を照らす光源、素材をデジタルフォーマットに変換する画像キャプチャシステム、データを処理するパイプラインで構成されている。これをパソコンとつないで、画像の保存などの操作ができる。DTP[4]が普及するにつれて、フラットベッド・スキャナの価格は大幅に下がっていった。技術や製造面の改良に伴って小型化が進み、より高速かつ安価になったのだ。一九九六年までにHPは、コンピュータと周辺機器でIBMに次ぐ第二位のメーカーになる。HPのスキャナの製造拠点であるコロラド州グリーリーは、長年にわたってTQMやジャストインタイムの在庫システムを用いてセンター・オブ・エクセレンスとなり、最高品質の製品を配送していた。

一九九六年時点で、HPはフラットベッド・スキャナで市場リーダーだったが、競争は厳しさを増し、利益率を圧迫していたことから、製造効率の改善に注力した。グリーリーでは、組織能力を育て、市場リーダーの座を維持するために、利用可能な資源はすべてフラットベッド・スキャナ事業につぎ込むべきだと考える人が多かった。消費財市場に手を広げることで、最先端で高品質の製品というHPの評判が損なわれることを不安視する声もあった。

事業特性とHPの組織文化を反映して、グリーリーで重視されたのは、合意による意思決定、対立の回避、正確なエンジニアリング、細部への配慮である。それが研究開発の中心的な文化となっていた。

迷走するポータブルスキャナ事業

フラットベッド・スキャナがHPの事業の中心を占めていたが、ポータブルのハンディスキャナ開発に応用できる技術も存在した。それを使えば、ユーザーが画像にかざしてデバイスを動かせるので、原理上フラットベッドよりはるかに小型化できる。ただし残念ながら、ユーザーが画像を取り込む際の手ぶれにより、出来栄えにバラツキが生じ、画質が悪かった。

HPの研究所は、複数の携帯技術を実験し、候補を割り出し、ターゲットとする技術に「ゾロ」というコード名をつけ、プロトタイプの中で見つかった問題の一部を取り除いた。しかし技術的な課題は大きく、ポータブル製品の市場は依然として不透明だった。

インクジェット・グループのエグゼクティブ・バイスプレジデントのアントニオ・ペレスはこのデバイスに可能性を見出し、今後の活動のためにグリーリーに一〇〇〇万ドルの予算をつけることにした。しかし、グリーリーの部門責任者たちはほぼ即座に、この資金はフラットベッド・スキャナ事業の重要業務に必要だと判断した。ポータブルチームの下級マネジャーたちには心外だったが、この予算は回ってこなかった。

その結果、HP研究所内でポータブルプロジェクトを支援してきた人々は自信を失い、「グリーリーはスワイプ技術に取り組むのか、それともプロジェクトをやめるのか」と経営陣に詰め寄ることとなった。

［4］デスクトップ・パブリッシング。パソコン上でデータの作成や編集、印刷までを行うこと。

仮想スタートアップ組織の立ち上げ

スキャナ部門を率いるファラシは、ポータブル事業がなくてもゼネラルマネジャーとして成功できると思っていたので、プロジェクトを発端としたこうした内輪揉めは彼にとって紛れもなく不要なものだった。その解決に向けてタスクフォースを立ち上げ、製造部門のトップとして尊敬されていたマーク・オマーンを責任者に据え、今後の進め方を提案するように命じた。オマーンたちのグループは、この問題を調査し、チームがもっと独立して動けるようにしない限り、ポータブル事業は発展しないとファラシに報告した。彼らの見解では、スワイプ技術は既存のフラットベッド・スキャナ技術とはあまりにもかけ離れている。開発状況も大きく異なり、一緒にマネジメントするのは難しいというのだ。

報告書では、フラットベッド・スキャナ事業で重視されているコスト削減への意気込みがポータブル事業に波及すれば、惨憺たる結果を招くことにも言及されていた。二つの組織ではマーケティングの役割に大きな違いがあり、同じ組織で両立させようとすれば逆効果になる。その一方で、ポータブルユニットを分離しすぎれば、スキャナ部門の専門知識が活用できなくなってしまう。

そこで検討したのが、新規事業を構築するための三つの選択肢である。

一つ目は、ポータブルユニットが独自に活動するために、グリーリーからスピンアウトするというもの。この場合、スキャナ部門の資産を活用できなくなるばかりか、市場開拓の前に、経営陣による監視の目が厳しくなりすぎるという懸念があった。

二つ目は、ヘビー級のプロジェクトチームを起用して新規事業を運営するアイディアだ。これは可能とはいえ、過去に失敗した経緯があり、将来的にもうまくいかないかもしれない。

こうした理由から、彼らがファラシに提案したのは、グリーリー内で活動するが、独自の研究開発、オペレーション、マーケティングを持つ「準部門」的なものを設立するという三つ目の選択肢である。

ファラシは新しい準部門を「仮想スタートアップ」としてオマーンに任せることにした。オマーンはこのポータブルユニットの運営にあたって大きな権限を与えられたが、スキャナ部門のゼネラルマネジャーであるファラシがユニットの進捗を見守り、資源を配分し、他のフラットベッド担当マネジャーや本社研究所との間の調停役を担うことにした。オマーンは仮想スタートアップを立ち上げるに際して、いくつか重要な意思決定をしている。

第一に、ポータブルユニットを地理的に分離させた。また、スキャナ部門の中から、機能面の専門知識を持ち、かつ、古い物事の進め方を打破する意欲のある選りすぐりのマネジャーをリクルートしてきたのだ。このせいで、フラットベッド担当マネジャーと不和が生じ、ファラシが解決を図らなくてはならない場面もあったという。

オマーンはその後、HP全体の文化規範とはことごとく異なる文化を奨励した。迅速な意思決定、起業家のようにリスクをとる、完璧な製品設計でなくても許容する、といった具合だ。彼は人事部門とも激論を戦わせた。従来のHPの報酬制度を改め、スタートアップのメンバーにより多くのストックオプションや高い給料を与えたかったのだ。人事部門が難色を示したので、妥協案として、ポータブル事業のメンバーには技術や市場に関するマイルストーンを達成したときに、やや高めの給料やストックオプション、現金でのボーナスが支給されるようにした。ポータブル事業の異なる要件を反映させるために、製造や品質部門に掛け合って共通の取り決めもつくった。

ファラシは自分の果たした役割を説明する際、二つのグループをマネジメントするのは難しかったと認めている。節約に努め、フラットベッドをさらに大量生産できるよう移行しながら、同時にポータブル事業を成長させなくてはならないのだ。全体を掌握するために、彼は週次でポータブルユニットと会合を持ち、進捗を見ながら問題解決にあたったという。

ファラシはこのときの緊張した状況を、二人の大学生の子どもを持つ親の立場になぞらえている。一人はコミュニティカレッジに、もう一人はエリート大学に通っている。難しいのは、それぞれのニーズが全く違うことを認識しつつ、二人とも公平に扱わなくてはならないことだ。彼は緊張関係を極力なくそうと、自分がどちらにも愛情を注ぎ、一方だけを重視していないことを、双方に理解してもらうように努めた。

HPの事例から学べること

ファラシがゼネラルマネジャーとして引き継ぐ前に、ポータブルプロジェクトは長年、苦しい立場にあった。なぜそうなったのだろうか。その理由の一端は、技術に関係している。低コストのハンディデバイスを可能にするほど十分に先進的ではなかったのだ。同じく重要な点として、このプロジェクトでは成功を可能にする形で組織がつくられることも、リーダーシップが発揮されることもなかった。というのは、ポータブルの重要性について賛同を得るだけの、説得力ある根拠が示せなかったのだ。

フラットベッド・スキャナ事業内の上級幹部チームは、既存事業の拡大を重視し、ポータブル事業を邪魔物扱いしていた。興味深い研究開発の取組みとはいえ、明確に定められた市場は存在しない。ポータブルチームは上役からの強力な後押しがない中で、さらに上位の経営幹部の注意を引こうと、単発のプレゼンテーションを試みるしかなかった。

そのうえ、チームを構成していたのは、下級マネジャーや研究開発ユニットで埋もれていた科学技術者たちだ。このため、抵抗を跳ね返してプロジェクトを進めるのに必要な資源もなく、注目もされなかった。ファラシがこのプロジェクトに本腰を入れ、専用の資源を持った独立ユニットとしてチームを切り離す決定を下したときに初めて、ポータブル製品が現実のものとなったのである。

その後の展開

続く二〜三年間で、ポータブルユニットはそれなりの成果を上げるようになった。HPはゾロ技術を用いた製品を発表し、売上が伸び始めたのだ。一九九八年にファラシは昇進している。オマーンはポータブルユニットの成功を背景に、同ユニットを独立部門として格上げするよう強く要求したが、その直後に景気が急速に悪化。他の企業と同じくHPも苦しい状況に追い込まれ、経費節減の一環として、ポータブル部門は閉鎖を余儀なくされた。HPはその後、計測機器グループ全体をスピンアウトし、アジレント・テクノロジーを設立した。ハンディスキャナ事業は発展しなかったが、その基本技術は今日、汎用的な光学式マウス製品の中核となっている。

◆サイプレス・セミコンダクター——起業家連合を形成する

二〇一一年、サイプレス・セミコンダクターは売上九億九五〇〇万ドル、税引き前利益率二四％とすこぶる好調だった。(7) 二〇一〇年の売上も、対前年比三二％増の八億八四〇〇万ドル。苦労しながらコスト削減に取り組んだことも相まって、税引き前利益率は約二三％にまでなっていた。当然ながら、株価は以前の三倍以上だ。

しかし、半導体は無慈悲なビジネスであり、絶え間ないコスト削減とイノベーションが要求される。一九八二年創業のサイプレスは、同業界でも一握りの生き残り企業となったが、競合他社と比べてかなり規模が小さかった。たとえば、サムスンはサイプレスの四〇倍以上の規模だった。

サイプレスの創業者兼CEOのT・J・ロジャースは、厳しい環境の中で競合大手と競争していく課題を振り返って、「やると言ったことをやらないなら、良いプランがあってもなくても関係ない。だから、実行がすべてだ」と語っている。詰まるところ、サイプレスが成功するためには、絶えずコスト削減を推進しながら、新たな一連のイノベーションを生み出し続けなければならない。効率性やコスト削減が最重視される成熟市場で競争するのと同時に、柔軟性とリスクが要求されるブレークスルー技術のイノベーションを生み出せる企業を築く必要があるのだ。そこでロジャースの考えた解決策は、サイプレスを「起業家連合」として経営することだった。

二〇〇二〜一〇年の間に、サイプレスは半導体チップSRAM（スタティック・ランダム・アクセス・メモリ）で世界トップのサプライヤーとなった。サイプレスが一九八三年にSRAM事業に参入したとき、インテル、AMD、ナショナル・セミコンダクター（現在は統合されてテキサス・インスツルメンツ）などの米国企業をはじめ、日立、NEC、富士通、東芝、三菱などアジアの大手エレクトロニクス企業も含めて二〇社以上が先行していた。SRAMチップはムーアの法則が見事に当てはまる事例だが、そうした競争に勝つには、とにかく製造効率や製品品質を向上させ、コストを削減し、チップに関する組織能力を絶えず更新していかなくてはならない。
サイプレスはこれを達成しようと、新しい製品開発、製品テストと上市について体系化されたプロセスを開発し、磨き上げていった。製造戦略を変更し、専用の製造技術や品質管理技術も開発した。さらに、技術の獲得や自社の製品ラインを完結させるため、多数の中小企業を買収した。

こうしてサイプレスは世界で最もSRAMを売り上げるようになったが、チップ市場の成長は微々たるもので、ロジャースの言葉を借りると、「室内で最も背が高い小人」でしかなかった。それが二〇一〇年になると、SRAM技術はサイプレスの全売上高の約半分を占め、新製品を開発するためのキャッシュフローを生み出していたのである。

売上高一〇億ドル未満から、ロジャースが掲げた目標売上高二〇億ドルを達成するためには、サイプレスは大きく移行する必要があった。OEMの顧客企業向けに標準的なコモディティ品を販売することから、幅広い顧客向けに独自のプログラム可能なソリューションを設計することへ。内部の効率性から、顧客フィードバックを積極的に活用し、サービス向上へ。

そして、おそらく最も重要な移行が、半導体産業のシリコンサイクル[5]から抜け出し、革新的製品を打ち出して利益率二〇%以上を維持していくことだろう。革新的な新製品を次々に生み出し、絶えずコスト削減を推進するには、自社のもともとのプロセスを変更しなくてはならないという難題があった。

漸進型の製品を開発しつつ、既存技術を新しい製品・市場に拡張するためには、二つの異なる技術的スキルが必要だ。それが容易になるように、既存製品や今後の製品を時間軸に沿って分類し、企画段階や試験段階の製品は領域3、成長初期や投入が間近な製品は領域2、本業部分で扱う製品は領域1とした。

ロジャースが常に掲げてきたビジョンは、サイプレスが真の「起業家連合」になることだ。しかしすぐに、縦割り組織の大企業では、起業家精神を維持しにくいことがわかった。既存部門は漸進型イノベーションを非常に得意としている。そうした組織に合わない新しいアイディアや製品は、無視されるか、悪くすると、既存の製品ラインの改善に使うべき資源の浪費と見なされてしまう。

ロジャースの考えでは、既存部門を絶えず改善していくのと同時に、新しいアイディアも開拓できる部門バイスプレジデントはほとんどいない。そういう人材が見つかったとしても、「すぐに去っていくだろう」と彼は指摘する。他社のCEOにと、引き抜かれてしまうからだ。

サイプレスは一九八〇年代に、いくつかの新規事業に乗り出したが、実を結ばなかった。十分な市場調査をせずに事業を立ち上げたり、マネジメントチームの品質や誠実さに十分な注

〔5〕半導体産業における景気循環サイクル。供給不足を受けてメーカーが設備投資を進めるが、生産能力が整う時期には供給過剰が起こりやすい。

意を向けなかったり（たとえば、新規事業用に株式ベースの報酬制度を導入すると、やる気にはつながるが、チームが品質をごまかしたり、新規事業を優遇しすぎてサイプレス全体に害をなす意思決定につながりかねない）、「模倣」タイプの新規事業で市況が悪化すると生き残れなかったりと、失敗の原因はさまざまだった。提案の評価、新規事業に対する資源の提供、新規事業の監督に関して、ベンチャーキャピタリストがスタートアップに対して用いるやり方で、サイプレスも自社の手法をモデル化する必要がある。それが、こうした失敗からロジャースが学んだ教訓だった。

アイディア創出

ロジャースがベンチャーキャピタリストから学んだことの一つは、多数の新規事業案の中から、最終的に成功しそうなものを一つ見つけ出すことだ。新規事業のアイディアはサイプレス内外から、年間で二〇件ほど寄せられる。典型的なのが、外部グループが技術と大まかな構想を持ち込み、「私たちのプロセスを用いて、どのようにこれを週に一〇〇万個、安くつくれるかを説明しましょう」といった提案だ。

第二の情報源は内部から出てくる。その一部は経営幹部、主にロジャース自身が考えたものだ。デザインやマーケティング担当者とエグゼクティブ・バイスプレジデントとの会話から生まれることもある。こうした会話は通常、「〇〇が売れる可能性がある」「〇〇を開発できそうだ」で始まり、そこから発展していく。

スクリーニング

あるアイディアが有望だと思われた場合、まず行うのが技術面を徹底的に調べ上げることだ。通常はロジャースが自ら綿密にチェックする。新製品の市場評価はたいてい既存の事業部門が担当した。ただし先述したように、こうした部門は各自の製品に注力し、新規事業を資源の浪費と見なすことが多い。そのため、ロジャースの目には市場分析に知的な厳密さが欠けていると映った。

その対策として、二〇〇七年に戦略マーケティンググループを発足させた。このグループは、公開データとガートナーなどの外部情報源のデータを併用しながら分析を行う。また市場評価以外にも、買収先候補との最初の交渉をしたり、製品計画の分析ツールを開発したり、製品投入プロセスをモニターしたりする。技術面のスクリーニングと市場評価のどちらも通過した新規事業案は、重役会議にかけられた。この会議で承認されれば、次のステップに進み、新規事業のCEO候補を探すことになる。

立ち上げ

CEO人材の目星がついたら、最後のステップは新規事業計画についての交渉である。三カ月かけて、最終的に「一ページの企画書」を含む全三〇ページの事業計画書をまとめる。一ページの企画書には、体系的なフォーマットに沿って、損益計画、キャッシュフロー、投資要件、優先株や普通株の価格、市場価値、最初の四年間の株主構成が要約されている。ベンチャーキャピタルがスタートアップに出資するときと同じように、あらゆるコストも織り込まなくてはならない。たとえば、サイプレスの営業部隊を活用する予定であれば、その分の手数料を市場価格で算出しておく。

この一ページの企画書は、次の二つの質問に答えるつくりになっている。①スタートアップからのリターンはどのくらいか。②予想結果を達成するためにサイプレスはどれだけ投資しなくてはならないか。スタートアップは、サイプレスから営業、技術、財務、税金、マーケティング、管理について支援を受けてもよいし、独自プロセスを開発してもよい。

新規事業への投資判断は、サイプレス内に取り込んだり、独立した会社としてスピンアウトした場合に、サイプレスの企業価値に意味のある貢献をするだけの売上と利益を生み出すかどうかに基づいていた。つまり、売上が年間四〇〇〇万ドル、税引き前利益率が二〇％以上となり、継続的な成長が見込まれることが条件となる。サイプレスでは外部投資家の基準を用いることもあった。たとえば、「投資収益率一〇～二〇％」といった基準だ。

新規事業がプラスのキャッシュフローを生み出し始めるまで、投資の総コストは新規事業への出資額と等しい。サイプレスがその新規事業に投資を決めた場合、株式を獲得する代わりに、資金を全額提供する。その際、新会社には独自の株式が別途付与される。四半期の売上が初めて一〇〇〇万ドルに達した時点で、スピンインもしくはスピンアウトするという基準をあらかじめ設けておいた。

他のスタートアップと同じように、新会社では取締役会も開催される。議長を務めるのはロジャース（あるいは、他のサイプレスの経営幹部）だ。取締役会メンバーには、新会社のＣＥＯやサイプレスの経営幹部、外部の識者などが参加するほか、関連する専門知識を持つ外部取締役を探してくることもある。サイプレスは新会社の議決権を維持していたが、社外取締役が取締役会で過半を占めることもあった。新会社の取締役会は公式には四半期に一度開かれるが、具体的な問題に対応するために、もっと頻繁に非公式の会合を持った。こうした会議の中心的テーマは、一ページの企画書と比較して新規事業の進捗状況を評価することだった。

マネジメント

ロジャースは、新規事業がオペレーションを独立させ、自ら資金管理や採用活動を行い、自由に組織をつくれるようにしないといけないと考えていた。社内ベンチャーを大組織から物理的に切り離すことも鍵となる要素の一つだ。施設を分けて、独自のアイデンティティも構築できたほうがよい。

一般的なスタートアップでは、ＣＥＯは四〇～六〇％の時間を資金調達や投資家の管理に充てるが、サイプレスでは、計画どおりの業績を維持し、製品開発や売上パイプラインの拡大に注力している限り、新会社は四半期ごとに資金調達することができた。四半期評価では、マイルストーンに対する実績を見ていく。一ページの企画書で示した目標に対する実績によって、投資、株式割当、事業の市場価値が決まった。

新規事業には独立性が欠かせないが、成功させるには多くの規律も必要だと、ロジャースは確信していた。彼の見解では、サイプレスが開発したプロセスには、そうした規律がある。また、どの新規事業も、品質を犠牲にして別の目標を達成しようとしたり、目標達成のため一部の問題を無視もしくは軽視したりするものだとも指摘した。

サイプレスの新規事業の場合、それぞれ好みのプロセスを使っても構わないが、製品企画、文書化、品質管理に関する詳細なプロセスを遵守しなくてはならないというプレッシャーも存在する。新会社のCEOの一人は、公式なシステムは時にはやっかいに感じることもあると告白しているが、そこで求められる徹底した思考プロセスについては評価していた。

卒業

ほとんどの新規事業計画は五年以内で終わるが、その結末はいくつかのパターンに分かれていた。一つ目は、サイプレスから新会社をスピンアウトするパターンだ。つまり、その会社の株式を公開する。この場合、サイプレスの株主ではなく、新しい投資家が新会社の普通株式(従業員の持分)の市場をつくり、最初の一ページの企画書の想定株価を上回る可能性もある。

二つ目は、新会社をサイプレスの中に取り込むパターンだ。立ち上げ時の最初の交渉で、こうした可能性について明確に議論しておく。この場合、サイプレスは新会社の従業員持株を、サイプレスの投資総額と新会社の目標達成の度合いに応じて推定時価で買い上げる。その後、新会社の従業員はサイプレスに戻って、たいていは引き続き新規事業に携わる職務に就くことになる。

三つ目は、新会社が目標を達成できない、もしくは、サイプレスがプロジェクトから手を引くことにしたパターンだ。この場合、別の企業や投資家に優先株（および支配権）を売り出したり、最悪のときには、資産を売却することもあった。

結果

サイプレスは二〇一二年までに、一一の社内ベンチャーに資金を供給し、二つの新会社を買い戻した。新会社をつくるのは、新規事業に参入しやすくしたり、サイプレスのオペレーションとおおむね共通する特徴を備えた新技術を開拓するためだ。たとえば、新会社がサイプレスの顧客ベースを共有したり、サイプレスのデザインや製造の組織能力を活用したり、他のサイプレス製品を用いたりする可能性がある。

この新規事業戦略の結果は、ロジャースの基準によると、特大ヒット一件（サンパワー）、大ヒット一件（サイプレス・マイクロシステムズ）、まずまずの成功二件、大失敗五件、あとはまだ評価が定まらないという。サンパワーの場合は、税引き前の金額で二六億ドルを株主に分配することができた。また、サイプレス・マイクロシステムズが開発した技術は二〇一六年にサイプレスの売上の三分の一を占め、年間成長率は四五%となった。

サイプレスの事例から学べること

この新しいアプローチは成功したのだろうか。これは、新規事業案を考え出し、スクリーニングし、立ち上げる体系的手法となった。上級幹部の支援や監督によってマネジメントが行われ、新規事業が独自のアイデンティティを築き、整合性を図っていく柔軟性もあった。これはサイプレスにとって成長のエンジンとなった。フレックスやHPで見てきた事例と似ているが、より体系的で反復可能だ。

サイプレスの弱みは、「特にファジー・フロントエンド[6]で、人ではなくプロセスに依存しすぎる」ことだと、ある主要な技術設計者は指摘していた。古いサイプレスの文化が新規事業にも広がってしまうリスクがあった。また、両利きの経営では組織アラインメントを大きく変える必要があるが、上級マネジャーがそれを容認できるかどうかも懸念された。このどちらも、両利きの経営を設計する場合ならではの課題とリスクである。

その後の展開

二〇一五年、サイプレスは補完する半導体製品ラインを持つ同規模のスパンションと合併し、二〇億ドル規模の企業となった。二〇一六年四月にロジャースはCEOを退任した。また、二〇一九年にサイプレスはドイツの半導体企業インフィニオン・テクノロジーズに九〇億ドルで買収された。

◆AGC――コモディティ化からの脱却

二〇一五年、一〇〇年の歴史を誇る世界最大のガラス会社、AGC（旧・旭硝子）のCEOに島村琢哉が就任した。同社は、建築・産業用ガラス、自動車用ガラス、化学品、電子（液晶ディスプレイパネル用基板など）の四事業を展開していた。

これほど規模が大きく多角化しているガラス会社は他になく、各事業で競合するプレーヤーは異なっていた。四つとも成長が鈍化したコモディティ事業であり、基本製品の継続的改善や、製造プロセスの効率化と安全性に依存していた。しかし、ガラス業界の競争は次第に激化し、直近では福耀《フーヤオ》などの中国企業が自動車用ガラスに参入してきたのは警戒すべきニュースだった。

このような動向を踏まえて、島村は二つの課題に直面していた。①収益性の高いセグメント

［6］アイディア創出からコンセプト開発までのプロセス。

図5-5　AGCの両利き組織

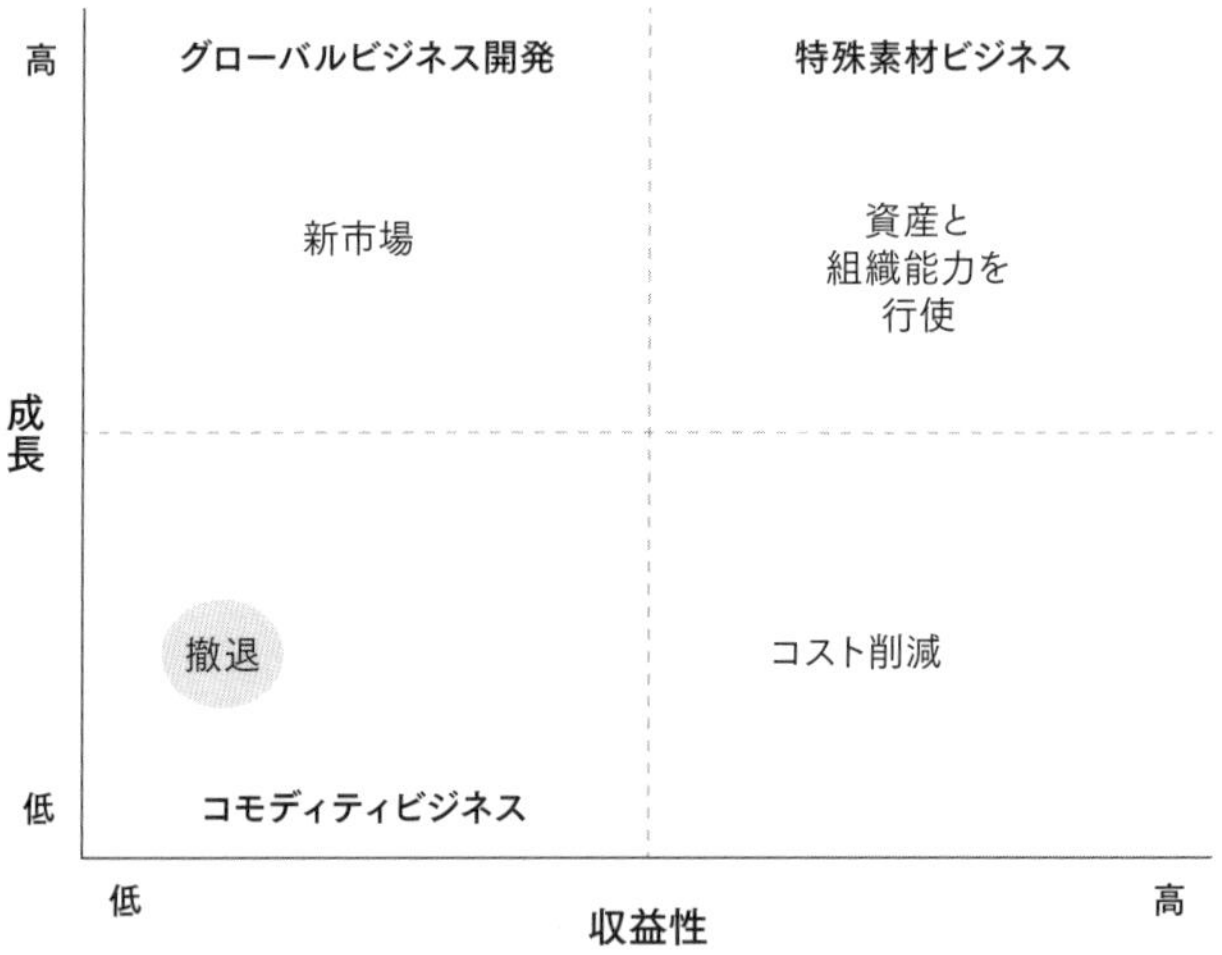

を重視するためにどのように事業ポートフォリオのバランスを取り直すか。②どのように人材を活性化し、社内にはびこる内向き志向を克服するか。[8]

そこで、島村はまず自分の経営哲学「AGC＋」を打ち出した。それは、素材関連のソリューション・プロバイダになるために、素材製造から素材開発の会社に変わることを意味していた。

この方針をもとに、優秀なミドルマネジャーの選抜グループを中心に「2025年のありたい姿」が策定され、自社の中核事業と戦略事業が定義された。最初に、成長に向けて中核事業（ガラス、化学、セラミックス）を縮小させる。つまり、競争力のない事業は閉鎖し、残った事業は効率性を重視し、顧客に密着し、戦略事業への安定した収益源にする。

コスト削減はもちろんのこと、中核事業では、AGCが競争優位性を持つ成長性の高い地域をターゲットとし、顧客の効率性を高めるための新しいビジネスモデルを開発する（図5－5）。将来の成長や利益は、戦略事業であるモビリティ（自律走行車など交通インフラに必要な技術や素材）、エレクトロニクス（高速通信に必要な素材や半導体）、ライフサイエンス（強みであるフッ素化学品や高品質な製造を活かした受託製造）からもたらされる。

こうした課題に対応するために、島村は数年かけてさまざまな手を打った。まず行ったのが、AGCを素材企業に変えるというビジョンに全力を注ぐために、上級幹部からなるチームを組成することだった。新しい戦略とビジョン（二〇二五年のありたい姿）を打ち出し、社内のあらゆる階層の従業員と対話し、毎年五〇カ所に足を運んで戦略とビジョンを伝えるなど、徹底的にコミュニケーション活動を行った。

次に、三つの新しい戦略的新規事業を独立部門として立ち上げ、年間約五〇〇〇万ドルを新たな成長に向けた活動に割り当てた。その根底には、次に示す三段階の厳格な事業開発プロセスがあった。

……………………

①アイディエーション……マクロ動向や顧客との緊密な関係を活用して将来の技術や事業の可能性を明らかにしたうえで、本社の事業開発部内の少人数チームでそれぞれについて探索する。

②インキュベーション……チームに専門家を加えて増強し、新しいアイディアの実行可能性を見極める。
③スケーリング……資源の追加投入または買収を通じて、戦略的新規事業部門が自分で機能できる規模に達するまで、役員クラスの直轄組織とする。

島村は、この新規事業の創出活動と同時に、前任者が重視してきたコスト削減と効率化から、よりオープンで革新的な組織文化へと転換するため、全社的な改革プロセスを開始した。前任者はトップダウンの指揮命令系統をとっていたので、従業員は経営陣の指示に従い、ミスを避けることに慣れていた。そのため、将来性のある若い従業員が不満を抱き、起業家精神あふれる組織文化を持つ企業へと転職してしまうこともあった。

この状況を変えるために、島村が社員に伝えたのが「リーダーが改めるべき二〇の悪癖」(言い訳をする、情報を教えない、責任回避する、過去にしがみつく、人の話を聞かない、感謝の気持ちを表さない、など)だ。その後も数年にわたって全部長との対話セッションを継続し、新しい組織文化を強く打ち出した。また、若手マネジャーにも会って、彼らから提案を引き出した。

さらに、四〇代後半のポテンシャルの高いマネジャーを集めて二つのチームをつくり、「二〇二五年のありたい姿」の策定プロセスに参加させて、今後一〇年で自社がどの分野に進出すべきかを決定するという課題を与えた。

若手研究者や技術者がビジネスリーダーや経営陣にアイディアを提案するイベント「ゴングショー」[7]も始めた。そこで承認された提案は実際に事業化される。

最後に、島村や上級幹部は、変革反対派を異動させて変革プロセスへの抵抗勢力を排除するという難しい選択を行った。これは劇的な行動であり、AGCの変革が本物であることの象徴となった。古いやり方を好むマネジャーを許容しなかったのだ。

AGCの事例から学べること

島村は五万人を擁する企業の大変革に乗り出し、五年間でコモディティ化したガラス製造会社から、新たにハイテク素材のリーダー企業へと転換させた。上級幹部チームの足並みを揃え、両利きになるための明確な戦略を示し、共通のアイデンティティを推進するために包括的なビジョンを打ち出した。探索部門を分離させ、新規事業の探索に必要な資源を提供し、保護するための組織構造を導入し、両利きの組織の運営に求められる文化的な課題に対処することで、島村はこれをやり遂げたのである。同社はこの変革を反映させて、二〇一八年に社名を「旭硝子」から「AGC」に正式に変更した。

[7] 米国のテレビ番組などでおなじみの手法で、一般参加者が審査員の前でパフォーマンスし、ゴングが鳴ると打ち切るルールになっている。

その後の展開

二〇二〇年一一月、島村はCEOを退任し、後任者には前CTO（最高技術責任者）の平井良典が就任した。「二〇三〇年のありたい姿」として、「独自の素材・ソリューションの提供」を通じて成功し、「両利きの経営を進めることで（中略）成長し」、継続的に進化することが打ち出された。二〇二五年までに、ライフサイエンス、エレクトロニクス、モビリティからの売上を四倍にすることをめざしている。

2 七つのケースから抽出される強みと弱み

これらの事例は、さまざまな七人のリーダーがいかに新規事業を有機的に生み出し、探索と深化に臨んだかを示すものだ。それぞれ違いも見られるが、全体的に成功に寄与した重要な共通点がある。そこで問題は、それが何であり、両利きの経営の要素についてどのような教訓が導き出されるかだ。事例から共通して見えてくるのは、三つの強みと一つの弱みである。

◆両利きならではの強み

おそらく、これらの事例の中で目を引く最も重要な共通点は、探索ユニットが大組織の資産を活用でき、それが競争優位性につながった、ということだ。その資産とは、技術的資産（AGC、サイプレス、チバビジョン、HP）や、ブランドや顧客へのアクセス（USAトゥデイ、フレックス、ダヴィータ、サイプレス）である。両利きの経営の真の優位性は、新参者の競合他社が持っていない、あるいは、新たに開発しないといけない資産や組織能力を使って、新規事業が有利なスタートを切れるところにある。こうした優位性は単に資金力からもたらされるものではない。新規事業に必要な資金なら、ベンチャーキャピタリストでも供給できる。

前述の事例が示しているのは、探索ユニットが適切な状況下で、深化ユニットで学んだことを競争優位性につながる形で活かせる、ということだ。エレメンタムの例を見ても、サプライチェーン・ソフトウェアの開発は、同分野のどのスタートアップにもできることだ。スタートアップが持っていないのは、フレックスから提供されるデータと顧客へのアクセスである。ニュースを集めてきてモバイルデバイスで消費者に提供するウェブサイトが多数ある中で、USAトゥデイには可能で、競争相手に欠けているのが、新聞とテレビ局がもたらすレピュテーション（評判）とオリジナルコンテンツ（紙媒体と映像）だ。これらの資産が顧客にとって価値があれば、探索ユニットは新参者の競合他社に対して優位に立てるはずだ。

ここで紹介した事例を特徴づける第二の重要な共通点は、それぞれ上層部が支援していたことだ。ここまでの事例でもわかるように、新規事業が既存事業にとって邪魔な存在や脅威と見なされることには相応の理由がある場合が多い。探索事業に資本を割り振れば、必然的に既存事業に再投資して得られるリターンよりも不確実性は増す。経営陣の継続的な支援がなければ、探索ユニットは資源（人材、技術、資本）不足に陥りやすくなるのだ。

これは、HPの経営陣がポータブルユニットに一〇〇〇万ドルを割り当てたのに、フラットベッド・スキャナ事業の短期的用途に転用されてしまった事例を見れば明らかだろう。これまで見てきた事例ではいずれも、経営陣が注意を向けて初めて、探索ユニットは必要な資源を継続的に獲得することができた。

支援が手薄になれば、探索ユニットは苦境に追い込まれてしまうことが多い。たとえば、ブラッドリーがチバビジョンを退任すると、後継者はすべての破壊的イノベーションを中止し、既存製品と既存技術における漸進型の改善に全面的に切り替えてしまった。

経営陣が果たすもう一つの重要な役割は、新規事業と成熟事業との接点を管理して、避けられない対立を解決することだ。両利きの経営の付加価値は、成熟事業の貴重な資源を新規事業に適用できるところにある。リーダーシップが介入しないと、こうした事業は孤立したユニットとなり、ある事業から別の事業へとスキルや学習を有効活用する機会が持てなくなる。

しかし、最善を尽くしても、新規ユニットと既存ユニットの間には対立が起こってしまう。

経営陣が間に入らないと、ほとんどの場合は成熟事業が幅を利かせ、スタートアップは不利益をこうむる結果になる。少なくとも、新規ユニットが生き残れる事業だと証明できない限り、そうなるだろう。エレメンタムCEOのミハイルが、フレックスのCEO直属でなかったならば、新会社は失敗していただろうと指摘していることからも明らかだ。現に、後任のCEOから支援が得られなかったため、エレメンタムはフレックスからスピンアウトした。

事例全体に見られる第三の重要な共通点は、探索ユニットを大組織から分離させることの重要性だ。既存の施設を使うことの効率性については議論が分かれるところだが、前述の事例はいずれも、探索ユニットを本社組織から物理的に切り離していた。古い構造やプロセスから解放され、新しいスタートを切るうえで、こうした分離はきわめて重要だったと新規事業のリーダーたちは強調している。このように距離を置かないと、古いマインドセットから生じる慣性によって、新規事業の成長に必要な焦点がぼやけ、熱量の低下を招きかねないのだ。

これは、HPが大きなフラットベッド・スキャナ事業内にプロジェクトチームを置いたことで、ポータブルプロジェクトが当初は失敗していたことからもわかる。その後、準部門として別の施設に移すことになったが、チバビジョンのユニットやエレメンタムも同様の措置をとっていた。起業家的な新規事業は本社の外に出して、既存事業に邪魔されずに、新しい事業に専念できるようにする必要があると、サイプレスのロジャースは断言する。USAトゥデイの場合、建物は同じだが、別のフロアにオンラインユニットが置かれた。

物理的なスペースを分けることは、探索事業を単独ユニットとしてスピンアウトさせることと同義ではない。探索事業は依然として大組織から必要なスキルや組織を活用するが、物理的にスペースを分ければ、独自のアイデンティティや組織文化を発展させることができる。

◆両利きであるがゆえの弱み

両利きの経営が組織能力だとすれば、反復可能であってしかるべきで、一回限りで終わってはならない。ここで紹介した事例について気がかりな点があるとすれば、その成果がプロセスよりも、むしろ属人的努力の賜物であることだ。

USAトゥデイ、チバビジョン、HPの新規事業はリーダーの洞察力や行動から生まれた。そのことは称賛に値するが、こうした取組みが反復可能でないとすれば、成熟した組織は新規プロジェクトをつぶす可能性が高い。そのリーダーがいなくなったとき、後任者に同じ戦略的な洞察力や行動力があるとは限らない。ダヴィータとフレックスでは戦略計画プロセスから洞察を引き出しているが、それが実現したのは、ひとえにCEOが新規事業にお墨付きを与えたからである。

未来に関するアイディアがどれほど有望であろうとも、資源が与えられる保証はない。つまり、戦略的な計画プロセスが、実行に必要な資源と分断されているのだ。AGCとサイプレスだけが、未来の新規事業に専用の資金提供を行う反復可能なプロセスを持てたように見える。そのようなプロセスがなければ、戦略的な洞察と戦略的な実行とを体系的に結びつける方法がないことがリスクとなるのだ。

3 リーダーに求められる三つの行動

これまで見てきたように、特に新規事業が既存事業を脅かすとき、深化に伴う慣性の力が新規プロジェクトを圧倒しがちだ。こうした事例を踏まえると、慣性の力に打ち勝つためには、両利きの経営のリーダーが実行しなくてはならない重要事項が少なくとも三つある。

①新たな探索事業が新しい競合に対して競争優位に立てるような、既存組織の資産や組織能力を突き止める。

②深化事業から生じる慣性の力が新規事業の勢いを削がないように、経営陣が支援して監督する。たとえば、新規事業が必要な資源を確保できるようにする。新規事業のリーダーはマイルストーンの達成について説明責任を負う。非生産的な摩擦を極力抑えて、

新旧の事業が交わる部分を管理する、といった具合だ。

③新規事業を正式に切り離して、成熟事業の介入や「支援」なしに、成功に向けて必要な人材、構造、文化の整合性をとれるようにする。

…………………

こうした項目を見定めることは比較的簡単だが、実際にやろうとすると難しいこともある。次章では、両利きの経営の実践に挑んだ二つの組織を取り上げたい。一方は成功、一方は失敗という正反対の結果に至った経緯を見ていくが、それによって、ここに挙げた三点がなぜ重要かという理由が詳らかになる。この章で取り上げた事例も考え合わせれば、業界や規模を問わず、どの企業にも適用できる両利きの経営のテンプレートが明らかになるだろう。

Getting It Right Versus Almost Right

第6章

実行面で成否を分ける紙一重の差

「正しい言葉とほぼ正しい言葉の間には、稲妻と蛍火ほどの違いがある」

——マーク・トウェイン

本章のポイント

by Iriyama

単発の事業やプロジェクトを取り上げた前章とは違って、イノベーションを恒常的に起こすための仕組みとして、組織の中に組み込もうとした大手IT企業のストーリーを紹介する。IBM（成功事例）とシスコシステムズ（失敗事例）のどこに違いがあったのかを読み比べてほしい。

Keyword

- □ 両利きの経営
- □ 多様化・選択・維持（VSRプロセス）

ここまで見てきた事例は参考になるが、探索事業を生み出すための単発の試みが多かった。サイプレス・セミコンダクターとAGCを除くと、体系的で反復可能な新規事業の育成方法というよりも、リーダーがいかに画期的アイディアを促進するような意思決定をするかを説明していた。この章では、IBMとシスコシステムズという二つの経営良好な企業を取り上げ、それぞれが有機的成長を促進するために設計した高度なプロセスを詳しく見ていく。

IBMのアプローチは成功し、五年間で売上が一五〇億ドルへと成長した。巨大企業で実施された事例ではあるが、大小を問わず、さまざまな組織が両利きの経営で成功するための要件を表したテンプレートとなりうる。これはAGCの「二〇二五年のありたい姿」やサイプレスが展開する「起業家連合」のアプローチに多くの点で共通する。

一方、シスコも同じように有機的成長を促すプロセスを設計し、当初はそれなりに成功していたが、やがて頓挫してしまった。シスコの取組みはIBMのプロセスと多くの点で似ているが、二つの顕著な違いが見られる。そして、それこそが成功と失敗を分けたのだ。

この二社のプロセスを比較しながら、第5章の内容も踏まえたうえで実用的なガイドラインを示し、リーダーが多種多様な状況で両利きの経営を実行するために、どんなことを考えるべきかに迫ってみよう。

1

正しく実行する——IBMの両利きの経営

一九九〇年代初め、IBMの株価は一九八三年以降で最安値を記録し、ウォール街では整理銘柄と見なすアナリストが多かった。一九九二年までに同社で働く六万人以上が解雇された。ジョン・エイカーズ(一九九三年までのCEO)が取り組んだ変革の甲斐なく、倒産寸前に追い込まれていたのだ。一九九三年にルイス・ガースナーがCEOを引き継いだとき、サービス部門の売上は全体の二七%にとどまり、ソフトウェア部門は存在すらしていなかった。

それが二〇〇一年には、サービスが三五〇億ドル、ソフトウェアが一三〇億ドルの事業となり、二つ合わせると全社の売上の五八%にのぼるまでになった。IBMの時価総額は一九九三年の三〇〇億ドルから一七三〇億ドルへと増加し、この間の株価は七倍になった。今日、IBMの売上は七三〇億ドルを超え、ソフトウェアとサービスが八五%以上を占めている。何とも

目覚ましい進化とパワフルな両利きの経営のストーリーといえる。(1)

ＩＢＭは二〇年の間に成功と失敗を経験しながら、技術系企業から、広範なソリューションを提供する代表的な企業へと転じた。自社のイノベーションの恩恵をなかなか受けられずに苦労したゼロックス、フィリップス、ＨＰ、ポラロイドなど他の大手テック企業と違って、ＩＢＭはライフサイエンス、自動車、銀行などの業界で行われているのと同様、多様な事業に自社の知的資本を活用し、その過程で適正利益を生み出すことができたのだ。

◆ＩＢＭの進化――成功、失敗、そして成功

一九八〇年代半ば、ＩＢＭは世界のコンピュータ産業の有力プレーヤーとして、業界売上の四〇％、利益の七〇％を享受してきた。一九九〇年、同社の売上は二番手の競合の五倍だったが、成長は六％未満にまで減速。一九八六年から九三年にかけて、ＩＢＭは二八〇億ドルの債務を抱え、従業員を一二万五〇〇〇人削減した。七〇年以上にわたってレイオフを避けてきた結果である。

一九九三年一月二六日、大惨事が迫り来る中で、ＣＥＯのエイカーズが辞任した。後任者を探し始めて七カ月後に、ガースナーの起用が決まったが、外部から経営者を招聘するのはＩＢＭ史上初めてである。『ビジネスウィーク』誌は、ＩＢＭの状況を鑑みて、ガースナーの就任

について「今日の米国産業界で最も過酷な仕事だ」と評した。[2]
ガースナーは、ＩＢＭが傾きかけた理由をこう分析する。「この企業に起こったことは神の御業でも、聖書に書かれているような謎めいた災害が天から降ってきたからでもない。いたって簡単である。みんなが私たちの事業から離れていったのだ」[3]
さらにショッキングなことに、ＩＢＭの戦略の概要を説明した後で、彼はこう結論づけた。「ＩＢＭに、賢くて優秀な人材がいなかったわけではない。そもそも基本的に技術面の問題でもない。キャビネットに並ぶファイルの中は勝てる戦略であふれ返っていた。それでも、ＩＢＭは立ち往生していたのだ。（中略）私見になるが、基本的な問題は実行面にある。戦略は実行あってのものだ」。ＩＢＭに欠けていたのは、脅威や機会を見抜く力ではなく、それに対処するために、資産の再配分や組織再編を行う組織能力だったというのである。
ガースナーは一九九〇年代半ばにＩＢＭを安定化させた後、そのアプローチについて次のように説明している。「私たちの方策はこうだ。今後一〇年間で、顧客がますます重視するようになるのは、さまざまなサプライヤーの持つ技術を統合したソリューション、何よりも各組織のプロセスに技術を組み込んだソリューションを提供する企業だ」[4]
この戦略を実行するうえで核心となる組織能力は、顧客の事業上の問題を解決するためにシステムを統合する能力であり、オープン・ミドルウェア（多様なプラットフォーム上でアプリケーションを使えるようにするソフトウェア）とサービスが鍵となる。伝統的なハードウェア会社のＩＢＭ

に、このような変革が可能なのだろうか。

「サービスは全く別物だ。サービスでは、製品を製造して販売するのではない。組織能力を売るのだ。（中略）これは買収によって手に入れることのできないタイプの組織能力だ」と、ガースナーは言う。(5)

どのようにＩＢＭはこの変革を成し遂げたのだろうか。ＩＢＭの浮き沈みや変革を幅広く取り上げた記事や書籍は他にもたくさんあるが、(6)このストーリーの非常に重要な部分、つまり、ＩＢＭが戦略と実行をどう組み合わせたかについては、それほど広く認められていない。流行りの戦略用語でいうところの「ダイナミック・ケイパビリティ」をいかに実現し、それを使ってメインフレーム・コンピュータという成熟事業で成功しながら、デジタルメディアなどの新規事業にシフトできたかについての説明は少ないのだ。

ＩＢＭの変革から、理論と実践をどう組み合わせて、事業に役立つ新しい洞察力を養い、戦略について新しい考え方を生み出すかを学ぶことができる。(7)皮肉にも、これは第3章で取り上げたイノベーションストリームのフレームワークと、多様化、選択、維持という生物の進化論や、第4章で説明した組織文化を変革する必要性を示すものとなっている。

◆探索と深化——新たな事業機会

一九九九年九月、ルイス・ガースナーは月次報告を読んでいた。そこに書かれていたのは、事業部門が現在、財務的圧力にさらされ、有望な新規プロジェクトへの資金供給を中止せざるをえないことだった。ガースナーは激怒し、「新しい産業が出現しているのに、なぜいつもそれを逃してしまうのか」と問いただした。この疑問を裏づける調査結果がある。それはＩＢＭの戦略グループがまとめたもので、自社で開発したのに商業化に失敗した技術や事業が二九件見つかり、どれだけ価値獲得に失敗したかが書かれていた。

たとえば、最初に商用ルーターを開発したのはＩＢＭだが、同市場を支配したのはシスコである。ＩＢＭは一九九六年という早い時期に、ウェブの性能を加速させる技術を開発したが、製品化のビジョンを持ってこの市場を手中に収めたのは、二番手で開発したアカマイ・テクノロジーズだった。音声認識ソフトウェアについても、ＩＢＭは早期に開発していたが、ニュアンス・コミュニケーションズにお株を奪われている。

ＲＦＩＤ、ビジネスインテリジェンス、ｅソーシング、ユビキタスコンピューティングなどの技術は、ことごとくＩＢＭが機会を逸してしまった残念な例だ。どの例を見ても、ＩＢＭはそれぞれの市場で勝てる可能性があったのに、機会を活かせなかったという結論に至る。問題は、なぜそうなったのかである。

詳しく内部分析をしてみると、ＩＢＭがいつも新技術と市場機会を逃してしまう主な要因は六つあった。

①既存のマネジメントシステムは、短期的結果に向けた実行に報酬を与え、戦略的な事業構築を重視していない……ＩＢＭはプロセス志向である。社内で報いられる有力なリーダーシップスタイルは、目の前の機会をつつがなく実行することであって、新分野を開拓することではない。ブレークスルーを生む思考は、重要なリーダーシップ能力として重視されていなかった。

②既存の市場や製品・サービスしか眼中にない……ＩＢＭでは、既存顧客の声に熱心に耳を傾け、従来の市場に集中するようにプロセスが設計されていた。破壊的技術もしくは新しい市場やビジネスモデルになかなか気づけないプロセスになっていた。

③ビジネスモデルで強調されていたのは、価格や利益を高める行動よりも、持続的な利益や一株当たり利益の改善である……イノベーションを加速させることよりも、安定した事業ポートフォリオの収益性を高めることが重視されていた。新規事業は一～二年以内に損益分岐点に達する必要があるという非現実的な期待値が設定されていた。

④市場インサイトを収集し、利用する同社のアプローチは、初期の市場には適さない……事実ベースの財務分析にこだわるあまり、はっきりしない新市場に関する情報を生み出

す能力が損なわれていた。しっかりした分析が添えられていないとして、市場インサイトが無視もしくは却下されることもよくあった。

⑤新しい成長事業の選別、実験、資金提供、終了について規律が確立していない……新たな成長事業の機会が確認されたときでさえ、既存のマネジメントシステムでは資金を提供できなかったり、創造的な新規事業を開発する力を制限したりした。さらに悪いことに、リーダーたちは成長機会に成熟事業のプロセスを当てはめた結果、新規事業を苦境に追いやり、息の根を止めてしまった。

⑥ひとたび選定過程を通過しても、実行段階で失敗する新規事業が多い……新しいビジネスモデルを設計したり、成長事業を築くための起業家的リーダーシップスキルがなく、新規事業の立ち上げに求められる忍耐力やしつこさも不足していた。

興味深いことに、①短期的な結果にこだわる、②主な顧客や市場に細心の注意を払う、③収益性向上を重視するという最初の三つの根本原因は、ＩＢＭが成熟市場で成功してきたことに直結していた。これらは成熟市場の深化に役立ったが、そのせいで新しいスペースの探索が難しくなった。成熟事業で競争する際に、ＩＢＭを規律正しい機械のように仕立てていた組織アラインメントは、新しい市場や技術を成功させるのに必要なアラインメントとは完全に正反対だったのである。

経営陣の間でこうした分析や議論が行われた結果、成長分野の探索と成熟市場の深化の両方で成功するための一連の提案が承認され、二〇〇〇年のＥＢＯ（エマージング・ビジネス・オポチュニティ）プロジェクトの開発につながった。二〇〇〇年から〇五年にかけて、ＥＢＯが生み出した売上は一五二億ドルにのぼる。売上貢献で見ると、同期間に行われた企業買収による増分はわずか九％だが、ＥＢＯは一九％である。このプロセスによって探索と深化の両方が可能になり、新規事業に参入しつつ、成熟事業で競争力を維持することができた。

◆組織の進化と適合――ＥＢＯのプロセス

売上成長率が目標未達に終わったのをきっかけに、ＥＢＯプロジェクトチームが結成された。失敗が慢性化している状況に明確に対処し、新しい市場機会を速やかに成功裏に追求することをめざす。チームの結成は、図６-１のとおり、ＩＢＭの事業ポートフォリオが三つの範囲に分かれるという基本的な洞察に基づいていた。範囲１は目下の本業、範囲２は成長事業、範囲３は未来の成長事業、すなわち探索事業である。それぞれの範囲には独自の課題があり、異なる組織構造が必要になる。[8]

ＩＢＭが犯した間違いは、知らないうちに範囲３を除外し、範囲１と範囲２に注力してきたことだ。上級マネジャーに話を聞いてみると、本社スタッフがいかに「官僚軍団」となって、

図6-1　IBMの組織の進化

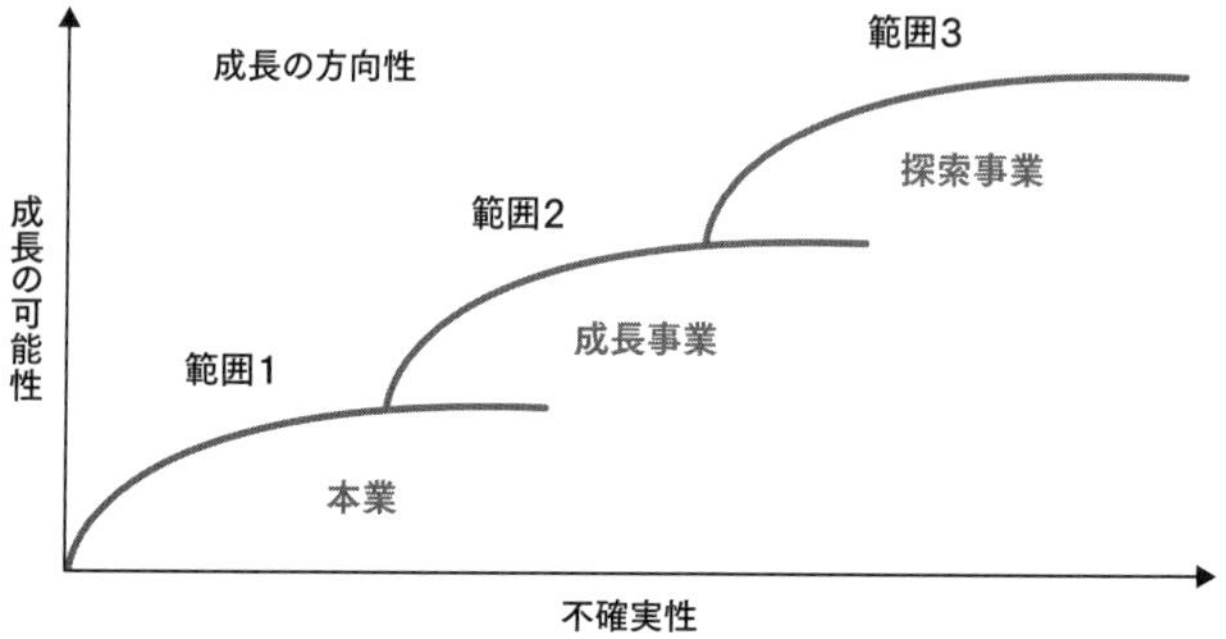

◆範囲1 本業
現在の成熟した製品、サービス、市場である。利益とキャッシュで業績管理を行う。投資も必要だが、イノベーションは漸進型になることが多い

◆範囲2 成長事業
不確実性が高く、規模を拡大し、シェアと売上を最大化させるために手堅い製品・サービスが求められる。主な評価指標は、顧客獲得数、市場シェア、市場での認知度・選好度である

◆範囲3 探索事業
潜在顧客とのパイロットテストを通じて新規事業の概念を実証する。市場での採用を最大化する製品やサービスの学習を重ねることを特に優先させる。実行に関する評価指標を用いる

新たな成長を邪魔したかについての指摘があり、この結論をさらに裏づけていた。

この理解に基づけば、新しい成長事業の見極め、資金提供、開発・発展、リーダーシップなどを提供するシステムを整備する必要がある。この過程でEBOプロジェクトチームは、IBMの成熟事業を成功へと導いてきた主なビジネスモデルが、新しい成長機会の形成には邪魔になることを認めざるをえなかった。必要なのは、新しい成長機会を体系的に探索するプロセスや、上級幹部の明確なオーナーシップを伴う明確で反復可能な事業創出プロセスだった。

二〇〇〇年七月に、ガースナーはソ

フトウェアグループの責任者のジョン・トンプソンを、副会長兼新EBOプロジェクトの責任者に指名した。トンプソンは同社で三四年働いてきたベテランで、オペレーションマネジメントや戦略策定のスキルにおいて全社的に一目置かれていたのだ。

スタッフが限られていたため、トンプソンはグループと一緒に、EBOの管理や資金提供のプロセス、規律のとれた全社横断的なアラインメントの仕組み開発に取り掛かった。EBO候補の事業は、次の明確に定められた選択基準を満たす必要がある。

- IBMの企業戦略との整合性……「非常に有望なアイディアがあっても、売上や利益が出せる事業にする方法が見つからないことが多い」と、当時の戦略担当バイスプレジデントのゲイリー・コーエンは指摘していた。素晴らしいビジネスチャンスがあるかもしれないが、自社の戦略的方向性から外れるアイディアは、ベンチャーキャピタリストに持ち込む。
- IBM全体への影響力……EBOの全社的プロセスでは、IBMの組織全体で新規事業を創出することが重視されていた。たとえばライフサイエンスEBOでは、電子データ記録やオーダーメイド医療が登場したことで、情報集約ニーズに対応する必要が生じたヘルスケア事業者に、ハードウェア、ソフトウェア、コンサルティングを売り込む機会がある。同様のプロセスは、実は事業部門内で新規事業を促進するのに役立ったが、全社の取組みでは事業横断的な機会にはっきりと狙いを定めていた。

●新たな顧客価値の源泉……EBOを用いる明白な目標は、新しいビジネスモデルと組織能力を探索し、拡大することにあった。理解の進んでいるモデルよりも、新しい事業領域へ移行し、新しいビジネスモデルをテストできるアイディアのほうが望ましい。

●一〇億ドル以上の売上予測……EBOプロジェクトでは売上成長が明白な目標だったので、三〜五年以内に一〇億ドル規模の市場に成長する見込みがなくてはならなかった。

●市場リーダーシップ……IBMが市場リーダーになれる機会がなくてはならない。たとえば、ライフサイエンス市場への参入を決める際には、早期に成功すれば、結果的に業界標準やプロトコルを確立し、ネットワーク外部性が生まれるという認識があった。

●持続的な利益……事業案によっては、売上の急成長は見込めても、新たな競争相手が登場してすぐにその事業がコモディティ化する可能性がある。したがって、新しいアイディアをふるいにかけ、事業の収益性が維持される見込みが十分にあることを確認しなくてはならなかった。

トンプソンを引き継いでEBOプロジェクトの責任者となった、戦略担当シニア・バイスプレジデントのブルース・ハレルドは、こうしたプロジェクトが製品のアップグレードや単なる技術的機会ではないことを明確にした。これらは事業機会であり、商業化して売上を生み出せ

図6-2　IBMのEBOライフサイクル

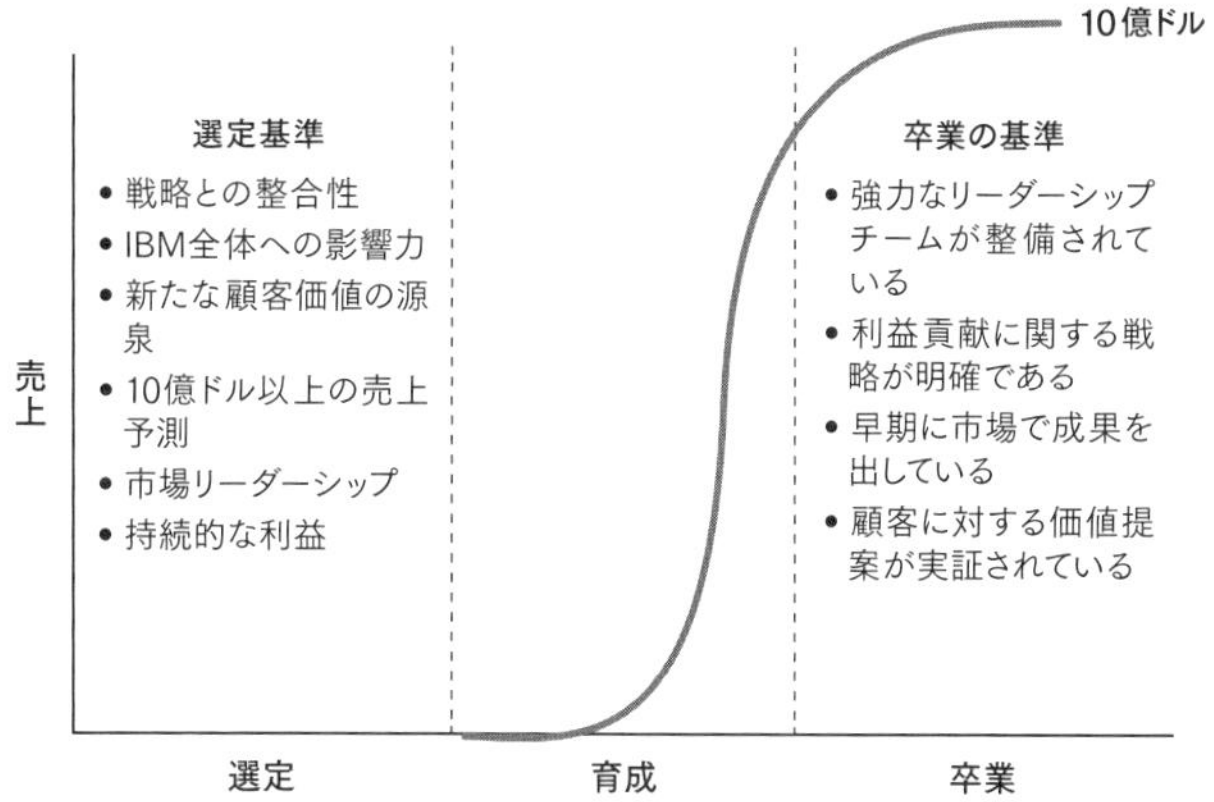
10億ドル
選定基準
• 戦略との整合性
• IBM全体への影響力
• 新たな顧客価値の源泉
• 10億ドル以上の売上予測
• 市場リーダーシップ
• 持続的な利益
卒業の基準
• 強力なリーダーシップチームが整備されている
• 利益貢献に関する戦略が明確である
• 早期に市場で成果を出している
• 顧客に対する価値提案が実証されている
売上
選定
育成
卒業

る事業になる可能性がある。言い換えると、市場動向に何らかの変化が起こっているから、こうした機会が出てきたのだ。図6-2は、新しいEBOに資金供給するための基準と、「卒業」もしくは大きな組織に統合させる要件を示している。

各EBOのリーダーは、事業部門の責任者たち（ハードウェア、ソフトウェア、グローバルサービスなど）と、新規の成長機会を担当する上級幹部に報告を上げていた。この二重のレポーティングシステムによって、マイルストーンの達成状況や資源配分を全社的に管理するとともに、事業横断的に協力したり、生じた問題を速やかに解決する機会が生まれた。

二〇〇〇年に、リナックス、ライフサイエンス、パーベイシブ・コンピューティング[1]、デジタルメディア、ネットワーク・プロセッサー[2]など七つのEBOプロジェクトが立ち上げられた。このうち四つはEBOのステータスから「卒業」して成長事業となり、いくつかは失敗に終わった。図6－3は、二〇〇二〜〇六年にかけてのＥＢＯの成長と財務業績である。

図6-3　EBOと買収の売上貢献度

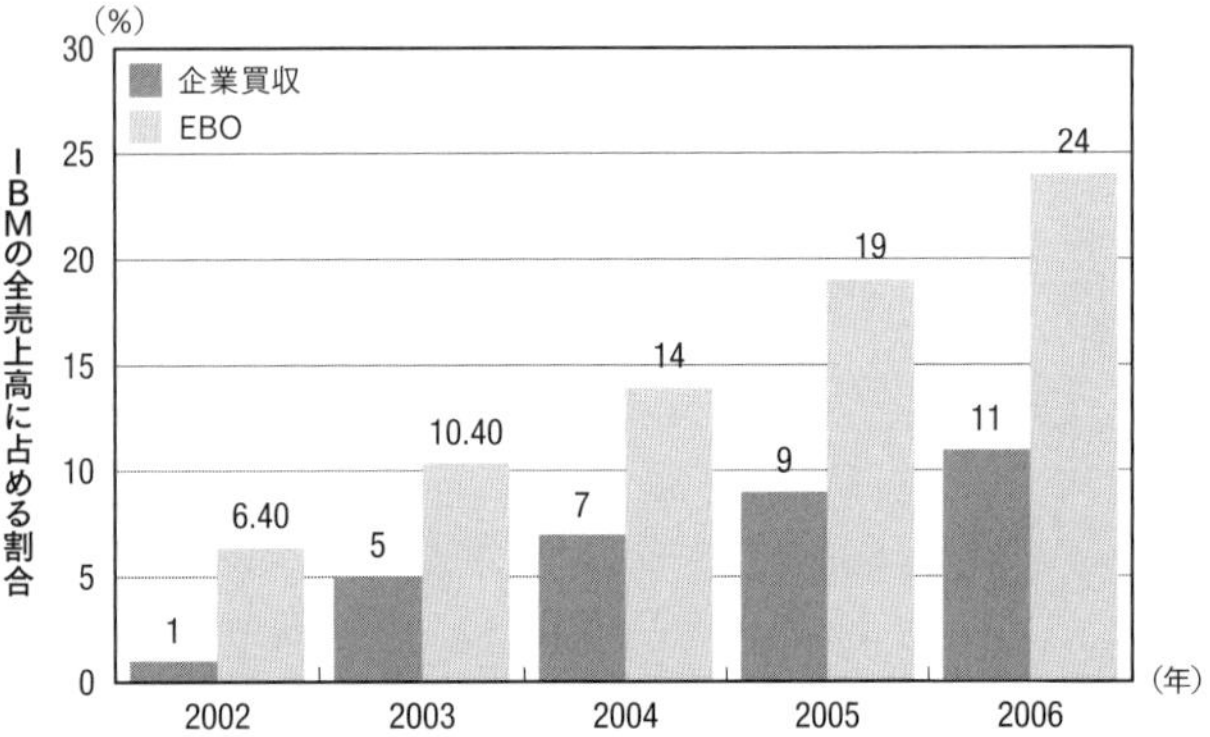

◆多様化——新しいEBOの設立

ＩＢＭでは、経営陣が必ず注意を向けるような新しい事業機会を見極めるために、社内（ＩＢＭの特別研究員と著名な技術者、研究開発、マーケティング、営業）と社外（顧客、ベンチャーキャピタリスト、外部の専門家など）の両方からアイディアを募る公式プロセスがあり、これは半年ごとに実施されていた。こうした提案は破壊的技術、新しいビジネスモデル、魅力的な新市場の見極めに役立つ。通常は一五〇以上のアイディアが寄せられた。

こうしたアイディアは精査して二〇案程度に絞り込んだ後、少人数のチームをつくって、より細かな戦略的分析が行われる。この調査結果から、上級幹部や顧客に有望なアイディアを見てもらい、合否を判断する。

このテストに合格したアイディアについては、戦略グループがさらに市場機会を綿密に吟味していく。

アイディア評価にあたって、「新技術には興味がない。私が興味を持っているのは、新しい一〇億ドル事業をつくることだ。適切な新規事業に賭ければ、最終的に素晴らしいアイディアと顧客の実益とが結びつく。要するに、明白な商業化の機会につながるのだ」と、ハレルドは率直に語っていた。毎年一五〇以上のアイディアが出されるが、その中から新しいEBOに選定されるのは、ごく一握りにすぎない。

◆選択——実験を行う

EBOが設立されたら、ハレルドと本社の戦略グループはエージェントやパートナーの役割を担った。スタートアップに投資したばかりのベンチャーキャピタリストだと考えればよい。つまり、EBOのリーダーに毎月会い、進捗を評価し、戦略を精緻化し、適切な人材を獲得し、

---

［1］情報技術とネットワーク環境が融合し、いつでもどこでもコンピュータが使える状態を表す概念。
［2］ネットワーキングアプリケーションに特化した集積回路。

確実に実行するための調整を支援する。予算が奪われることなく、適切な場所に充当されていることも確認しておく。

ただし、ハレルドはすぐに「本社の人間がベンチャーの経営に当たることはない。ベンチャーは事業部門が管轄している。（中略）私たちが行うのは、何が順調に進み、何がうまくいっていないか、次に何を試すべきかをマネジャーたちが把握できるようにサポートすることだ」とも指摘していた。六つの主要原則がＥＢＯの成功に欠かせないと、ハレルドは見定めていた。

上位層が積極的かつ頻繁に支援する

ＩＢＭの戦略グループが行った新規事業参入の失敗事例に関する調査結果から明らかになったことの一つは、経営陣が新規事業に十分な注意を向けていないことだ。当然ながら、特に脅威にさらされている場合、上位層の幹部は規模の大きな事業を成功させて現状の利益と成長を確保することに心を奪われやすい。しかし、経営陣に肩入れしてもらわないと、新規事業はすぐに見過ごされ、資産に窮することになりかねないのだ。

この問題を解決するために、全ＥＢＯについて、事業部門のシニア・バイスプレジデントが積極的なスポンサーとなり、財務部門が積極的に関与し、ハレルドに戦略グループに入ってもらう必要があった。ハレルドはＥＢＯのリーダーやその部下の事業担当者と月次で会議を開いた。その際には、ハレルドや関係スタッフは、二～四時間かけてマイルストーンを評価し、戦略と組織アラインメントを明らかにし、新規事業を始めるために必要な支援をした。ＥＢＯのリーダーから見ると、こうした頻繁な会議は歯の神経を抜く根管治療のようなものだが、それによって上級幹部からの積極的な監督や支援が確保されることとなった。

熱意のある最優秀人材をリーダーにする

ＩＢＭの歴史を振り返ると、新たな成長に向けたプロジェクトのリーダーを選ぶときに、より若く、より経験の少ない人材にプロジェクトを任せる傾向がある。これは、リーダーが若いほど「ＩＢＭウェイ」に染まっていないので、新しいアプローチを試しやすいだろうとの考え方に立っていた。

しかし、こうしたリーダーはよく失敗してしまう。若手マネジャーは大企業の中で未熟な事業を育てるために必要なネットワークや信頼関係を持ち合わせていないことが多い。こうしたプロジェクトに「最優秀人材を配置していなかった」と、ハレルドは言う。

そこで正反対のアプローチに修正し、「大きな事業を構築したことがあり、その過程で多くのことを学び、ＩＢＭをよく理解し、変えるべきことやテストすべきことをわきまえた経験豊富な人材を投入する」ようにした。ただし、新規事業の運営は成熟事業の運営とは全く勝手が違うので、新しく選んだリーダーには、新しい機会に必要なスキルについて訓練を受けてもらうようにした（表６－１）。

表6-1 EBOのリーダーシップトレーニング

• 関連する実験、プロジェクトのポートフォリオを管理する
• 的確な方向性で活動を始める
• 社内外で主要なコミュニケーション上の役割を果たす
• 明確なビジョンを打ち出し、伝達する
• 助言や忠告を受けるために拡大チームをつくる
• 対立する要因のバランスをとりながら、現在気づいていない市場ニーズなど未来の可能性を思い描く
• 市場を開拓し、技術面の高度化を図る
• まだ利益の出ていないプロジェクトへの関心を維持する
• あるアイディアを続行させるときと、断念すべきときを見極める
• 社内政治を理解する
• 親和性のあるリーダーシップスタイルを用いる
• 選りすぐりの従業員にコーチングやメンタリングを行う
• 顧客の事業を徹底的に理解する

「既存事業では、物事を掌握することに尽きる。ここにいる面々は非常にきちんとしているが、新しい事業分野に彼らを連れていくと、おかしなことになる。（中略）EBOでは、わからないことだらけだ。発見し、学習し、順応しないといけない」と、ハレルドは指摘する。成熟事業と違って難しいのは、帝国の建設や速やかな増員ではなく、戦略を明確にすることだった。

たとえば、ロッド・アドキンスは二〇〇〇年にIBMのスター人材であり、三万五〇〇〇人を擁し、売上四〇億ドルと好調なUNIX事業の運営を任されていた。売上ゼロの新規事業、パーベイシブ・コンピューティングのEBOを任されたとき、最初にアドキンスの頭をよぎったのは、自分はクビになるのかという思いだ。CEOのサム・パルミサーノ（ガースナーの後任で、二〇〇二年から二〇一一年までCEOを務めた）から、この新プロジェクトがどれだけ重要で、アドキンスのスキルがなぜ決め手になるかという説明を受けた後でようやく、この事業が自社の未来に重要なものだとわかったという。[9] 間もなく、社内でEBOプロジェクトが成果を上げるようになると、EBOの運営は魅力的な仕事だと認識され、みんなが手を挙げるようになった。

規律ある全社横断的なアラインメントを行う

EBOプロセスの明確な目標は、全社で事業機会に対処し、大組織の資産や組織能力を活用し、短期的利益に反する場合でも、事業部門が必要な支援を確実に受けられるように細心の注意を払うことにあった。たとえば、あるEBOの立ち上げ初期に、クライアントを支援するためには、コンサルティングチームをつくる必要があることがわかった。しかし、そうすれば既存のコンサルティング部隊の活用や利益に悪影響が出てしまう。

この短期的な障害を克服するために、コンサルティング部隊が実際に必要な人材を採用して訓練する間、EBOチームがその費用を負担することで話がまとまった。その結果、妥協しながら新たに採用したコンサルタントたちを長い時間かけて大きなコンサルティング部隊に溶け込ませなくても、コンサルティングチームをタイムリーにつくれるようになった。

資源を別枠で確保して監視することで、早まった削減を避ける

新しいプロジェクトに資金を割り振ることと、その資金が計画どおりに使われるようにすることは別の話だ。成熟市場で競争に直面すると、既存事業に資金を「再配分」してしまうことがあまりにも多い。たとえば前述のHPの場合、ポータブルスキャナ事業への参入に長年苦労してきたが、割り当てられた予算は決まって成熟したフラットベッド・スキャナ事業の支援に吸い取られていた。[10] これを食い止めるために、IBMでは、事業部門を通じてEBOに資金を供給するが、そのプロセスを注意深く監視し、新規事業が全額を確実に受け取れるようにしていた。また、必要に応じて、本社から資源が追加投入されることもあった。

行動を重要なマイルストーンと結びつける

多くの企業が社内ベンチャーに失敗してきた理由の一つは、新興事業が往々にして長い間低迷し、なかなか成功にこぎつけられないことにある。[11] EBOの経験からわかる重要な教訓は、マイルストーンを注意深く定義し、進捗管理することだ。既存の事業部門で使っている財務指標ではなく、こうしたマイルストーンで評価する。そうした保護措置をとれば、成熟事業の目標が達成できないからといって、未熟なベンチャーの芽を早期に摘んでしまうことがなくなる。

IBMの場合、マイルストーンの評価はハレルドが出席する月例会議で行っていた。

クイックスタート、クイックストップ

新規事業を立ち上げるときにはスピードが大事なことが多いと、ハレルドは学んだ。このため、新規事業がマイルストーンに届かず、顧客との結びつきができていない場合、中止するか他に転換する必要があった。その狙いは、実験的に市場に速やかに参入し、学習し、必要に応じて取組みを調整もしくは中止することにあった。

◆維持——探索事業から成長事業への移行

二〇〇三年までに、ＥＢＯは当初の七つから一八に増えていた。各ＥＢＯと事業部門のリーダーとの月次会議が定例業務となり、既存のＥＢＯの管理により多くの時間をとられていることに、ハレルドは気づいた。自分自身がＥＢＯプロセスのボトルネックになっているのではないか。ＩＢＭでＥＢＯの手法を活用していくならば、成長に伴って事業を「卒業」させ、そのプロセス自体を社内でもっと分権化しなくてはならない。ハレルドはＣＥＯのパルミサーノに促されて、どのタイミングでＥＢＯが卒業して成長事業となるか、事業部門に吸収させるかを明確にするための基準を設けた。

……

- 強いリーダーシップチームが整備されている。

- 利益貢献戦略が明確に示されている。
- 市場で早期に成果が出ている。
- 顧客向けの価値提案が実証されている。

これらの基準を満たすEBOは、既存事業に骨抜きにされずに自力で成功するだけの大きさがある。二〇〇三年には、一五のEBOが卒業した。最初のEBOのうち二つ(リナックスとパーベイシブ・コンピューティング)は成長事業ユニットの重要な一角を担うようになった。二〇〇〇年から〇六年にかけて、二五のEBOが立ち上げられた。このうち三つは失敗して打ち切られたが、残りの二二は売上二五〇億ドル以上を生み出している。

二〇〇七年以降、EBOプロセスも分権化されるようになった。今では事業部門(ソフトウェアやハードウェアなど)がそれぞれ独自にEBOを展開している。会社全体で、新しい事業領域や事業拡大モデルへと組織能力を広げるために、こうした仕組みが活用されているのだ。センサー、アクチュエータ、医療の情報化、オンデマンド販売、ウェブファウンテン(構造化されていないデータを分析する一連の技術)[3]、新興国向け新ビジネスモデルなどが全社EBOである。

ハレルドの見解では、こうした全社EBOは往々にして、既存事業とのカニバリゼーションを起こし、本社のリーダーたちの後押しがないとつぶされる可能性が高かったという。IBMのコンサルティング事業トップを経てCEOに就任したジニー・ロメッティも同じ感覚を持っており、「イノベーションを起こしていかないと、コモディティ化する」と指摘したうえで、既存のビジネスモデルにとって脅威となる新規事業は、大きな事業によって「レベルダウンするか、資源不足に陥ってしまう」ことを認めている。

◆ライフサイエンスEBOはなぜ成功したのか

キャロル・コバックは一九九九年に、IBMの研究組織内で総勢七〇〇人の事業を任されていた。二〇〇〇年に、彼女は部下の一人と一緒に新しいライフサイエンス事業を始めるように言われた。市場調査の結果、高性能コンピューティングと情報技術を、新興分野であるバイオ技術やオーダーメイド医療に適用すれば、市場としても大きな機会があることが科学的に明らかになった。

しかし、IBMが同分野で行った早期の取組みは少し前に失敗したばかりだった。この事業領域への進出を本社に強く働きかけてきたコバックは、新しいライフサイエンスのEBOを率いることとなった。

コバックは、学界、政府、製薬会社、病院などの顧客が、化学や生物学の新技術動向に関す

［3］ エネルギーを動きに変えるエンジンなどの装置。

る膨大な情報をまとめるのを支援することに機会を見出した。途方もなく大きな機会だけに、どこから手をつければよいかの判断が難しかったと、ハレルドは語る。最初のプロジェクトには六つの潜在的機会があったが、一つか二つに特化することにした。「そうしないと、結局すべてを追いかけて、何も得られずに終わる」からだ。

IBMが成功するためには、既存製品を売るだけでなく、顧客が総合的なソリューションを開発するのを手伝う必要がある。これには、ソートリーダーシップ[4]とともに、社内の三つの主要な縦割り組織もまとめていかなくてはならない。やっかいなことに、こうした縦割り組織の責任者たちからすれば、どのようなライフサイエンス事業であれ、売上が伸びたとしてもたかが知れていて、おそらく努力するほどの価値はなさそうに思えた。しかし全社的に見れば、三〜四年以内に一〇億ドル市場になることが見込まれていた。

コバックが二〇〇〇年四月にプロジェクトを始めて、二〇〇六年一一月に離れるまでの間に、ライフサイエンス事業は同分野の博士号を持つ人たちが何百人も集まる五〇億ドル規模の事業に成長した。コバックはこのプロセスを管理する中で、初期の事業をいくつか卒業させ、医療情報化関連の新しいEBOを立ち上げている。彼女の報告によると、これを達成するためには、大きな事業部門からさまざまな人材、システム、構造、報酬、文化を持ってきて、組織をつくらなくてはならなかったという。これは、EBOプロセスによって、三つの縦割り組織にまたがって必要な支援を受けられたからこそ実現したことだ。

たとえば、高性能コンピューティングに、サーバーグループの支援が必要になったときには、トンプソンがそうできるように取り計らった。コバックが新しいパートナーシップ契約を結んだことにより、開発者との関係構築を担当する部門と摩擦が生じたときには、上級幹部が間に入らなくてはならなかった。社内のコンサルタントの力を使ってコンサルティングや営業支援が必要になったときも、仲介したのはトンプソンとハレルドだ。

成熟事業（範囲1）の短期目標が範囲3の探索事業の目標と一致することはごく稀だと、コバックは指摘する。成熟事業では通常「豆粒」と見なされるような事業に参画しようという気持ちには、そうそうなれるものではない。しかも困ったことに、特に破壊的技術やビジネスモデルを探索する場合、範囲3の事業は実際に成熟事業の脅威となってしまう。

コバックはリーダーシップ上の課題を振り返って、「両利きの経営のリーダーにとって重要な役割の一つが、EBOを保護し、一部の制約を取り除くことだ。グループを守り、彼らがほぼ外部の立場で取り組めるようにする必要がある」と指摘した。コバックの見たところ、時間とともに、規律を持たせたり、内部に焦点を合わせたりすることが一層必要になってくる。しかし、卒業が早すぎれば、成熟事業と同列で評価されるおそれがある。「ティーンエイジャー

［4］時代を先読みしたテーマやソリューションを掲げて、社会や顧客から共感を引き出し、評判を形成する活動。

のようなものだ。機能面では十分な年齢に達していても、対応したくない規則が乱立している状況に直面する」ため、基本的にバランスが要求される行為となる。

一九九八年にはライフサイエンスの市場機会が認識されていたが、参入に向けた早期の試みはいくつか失敗した。事業部門から資金を確保できず、起業家的リーダーシップもなく、成熟事業を支えるIBMのプロセスや評価指標が新規事業を立ち上げるうえでは大きな妨げとなったのだ。EBOプロセスができて、ようやくこうした障壁が取り除かれた。ベンチャーの成功には明確な戦略的意図、資金面の保証、上位層の支援、起業家精神を持ったリーダー、組織アラインメントを組み合わせる必要がある。

上位層の支援がなければ、コバックがそうだったように抵抗に潰い、多くの起業家精神を持ったリーダーが辞めていき、温めていたアイディアもろとも、他の場所に移ってしまうかもしれない。まさにこの問題があるため、一部の企業は新規事業を切り離してきた。

しかし、じっくり考えてみると、このアプローチでは大企業の持つ組織能力や資源を活用できない。資源の統合や共有という重大な問題を無視することになり、起業家的リーダーシップを大企業にうまく融合できないのだ。

新規事業を「切り離すのではなく、統合したいとわれわれは思っている」とハレルドは語る。事業部門に帰属させ、市場の近くに置く必要があるのだ。「成長プロジェクトを成功させたいなら、IBM全体で実行することが会社の基本構造の一部になっていなくてはならない」。戦略グループに所属し、EBOプロセスの原型の開発に携わった初期メンバーのマイク・ギアシュは、EBOによって「組織において、他のやり方ではできないことが可能になる」と指摘していた。

◆その後の展開

EBOプロセスは二〇〇〇年に開始された。この取組みは成功していたが、二〇〇八年になると、当時のCEOであったパルミサーノは懸念を持ち始めた。個々のEBOの成長スピードは十分な速さではない。将来の成長に向けた真の機会は、個別事業よりもクラウド・コンピューティングなどのプラットフォームにあるのではないか、と考えたのだ。会社がこうした分野に重点的に取り組めるように、パルミサーノは個々のEBOに対する責任を事業部門に負わせ、新規プロジェクトの資金供給も任せた。

本社からの注意や資金面の支援がなくなると、予想どおり、新規事業プロジェクトは部分的な成功にとどまり、全社EBOの公式の規律が失われた。そうなると再び成熟事業の圧力によって、新規プロジェクトは短期的に重視されなくなり、厳しい時期に差しかかると削減対象となる可能性が高まったのである。

プラットフォームの機会に対応するため、パルミサーノは既存のEBOのいくつかを「全社プロジェクト」という名称に変えて統合し、将来の成長促進のためにこれらを活用するように指示した。ＩＢＭが懸けてきたのは、クラウド、ビッグデータ解析（一般的に「ワトソン」の名で知られる）、モビリティという三つの大きなプラットフォームだ。このうちの二つ（クラウドとビッグデータ）は、その起源をたどると、ＥＢＯプロジェクトに行き着く。

これらが長期的に成功するかどうかは未知数だ。この戦略に対するウォール街のアナリストの見解は千差万別だが、ＩＢＭは探索と深化を続けている。これから一〇年後に、それらの取組みが成功すれば、ＩＢＭは再び自己変革を遂げ、ＥＢＯプロセス（その頃にはすっかり忘れ去られているであろう）が次の変革の波の中で重要な要素となっているだろう。

2

「ほぼ」正しく実行する
――シスコの機能横断型組織

ＩＢＭと同じく、シスコシステムズも長年イノベーションを推進しようと腐心してきた。同社が長年拠り所としてきたのが、アーリーステージのスタートアップへの投資や買収（過去に二三〇社以上）という賢い方法だ。シスコは新技術への顧客ニーズを洗い出し、高度な統合プロセスを用いることにより、研究開発の多くをアウトソーシングし、破壊的イノベーションの開発は買収に頼ればよかった。[12]

しかし二〇〇〇年代初めになると、CEOのジョン・チェンバースは、自社のヒエラルキー型の組織構造では新市場で素早い動きがとりにくいことを憂慮するようになった。シスコの当時の売上は約二五〇億ドルで、その八〇％以上はルーターとスイッチという二つの市場で構成されていた。これらの市場では圧倒的なシェアを誇っていたが、それほど速やかな売上成長が見込める分野ではない。チェンバースは自社を年一二〜一七％成長させるとウォール街に約束していたが、新たな市場に進出しない限り、この成長目標は達成できないこともわかっていた。

二〇〇七年に、ダボス会議の世界経済フォーラムに出席したチェンバースは、ある協働活動に感銘を受けた。その後、導入したのが「カウンシル・アンド・ボード」と呼ばれる新しい仕組みだ。これは地理や機能分野を超えたチームや協力を強く打ち出した多層組織モデルである。

伝統的な縦割り組織を壊して、ボトムアップでイノベーションを盛り上げれば、消費財（パーソナル・ビデオレコーダー「フリップ」など）、セキュリティ、ヘルスケア、スポーツ、エンタテインメント、クラウド・コンピューティングなど、さまざまな分野はもちろんのこと、中国やロシアなどの新興国市場でも、新製品を迅速に市場投入し、成長を促進できると考えたのだ。

◆カウンシル・アンド・ボード

二〇〇一年の景気低迷の中、シスコの時価総額は一八カ月間で五四七〇億ドルから六〇〇億ドルにまで減少した。インターネット接続に使うルーティングとスイッチングという中核市場を超えて新たな市場に移行できるかどうかに、シスコの未来がかかっていると、チェンバースは認識していた。[13] この離れ業をやってのけるためには、新規事業を積極的に推進していく必要がある。堅牢で階層型の機能別組織構造から、もっと協力的な部門横断型の構造に変更しなくてはならなかった。

これをやり遂げる際に、細分化した事業ユニットをつくりたくないと、チェンバースは思っていた。というのは、「部門を分解すると人工的な障壁ができるため、コストの重複が生じたり、顧客から見て複雑さが増してしまう」と感じていたからだ。チェンバースの考えでは、高い生産性にはオペレーショナルエクセレンス（規模の経済、世界的なリーチ、ブランド）とイノベーション（分権的な意思決定、スピード、想像力、顧客との近さ、意欲的な働き手など）の両方が求められる。チェンバースは「言っておくが、組織構造を変えないと、（イノベーションは）うまくいかない」とも主張した。[14]

彼が打ち出した解決策は、機能横断型委員会「カウンシル・アンド・ボード」という精緻なシステムを実施することだった。その主な役割は新市場を攻略することにある。カウンシル数は一二にも及び、今後一〇年間で一〇〇億ドルに達しそうな市場を担当する。ボードは五〇近くあり、通常は五年先の成長を見据えて一〇億ドル市場を担当する。その両方を支えるのが、対象テーマの専門家で構成された作業グループである。作業グループは必要に応じてつくられ、その問題が片づくと解散する。この取組みには、七五〇人以上のシスコの経営幹部が動員されていた。

九つの常設カウンシルは、運営委員会に報告を上げることになっていた。運営委員会は新規事業に資金を提供し、カウンシルのメンバーにそれぞれの成長目標の説明責任を課す。各カウンシルを率いるのは、バイスプレジデントとシニア・バイスプレジデント（二トップ）だ。スタッフには機能部門のマネジャーが入り、担当する機能を代表する。ある決定が下されたときに、それに取り組まないメンバーは不適切な人員と見なされ、真面目に取り組む人に入れ替えられることもあった。

二トップは投票権の五一％を持つとされていた。チーム内の協力体制を固めるために、カウンシル・アンド・ボードに配置された経営幹部の報酬はあえて、協力状況に対する同僚からの評価が七〇％、担当機能の業績はわずか三〇％という配分で決まることになっていた。ただし、そのとおりに実践されることは稀だった。

各ボードは一〇億ドルの市場機会を担当するが、これはほぼ常に自社にとって新しい顧客セグメントを扱うことを意味していた。カウンシルと同じように、ボードは機能横断型チームであり、報酬は協力状況に基づいて決まる。

新興技術担当バイスプレジデントのデイビッド・シェイはチームの人選について「検討するのはリーダーではなく、マネジメントチームについてだ。シスコをよく知る人材と、事業領域の専門知識を持ち、リスクをとれる外部の人材とのバランスを図りたい。データの乏しい中でリスクについて重要な意思決定ができ、変化をものともしない人材が欲しい。特に重要なのは、シスコ全体で影響力を行使し、人間関係を活用できることだ」と語っていた。

オペレーション担当エグゼクティブ・バイスプレジデントのランディ・ポンドが強調していたのは、このプロセスを機能させるために、本業以外で新しいチームを育て、資金提供や指標を変える必要があることだ。一〇〇〇の新しいアイディアが二〇のベンチャーとなり、そのうち一五を成功させることが期待されていた。

IBMのEBOと同じように、シスコはアイディア創出段階で新しい事業機会を見つけるプロセスを開始した。新しいアイディアは社内から出てくることもあれば、社外の人が介在するオープンイノベーションのプロセスから生まれることもある。従業員からアイディアを募る社内ウェブサイト(Iゾーン)、社外の人を巻き込んだコンテスト(Iプライズ)なども活用した。

二〇〇七年を例にとると、こうしたプロセスに一〇四カ国二五〇〇人が参加し、一二〇〇もの多様なアイディアが寄せられている。Iゾーンのサイトに集まった提案は三〇〇以上にのぼった。

アイディアの評価基準は、次の五つだ。

①実際の顧客のペインポイント(痛点)に対応しているか。
②十分に大きな市場に訴求するか。
③適切なタイミングか。
④そのアイディアを進める場合、当社がうまくやれるか。
⑤長期的な機会を開拓できるか。それとも、すぐにコモディティ化してしまうか。

シスコではアイディア評価の際に、優秀なマネジャーチームを巻き込むことが多かった。このプロセスを担当していた経営幹部のグイド・ジュレは、破壊を成功させるには、新しい技術と新しいビジネスモデルの両方が必要だと言う。「実際に起こっているのはビジネスモデルのイノベーションなのに、みんなは技術革新だと考えている場合があまりにも多い」。これらの新しいスタートアップが生き残っていくためには、シスコがまだ参入していない事業、ジュレの言葉を借りると、「手を伸ばせば届く距離感の」事業にすべきなのだ。

ボードはアイディアを用意した後、一般的な新規事業のフレームワーク(内部プロセス)を使って新しい機会を評価していく(アイディア、フィルター、開始、加速化、卒業もしくは中止)。まず財務面と市場規模を慎重に評価した後で、確実に実行できるように、VSE(ビジョン、戦略、実行)のプロセスをきっちりと守る。

ビジョンでは、五年後にどのような成功が見込めるかをめぐって合意をつくる(たとえば、これは本当に一〇億ドルの機会か。本当に達成したいことは何か)。

戦略では、製品やサービスで差別化するために今後二~三年でシスコに何が必要かということが問題になる(たとえば、複数世代の製品やサービスについて、差別化を維持していくために何をすべきか)。成功確率を高めるために、各新規事業は一つの市場セグメントもしくは一カ国に細かく絞り込んでいく。

実行については、明確に定められたプロジェクト計画に沿って、会計、採用、資源配分、スケジュール、今後一二~一八カ月で達成すべき指標を一〇ポイントで評価する。ここでまさに必要になるのが組織アラインメントであり、共通のダッシュボードを使って、進捗状況を綿密に評価する。作業グループを使って具体的な問題に対処し、インキュベーション・プロセスに沿って注意深く進めていく。その際には、人員の採用、プロトタイピング、価格設定、顧客獲得、検証、(マイルストーン達成時の)卒業もしくは主力事業への統合について、厳密なガイドラインが設けられている。

カウンシル・アンド・ボードのプロセスの重要性を聞いてみると、四回の起業経験を持つデイビッド・シェイは、この取組みによって、買収先の起業家精神あふれる人材の多くを維持できることを挙げた。こうしたプロジェクトの多くに携わってきた経営幹部のマーティン・デビールによると、インキュベーションには常に一二くらい新規事業があるとよい。そうすれば、全社レベル、もしくはそれ以上の売上総利益で、本社の成長率を二倍にできる可能性があるからだ。「ベンチマークを達成しないときは、プロジェクト案をすぐ打ち切ることが成功の鍵の一つだと思う」と、デビールは語る。当初はテレプレゼンス（ハイエンドのテレビ会議サービス）など、一〇の新規事業に資金が割り当てられたが、そのうち三つが卒業し、一つが打ち切られた。

チェンバースは、このプロセスがシスコのビジネスのやり方を大きく転換させる方法だと見ていた。「当社が獲得してきた最も重要な優位性は、全社横断的に各機能の専門家を速やかに結集させ、顧客と株主のどちらにも役立つ意思決定や実行を任せられる構造にあることは明らかだ。（中略）これまで私が対応してきた意思決定の多くを、今では一段階、二段階、三段階下位のチームメンバーが行っている。はるかに速く効率的に動きながら、意思決定の質も格段に上がっている。私たちはアイディアを育てているが、同じく人材も育てているのだ」

シスコのやり方とは対照的に、HPもさまざまなテレビ会議商品を発売したが、ほとんど成功しなかった。これらのプロジェクトは、社内スタートアップとして育つよりも、むしろプリンター部門の中で勢いを削がれ、新規事業の育成に必要な注意を十分に向けてもらえなかったのだ。

◆テレプレゼンスのひとまずの成功

このプロセスの説明として、シスコがどのようにテレプレゼンスを育ててきたかを見ていこう。二〇〇五年の段階で、インターネット通信における動画データ量は二〇一三年までに一〇倍に増え、全体的なインターネット通信は二倍速くなり、大きな市場機会になることが見込まれていた。テレプレゼンス・サービスは、六五インチの高解像度画面と、空間的感度の優れたマイク、カスタマイズの動画処理技術、ネットワーク機器を組み合わせたものだ。ひとたび設置すれば使いやすく、ほとんど手間もかからずに会議を始められる。

二人のエンジニアが一枚の企画書を提出して二〇〇五年に始まったテレプレゼンスのプロジェクトは、二〇一五年に二億ドル以上の売上を生み出すまでになった。

二〇〇六年一〇月、正式にテレプレゼンス・グループが発足し、別のエンジニアリング・グループの先端技術事業内の一事業として運営されるようになった。二〇一一年に、同グループは年商九億ドルのノルウェーのテレビ会議システムのリーダー企業であるタンバーグを約三〇億ドルで買収した。電子メールと同じようにテレビ会議を利用できるようにするためである。シスコの巨大組織には現在、テレプレゼンスを装備した会議室が七〇〇室あり、平均すると毎週五五〇〇回ほど、テレプレゼンスを使って打合せが行われている。推定では、年間出張費について二億九〇〇〇万ドルの節約効果があったという。

他の社内ベンチャーの取組みもすべてそうであるように、シスコのプロセスも完璧ではなかった。同社の状況を見た人は、多数のカウンシル・アンド・ボードは「果てしない会議、マネジメントの混乱、説明責任の減少をもたらす処方箋のようだ」と指摘する。参加している経営幹部が燃え尽き症候群に陥ることを懸念する声もあった。あるマネジャーは、三つのカウンシル、六つのボード、五つの作業グループを掛け持ちしていたという。二〇〇七年にこのプロセスが始まって以降、なんと二〇%もの経営幹部が権限を奪われたことを不服として、会社を辞めていったとされる。

しかしチェンバースは、こうした懸念を認めず、「私の直感では、実際にはまだ十分といえるほど広くみんなを分散配置できていない」と主張した。[15] 彼は、総勢七五〇人の経営幹部が参加するカウンシル・アンド・ボードの数を三〇〇〇以上に拡大したいと思っていたのだ。

ソートリーダーシップと企業ポジショニングの担当幹部という肩書を持つ上級マネジャーのクリス・ベヴァリッジが、このプロセスの大きな教訓は何かと尋ねられたときに挙げたのが、未来に対する大胆なビジョン、新しいことを試みようとする意欲、小さく始めて個別のペインポイントに集中するメリット、新規事業を速く進化させる組織能力、簡単かつ頻繁にコミュニケーションをとる重要性、情熱の力などだ。

デビールはさらに力説する。「これはおそらく最も重要な変革である。というのは、実に多くの企業が売上二〇〇億ドルや三〇〇億ドルで頭打ちとなっているからだ。私たちはこのモデルによって、シスコが四〇〇億ドルから、八〇〇〇億ドル、一〇〇〇億ドルへと進展していくことを期待している。この変革をやり遂げなかったならば、当社はおそらく前進を続けられなかっただろう」

◆その後の展開

四半期の財務結果が複数回にわたって期待外れに終わった後、チェンバースは最終的に自社が新しい構造を実行しきれないことを認めた。二〇一一年四月、カウンシル・アンド・ボードの構造をほぼ撤廃して組織を再編し、未来の成長に向けて五つの主要分野に集中することを発表した。「私たちは投資家を失望させ、従業員を混乱させてしまった」と彼は述べている。(16)

イノベーションを通じた内部成長を促す試みは意思決定の遅れにつながり、説明責任の所在が曖昧になった。官僚主義が強まり、重要な優先事項に集中しきれないという結果を招いたのだ。テレプレゼンスのように、明らかに成功プロジェクトといえるものも少なくないが、全体的な結果はパッとしなかった。

なぜ、カウンシル・アンド・ボードのプロセスは失敗したのだろうか。細かな違いはあるものの、シスコはＩＢＭと同じように、多様化、選択、維持という生物進化論を適用し、内部の探索を推進することも可能だった。大きな視点で捉えれば、新規事業のアイディアを生み出すプロセス、探索活動を深化事業と分けた組織構造、新しい市場や技術を探索するために社内の既存資産を活用する仕組み、全体構想から厳格な実行へと移る明快なプロセス（VSE）など、両社の行っていることには多くの共通点がある。異なるのは、細かな実行の部分であり、これが成功と失敗の分かれ目となった。

シスコのプロセスはIBMと同じく、トップのコミットメントで始まっている。CEOのパルミサーノとチェンバースがこうした取組みを支援した。しかし、IBMのEBOプロセスが、新規事業を見定め、資金を提供し、発展させ、必要に応じて中止するという規律あるアプローチをとっていたのに対し、シスコはガバナンス（統治）の厳格さを欠いていた。新規事業のアイディアを生み出し、ふるいにかける体系的手法はあったが、これらのプロジェクトを厳格に監督することはしていない。

IBMでは、新規事業の人員配置を慎重に行い、会社全体で新規に取り組む年間件数に制限を設けている（年間三〜四件、最大でも一〇〜一二件）。シスコでは三〇〜四〇案もあり、マネジメントの注意と資源を奪い合うことになった。しかも悪いことに、チェンバースが新規事業の創造に肩入れしていることがシスコの従業員に明らかになるにつれて、多くの人が新規事業やカウンシル・アンド・ボードに参加しようと殺到した。こうした状況が増殖するにつれ、マネジメントの負荷が増し、意思決定が遅くなったのである。

シスコで長年顧問を務めてきたジェフリー・ムーアは、「みんなやるべきことが多すぎて混沌状態になっていた」と指摘する。[17] 人々を一つのEBOに割り当てていたIBMと違って、シスコでは多くの場合、パートタイムの仕事として参加していた。IBMでは、規律的な資金提供プロセスや入念なマイルストーンのモニタリングがあったのに対し、シスコの新規事業は事業部門から資金調達先を探さなくてはならない。この結果、すぐに焦点がぼやけ、新しいプロジェクトの多くは資金不足に陥った。

新規事業のリーダーたちは競うように、チェンバースの注意を引こうとした。というのは、チェンバースが食指を動かしたアイディアには、資金もついてくることを知っていたからだ。最終的に、明確なガバナンス構造と専用の資金がなかったため、このプロセスは廃止に追い込まれた。

◆結論

第5章と第6章で紹介したケースは、いずれも中核事業以外に新規事業を活性化しようとする試みだった。企業レベルで行われた事例（AGC、IBM、シスコ、フレックス、サイプレス）もあれば、事業部やビジネスユニットレベルでの成長を促す試み（ダヴィータ、HP、USAトゥデイ、チバビジョン）もあった。それぞれに特徴はあるが、全体として見ると重要な共通点がある。これまでの章で見てきた事例（アマゾン、シアーズ、SAPなど）と合わせて考えると、こうした共通点は両利きの経営を成功させる要件のガイドラインになる。

次章では、これらのガイドラインを三つの独立したプロセスや領域として捉え、それぞれが両利きの経営の重要な基盤となることを説明する。

The Three Disciplines of Ambidexterity: Ideation, Incubation, and Scaling

第7章

イノベーションの三つの規律

「シャワーを浴びながら、良いアイディアが浮かんでくることは誰にでもある。身体を拭いた後で、そのアイディアについて行動を起こす人が違いを生む」

——ノーラン・ブッシュネル
（シリコンバレーのパイオニア、アタリ創業者）

本章のポイント

by Iriyama

今回、新たに追加された章であり、「両利きの経営」を進めるうえでの重要な三つのイノベーションの規律である「アイディエーション」「インキュベーション」「スケーリング」について、実践的なフレームワークとともに解説する。皆さんの会社が各プロセスのどこにどのような課題を持つのか、本章を読んで考えてほしい。

Keyword

- □ アイディエーション
- □ インキュベーション
- □ スケーリング

第5章で示した例は、適切な状況下で適切なリーダーシップを発揮すれば、企業は自らを変革し、新旧両方の市場や技術で成功を収められることを示唆している。しかし、第6章で示したIBMとシスコの例のように、ほぼバランスが取れているだけでは、成功は保証されない。

リーダーの課題は、全く異なる三つのプロセスを設計することだ。それは、新しいアイディアを繰り返し生み出すこと。そのアイディアを選別し、顧客にとって価値のある形で企業資産や組織能力を活用する対象を見極めること。新たに立ち上げた事業を大きくして収益性の高いビジネスにすることだ。

そのためには、三つのイノベーションの規律（ディシプリン）に熟達しなくてはならない。①可能性を秘めた新規事業を見つけて発展させる「アイディエーション」、②そのアイディアを市場で検証する「インキュベーション」、③既存の資産や組織能力を再配分して新規事業の成長を支援する「スケーリング」（規模拡大）である。[1]

両利きの経営を成功させるためには三つとも必要で、一つか二つが得意なだけでは不十分だ。

後述するように、アイディエーションやインキュベーションに特化した企業は、新しいアイディアを生み出して検証することはできても、事業を大きくしきれずに終わってしまう。

たとえば、シスコシステムズではアイディエーションのプロセス（Iゾーン）を開発して成功し、一〇億ドル規模が見込まれる事業案を一二〇〇以上生み出した。また、こうした案を検証するために、厳格なインキュベーションのVSEプロセス（ビジョン・戦略・実行）も実施していた。それでも失敗したのは、新規事業の成長に必要な資産や組織能力を確保するための規律あるスケーリング手法を持っていなかったからだ。

数年前になるが、ある日本の大手電機会社の人が、オープンイノベーションに積極的に投資を行った結果、新しい製品や事業につながりそうなアイディアを四〇〇以上明らかにしたと、誇らしげに語っていた。しかし、さらに聞いてみると、そのうち商品化されたのは二つだけだという。その企業はアイディア開発に長けていたが、それを体系的に検証してスケーリングする方法を欠いていたのである。

私たちの経験上、経営者はイノベーションの規律のうち初めの二つに集中しすぎて、三つ目がおろそかになりがちだ。本章では、この三つの規律の観点で両利きの経営をどう考えていくか、また、リーダーが各プロセスをどのように設計できるかについて取り上げたい。

1 破壊的変化に適応する

破壊的変化に直面して、シリコンバレーに拠点を設置したり、コーポレート・ベンチャーキャピタル・ファンドを立ち上げたり、デザイン思考を導入したり、リーン・スタートアップ手法を採用したり、オープンソース・イノベーションの実験をしたりと、世界中の企業はイノベーションを推進するためにさまざまな取組みを行っている。

たとえば、一〇〇社以上を対象とした調査では、九二％の企業が新しい技術にアクセスするために外部のスタートアップと何らかのかかわりを持っていると回答した。[2] IBMでは正規の訓練を受けた一六〇〇人以上のデザイナーが、四四のスタジオで働いていると聞く。[3] フォード、ハズブロ、テスコ、ベライゾン、クアルコムなどの企業は、ハッカソンを使って創造性を引き出そうとしている。IBM、GM、マリオット、SAP、東芝、GEなど、デザイン思考に多額の投資をしてきた企業もある。ノードストローム、ボッシュ、GE、P&G、コカ・コーラなどは、リーン・スタートアップ・プログラムを導入している。レゴ、サムスン、イーライリリー、シスコなどの企業は、オープンソース・イノベーションを使って新しいアイディアを生み出そうとしてきた。

このような革新的な取組みにエネルギー、時間、資金を使ってきたにもかかわらず、なぜもっと目覚ましい結果を示せないのだろうか。第3章で説明したように、破壊的変化にうまく対応するためには、短期的な成果を確実に生み出す中核事業の深化と、長期的には素晴らしいリターンにつながる可能性を秘めているが、不確実性の高い新規分野の探索との緊張関係をうまくバランスさせる必要がある。(4)

潜在的な破壊的変化に直面した組織は新しいアイディアの創出に注力するが、そのアイディアを意味のある事業に転換するところで苦労するケースがあまりにも多い。ブロックバスター、シアーズ、コダックなど破壊的変化に見舞われた事例のほぼすべてで、企業は自ら構築しようとして失敗した事業に足をすくわれている。

このような状況では往々にして、新しいエコシステムの中で新たに登場した製品、技術、ビジネスモデルを、自社がいかに構築するかというアイディアには事欠かない。ところが、新規事業を育てる際には、収益性の高い既存事業から資産と組織能力(人材と資金)を取り上げて、不確実でしばしば利益率の低い新規事業にそれを充当する必要がある。

しかも、そうした新規事業は既存事業とカニバリゼーションを起こすおそれがある。第6章で見てきたように、新規事業への参入を正当化する明確な戦略と、経営層にこうした初期段階の取組みを保護する覚悟がないと、成熟事業が新規事業に資源を回さなかったり、成熟事業の業績基準を押しつけたりする傾向がある。これは新規事業をつぶす手っ取り早い方法だ。

このような理由から、両利きの経営を成功させるためには、アイディエーション、インキュベーション、スケーリングを習得する必要がある。これから見ていくように、企業の新しいアイディアを生み出す能力（アイディエーション）は過去二〇年間で大きく進歩し、当然ながら模範とされる企業は多い。また、主にスタートアップの世界で用いる手法を取り入れ、新しいビジネスコンセプトを厳密に検証することに熟達した企業も少なくない（インキュベーション）。しかし、破壊的変化に先手を打って、新規事業をうまい具合に大きく育てている企業は比較的少ない（スケーリング）。社内で高度に革新的な新規事業を成功させるためには、この三つ目の規律が肝となるが、あまり注目されてこなかった。そして、ここに両利きの経営を成功させる鍵があるのだ。

2 アイディエーション——着想を表出させる

新しいアイディアを生み出すことは、両利きの経営を成功させるための第一段階だ。多くの企業では、研究開発部門がアイディアを創出する業務を担っている。これは伝統的な研究開発や製品開発の方法であり、新しい機能や特徴の開発に重点を置き、時にはサイエンスや工学の限界に挑むこともある。[5] しかし多くの場合、競争の中で売上や利益などの業績を維持しなければならないというプレッシャーから、こうした取組みは新しいものを開発するよりも、既存事業を少しずつ改善することに向けられる。既存のアプローチを改善し、既存の組織能力を利用するという点で、このような漸進的な改善は深化にあたる。

過去二〇年間で、企業はこうした弱みを克服し、アイディアを生み出すために、さまざまなアプローチを採用してきた。[6] その中でも、広く導入されてきたアプローチが四つある。

◆オープンイノベーション

企業は製品のアイディアを生み出したり、技術的な問題を解決するために「群衆の知恵」を利用することを学んできた。ヘンリー・チェスブロウは、最も賢い人々は必ずしも企業で働いているわけではなく、自前で研究しなくても利益が得られるという現実を、企業側がうまく利用していることに気づいた。[7]

このシンプルな考えから、社外の人の創造性を活かしたり、企業の枠を超えて他の人々にアイディアを提供したりする方法がいろいろと生まれている。[8] たとえば、自社のプラットフォームを公開し、知的財産を共有することで、他の人がそのプラットフォームを製品開発に利用できるようにする(アップル、グーグル、アマゾン、インテュイットなど)。顧客から新しい製品やサービスのアイディアを募る（レゴ、P&Gなど）[9]。企業が抱える問題の解決策を提供できる参加者を集めてコンテストを開催する（NASA、イノセンティブ、カグルなど）。関係者のネットワークやコミュニティを育成する（IBM、ウィキペディア、メタなど）といった方法である。

◆コーポレート・ベンチャーキャピタル（CVC）

スタートアップのイノベーション活動について知見を得るために、CVC[1]部門を通じてスタートアップのエコシステムとの関係を構築するアプローチもよく見られる。従来のベンチャーキャピタルはスタートアップに資金を提供して財務的なリターンを得ることをめざすのに対し、CVCの目的は通常、スタートアップと大企業との間のシナジーを活用したり、それによって成長の機会を提供したりすることにある[10]。

スタートアップに投資するのは、新しい技術への窓口とするため、新しいビジネスモデルを模索するため、あるいは、新市場に参入するためかもしれない。多くの場合、このような投資は将来の買収を視野に入れて行われる。一方のスタートアップは、資金、販売チャネルや顧客へのアクセス、大企業の専門知識（技術、製造、流通など）を獲得できる。

［1］事業会社が社外のスタートアップに対して行う投資活動。

このような取組みとして、シリコンバレーやベルリンなどを拠点とするテクノロジースカウト、アクセラレーター部隊(「ガレージ」)、将来的に投資するためのオプションを得る目的でアーリーステージの企業に資源を提供するスタートアップハブなどがある。オープンイノベーションと同様に、こうした投資は既存企業にとって、企業の枠を超えてアイディアにアクセスする方法となる。

◆デザイン思考

デザイン思考は創造性を刺激するための方法論であり、顧客が直面している真の問題を洞察し、プロトタイプや有望な解決策を迅速に生み出す方法だ。[11] もともとデビッド・ケリーとデザインファームのIDEOによって開発されたもので、成熟した組織の中で抑圧されやすい人間の創造性を引き出そうとする。創造性を再発見すべく開発された「デザイン思考」と呼ばれる反復プロセスでは、まず共感を持って傾聴することで新しいアイディアや洞察を生み出し(創造性)、次にスピーディーなプロトタイピングと検証によって重点領域を絞り込む(実行)。[12]

このプロセスは次のような原則(実践)に基づいている。

①共感……顧客の問題を深く理解することから始める。顧客の置かれている環境を理解し、

共感することが求められる。

②課題設定……顧客が抱えている真の問題を明らかにする前に、解決策に飛びついてはいけない。つまり、根本原因に関する洞察を踏まえて、最初の課題定義を変更することを受け入れなくてはならない。

③アイディア発想……ブレインストーミング（突飛なアイディア、批判や評価をしない、他の人のアイディアに肉付けする、「イエス・アンド」法）を用いて顧客の悩みの種を解決する代替手法を生み出す。

④プロトタイピング……解決策の大まかなプロトタイプを開発する。顧客に関する重要な洞察を検証するプロトタイプに集中する。完璧さを求めすぎれば、良いレベルにすらならない。

⑤検証……プロトタイプをユーザーと共有し、その声に注意深く耳を傾ける。

このアプローチは、顧客のニーズをより深く理解することができ、創造性を刺激するプロセスとして実証されている。しかし、提案された解決策の事業価値（インキュベーション）や、その基本的なアイディアのために既存事業から資産や組織能力を持ってくることが正当化できるかどうか（スケーリング）の重要な根拠になるとはいえない。

◆従業員の積極的な参加

イノベーションにおける従業員の役割は旧来の提案箱を超えて、オンライン提案システム、社内コンテスト、ハッカソンなどへと大幅に進化している。たとえば、アドビは新しい提案をするのに役立つスターターキット（「キックボックス」）を従業員に提供している。このキットには、アイディア開発の進め方の説明書き、チョコレートバー、詮索なしに受け取れる一〇〇〇ドルのシード資金が含まれている。[13]マスターカードも「アイディアボックス」という同様のプログラムを導入してきた。[14]

従業員の参加型イベントとしては、ハッカソンもよく知られている。部門横断型チームでアイディア創出に向けて集中的にセッションを行う。第4章で触れたように、マイクロソフトはこのプロセスを使って従業員の創造性を引き出し、参加を促してきた。

このような多様なアプローチに共通するのは、社外（オープンイノベーション、CVC）や社内（デザイン思考、従業員の参加）から新しいアイディアを表面化させることだ。こうしたテクニックでは、どのような性質のアイディア（破壊的か、漸進的か）が出てくるかわからないが、たいてい漸進的なイノベーションが促される。

残念ながら、漸進的な改善を進めるのが上手な企業であるほど、非連続的なイノベーションが苦手なことが実証されてきた。[15]こうしたテクニックはたいてい既存のビジネスモデルに合った製品やプロセスを開発するのに用いられており、スケーラブルな新規事業を構築するという課題を解くために適用されることはほとんどない。

3 インキュベーション――新たなアイディアを検証する

ここまでに挙げたような活動をしている企業は通常、新しいアイディアに不自由しない。しかし、投資に値する良いアイディアと、月並みなアイディアをどのように区別しているのだろうか。

その答えは、アイディアが市場テストに合格するかどうかを判断するプロセスである「バリデーション」[2]もしくは「インキュベーション」を用いること。これが両利きの経験に必要な二つ目の規律だ。この課題に対応する方法論が、リーン・スタートアップ(16)とビジネスモデル・キャンバス(17)であり、どちらも自分たちのアイディアを市場で検証することができる。

［2］仮説の妥当性を確認する行為。

◆リーン・スタートアップ

リーン・スタートアップはスティーブ・ブランクが提唱し、その教え子のエリック・リースがさらに発展させたもので、新しい製品やサービスに関する起業家の仮説から始まる。考え方としては、売りたいソリューションや技術から前進させるのではなく、実現したい事業の結果から逆戻りする。無駄や不要な作業を省き、当初の仮説を検証するために迅速に実験を設計して実行し、実験結果を踏まえて一連の作業を繰り返していく。このアプローチでは、MVP(Minimum Viable Product：実用最小限の製品)の開発、潜在顧客への製品投入、学習に基づくスピーディーな反復とピボット(方向転換)、マネジャーの手柄になる虚栄心に満ちた評価基準ではなく、情報に基づく意思決定につながる評価基準の使用など、「構築・評価・学習」の論理を重視している。

この手法はもともと起業家を支援するために考案されたが、今では世界中の大企業が熱心に採り入れている。たとえば、GEは六万人以上の従業員にリーン・スタートアップ手法の研修を行ってきた。[18] P&Gやインテュイットは新製品開発に、また、米国の国家安全保障局は核安全保障規約の改善にこの手法を用いている。この手法を導入しようとする企業を支援するコンサルティング会社も登場している。

◆ビジネスモデル・キャンバス

リーン・スタートアップ・モデルを実装するための実用的な方法として、アレックス・オスターワルダーらが考案したビジネスモデル・キャンバスが挙げられる。[19] このアプローチでは、新規事業の創出に役立つ九つのビルディング・ブロックを用いて、ビジネスモデルを体系的に考え抜き、当初の仮説を検証するために必要な要素を突き止めていく。キャンバスは企業の成長に合わせて調整できる。

このアプローチ自体は目新しいものではない。第6章で取り上げたIBMのEBO（エマージング・ビジネス・オポチュニティ）は二〇〇〇年代初めに同様の方法論を展開してきた。[20] リーン・スタートアップやビジネスモデル・キャンバスなどのバリエーションは、Yコンビネーターやプラグ・アンド・プレイなどのスタートアップ・アクセラレーターでもよく用いられる。[21] これらの手法では通常、最小限の資金を提供し、顧客との集中的な対話、スピーディーなプロトタイピング、スピーディーな反復が重視される。

いずれのアプローチでも、起業家や既存企業が新しいアイディアを育てるために効果を測れるようにしている。新しい製品やサービスの開発に用いられることが多いが、新規事業の創出にも役立つ。アイディアや検証可能な仮説から始まり、プロトタイプの開発、検証、データに基づいて当初の仮説の調整やピボットを図る。

しかし、これらのアプローチはスケーリングにほとんど触れない。つまり、起業家のアイディアを発展させることはできるが、リーン・スタートアップでもビジネスモデル・キャンバスでも、成長軌道を維持するために組織をどう設計すべきかの指針は示されないのだ。

この点についてスティーブ・ブランクは「三～四年かけて、イノベーションの取組みでリーン・スタートアップの方法論を用いようとする大企業を見てきたが、恥ずかしながら、そのほとんどがイノベーション劇場で終わり」、素敵なコーヒーマグやポスターはできても、ほとんど結果は出なかったと述べている。[22] リーン・スタートアップの方法論は有効だが、大企業が新規事業をスケーリングする方法を知らないことのほうが大問題だと、彼は指摘する。実験でビジネスプランを支える仮説をほぼすべて検証した後でようやく、「どのように新規事業をスケールさせるか」を考え始めるのだ。

4

スケーリング——新規事業の成長

新しいアイディアを思いついたり、それを検証したりするのは残念賞でしかない。収益性の高い新規事業をスケーリングできてこそ、真の勝利といえる。スケーリングは、両利きの経営の最重要ポイントだ。新規事業をうまくスケーリングや成長させることは常に難しいが、成長が新たな資金調達や新しい人材の採用において大きな役割を果たしている起業家精神あふれる企業では、それほど問題にならない。また、新製品や新サービスを導入するなどして新しいアイディアを既存の構造やプロセスに統合させる漸進的なイノベーションでも、スケーリングが問題になることはほとんどない。[23]

しかし大企業にとって、破壊的な新規事業やビジネスモデルをスケーリングさせて、実験の成功から完全に運用可能なビジネスへと移行させるときは、商業的にも組織的にも脆弱な瞬間となる。というのも、投資額が大幅に増え、より収益性の高い事業から資源を回さなければならないことが多いからだ。インキュベーション段階をうまく設計して実行すれば成功率は高まるが、収益性の高い新規事業につながることまでは保証されない。まだもう一歩、未知の領域があるのだ。

この時点では、アクセルを強く踏み込みたくなることが多い。スケーリングの黄金律は「学習する前に投資するな」である。たとえば一九九〇年代に、インテルの当時の伝説的CEOだったアンディ・グローブは、テレビ会議用技術(プロシェア)が巨大な市場になりそうだと確信して開発プログラムを支持した。ところが、五年間取り組んで七億五〇〇〇万ドルを投じたあげく、その取組みは失敗に終わった。「技術的に可能だから、大きな需要があると思い込んでいた。（中略）ところが、それが間違いだった」と、グローブは語っている。[24]

第9章のハヴァスの事例で詳しく見ていくように、スケーリングでは成長のお膳立てをする必要があるが、それは社内政治の力学をマネジメントすることでもあり、破壊的イノベーションでは特に重要なタスクとなる。首尾良くスケーリングを始めた探索ユニットは、いくつかの点で脆弱になる。

第一に、組織を本体から切り離して運営している場合、中核事業のマネジャーから疑いの目で見られる可能性がある。というのも、新規事業は必要とする資源をもらって、「ホット」な新しいことを手掛けているように見えるのに対し、自分たちは「古い」事業へと追いやられているからだ。

第二に、破壊的な新規事業の多くは、初めのうちは利益率が低く、深化事業とカニバリゼーションを起こす可能性があり、深化事業のリーダーにはたいてい受けが悪い。たとえば、バーンズ・アンド・ノーブルの元経営幹部は、なぜアマゾンに対抗してもっと積極的にオンライン事業に参入しなかったのかと聞かれたときに、「生産性の高い店舗から売上を吸い上げるような取組みに、最も優秀な従業員を投入したくなかった」と答えている。[25]

第三に、第5章で取り上げたHPのポータブル事業がそうだったように、新規事業は深化事業のマネジメントシステムで使う指標で評価され、財務的に基準を下回っていると見なされやすい。

スタートアップがスケーリングに成功するためには、市場機会を最大化させられるだけの資本、顧客、生産能力、組織能力を迅速に追加する必要がある。特に興味深いのが、起業家の率いる企業とは対照的に、既存の大企業は通常こうした資産や組織能力をより多く利用できるので、正しく実行すれば新興企業よりも迅速にスケーリングできるはずである点だ。そのためには、他の事業と同じようにバランスをとりながら、コストをかけすぎずに、売上成長に必要なことをしなくてはならない。

この一般的な課題は、さまざまな方法で解決することができる。スケーリングを大得意とする企業は、新規事業のニーズを満たすために次の選択肢をすべて駆使し、単一の手法にこだわらないようだ。(26)

◆買収

M&Aは新規事業のスケーリングを加速させる明白な手段だ。たとえば一五年前、レクシスネクシス・リスクは大手法律情報プロバイダであるレクシスネクシスのサブユニットだった。この新規事業のきっかけは、保険会社がリスク評価の目的でデータを購入していることに気づいたことだ。レクシスネクシスは、自社のオリジナルデータに新しい価値を大幅に付加できる技術資産を持っている小さな企業を買収した。数年かけてそのモデルを検証した後、スケーリングに向けて大胆な賭けに出る。保険データの大手企業だったチョイスポイントを一〇億ドル以上で買収したのだ。

この二つの買収により、小さかったユニットが数十億ドル規模の事業に成長し、親会社と肩を並べるようになったばかりか、ビッグデータ分析のパイオニアだと堂々と胸を張れるようになった。当初のユニットにはビジョン、顧客基盤、ブランドがあり、買収を通じて、そこに技術と重大な意味を持つデータがもたらされた。

◆パートナー

新規事業のスケーリングに必要な資源を持つパートナーを探す方法もある。たとえば、GMは自律走行技術を持つクルーズ・オートメーションと提携し（その後、同社を買収した）、さらにライドシェアのリフトと提携してライドシェアに関するデータや知見を得た。

プラットフォーム・ビジネスモデルの開発も、企業が資源を利用するための機会となる。たとえば、ソフトウェア開発者の裾野を広げてさまざまな最終ユーザー向けアプリケーションを取り揃えたいと強く願う技術系ハードウェア企業は、アップルの「アップストア（App Store）」モデルをますます採用するようになっている。

◆構築と活用

スタートアップに対して、既存企業が最も有利な点は、新参者にはない貴重な資産や組織能力を持っていることだ。成熟事業はそれらを活用して新規事業のニーズを満たすことができる。たとえば、ＩＢＭのＥＢＯは新成長分野に特化した独立ユニットであり、中核事業の資産や組織能力を活用していた。コバックはライフサイエンス事業を立ち上げる際に、ソフトウェア、ハードウェア、技術、マーケティング、コンサルティング、製造能力を、単独で立ち上げた場合よりもはるかに高いレベルで利用できたので、迅速に事業を拡大させることができた。

買収という選択肢は、最も魅力的な規模拡大の方法と考えられている。買収することで事業に必要な要素をスピーディーに集められる。ただし、この種の買収の成功率は驚くほど低い。事業を「つくり直す」ことを目的とする買収は、既存の組織能力に追加するための買収と比べて、実質的に投資成果が下回っている。[27] そのようなケースでは、技術が未熟で、ビジネスモデルが確立されていない「スタートアップ」を買収することも多い。こうした現実に、スタートアップを自社の組織文化に統合させる難しさが加わり、成功率の低さにつながっている。

パートナーのモデルも低コストの手法と見なされがちだが、利害の対立を調整したり、社内政治に頻繁に対処したりする必要がある。アマゾンは「プラットフォーム・ビジネスモデル」

に精通している一社であり、他社と提携して新規事業のスケーリングを実現している。たとえば、最初のキンドルは比較的ローテクな電子書籍リーダーだった。強化を図れたのは、電子書籍リーダーの中で書籍や雑誌の品揃えが最も豊富だったからだ。アマゾンは、自前の機器をつくる技術を持たない出版社と、低価格で使いやすい解決策を好む消費者との取引の中心に自社を位置づけた。新規事業のスケーリングに唯一の正解はない。

構築と活用は、新規事業のスケーリングの成功モデルだが、あまり使われていない。[28] これまでの章で見てきたように、両利きの経営の真の競争優位性は多くの場合、大企業が資産や組織能力を新規事業に提供し、スタートアップが同じような事業を手掛ける場合よりも、早く成長できるところにある。

たとえば、第5章で述べたように、サイプレスやダヴィータRxが短期間で事業を大きくできたのは、大企業としてのレピュテーションのおかげで、スタートアップがおいそれとは近づけない顧客を取り込めたからだ。エレメンタムが最初にスケーリングできたのは、フレックスが同社のプラットフォームのために他社が利用できないデータを提供してくれたからだ。USAトゥデイ・ドットコムが成功したのは、ブランド力と、他の小さな競合企業が持たないニュース作成ルートがあったからだ。AGCは、他社にはないディープテクノロジーの研究開発力を新規事業に提供し、その後、買収によってライフサイエンス事業を拡大した。こうした事例で重要な役割を果たしたのは、大企業が提供できる資源だけではない。それを支援し、実現可能にする上級リーダーの存在も大切だ。

5 破壊的イノベーションに挑む

破壊的イノベーションの三つの規律のうち、一つか二つが優れていれば成功するわけではない。新しいアイディアを生み出せても、どれが新規事業として成功確率が高くなりそうかを的確に判断できなければ、成功の見込みがない新規事業に資源を浪費してしまうだろう。たとえば、第6章で挙げたシスコの「カウンシル・アンド・ボード」が失敗したのは、新規事業のスケーリングに関して規律あるプロセスがなかったからだ。

アイディエーションとインキュベーションはどちらも得意だという企業は、当初は有望な新規事業を見つけられても、スケーリングの試みでつまずくかもしれない。同様に、アイディエーションのスキルがなく、インキュベーションとスケーリングが得意な企業は、真の意味で革新的ではない事業を成長させる可能性がある。成功するには三拍子揃えなくてはならない。アマゾンとインテルがどのように三つの規律に熟達したのかを見ていこう。

◆アマゾンのイノベーション

第2章で述べたように、アマゾンはオンライン書店として設立された。その二七年後には三八〇〇億ドル規模の企業となり、一〇〇万人以上の従業員を抱え、書籍、衣料品、おむつ、食料品の販売（アマゾン・ドットコム）、テレビ番組制作（アマゾン・スタジオ）、クラウド・コンピューティングの最大手プロバイダ（アマゾン・ウェブ・サービス）、他社への流通サービスの提供（フルフィルメント・バイ・アマゾン）、AI搭載リーダー（アマゾン・エコー）など、さまざまな事業を展開してきた。最近では、実店舗での小売事業に参入し（アマゾン・ゴー）、荷物の配送でフェデックスやDHLと競い合っている（アマゾン・エア、アマゾン・フレックス）。二〇一七年には、『ファスト・カンパニー』誌で「世界で最も革新的な企業」に選ばれた。[29]

なぜこのようなことができたのだろうか。その答えは、既存の資産や組織能力を深化させつつ、新規事業にも活用するために、アイディエーション、インキュベーション、スケーリングを習得したことにある。

そのイノベーションプロセスの本質は、ジェフ・ベゾスの信じる三つの骨太の考えがアマゾンの組織と文化に浸透していることにある。一つ目は、「アマゾンのすべての中心に顧客がある」という考え方だ。つまり、問題に最も近い場所にいる人々が、その解決に向けて最も適した能力を持っている。二つ目は、イノベーションでは短期的な利益ではなく、長期志向に主眼を置くべきだとする原則だ。新しい取組みは「プロジェクト」ではなく「プログラム」と見なされ、大きな効果を出すまでに数年かかることを認識している。三つ目の原則は、発明への情熱を持つよう奨励することだ。[30]これは我慢強く粘ることを意味し、失敗と発明は双子のように切っても切れない関係にあると認識している。

第4章で紹介したように、これは適応性とイノベーションを促進するために設計された文化だ。アマゾンのリーダーシップ原則には、「Customer Obsession（顧客へのこだわり）」の他、「Invent and Simplify（発明と単純化）」「Think Big（広い視野で考える）」「Bias for Action（とにかく行動する）」などが含まれている。

イノベーションを日常的に行うために、小さなチームで継続的に新しいアイディアを出すことが奨励されている。「実験する数を一〇〇から一〇〇〇に増やせば、生み出すイノベーションの数を劇的に増やせる」と、ベゾスは言う。[31]これを実現させるために、実験の数をなるべく増やしながら、それぞれのコストを極力抑えることを重視している。

イノベーションの真の障壁は想像力の欠如ではなく、大組織の官僚主義だと、ベゾスは指摘する。これは、失敗を受け入れるということでもある。ファイアフォン、アマゾンオークション、Zショップなど有名な例も含めて、アマゾンは多くの失敗をしてきた。

アマゾンはこうした一連の活動を、アイディエーション、インキュベーション、スケーリングという体系的なプロセスに基づいて行っている。毎年何百もの新しいアイディアが生み出されるが、そのほとんどは失敗に終わるか、漸進的な価値しかもたらさない。数十億ドル規模の新規事業になることはごく少数だ。

アイディエーション

アマゾンのアイディエーションの基本プロセスは、社内外の顧客体験を強化する新しいアイディアを提案する人やチームから始まる。アイディアを正式に提案するために、発案者はPR／FAQと呼ばれる六ページの説明文（ナラティブ）を作成する（パワーポイントは使わない）。

この六ページの文章は厳密なフォーマットに沿って書く。顧客の問題から「バックワード（逆向き）」で取り組むという考え方を用いて、まず最終製品の投入を発表するための一ページのプレスリリースを作成する。そこでは、顧客にわかりやすい言葉を使った製品名、対象顧客、メリット、解決できる問題、その解決策のどこが素晴らしいのか、具体的に説明する。また、その製品がいかに使いやすいかを示し、架空の顧客の声が添えられることもある。その後、五ページにわたる「FAQ（よくある質問）」が続き、なぜ顧客がその製品を欲しがるのか、どのように使うのか、どれくらい費用がかかるか、どのような恩恵が得られるかを説明する。また、その製品の潜在的な市場規模やリスクも明らかにしておく。FAQには別表や試作品の模型などが添付されることが多い。

このナラティブを用意できたら、同僚、直属の上司、上層部の人間、本気度を確認する他部署の「バーレイザー」（高い基準を維持する役割の人）で構成されるグループにプレゼンする。ここでも厳格なプロセスに従う。ナラティブは事前配布せずに、会議の席で配り、最初の三〇分は参加者が黙読する。これにより、すべての参加者が提案内容について共通の理解を持った状態で始められる。評価にあたっては、そのアイディアの技術的なメリットだけに着目するのでなく、顧客が本当に喜ぶビッグアイディアになりそうかどうかも話し合う。

議論が終わると、その場にいる最上位の人間が、そのプロジェクトを続けるために最低限の資源を割り当てるかどうかを決定する。資源には提案に取り組む時間、少額の予算、エンジニアリングのサポートなどが含まれる。提案のうち、次の段階に進むのは約半分だという。そこでうまくいけば、さらに上位の経営幹部に改訂版PR／FAQをプレゼンする。

このプロセスには、アイディエーションに関して注目すべき点がある。第一に、デザイン思考と同じように、顧客体験の強化にこだわるところから始まるボトムアップ型のプロセスである点だ。第二に、全員が同じ情報をもとに、提案をじっくりと評価するための議論に集中できるような会議の構造になっている。第三に、アマゾンの組織文化は、どんな職位であっても、部門の生産性向上や効率化に向けた漸進的なイノベーションや、既存の資産や組織能力を活用した新規事業のアイディアを見つけて提案するよう奨励している。アマゾンのビジネスリーダーが目にするPR／FAQは年間一〇〇件程度とされ、このプロセスが絶えず新しいアイディアを生み出すのに成功していることがわかる。

インキュベーション

アイディアが承認されると、限られた資源を使ってMVPをつくり、素早く顧客に見てもらうのが次のステップだ。リーン・スタートアップの手法と同様に、優先すべきは社内のテストではなく、製品を市場に出して、どの機能に価値があり、どの機能に価値がないかをスピーディーに学ぶことだ。これは通常、小さなニッチ市場で行われる。顧客がその製品を実際に購入するかどうかを確認する。アーリーアダプターに大好評となるか。大きなビジネスにつながりそうか。ビジネスモデル・キャンバスと同様に、A／Bテストを用いてその製品のバリエーションを検討することも多い。

この段階での関心事は収益性や競争状況ではなく、その製品やサービスが戦略的に重要性を持ち、本当により良い顧客体験につながるかどうかだ。時にはビジネスモデル・キャンバスを使って完成度を高めることもある。

インキュベーション期間中のスピードや説明責任を高めるために、アマゾンでは「シングルスレッド・チーム」や「ツー・ピザ・チーム」と呼ばれる六〜一〇人の小規模チームを用いる。各チームはアイディア創出に必要なスキルを持った人材（少数のエンジニア、プロダクトマネジャー、デザイナーなど）で構成されている。チームは自律的かつ自由に行動でき、部門間の調整はほとんど要らない。

焦点や説明責任をはっきりさせるために、多くの場合、合意をとったうえで単一の評価指標を用いる。社内プロジェクト用に標準化された技術やツールの使用を求める組織が多いが（グーグルなど）、アマゾンのチームは目前のタスクに最適だと思うツールや技術は何を使っても構わない。この単一もしくは少数の評価指標と最も有用なアプローチを自由に使えることにより、あたかもチーム自体が小さなプロフィットセンターで、チームリーダーはミニ・ゼネラルマネジャーのようになる。発案者がチームリーダーになることも多いので、こうしたプロジェクトは起業家的な人材を引きつけ、つなぎとめる役割を果たす。

焦点と説明責任を明確にした小規模チームを活用し、MVP、スピーディーな反復、顧客第一主義を強調することは、まさにリーン・スタートアップの手法だが、アマゾンはスタートアップよりも多くの人材や資源を利用できる大規模組織の中で、それを行っているのだ。

小規模チームにすれば、実験のスピードも上がる。実験は早めに失敗するよう意図され、それを実現するために、一方通行のドアと双方向のドアを区別している。双方向のドアであれば、失敗しても元の場所に戻るだけなので、失敗の影響は最小限ですむ。また、チームは自己完結型なので、部門間の調整にかかる時間やコストも最小化する。このアプローチでは、重複や非効率が生じることもあるが、スピーディーな反復と学習のメリットは、そうしたコストを上回るという認識がある。

製品やプロセスが実行可能であることが証明された場合、チームはPR／FAQを修正し、次のリクエストをより上位の経営幹部に提出できる。このリクエストには、プロジェクトのスケーリングを開始するのに必要な資源の説明が含まれている。そこで承認されれば、製品やサービスを大規模に展開するための追加資源がチームに与えられる。

スケーリング

分離させた小規模チームであれば、スケーリングも容易になる。成長し始めると、(特にプロダクトやエンジニアリングの)チームは、製品やサービスをエンドツーエンドで保有し続ける。他部門とのやり取りには、API(アプリケーション・プログラミング・インターフェース)のような方法を使う。チームには特定のインプットやアウトプットが必要だが、独自の予算を持ち続けるので、プロジェクトの管理権限は維持される。上級経営層の監督下で、プロジェクトのスケーリングに必要な資源を確保するために追加資源が提供される。

このプロセスを支えるのが「制度的な肯定」と呼ばれる楽観主義に基づく考え方だ。ほとんどの組織では、委員会やレビュープロセスを経て追加資源が承認されるが、その過程で一度でも拒否権が発動されれば、プロジェクトは中止や停滞の憂き目に遭う。そのことを理解しているアマゾンのマネジャーは、「なぜこれをやるのか」を問うのではなく、「なぜやらないのか」と考える。大きな過ちの多くは、何かやらかすことよりも、やらないことにあると信じているのだ。

たとえば、レジのない新型小売店「アマゾン・ゴー」は、顧客が支払いのために列をつくることなく、ただ店内に入って商品を手に取り、外に出ることができたらどれほど素晴らしいかという構想から始まった。このアイディアを提示されると、ほとんどの企業は「なぜそんなことをするのか」と言って、現状では存在しないスキル（高性能カメラやAI）の必要性を指摘するだろう。しかし、アマゾンでは「なぜやらないのか」と言う。

初期に成功する証拠を示すことができれば、そのプロジェクトは他と資源を取り合わずに、貢献度に基づいて資金が提供される。複数のプロジェクト間で調整に追われることなく、成功の見込まれるプロジェクトを素早く強化することが重視されているのだ。

特筆すべきは、アマゾンがイノベーションで目覚ましい成功を収めている理由が、アイデイエーション（PR／FAQプロセス）、インキュベーション（MVPを持つシングルスレッド・チーム）、スケーリング（制度的な肯定と上級マネジャーの監督下での資源の増大）の組合せにある点だ。プロジェクトの多くが最初は漸進的な改善として始まるが、時間とともに新規事業へと移行する。アマゾンがクラウドサービス、サードパーティー・フルフィルメント、物流、小売販売、消費者向け技術などの新規事業に進出できたのは、このプロセスあってのことだ。

◆インテルのイノベーション

インテルは五〇年以上にわたって半導体の設計や製造を行ってきた世界最大の半導体チップメーカーだ。デル、レノボ、HPなどの顧客にマイクロプロセッサーを販売し、PC用チップやデータセンターのサーバー用チップで八〇％以上の市場シェアを誇る。しかし過去一〇年はPC事業が停滞し、TSMC（台湾積体電路製造）やサムスンなどの半導体メーカーに製造面でリーダーの座を脅かされ、危機感を募らせていた。

こうした需要の減少と競争の激化に対抗するために、インテルの経営陣は自社の資産と組織能力を活かして新たな成長事業を生み出す必要性を認識していた。その一部は、アルテラ（FPGA）やモービルアイ（自律走行車用ソフトウェア）などの企業を買収することで実現できるが、有機的成長を促すために、エマージング・グロース・アンド・インキュベーション・グループ（EGI）を設立し、社内で一〇億ドル規模の新規事業を創出することにした。EGIの責任者には、二〇一二年に自分の会社の買収先であるインテルに参画したシリアルアントレプレナーのサジ・ベン・モシェが指名された。

ベン・モシェの課題は、社内に一〇億ドル規模の事業を構築するプロセスを設計することだった。彼を補佐するマーク・ヤヒロによると、「時価総額が二〇〇〇億ドル以上の企業であれば、一〇億ドル規模の新規事業は最低限の持ち札として備えておくべきものだ。『これは面白い』とみんなを唸らせるインパクトを出さなくてはならない。それ以下のレベルでは『わざわざやる必要があるのか』と言われてしまうので、その閾値を越える必要がある」という。「ただ資本を配分することに終始するだけでは、何のメリットもない。われわれはインテルの技術、サプライチェーン、顧客へのアクセス、ブランドを活用できる。新市場に新製品を投入し、インテルを本当にイノベーションで有名な場所にしたい」と、ベン・モシェは説明していた。

ただし、ヤヒロが言うように、インテルは過去にも同様の取組みを開始したが、失敗に終わっていた。「これまでに何度も挑戦し、小さな成功を収めたが、我慢しきれずに最後まで完遂できなかったプロジェクトもたくさんあった」

こうした過去の取組みを見ると、事業を卒業させるのが早すぎたり、予想利益率が低すぎると見なされたりする傾向があった。これでは新規事業はうまくいかない。そうした落とし穴を避けるためには、これまでとは違うやり方が必要だ。彼らは以前の取組みでうまくいかなかった部分を克服するプログラムをつくることにした。

そのためには、小さな新規事業のポートフォリオに継続的に資金を提供する統制のとれたプロセスを開発し、投資と撤退に関する明確な仕組みを持つ独立ユニットとして運営する必要があった。このプロセスでは、マイルストーンに基づいて投資する手法を採用し、新規事業が実験、学習、ピボットを行い、必要に応じて素早く失敗しても構わない。大所帯のインテルとは違って、この新ユニットは成長のマインドセット、透明性、スピードを重視する文化を持つ。こうして、アイディエーション、インキュベーション、アクセラレート(加速)、スケール、変革という五段階のプロセスが設計された。

アイディエーション

インテルでは新規事業の提案を次々と生み出すために、社内の提案プロセスを用いた社員からのボトムアップ、インテルのリーダーやフェローが提案するトップダウン、業界やエコシステムのパートナーなど外部ソースからの三つのルートでアイディアを募っている。たとえば、ベン・モシェは最初に一一万人の全社員にメールを送り、「インテルの競争力を活かした一〇億ドル規模の新規事業を見つけ、育成し、スケーリングさせる環境を構築する」という意図を伝えた。

EGIチームはその後、世界中の拠点を訪ねて、どのようなアイディアを求めているかを説明した(たとえば、インテルの強みを活かし、五~一〇年後に一〇億ドルの事業価値に成長し、自社の既存事業に破壊をもたらしうる事業アイディア)。二カ月もしないうちに、五〇〇件以上のアイディアが寄せられ、二〇〇人以上の応募があった。

EGIチームはすべての応募書類に目を通し、二〇〇件程度に絞り込んだ。この審査では、潜在的な市場規模や技術的な実現可能性、新規事業チーム自体などが評価対象となる。その後、再びレビューして五〇チームを選ぶ。

最終審査で約二〇チームに絞られ、サンタクララのインテル本社で行われる三日間のイベントで対面のピッチを行う。チームは「市場規模はどのくらいか。顧客のペインポイントは何か。なぜこのチームが適切なのか」といった質問に答えられるようにコーチングを受ける。各チームに与えられた時間は三〇分だ。プレゼンテーションの後、審査員がアイディアを評価し、通常は七~八チームが選ばれて一二週間のインキュベーション段階に入る。このプロセスは毎年行われる。

インキュベーション

インキュベーションのプログラムは、EGI用に改装した専用の協働スペースで展開される。このスペースにはチーム専用の一〇部屋と、テーブルや快適な椅子が置かれたオープンな中央エリアがあり、後者では全員参加の会議や交流イベントが開かれる。一二週間のプログラムは三つのセグメントで構成されている。

- 解決すべき顧客のペインポイント……インキュベーション・プログラムの第一段階は、事業案のスケーリングの可能性やインテルにとっての意義を判断することを目的としている。顧客の抱えるペインポイントは、問題解決につながる製品を実際に購入しようと思うくらい重大でなければならない。「あればいい」ではなく、「必須」である。それを見極めるために、EGIは一連のツールとプロセスを用いてプレッシャーをかけながら、新規事業チームの先入観や仮説を検証し、顧客が体験しているペインポイントを実際に絞り込んでいく。

新規事業チームのメンバーの大多数は、顧客と話したことのないエンジニアなので、しっかりとコーチングを受けてもらう。製品の体験者を誘導するのではなく、率直なフィードバックが得られるように質問方法を練習し、ほとんどのチームは聞き取り調査を何百件も行う。

- MVPの開発……顧客のペインポイントが明確に定義され検証された場合、その悩みを解決する治療法に新規事業チームは注力する。その際には、最低限の製品や解決策をつくって対処する必要がある。そこで奨励されるのは、棒グラフや言葉を添えた解決策のストーリーボードを描くことだが、凝ったものをつくる必要はない。その後、解決策の骨子となる部分に専念する。

MVPができたと感じたら、顧客にその解決策を見せて、さらなるフィードバックをもらい、コンセプトをさらに磨き上げる。この段階できわめて重要なのが、その解決策がうまくいかなくても構わないと参加者に思ってもらうことだ。素早く失敗し、そこから学んで次に進むように促す。テストの結果が悪くても、実際には失敗ではなく、何かを学んだことになる。

この時点では、ビジネスモデルは重要ではない。ある解決策が特定の顧客層の役に立つかどうかの理解に努める。

●ビジネスプラン……第三段階に到達したチームは、顧客のペインポイントを理解し、製品やサービスのアイディアを持っている。次に必要になるのはビジネスプランである。ここでのゴールは、ユニット・エコノミクス（単位当たり経済性）、価格弾力性、財務モデル、感度分析など、新規事業のビジネスプラン作成に特化した一連の活動だ。どのような市場投入計画なのか。それを実現するために必要なパートナーは誰か。主要価値ドライバーは何か。最後に、前に進めるためにどのくらいの資金が必要かを明らかにする。

インキュベーション・プログラムの最終週に、チームは再びＥＧＩのコアチームにプレゼンを行い、自分たちが学習したこと、事業の負債や価値提案の内容、インテルの資産と資金の活用方法を説明しなければならない。これには、今後六～七四半期のマイルストーンを設定した計画も含まれる。その後、ＥＧＩコアチームは、その新規事業に資金を入れる価値があるかどうか、その金額をいくらにするか（通常は六～一二カ月間で数百万ドル）を決定する。資金提供が見送られた新規事業チームのメンバーは、元の職場に戻るか、他のＥＧＩチームに参加する。

アクセラレート、スケール、変革

資金を獲得したチームは次の一連のステップであるアクセラレート、スケール、変革へとコマを進める。最終目標は、独立した事業ユニットに成長し、一〇億ドルの事業価値に達することだ。この期間中、製品やソリューションの調査や開発、顧客の支払意向の検証に重点が置かれるので、チームは引き続き手厚い支援やコーチングを受ける。インテル社内の他のエンジニアや市場開拓の専門家に助力を仰ぐことができ、パイロットテストや検証に関するサポートも得られる。

このフェーズでは、チームは毎月、ＥＧＩコアチームのレビューを受ける。この運用面のレビューでは、各新規事業の実績を調べ、マイルストーンと実際のパフォーマンスを見比べる。時間とともに、新規事業がマイルストーンを達成しているかどうかが明らかになってくる。

重要なのは、このプロセスに柔軟性を持たせることだ。「ご存知のとおり、状況は変化する。必要に応じてピボットや調整を図れるようにしている」と、ヤヒロは語る。進捗状況を確認し、新規事業を本格的なアクセラレートに向けて追加資金を入れるかどうかを見極めるためにレビューは重要だ。顧客を獲得できることを証明したチームは、正式にアクセラレート段階に移る。この時点で、法律に則って別の事業体として法人化することもある。資金が得られなかったチームには一八〇日間の猶予が与えられ、アイディアを発展させて外部資金を確保したり、インテルの事業部門から資金調達（または、社内外を問わず、その新規事業以外での職を探）したりしてもよい。

新規事業の規模が拡大し始めると、ＥＧＩチームは月一回のレビューを継続し、モニタリングやコーチングを行い、新規事業が必要な資源を確保できるようにする。また、より大きなインテルの組織で用いられている煩雑で官僚的な手続きは軽減させ、スタートアップと同様の方法でチームに報酬を与える株式報酬制度も入れることができるようにする。

ＥＧＩチームは、まだ手探り状態で、改善すべき点があることを認めている。しかし、すでに成果は出ている。二〇二〇年には、ＥＧＩ内でさまざまな段階にある一四の新規事業が誕生し、事業価値は合わせて二〇億ドルを超えた。また、このプログラムは社内で広く受け入れられ、一部の事業部門では独自のインキュベーション・プログラムを始めている。

6 事例に学ぶ三つの規律のポイント

ドイツの産業財メーカーのボッシュや日本のＮＥＣなども、同様のアクセラレート・プログラムを開発し、アイディエーション、インキュベーション、スケーリングに細心の注意を払っている。このような取組みを成功させるためには、三つの規律をすべて網羅するプロセスが重要だ。第6章のシスコの例で見たように、ほぼ正しいやり方では通用しない。三つの規律のそれぞれで厳格なアプローチが求められる。一つずつポイントを見ていこう。

◆アイディエーションのポイント

アイディエーションを利用して新しい成長事業の可能性を見つける際に犯しがちなのが、「千の花を咲かせよう」として、制約なしにアイディアを量産するよう奨励する過ちだ。これは無闇に多くのアイディアを追い求めるため、焦点を見失い、資源を浪費してしまう。シスコや日本の電機メーカーが直面した問題がまさにそうだ。アイディエーションのプロセスでは、クリエイティブなアイディアを許容する一方で、役立ちそうなアイディアの種類を示すガードレールや境界線が必要になる。アイディエーションにおいて、検証やスケーリングに適したアイディアにつながる実践法が二つある。

- スケールの大きい野心的な目標……破壊的変化の機会や脅威に見合った大きさの野心的な目標を設定すれば、漸進的・戦術的なアイディエーションから抜け出せる。これは、新しい製品やサービスだけではなく、新規事業やビジネスモデルへの抱負を定義するということだ。技術系企業であれば、既存の部品を売るだけでなく、サービスを新たな収益源にしたいと宣言するような場合がそうだ。

たとえばアマゾンでは、新規事業案は次の三つの条件を満たすと検討対象になる。①差別化された顧客体験を提供する。②大規模なビジネスに成長しうる。③投下資本に対して大きなリターンが出せる。[32]

コーニングでは、五年間で五億ドルの売上が見込まれる新規事業であれば、そのアイディアを進めていく。[33] IBMでは、新規事業の機会はより大きな全社戦略に合致し、新しい顧客価値の源泉となり、五年間で一〇億ドルの新たな売上が見込まれ、コモディティ化できないアイディアであることが条件となる。サイプレス・セミコンダクターでは、三年以内に四〇〇〇万ドルの売上を見込めるアイディアでなければならない。[34] 野心的な目標を具体的に示すことで、より小さな漸進的な進歩の観点では検討できなくなる。

●探求ゾーン……野心的な目標を設定するだけでなく、市場、ビジネスモデル、注力すべき問題や顧客の種類を定義することで、アイディアに境界線を設けることも重要だ。これにより、野心的な目標を実現できそうな分野に集中して取り組めるようになる。それをしないで、ハッカソンのような民主的なアイディエーションの手法を用いるだけでは、既存事業に役立つアイディアは量産されても、破壊的な脅威に対応できない場合がある。たとえば、コーニングの新規事業は模倣障壁として、自社の光学物理学と高度な製造における深い専門知識を活かすものであるはずだ。IBMでは、全社(ハードウェア、ソフトウェア、コンサルティング)を活用し、新しい顧客価値の源泉になりうるアイディアが検討対象となる。アマゾンでは、「Think Big」が新しいアイディアの指針となっている。インテルでは、一〇億ドル規模の事業に成長し、自社の資産や組織能力を活用し、既存事業を破壊したり置き換える可能性があるアイディアを検討していた。

ここで学び取れるのは、新規事業の探索の焦点になるような具体的な指針を示すことだ。こうしたガードレールは、確実に変化につながるアイディアを検討対象とするのに役立つ。また、機会の魅力度(市場規模、普及しやすさ、代替品の脅威など)の評価も含めたほうがよい。

アイディエーション手法が、適切な大きさの野心的目標と明確に定義された探求ゾーンの範囲内に集中し、その後のアイディア検証が調査に基づいて行われていれば、破壊的イノベーションという課題に応えられる確率が高まる。そうでなければ、複数の機会領域に人材や資源が分散する「実験動物園」状態になる可能性が濃厚だ。

アイディエーションは、両利きの経営の最初のステップとして必要だが、それで十分とはいえない。アイディエーションの本質は多様な選択肢を生み出すことにある。では、リーダーはどうすれば玉石混交の中から投資に値する良いアイディアを選別できるのだろうか。その答えはインキュベーション、つまり、そのアイディアが市場テストに合格するかどうかを見極めるプロセスにある。

◆インキュベーションのポイント

リーン・スタートアップの方法論やビジネスモデル・キャンバスで示されているインキュベーションの本質は、顧客が受け入れて支払意思を持つかどうかについて、迅速にアイディアを検証することだ。既存企業がインキュベーション活動を行い、スケールアップ可能な事業を生み出す可能性を高めるには三つの実践法がある。そのどれもが、スティーブ・ブランクやエリック・リースなどが「スタートアップ」向けの手法を成熟企業に移植する中で直面した、新規事業のスケーリングに対する障壁を克服するためのものだ。

- 仮説検証……インキュベーションで中心となっている考え方は、市場機会に関する仮説を立案し、実際の顧客体験を通じてその仮説を検証または棄却し、学習に基づくモデルの適応化を何度もぐるぐる回すというものだ。このアプローチでは、ほとんどの企業経営者にとっての成功への道筋ではなく、小さな失敗を重ねながら学習することが非常に重視される。そのためには、解決策をすべて構築してから検証するのではなく、限られた仮説に対して一連の小さなテストを設計し、素早く検証することが重要になる。

その際の緊張感について、「ほとんどの大企業は、イノベーションのアイディアは受け入れても、そこにたどり着くまでの一連の失敗体験で苦い思いをすることには前向きでない」と、アマゾンのジェフ・ベゾスは指摘する。(35) しかし、このような規律を入れない場合、検証されていない仮説や穴だらけの実験に基づいて、事業をスケーリングさせる危険がある。

●フィードフォワードの評価……中核事業で一般的に実践されていることに対してインキュベーションが挑戦することになるもう一つの重要な分野が、評価制度だ。ほとんどの組織では、過去の業績データを確認し、期待値と比較し、誤差を正すために行動する。これは「目標は何か」「実行してどうだったか」「差が生じた原因は何か」「どうすればその差を埋められるのか」というフィードバック・ループだ。インキュベーションには、戦略目標に向けたパフォーマンスを追跡する「フィードフォワード・システム」が求められる。

仮説に対する実験の状況を見るために、どのようなデータが必要になるのだろうか。たとえば、ある半導体メーカーは、新規事業に投資する際に「初期成功要因」を定義するシステムを採用した。これは実験の目標の途中段階で得られる成果であり、リファレンスデザイン（参照設計）を採用した顧客数などのマイルストーンが含まれる。アマゾンでも同様に、新しいアイディアを育てる際にはアウトプット（売上や新規顧客数など）ではなく、アウトプットにつながるインプット（提供速度や採用率など）の評価を重視している。

● 投資家のガバナンス……インキュベーション・プロセスにおける実験の意思決定には、上級マネジャーが正式に関与する必要がある。インキュベーションから新規事業のスケーリングに移行する際の最大の脅威は、収益性の高い事業部門であり、短期的に一定の見返りが得られる現在の投資を、破壊的な新規事業の創出という予測困難な機会に振り向けることに反対する。こうした部門のマネジャーは、悪意を持って行動しているわけではない。将来の可能性よりも確実な利益を主張するのは、合理的な選択であることが多い。

だからこそ、コミットするとなった瞬間に、新規事業の野心的な目標を明確にし、共通理解を図る必要がある。また、上級幹部には、実験の進捗状況をレビューする時間や注意をしっかり投入してもらわなくてはならない。それだけのレベルで関与してもらうのは難しいかもしれないが、それをしない限り前進させるのは難しい(36)。

ほとんどのマネジャーは、頭では新しいアイディアを試すために小さな実験をする価値を認めている。それについては何ら異論もない。しかし現実には、多数の小さなテストと頻繁な失敗を伴うインキュベーション・プロセスは、ほとんどの成熟組織の特徴ともいえる、効率的でバラツキの少ない文化に反している。マネジャーは稀少な資源を不確実性の高い小さなテストに割り当てなくてはならない（たとえば、すでに収益性が高いとわかっている活動の強化に使ったほうがよいのに、技術者の貴重な時間を「浪費」しないといけない）。また、新しい評価基準も必要になるため、プロジェクトがどのくらい順調に進んでいるかを「知る」ことがより困難になる。

このように、インキュベーションは概念的には筋が通っていても、実際のプロセスでは許容されにくいことが多い。しかし、このような規律ある活動が奨励されなければ、新規事業のアイディアが厳密に検証されず、成功の可能性を秘めたアイディアがスケーリングされず、さらに悪くすると、不適切に検証されたアイディアに資金が投入されるおそれがある。

◆スケーリングのポイント

アイディエーションやインキュベーションは相対的に簡単で、その重要性が軽視されることもない。本章の冒頭で述べたように、今日の世界では、世界中のＣＥＯが革新的な企業になる必要性を認めている。そのために、多くの企業がアイディエーションやインキュベーションに資源を割り当て、アクセラレーター、ラボ、独立したイノベーション部門などを設置している。大企業であれば、数十人のスタッフと数百万ドル程度の比較的安価な費用ですむだろう。しかし、本当に大変なのは、これらの新規事業のスケーリングを始めたときである。特に新規事業が利益を生み出している既存企業を弱体化させたり、カニバリゼーションを起こしたりする場合はそうだ。

たとえば、ドイツのある大手自動車会社では、ベルリンとミュンヘンにそれぞれイノベーション部門を設置し、アイディエーションやインキュベーションのプロセスを導入した。このような取組みにより、有望な新規事業がいくつか見つかり検証されても、いざスケーリングしようとなると、上級幹部が二の足を踏んだ。というのも、すでに利益率に関してプレッシャーをかけられている中核事業から、資産や組織能力が奪われてしまうからだ。そして、長期的には良くないことは承知のうえで、既存事業を強化して短期的な利益を出すことを選択した。長期のことは次の経営チームの問題であって、現在の経営チームの問題ではないというわけだ。

◆結論

これまで説明してきたように、両利きの経営とは、組織が成熟事業で競争するのと同時に、中核以外の新規事業をうまく成長させられることをいう。そのためには、新規事業の可能性を見抜き（アイディエーション）、そのアイディアを市場で検証し（インキュベーション）、新規事業の成長に必要な資産と組織能力を確保する（スケーリング）ための体系的な手法が必要になる。これまでに取り上げた事例においてはいずれも、リーダーがそれを実現しようと試みていた。

企業レベルで行われている事例（富士フイルム、IBM、シスコ、フレックス、サイプレス、AGC）もあれば、事業部や部門単位で成長を促そうとしている事例（アマゾン、ダヴィータ、HP、USAトゥデイ、チバビジョン）もあり、それぞれ詳細は異なるが、全体として見ると、こうした取組みには重要な共通点がある。他の企業の事例（コダック、ネットフリックス、シアーズ、SAPなど）も考え合わせると、こうした共通点は、成功する両利きの経営の処方箋をめぐるガイドラインとして役立つ。

次章で見ていくように、スケーリングを成功させるためには、四つの要素が重要となる。①両利きになる取組みを正当化する明確な戦略的意図、②経営陣の積極的な関与と支援、③探索部門と深化部門を分けた両利きの組織構造、④探索と深化の間で相反する要求に対してバランスをとるためのビジョン、価値観、文化という共通アイデンティティである。

第III部

飛躍する

――両利きの経営を徹底させる

Making the Leap: Bringing Ambidexterity Home

What It Takes to Become Ambidextrous

第8章

両利きになるための四つの要件

「創造的破壊という経営概念は、組織内に適用すると最も効果を発揮しうる」

――イアン・デイビス

（マッキンゼーの元マネジング・ディレクター）

本章のポイント

by Iriyama

成功事例から抽出された、両利きの経営を実践するための四つのポイントとして、戦略的意図、経営陣の関与・支援、組織構造、共通のアイデンティティを挙げている。それぞれシンプルに見えるが非常に重要なメッセージなので、ぜひ心に刻んでほしい。

Keyword

- □ 戦略的意図
- □ 経営陣の関与と支援
- □ 両利きのアーキテクチャー
- □ 共通のアイデンティティ

第5章〜第7章では、リーダーがどのように組織内に探索ユニットをつくって有機的成長を推進できるか、深化型組織の圧力で新ユニットがつぶされないようにするか、事例を用いて紹介した。それぞれの事例は興味深いが、特定の業界、特定の企業における特定のリーダーの下の、ある時点におけるその企業特有の状況を示すものである。二〇〇五年のIBMや二〇二〇年のAGCではうまくいったことでも、現時点のあなたの会社には役立たないかもしれない。したがって、より掘り下げて考えるべきは、「こうした取組みの全般において、両利きの経営を他の組織に根づかせるのに役立ちそうな共通項は何か」である。

この章では、両利きの経営の取組みで多少なりとも成功に関連しそうな要素を見極め、経営陣がそれぞれの状況で参考にできる実践的ガイドラインを紹介していく。また、両利き組織の構想ではそもそも何をしなくてはならないのか。両利きの経営を実行する際にはどのような要素を考慮に入れるべきか、あるいは避けたい大罪は何か、といった内容を取り上げる。

次の第9章では、リーダーの立場で、どのように実行し、組織変革できるかを考察する。両利きの経営をマネジメントして必要な変革を実行するうえで、最も効果的なやり方は何か。何を避けるべきかを取り上げる。そして最後の第10章では、「What」と「How」を組み合わせて、両利きを用いた組織変革について検討したい。

1 両利きの成功事例に見られる共通項

前章までに紹介した両利きの経営の成功事例に共通する点を考えてみると、四つの構成要素が見つかる。どの要素も状況を問わず、両利きの経営でイノベーションを増強促進し、成功させるために必要だと、私たちは考えている。こうした要素がないと両利きの経営に失敗する確率が高まるので、いずれも必要条件だが、十分条件とはいえない。重要なものから順に挙げていこう。

①戦略的意図……探索と深化が必要であることを正当化する明確な戦略的意図には、探索ユニットが競争優位性を築くために利用可能な、組織能力や資産を明確にすることも含まれる。

②経営陣の関与と支援……新規事業の育成と資金供給に経営陣が関与し、監督し、その芽を摘もうとする人々から保護する。
③両利きのアーキテクチャー……新規事業が独自に組織構造面で調整を図れるように、探索ユニットは深化型事業から十分な距離を置き、企業内の成熟部門が持つ重要な資産や組織能力を活用するのに必要な組織的インターフェースを、注意深く設計できるようにする。これには、どの時点で探索ユニットを打ち切るか、組織に再び統合するか、もしくはスピンアウトするかという明確な判断基準も含まれる。
④共通のアイデンティティ……探索ユニットや深化ユニットにまたがって共通のアイデンティティをもたらす、ビジョン、価値観、組織文化。こうしたものがあると、全員を巻き込み、同じチームの仲間だという意識を持つのに役立つ。

このすべてを組み合わせることが、両利き組織をうまく設計するために必要な要素だと私たちは考えている。取組みが順調に進まない場合は、どうやら一つ以上の要素が欠けているようなのだ。そこで、こうした共通項を手短に取り上げ、それが重要である理由に迫ってみたい。

2

戦略的意図——組織能力と資産を活用する

探索と深化を同時に進める難しさを考えると、なぜそんなことをしなくてはならないのかという疑問が生じる。両利きの経営が特に重要になる状況があるのだろうか。両利きの経営はそもそも非効率だ。というのは、新しいアイディアを追求していくが、その多くは実を結ばない可能性がある。しかも、少なくとも短期的には他で使ったほうが財務業績の向上に貢献しそうな、資源や人材を流用するのだ。上級マネジャーが知的に説得力のある根拠を挙げて説明しない限り、近視眼的な圧力によって探索の取組みは損なわれてしまうだろう。

こうした場合の一つのやり方は、企業にとっての戦略的な重要性や、新規事業に競争優位性をもたらす形で既存企業の資産(営業チャネル、製造、共通の技術やプラットフォーム、ブランドなど)を活用するか否かの観点で、選択肢を考えてみることだ。(1)

企業は場合によって、さらに事業を成長させたり、目の前に機会が現れたり、本業を超えた分野に移行しないといけなかったりする。それが戦略的に重要なときも、そうでないときもある。オペレーションに関係するときも、関係しないときもある。中核市場での成長機会が減速して、そうした状況が起こることもある。

図8-1　両利きの経営はいつ必要か

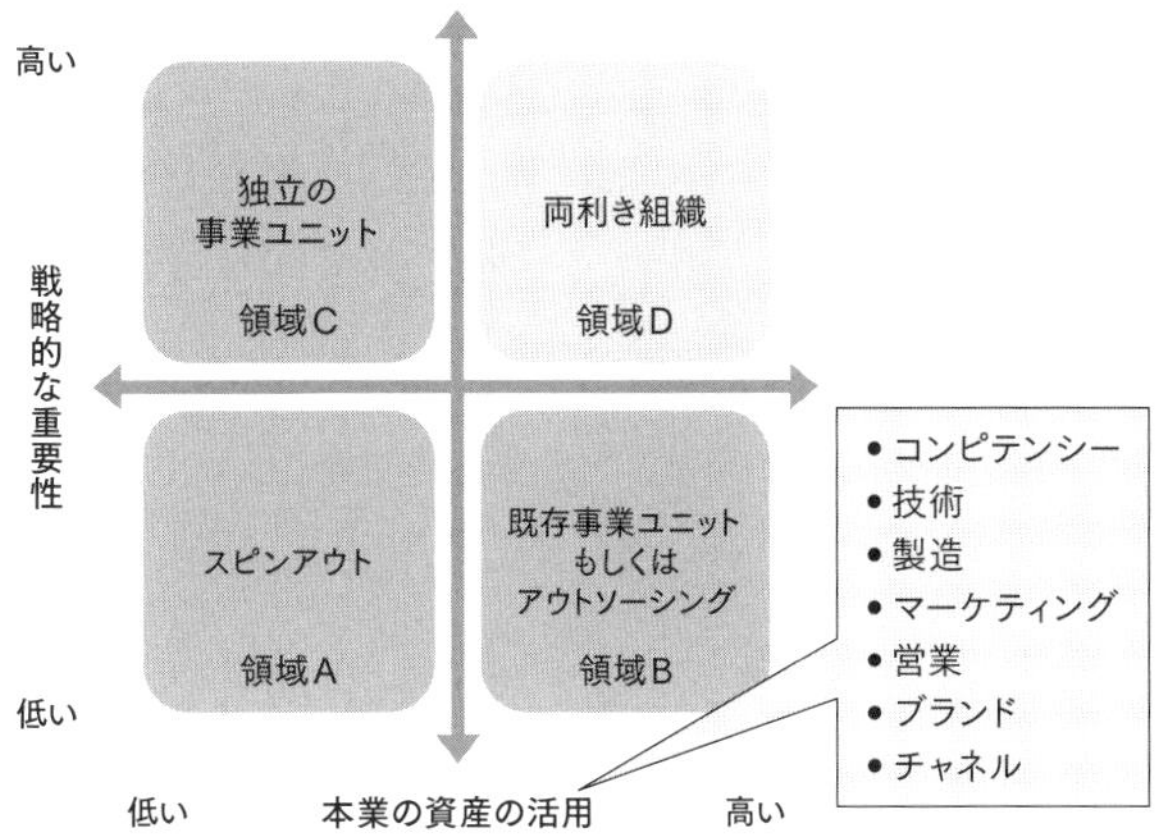

たとえば、ここまでの事例でいうと、SAPはERP事業の成熟が、ウォルマートはスーパーストアの低迷が、AGCはガラス事業がコモディティ化したことがきっかけとなり、成長機会を見出した。同じくインテルはパソコン用半導体チップの需要の落ち込み、新聞はデジタル配信という状況に直面した。

その一方で、企業として新技術を生み出し、既存市場を超えて幅広く応用できる場合もある。アマゾンはクラウド・コンピューティングへと移行し、富士フイルムはファインケミストリー[1]の組織能力を、化粧品や医薬品などの新市場に適用した。その他にも、経営者が既存市場を超えて、もっと大きな機会があることに気づく場合がある。ネッ

［1］付加価値の高い化学製品を多品種・少量生産するための生産技術に関連した化学。

トフリックスの動画配信、ウォルマートのヘルスケア事業の展開などがこれにあたる。

しかし、あらゆる機会が必ずしも効果的であるとは限らない。どれほど素晴らしいアイディアであっても、その企業の強みにならないこともある。前章で述べたように、アイディエーションのプロセスでは、何らかのガードレールを敷かないと、面白くても自社の強みを活かせないアイディアになってしまう。そうだとすれば、どのようなときに両利きの経営をめざす価値があるかについて、リーダーはどう判断すればよいのだろうか。図8－1の四領域のロジックが、この問いに対する一つの方法となる。

◆領域A　戦略的に重要ではなく、オペレーションとの関連性も低い

新しい機会が戦略的に重要ではなく（既存の企業戦略と整合性がない）、既存の資源や組織能力が活かせない場合、機会が存在するからというだけでは、それを追求すべき理由としては説得力がない。こうした場合は、事業をスピンアウトするか、もしくは株式公開して別会社としたほうがよい。

たとえば、コンタクトレンズを手掛けるチバビジョンは、消耗性の眼疾患の治療薬を開発した。ただし、この製品は異なるチャネル（検眼士ではなく眼科医）で販売され、異なる規制当局の認可をとる必要があり、異なる技術（応用材料工学ではなく化学）が関係し、異なる製造プロセスを

採用しなくてはならない。そこで、親会社からこの製品をスピンアウトしたところ、医薬品として成功したのである。

ＩＢＭのＥＢＯプロセスや、サイプレス・セミコンダクターの起業家的プロセスの中で生み出された事業案の一部は、実行可能だが戦略的に重要性はなく、自社の既存の組織能力も十分に活かせないため、ベンチャーキャピタルに売却された。インテルは、このようなタイプのアイディアに外部資金を入れて、将来的にスピンアウトすることを認めている。

◆領域Ｂ　オペレーション面での関連性はあるが、戦略的に重要ではない

これは、新しい機会に対して現状の組織能力を活用できるが、戦略的に重要ではないという状況だ。この場合、自社にとっての価値に応じて、内部化するか外注に出せばよい。

たとえば、パソコンやスマートフォンのメーカーは故障品を修理する組織能力を持っている。これは一部の顧客にとって重要かもしれないが、事業の長期的成功という点では戦略的に重要ではないので、利益率の低い製品の修理はたいてい下請けに出す。社内のスタッフ機能（人事やＩＴなど）の多くはオペレーション面で関係するが、やはり戦略的に重要ではないので、引き続き内部で行うか、パートナーにアウトソーシングするかを選ぶことになる。ポイントは、自社の資産をより生産的に活用できるかどうかだ。

◆領域C　戦略的に重要だが、現状の資産や組織能力が活かせない

ここでの最良の選択肢は、新規事業を独立の事業ユニットとすることかもしれない。これは、ある技術やプロセスを別のものに置き換えてしまう代替品の場合によく見られる。

一九七〇年代、スイス企業のメトラー・トレドは機械式天秤のリーダーだったが、電子天秤が出現し、機械式の技術が代替されることが明らかになった。同社はこの移行に対応するために、電子測定器の需要が伸びてくるまで、二つの独立した製造プロセスを運営した。二つの事業は異なるコンピテンシーや製造プロセスを持った独立部門とし、どちらの製品も扱う営業部門のみを統合したのである。その後、同社は機械式天秤から撤退することができた。

同様の状況は、タイヤメーカーがバイアスプライ・タイヤの製造からラジアルタイヤへ移行した過程にも見ることができる。

ネットフリックスはDVDの郵送レンタルから動画配信へと進化していったので、CEOのリード・ヘイスティングスは、この二つの事業の距離を十分にとり、オペレーションを独立させたほうがよいと判断した。そこで二〇一一四年の後半に、レンタル事業を「クイックスター」として分離することを発表する。オペレーションの観点ではこれはもっともな対応だったが、顧客が反発したために撤回せざるをえなくなった。しかし社内では、この二つの事業は分離さ

れていた。ここでの問題は、新しい機会において既存の組織能力をどのくらい活用できるか、従来の考え方が邪魔しないように、完全に別組織にしたほうがよいか、ということだ。

◆領域D　戦略的に重要で、中核となる組織能力を活かせる

新しい機会が戦略的に重要で、既存の資産やオペレーションの組織能力からの恩恵が得られる場合はどうか。これまでの事例にもあったように、これは両利きの経営の構想が最も必要とされる戦略的状況だ。この場合、探索ユニットをスピンアウトすれば、未来を棒に振り、少なくとも、利用可能な資源を使わないという非効率性を甘んじて受け入れなくてはならない。

これは、ウォルマートが二〇〇〇年にオンライン事業のウォルマート・コムをスピンアウトしたときに得た教訓だが、実験や探索を促すために市場の多様化・選択・維持のプロセスを内部化するだけの余裕のある場合に限られる。小規模な企業は一回の実験に命がけで臨まなくてはならないのが、厳しい市場の摂理である。それに対して、大企業は失敗しても屋台骨が揺らぐことなく、実験を繰り返して学習量を増やすことができる。

アマゾンの事例からわかるように、実験の中には、クラウド・コンピューティングのように重要な事業に発展するものもあれば、規模拡大を果たせないまま中止したり既存事業内に戻されるものもある。

ＩＢＭで戦略担当シニア・バイスプレジデントを務めたブルース・ハレルドが言うように、図８－１の論理に基づく意思決定は、技術的なアップグレードではなく、新規事業の構築であることは指摘しておく価値があるだろう。この意味において、それは新市場で競争優位性を開発するための、既存の資産や組織能力の活用とアラインメントに基づく戦略的な意思決定である。単に既存の製品・サービスの拡張や、非関連多角化ではないし、単なる新しい技術開発でもない。

ボール社が成長を促進するために航空宇宙市場に参入したのは、金属やガラスに関する専門知識が競合他社に対する優位性になったからだ。富士フイルムにしても、ヘルスケア分野への進出は界面化学の専門知識を活用する能力に裏打ちされている。保有する知識が競合他社に対する優位性となったのだ。

図６－１で示した範囲３（未来の成長事業）になりそうかどうかを確かめるには、新しい機会を見極め、実現可能性と適合性についてふるい分けし、実験を行い、スケーリングするか中止する、という反復可能なプロセスが必要となる。ＩＢＭ、シスコ、サイプレス、インテルをはじめ、アナログ・デバイセズやコーニングなどの企業もそうしたプロセスを開発した。たとえばＩＢＭでは、新規事業を担当するリーダーに、以下の重要な問いに答える形で、事業案を作成するよう求めている。

● どのように競争するか。競争優位性があるといえる根拠は何か。
● 顧客は誰か。どのような顧客セグメントを相手にするのか。どのセグメントは対象外か。
● 当社の価値提案は何か。なぜ顧客は当社の製品やサービスを選ぶのか。
● どのように利益を出すか。どこから利益がもたらされるか。
● 内部では何を行うのか。どの活動をアウトソーシングできるのか。
● どのようにして長期的に収益性を守っていくか。自社の優位性は持続可能か。

シスコにも新規事業への参入に際して、同じように新しいアイディアをふるい分けするプロセスがある。そこではVSE(ビジョン、戦略、実行)が重視され、新規事業のリーダーは一定の質問に答える必要がある。たとえば、次のような質問だ。

【ビジョン】
● 対応可能な市場規模はどのくらいか(一〇億ドル以上)。
● 顧客にどのような価値提案をするのか。

【戦略】
● 持続可能で差別化できる商品やサービスは何か。
● 市場の先行きのヒントとなるライトハウス・カスタマー[2]候補は誰か。

- どのようなロードマップで解決を図るか。
- どのようなビジネスモデルか。
- その事業のリーダーとなる経営幹部は誰か。
- どのように事業資金を手当てするか。

【実行】
- 担当する営業部隊が明確になっており、熱心に取り組んでいるか。
- ライトハウス・カスタマーを支援するプロセスがあるか。
- 五年間の損益計画の概要はどうなっているか。

他にも、同様のプロセス(第7章の「アイディエーション、インキュベーション、スケーリング」のロジック)を開発した企業がある。たとえば、半導体メーカーのアナログ・デバイセズのプロセスは、アイディア出しから始まり、実現可能性(プロトタイプ)、資金提供(六～一二カ月)、シリーズAとシリーズBの資金調達ラウンド(複数バージョンのMVP、有効な成長計画)までの五段階を設けている。目標は一億ドルの事業にすることだ。

第5章で取り上げたサイプレス・セミコンダクターも、同じようなスタートアップ型資金提供モデルを用いている。同社の場合、一ページの企画書で競わせて、四〇〇〇万ドル事業に成長させることをめざして最初の資金を投入するのだ。

コーニングでは、別組織を設けて新しい事業機会を見極め、五年間で売上五億ドルを達成できそうな成長プロジェクトを推進している。同社の担当リーダーらが開発したのは、「イノベーションの処方箋」と呼ばれるものだ。段階的プロセスが用いられ、七項目で新規プロジェクトをふるいにかけていく（市場規模はどのくらいか。持続的な差別化ができる根拠は何か。価値提案が明確になっているか、など）[2]。

特定の新製品育成に特化したプロセスを開発している企業もある。たとえばシスコは、残念な結果に終わったカウンシル・アンド・ボードの前にも、スピンアウト・スピンインというプロセスで、既存技術を使って新製品や新事業の開発に取り組んできた。このプロセスでは、関連する自社技術が使える大きな市場（一〇〇億ドル）を見定めた後、社内でエンジニアを探し、彼らを引き抜いて別会社で新製品開発にあたらせ（スピンアウト）、技術と市場に関するマイルストーンを達成すれば買い戻す（スピンイン）。既存組織の中で新製品を開発しようとすれば、激しい抵抗に遭うことが予想されるときに、このアプローチを用いる取り決めになっていた。第7章で紹介したインテルのエマージング・グロース・アンド・インキュベーション・グループ（EGI）も同様のロジックを用いている。

ソニーも近頃、同じようなプロセスを始めた。新製品の構想を持つエンジニアは本社から出

〔2〕市場の先行きを見通すのに役立つ顧客。

て、米国の新規事業ユニットに配属される。この組織はシリコンバレーにあり、大企業（製造技術など）の資源を借りてプロトタイプを開発し、製品を市場に出していく。

細部に違いはあるが、こうした取組みは、それぞれ体系的かつ反復可能な形で新しい事業機会の見極め、実証、拡大をするために設計されたものだ。いずれも、組織にとって、探索や範囲3の取組みを含めた製品のポートフォリオを開発する必要性が明らかに認識されている。

また、どれも完璧とはいえないまでも、既存の資産と組織能力を使って新規事業の成長促進を重視している。それぞれ明らかな戦略的意図を持ち、どのような資産と組織能力を使えば競争優位性につながるかを深く理解するところから始めているのだ。一三の事業ユニットと二二のイノベーションを対象にした実証研究では、イノベーションストリームを促し、成功させるときには、スピンアウトや機能横断型チームなどの代替形態よりも、両利きの形態のほうが比較的効果が大きいという結果が確認された。[3]

3 経営陣の関与と支援

先述の事例から導き出された両利きの経営を実行するための第二の鍵は、資金や支援の供給母体として経営陣がきわめて重要な役割を果たすことだ。上級リーダーが積極的に関与しなければ、探索型の製品やサービスは往々にして邪魔なもの、脅威、資源の浪費と見なされ、成熟事業の足下の需要の犠牲になってしまう。また、安定した資金が手当てされなければ、探索の取組みは必然的に資金不足に陥りやすい。ある新規事業のリーダーは、非常に有望な成長事業でなく、貴重な資源を浪費する「シンクタンク」として同僚から見られていたと報告している。HPでは、スキャナ部門のゼネラルマネジャーであるフィル・ファラシが、新しいポータブル機器のプロジェクトに対して個人的に責任を持つようになるまで、割り当てられた予算が成熟事業に吸い取られ、取組みが停滞していた。

IBMのブルース・ハレルドは、まさに上級リーダーは関与するだけでなく適切な形で監督することや、単に評価するのではなく、新規事業にオーナーシップを持たせなくてはならないと明言している。そういう役割を果たすうえでリーダーは、成熟事業のマネジャーとしてではなく、起業家として行動しなくてはならないというのだ。(4)

対照的に、SAPのビジネス・バイデザイン(ByD)が失敗した原因は、主に経営陣の監督不足にある。主力事業からの要求に対して、プロジェクトに携わっている下位リーダーたちを守らなかったのだ。シスコでは、上級幹部が明確にスポンサーとなり、安定した資金を手当てしなかったので、CEOであるジョン・チェンバースの注意の奪い合いが起こり、多くの新規事業が生き残るために欠かせない支援や注意を受けられないという結果に終わった。

幹部チームが成長プロジェクトのスポンサーになるだけでなく、チーム内で探索と深化はどちらも等しく重要だという合意が形成されていることも大切だ。幹部チームの中で両利きの経営戦略について明らかなコンセンサスがなければ、情報交換が進まず、非生産的な対立が増え、外部の変化への対応力が次第に落ちていく。探索と深化の間でバランスをとるだけでもさじ加減が難しいのに、幹部チームから出されるシグナルにバラツキがあると、それが一層難しくなるのだ。

これをうまく進めていくには、経営陣の報酬制度を変える必要があるかもしれない。たとえば、ＩＢＭではＣＥＯのルイス・ガースナーが、物の見方を統一させようと、幹部チームの報酬を事業部門の業績や財務指標ではなく、全社的な評価基準で決めることにした。幹部チームの報酬が全社ではなく担当事業の業績で決まる場合、長期的視点に立って協力するよりも、単体事業の短期的な成果に終始しがちになるからだ。

一九六五年の創業から二〇〇三年までアナログ・デバイセズでＣＥＯを務めたレイ・ステータは、数々の技術変化の中で同社を引っ張ってきた。そのステータもまた、探索と深化のサブユニット内のインセンティブ（探索では一般的にマイルストーンと売上成長、深化では利益率と利益額が評価対象となる）を調整しなくてはならないが、幹部チームの報酬は全社的な成果で決める必要があることを強調していた。

反対意見が続くのであれば、両利き形態に反対する人々を孤立させたり排除したりする覚悟も、上級リーダーには必要になる。たとえば、USAトゥデイの元社長兼発行人であるトム・カーリーは、ネットワーク戦略のコンセンサスを確保するために、七人の上級マネジャーのうち五人を入れ替えた。チバビジョン社長のグレン・ブラッドリーは、自分のプロジェクトに確実に関与させるために、幹部チームの六〇%を交代させている。着任時の幹部チームをほぼ全員入れ替えたIBMのガースナーは、しっかりと集中させるには「公開処刑」が重要な場合があるという。AGCでは、CEOの島村琢哉をはじめとする上級幹部チームが、新しいビジョンに抵抗するマネジャーを退け、両利きの経営の成功に欠かせない戦略的意図を、絶えず組織に発信した。

4 両利きのアーキテクチャー

第2章と第3章で見てきたように、深化事業を成功させるために必要な組織アラインメントは、探索事業のそれとは全く異なる。スピンアウトと比べた両利き形態の存在意義は、組織として実験を行い、その事業が完全に独立して動く場合には利用できない組織能力を活かせることにある。また、両利き形態であれば、部門にまたがって責任を分散させる機能横断型のチーム設計と違って、新たな事業にしっかりと集中しつつ、大組織の資源を活用する機会を持つことが可能だ。ただし、これをうまく機能させるためには、探索ユニットが独自に整合性を図れるようにしなくてはならない。

たとえば、IBMでライフサイエンスEBOを主導したキャロル・コバックは、他のIBMユニットと違った組織アラインメントを用いて、ライフサイエンス事業の成長を明確に後押しした。フレックス傘下のスタートアップとしてエレメンタムを立ち上げたネーダー・ミハイルは、オペレーションを独立させない限り、決して人材を集めたり、成功に欠かせない組織文化を生み出したりすることはできないと断言する。インテルのEGIでは、責任者となったサジ・ベン・モシェが、大企業とは異なる組織アラインメントや文化をはっきりと奨励していた。IBMとシスコはどちらも経営陣が支援したが、シスコは新規事業を分離させることにあまり熱心ではなかった。多くの場合、人員配置や組織アラインメントを切り離さずに、パートタイムの取組みとして運営しようとしたのだ。

両利きの組織設計に関する調査では、イノベーションに取り組むユニットを構造上、分離させることが一連のイノベーションを成功させる鍵であることが明らかになった。[5] ただし、こうした根拠を踏まえると、構造上の分離は必要だが、両利きの経営の十分条件ではない。探索ユニットは自らアラインメントをとる独立性だけでなく、大組織の資産や組織能力へのアクセスも必要としている。したがって、分離と統合を両立させなくてはならないのだ。図8-2にそ

図8-2　両利き組織の設計

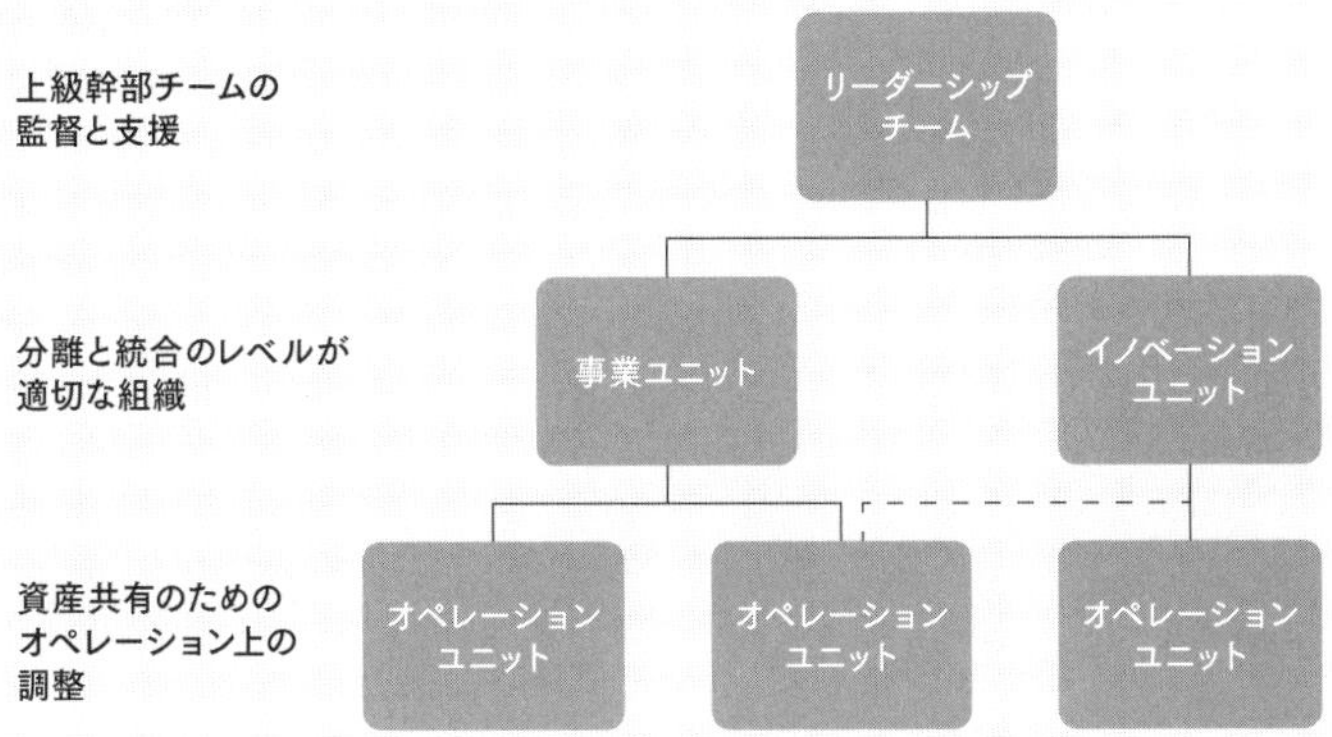

の構造を示している。

構造的にユニットを分離させることは、概念上はシンプルだが、探索を追求していく際に、上級マネジャーが必要な統合をしなかったり、悪くすると、古い事業のシステムや考え方を新規事業に押しつけたりする例が頻繁に見られる。この場合、探索ユニットは十分な資源を得られないまま、成熟事業に圧倒されることになりかねない。

たとえば、「レガシー」事業の要求（財務報告、ITシステム、購買、人事プロセスなど）について妥協を迫られ、それが重荷となるかもしれない。本社スタッフは総じて取引コストを極力抑えようとするものだ。これは成熟事業では妥当な取組みだが、それを強調することは探索事業のニーズに反している。

戦略的レバレッジは、両利き組織を正当化するためにきわめて重要になる。成熟事業の強みをうまく有効活用するためには、新しいユニットを圧倒したり妨害したりすることなく、新ユニットが大組織の資産や組織能力にアクセスしやすい形で、新旧ユニットのニーズが交わる部分を設計し、管理しなくてはならない。

たとえば、IBMのハレルドはEBOプロジェクトのリーダーとして新規事業ユニットと月次会議を開いて進捗状況をモニターし、マイルストーンの達成状況に基づいて資源配分を決めていた。また、成熟事業の支援が得られないときには、必要に応じて介入することもあった。USAトゥデイでは、新聞、オンライン、テレビにニュースを割り当てるために日次の編集会議を活用していた。インテルでEGIチームが大きな事業の資源をタイムリーに利用できるように諮ったのは、月次で開かれるオペレーション・レビュー会議だ。

大切なのは、新規事業の正当性が認められ、成長するにつれて、必要に応じて本体の資源を十分に利用できるようにすることだ。そういう効果的な仕組みがなければ、シスコとSAPで見られたように、探索ユニットは苦戦を強いられ、勢いを失っていく。

最後に、探索ユニットが十分に大きくなり、顧客からも組織内でも正当性が認められ、戦略的に実行可能であることが証明されたならば、既存ユニットに戻して統合してもよい。USAトゥデイでは、ジェフ・ウェバーのドットコム部門が戦略的にうまくいくことがわかり、ジャーナリストたちが徐々にドットコムを脅威ではなく機会だと捉えるようになった段階で、ドットコムのビジネスモデルと関連するアーキテクチャーを総合ニュース部門に組み込むことができた。同じくIBMでも、コバックのライフサイエンスEBOが戦略的に実現可能だと実証されると、当該部門は本業に再編入された(6)。

5

共通のアイデンティティ
――ビジョン、価値観、組織文化

両利きの経営に求められる第四の要素は、探索ユニットと深化ユニットにまたがる共通のアイデンティティだ。資源が共有されるのであれば、多様なユニットが共通の目標を追求し、共通の価値観を持っているのだと確認するのに役に立つ。協力が必要なことを正当化する共通のビジョンがない限り、探索ユニットと深化ユニットは互いに邪魔や脅威と見なす可能性が高い。ビジョンがあれば、従業員は探索において重要な長期的なマインドセットを身につけやすくなる。共通のアイデンティティがない場合、なぜユニット同士が競い合うのではなく互いに協働すべきなのか、という話になってしまう。第4章で見たように、リーダーは探索ユニットと開発ユニットで共通の価値観と異なる文化を併せ持つという微妙なバランスを図る必要がある。

USAトゥデイでは、新聞記者は当初、オンラインのスタッフについて本格的なジャーナリストではなく、わが身を脅かす存在だと見なしていた。一方、オンラインのスタッフは新聞のスタッフは時代遅れだと考えていた。そしてどちらも、テレビニュースのスタッフのことを冗談のような存在として軽視していた。そうした中で、なぜ互いに協力しなければならないというのか。

こうした緊張関係を緩和するために、トム・カーリーは「新聞ではなく、ネットワーク」としてUSAトゥデイの未来を語った。同紙の中心にあった公正さ、正確さ、信頼性という価値観が、新しい組織の価値観になったのだ。具体的な文化規範はユニットごとに異なるが、価値観自体は共通している。

ダヴィータRxのビジネスモデルは、大きな透析サービス事業のそれとはかけ離れていたが、大きな組織のミッションと価値観（卓越したサービス、誠実さ、チームワーク、責任感、継続的な改善、充足感、楽しさなど）は探索型の新規事業にも受け継がれた。こうして全社的なつながりが生じ、資源を共有できるようになったのだ。

AGCとインテルの場合、上級リーダーたちは異なる組織文化を奨励しながらも、常に「ワン・チーム」という考え方を強化している。ここで課題となるのが、十分な距離感をとることだ。それができれば、探索ユニットは独自の組織アラインメントを持ちながらも、共通のアイデンティティを十分に備えて、運命共同体という感覚が生まれる。これは共通のビジョンや価値観と、異なる文化との間の微妙なバランスである。

このバランスを見事に捉えていたのが、アマゾンのジェフ・ベゾスだ。最近のインタビューで、起業家精神を保ちながら大きな事業を運営する秘訣を聞かれたときに、企業文化の重要性を旗印にすることだと、ベゾスは即答している。

「発明と変革をし続け、新しいことを築くアマゾン規模の企業は、文化を持つ必要がある。（中略）ワクワクしながら実験し、実験に報いる文化で、失敗につながりそうだという事実さえも受け入れる。（中略）長期志向もその一部となっている。この四半期に何もかもに取り組まなければならないとすれば、それは定義上、たいして実験するつもりがないということだ（7）」

ベゾスの見解によると、アマゾンの共通の文化規範は、飽くなき顧客重視、実験への積極性、倹約、政治的な行動をしない、長期的な視点などである。これらは、完全に異なるユニットにまたがって、社内の人々を結束させるのに役立つ。ただし、各ユニット内でのこれらの意味合いは、かなり違っていることもある。アマゾン配送センターでの実験は漸進型改善と効率性の向上が中心だが、開発を担当するラボ126における実験は、顧客の買い物経験を向上させる新しいハードウェアを考案することだ。

ここまで見てきたように、両利きの組織では、成熟事業と新規事業の文化にいくつかの側面で違いがあることも必要だが、事業横断的に共通のアイデンティティをもたらす共通の価値観や規範もまた必要になる。これは一見すると逆説的だが、それが成り立つメカニズムを解明しようとする研究も近年行われている。

あるハイテク企業の研究によると、順応性を重視する企業は、成長率、トービンのq[3]、従業員の士気、アナリストの買い評価などが高くなり、『フォーチュン』誌で「革新的な企業」として評価されていたという[8]。この研究ではさらに、従業員が柔軟で、機会をすぐに活用し、主体的で、それほど予測にこだわらないと考えている場合、企業業績が良好になったという。

ここでデリケートに扱いたいのが、成熟事業における順応性が意味するものと、探索事業のそれとの間に大きな違いがある点だ。成熟事業で重視されるのは漸進型の改善だが、探索事業ではむしろ大きな飛躍が重視される。具体的な行動の観点で、その価値観が表すことがユニットごとに違うとしても、共通の価値観があれば、共通のアイデンティティがもたらされる。

このように、組織全体の共通の価値観は共通のアイデンティティとなる。つまり、何が重要であるかをめぐって、全員が同一の基本的な考えを共有しているということだ。一部の価値観や関連する行動は全社的に共有されるが（誠実さ、人間尊重、チームワーク、責任感など）、別の価値観が求められる規範や振る舞い（プロジェクト、顧客志向、イノベーション、リスクのとり方など）については、事業ごとに異なる組織アラインメントが求められる可能性がある。

両利きの経営で要求されるのは、リーダーがこうした違いを育んでいくことだ。組織文化が重荷になりうるのは、非常に限られた規範に頑なに執着しているときに限られる。

6

なぜ四つの要素が必要なのか

これまで説明してきた四つの要素には、組織がうまく両利きになれる状況が集約されている。明確な戦略的意図、経営陣の保護や支援、対象を絞って統合された適切な組織アーキテクチャー、共通のアイデンティティが揃わなければ、両利きの経営を成功させるのは難しい。この一連の要因が補完し合うことにより、深化に伴って慣性の力が働きやすい背景の中で探索を根づかせることができる。

なぜこの四つが必須要素かというと、どれか一つでも欠けたら、両利きの経営の結果がどうなるかを考えてみればよい。たとえば、新規事業に競争優位性を与える重要な組織能力が明確でなく、第7章で言及した「実験動物園」のようであれば、企業は比較優位を持たずに事業や市場に入っていくことになる（たとえば、HPがデジタル腕時計を、シスコがテレビのセットトップボックスを売ろうとする場合がそうだ）。

先行研究では、こうした取組みはよく非関連多角化と呼ばれ、一般的に株主や企業に対して

［3］自社の市場での株式総額を資本の再取得価格で割った値。

付加価値を生まないとされてきた。このような状況下では、大組織が小さな競合他社よりも特に優位性を持つことはなく、規模が災いして動きが遅くなり、実際には不利になってしまうこともある。さらに、リーダーたちが両利きの経営を追求する際に、探索活動に関して自分の頭で納得できる論拠をはっきりと説明できなければ、社内の他の人たちは積極的に探索型の新規事業に協力したり必要な支援を提供したりすることはないだろう。

上級マネジャー（おそらくCEO）の明確な関与や監督が欠けている場合にも、両利きになるための取組みは失敗しやすい。特にその企業が好調であれば、成熟事業の構造、評価基準、報酬制度が、経営陣の言動を決める強力な決定要因となり、ほとんどのマネジャーは短期目標に専念するだろう。上級リーダーが介入しなければ、いくら「長期的に考えよう」と奨励しても、持続的な長期の取組みにはつながりそうもない。

組織論の研究で有名なジェームズ・マーチが指摘するように、探索の見返りは常に、短期の見返りよりも不確実で遠くにある。(9) 両利きのユニットが成功するためには、こうした圧力を強く跳ね返す力を持たなくてはならないのだ。

両利きのアーキテクチャーを持たないまま探索事業を推進するのがどれほど難しいことか、考えてみてほしい。HPでポータブル事業が当初失敗した理由は、新規事業を分離しなかったからだ。SAPの事例に見られるように、機能型組織に埋め込まれたプロジェクトチームで両利きの経営をめざしても、チームは政治的・文化的な抵抗に遭う確率が高い。必要な組織アラインメントを持てるのは、探索ユニットを分離したときに限られ、機能横断型チームやプロジェクトチームではうまくいかない。

最後に、探索ユニットと深化ユニットにまたがる共通のアイデンティティがなかった場合はどうだろうか。その際には、探索型の新規事業は無関係なもの（たとえば、邪魔なもの、お遊び、貴重な資源の浪費）、あるいは、脅威（たとえば、自社らしくない、競合品）と見なされる。こうした捉え方は協力を阻み、探索事業が成功に必要な資産や組織能力にアクセスする力を弱めてしまう。

全体として、私たちの経験上、両利きの経営ではこの四要素が重要である。もしこれらが欠けていれば、どれほど善意あふれる支援者がいようとも、より大きな組織が持つ慣性の力によって探索的な取組みはことごとくつぶされてしまうだろう。とはいえ、こうした構成要素が揃っていれば成功が保証されるわけでもない。

研究結果によると、より多くの資源を持ち、激しい競争にさらされている企業にとって、両利きの経営が特に役立つのは、不確実な状況（たとえば、市場と技術が変化している状況）に置かれているときだ。また、製造業よりも技術系企業のほうが、両利きの経営の重要性が高い。さらに、ほとんどの事業は探索への投資が不十分なことを示す証拠もある。(10) 第9章と第10章でも示すように、両利きの経営を成功させることは、紛れもなくリーダーシップ課題なのである。

Leaders (and Their Teams) as Linchpins

第9章

両利きをドライブさせるリーダーシップと幹部チーム

「頭の中で相反する二つの考えを同時に持ち、なおかつ、その機能を維持することができるかどうかが、第一級の知性を占う試金石となる」

――F・スコット・フィッツジェラルド

9 本章のポイント

by Iriyama

本書の最大の特徴ともいえる、両利きのリーダーシップを取り上げ、五つのポイントを抽出している。さまざまなリーダーが登場し、人間くさい場面も描かれている。リーダーが、いかに探索と深化という矛盾を内包しつつ組織をドライブしていくかが、両利きの経営の実現の鍵となることがわかるはずだ。

Keyword

- □ リーダーシップの５原則
- □ 戦略的抱負
- □ 「一貫して矛盾する」リーダーシップ
- □ 幹部チームの皮肉

両利きの経営が提起するのは、成功している組織の多くが、変化に直面するとそれまでの成功を維持できないという、手強いリーダーシップ上の課題である。どうも成功という暴君によって、過去にとらわれてしまう企業が多いようだ。

ほとんどのリーダーはイノベーションの重要性を理解しているが、往々にして既存の組織能力の深化と、新しい事業領域の探索という二つの課題には対処しきれていないように見える。それを物語るのが、冒頭の小説家のF・スコット・フィッツジェラルドの言葉だ。明らかに、知っていることは行うことと同義ではない。

これまでの章で見てきたように、（ブロックバスターやコダックなど）多くの組織がこれらの変革で苦戦しているが、（ネットフリックスや富士フイルムなど）そうでない組織もあった。この病状は本質的に、基本的なリーダーシップと幹部チームの課題であり、それを解決することは奥深いリーダーシップの機会といえる。相反するアイディアに対処しつつ、行動に移す能力こそが、組織刷新をうまくできるかどうかの分かれ目となる。

この章では、組織アラインメント、イノベーションストリーム、両利きの経営についてこれまで指摘してきたことをいくつか取り上げてみたい。特に、ここまでの章では両利きの経営を成功させる条件に注目し、四つの構造上の必須課題について探ったが、その実践方法には触れてこなかった。その部分にスポットを当てて、探索と深化の両立に伴う矛盾をどう扱えばよいかを解説していく。

また、両利きの経営をうまく推進しているリーダー／幹部チームとそうではないリーダー／幹部チームとを対比させながら、五つのリーダーシップ原則を紹介する。リーダーにとって両利きの経営を主導することは難題だが、時間をかけてその方法を学ぶことができる。リーダーが自分や幹部チームを刷新できなければ、組織は停滞し、第2章に挙げたサクセストラップに陥るか、経営陣の総入れ替えにつながる可能性が高い。経営陣の刷新と組織の刷新には明確な関連性がある。

最初に、両利きの組織の実践を試みているリーダーの事例を取り上げよう。これから見ていくように、他の人々と比べて、うまくやってのけるリーダーもいる。さまざまな事例を参考にしながら、私たちが見つけた、両利きの経営の成功と失敗にかかわるリーダーシップの原則は次のとおりだ。

①心に訴えかける戦略的抱負(ありたい姿)を示して、幹部チームを巻き込む。

……

②どこに探索と深化との緊張関係を持たせるか、明確に選定する。
③幹部チーム間の対立を避けて通るのではなく、向き合う。
④意図的にユニットごとに異なる基準を課して「一貫して矛盾する」リーダーシップ行動を実践する。
⑤探索事業と深化事業に関する議論や意思決定の実践に時間を割く。

まずはリーダーシップの例として、組織の中で両利きの経営という様式を効果的に実行できなかった二人のリーダーに注目しよう。ハヴァス・ワールドワイドCEOのデイビッド・ジョーンズと、NASA宇宙ライフサイエンス局ディレクターのジェフ・デービスだ。ハヴァスは年商二六億ドルのフランスの広告会社であり、クラウドソーシング・メディアがもたらす破壊に直面した。この二人の経験を通じて、探索と深化の重要性を理解しているリーダーでさえ、イノベーションストリームを推進できる組織構築の難しさを助長してしまうことがわかる。

1

困難な状況に加担するリーダー

◆ハヴァスのデイビッド・ジョーンズの場合

二〇一三年一月、ハヴァスは世界中に一万五〇〇〇人の専門家を擁する世界第六位の広告大手だった。二〇一一年以降、同社グローバル統轄CEOを務めてきたジョーンズは、自社の優れたクリエイティブとメディア関連業務(既存の強み)をクラウドソーシング技術(迫り来る破壊的脅威)と組み合わせて、ハヴァスと業界全体を変革したいという野望を持っていた。ハヴァスは競合のWPP、インターパブリック、ピュブリシスと比べて収益性が高く、比較的小規模だ。そのため、この変革に率先して取り組む絶好の立場にあると、ジョーンズは感じていた。

ハヴァスの既存の広告事業では、もっぱらクリエイティブ人材を雇用し、権限移譲してきた。こうした人材は、クライアントが抱える問題を踏まえて広範な解決策を考え、クライアントに選択肢を提供する。その後、ハヴァスがキャンペーンを企画し、展開していく。このプロセスの肝は、クリエイティブ人材とクライアントとの間の人間関係にあった。

こうした従来の広告プロセスに徹底的に対抗したのが、ビクターズ・アンド・スポイルズ

（V&S）という小さな広告代理店だった。V&Sは二〇〇九年に、業界で初めてクリエイティブの作成にクラウドソーシングを導入した。通常はV&Sのウェブサイトでクリエイティブのアイディアを募集し、（総広告費用に固定比率を適用するのではなく）作品が採用されたときにだけクライアントに課金する。

V&SのCEOであるジョン・ウィンザーは、必要に応じてアイディアを募れば、品質を落とすことなく、広告費用を一〇分の一から三分の一ほど減らせると感じていた。さらに、クラウドソーシングを使ったキャンペーンであれば、ブランドと顧客との関係が一層緊密になるとも確信していた。

ハヴァスは二〇一二年、ジョーンズの企業変革戦略の一環として、V&S（および他のデジタル関連三社）を買収した。ウィンザーはV&SのCEOの座にとどまったまま、ハヴァスの最高イノベーション責任者を兼務することになった。ウィンザーはハヴァスの変革の「切り込み役」を務めるつもりだった。

二〇一三年一月、ジョーンズはハヴァスのデジタル変革を勢いづかせようと思い、パリで開かれた全社的な「迅速な変革」会議で上級リーダーたちに会った。ところが、会議ではデジタル革命とウィンザーの新しい任務を華々しく取り上げたにもかかわらず、実際にはデジタルよりもハヴァスのクリエイティブチームの作品を褒めそやすことに関心が向けられていた。ジョーンズが働きかけた甲斐もなく、世界中の拠点のリーダーたちは、相変わらず従来型の広告やメディア、自国の課題にかまけていた。グローバルリーダーシップ・チームはその間ずっとクリエイティブチームと一緒に表向きにも秘密裏にも抵抗し、ジョーンズのデジタルプロジェクトを抑え込んだ。

二〇一三年のクリスマスの頃には、ジョーンズは他に活躍の場を求めてハヴァスを去っていた。[1] ハヴァス内で悪戦苦闘していたウィンザーも二〇一六年に退社し、V&Sは二〇一八年に閉鎖された。ハヴァス自体も伝統的な広告とともに、クラウドベースのクリエイティブや戦略を組み合わせることで、競合他社を大きく飛び越えることはできなかった。

ジョーンズには、ハヴァスと広告産業を変革するための素晴らしい戦略があり、取締役会も協力的だった。しかし彼は、この変革の取組みに幹部チームを関与させず、中間管理職層を巻き込むこともできなかった。その代わりに、クラウドソーシングを用いたコンテンツに関する実行を、各国の担当マネジャーとウィンザーに一任したのである。各国の担当マネジャーはこの新しいビジネスモデルに無関心で、ウィンザーが働きかけても、おおむね無視した。ジョーンズは決して幹部チームを刷新することも、彼らに変革の説明責任を求めることもなかった。

両利きの設計のリーダーシップをただ誰かに任せるだけでは、明らかに不十分である。現状維持に凝り固まっている部隊があまりにも多い。過去を踏まえつつ新しい未来を創出できる組織をつくるには、リーダーは個人的にも積極的に関与しなくてはならない。ハヴァスはアイディエーションとインキュベーションは極めていたが、スケーリングに失敗したのである。

◆NASAのジェフ・デービスの場合

NASA宇宙ライフサイエンス局ディレクターのデービスが直面したリーダーシップ課題もそれと似ている。二〇〇七〜一一年に、デービスはNASAの同僚や請負業者とともに、予算が大幅に削られる中でも、宇宙ライフサイエンス研究を続ける方法を探していた。自分の配下にいる科学者や技術者など一〇〇〇人のプロフェッショナル人材は、クラウドソーシングで集めたアイディアやソリューションでそれぞれの技術力を補うことができる。オープンイノベーションは、はるかに効率的な研究方法だと、デービスは考えていた[(2)]。

デービスはこの新しい手法を調査する研究部門を別途つくるのではなく、この「ツール」をすぐさま研究所全体に一斉導入することにした。プロジェクトでは、科学者や技術者がウェブを使って、参加するコミュニティに各自の技術課題を共有してもらう。コミュニティの参加者はNASAの課題の解決に取り組むことで、ささやかな賞金(一万ドルなど)がもらえる機会となる。提案された解決策の大多数は質が低かったが、いくつか非常に素晴らしいものもあった。しかも、それを考え出すために要したのは、ほんの数カ月である。

オープンソースでの問題解決の効果は明らかだった。オープンソースに挑戦することで成果が桁違いに上がったり、コストが削減されたりすることもある[(3)]。しかし、デービスは四年にわたってワークショップ、客員研究員の講義、データ収集、パイロットプロジェクト、変革マネジメントの活動を行ったが、コミュニティ同様、ほとんど前進していなかった。実際に、オープンイノベーションの成功事例をまとめようとしたワークショップでは、最も優秀な科学者や外部の請負業者がきわめて強い拒否反応を示したのだ。

その様子を見て、デービスと幹部チームは愕然とした。コスト削減と研究効果の向上が一度に見込めるパワフルな研究手法が拒絶されたのは驚きである。ハヴァスのジョーンズのように、これほど明白なデータと切迫したニーズがあれば、新しい研究手法をコミュニティが受け入れるだろうと、デービスは高をくくっていたのだ。

デービスの理解が及ばなかったのは、オープンイノベーションが基本的に、科学者や技術者のこれまでの組織能力やアイデンティティに対する挑戦となることについてだ。彼は合理的なやり方で変革を導こうとしたが、それは根本的に新しい組織能力の獲得とプロフェッショナルとしてのアイデンティティの変更を迫るものであり、感情面で反発を招いたのである。

さらに、ハヴァスのジョーンズと同じく、デービスは新しい手法を採用する組織を分けたり、両利きの経営のできる幹部チームをつくったりしないまま、既存の組織内で一連の変革を実行しようとしていた。

オープンイノベーションに絡むアイデンティティ、感情、文化面の脅威について理解すると、デービスはこれまでのように「これは機会だ」と力説するやり方を変えた。オープンイノベーションは既存の研究手法を「補完するもの」であり、「可能な限り最善のやり方で『宇宙空間で宇宙飛行士の安全を守る』解決策を見つける」という自部門のありたい姿とも一致する、単なる別の調査「ツール」として示すようにしたのだ。

二〇一四年に、デービスは協働的イノベーションのために別のオフィスを設けた。この新しいフレームワーク、構造、アイデンティティと文化に対する注意はすべて、デービスの管轄組織で最終的にオープンイノベーションを採用するためのものだ。デービスと彼の同僚はNASAで変革を導く方法を学んだ。この継続的な変革は非常に成功し、二〇二〇年までにNASA全体で少なくとも六つのオープンイノベーションの取組みが行われた。ハヴァスのジョーンズとNASAのデービスが直面したリーダーシップ課題は、先述したポラロイド、ブロックバスター、バーンズ・アンド・ノーブルのリーダーたちが遭遇した課題と同じである。

2 探索事業と深化事業を牽引する

ここからは、両利きの経営をうまくリードしているマネジャーの例に移ろう。マイシス（現フィナストラ）、BT、ゼンサー・テクノロジーズが両利きの経営を行ったときに用いられたリーダーシップ行動、実践、戦略について解説したい。

◆マイシス——一貫して矛盾する

二〇〇八年後半の不況時には、CEOたちはコスト圧力にさらされた。世界的なソフトウェアとITサービス企業であるマイシスのCEOで、IT産業での経験が長いマイク・ローリーも、そうしたプレッシャーをひしひしと感じていた。一年半かけてようやく金融サービスとヘルスケアの部門を立て直したばかりだ。それが今、金融サービス部門はまたしても激震に見舞われ、ヘルスケア分野における重要な買収計画も混迷を極めていた。

ローリーは配下の上級幹部たちに、この不確実性のただ中で、コスト管理の行動計画を作成するというミッションを与えた。景気低迷の中でも安定した利益を確保するため、最終的に八〇〇〇万ドルのコスト削減を求めたのだ。

提出された計画書の中で一番上に挙がっていたのは、マイシス・オープンソース・システムに対する年間三〇〇〇万ドルの投資を削ること——ローリーがCEOに就任して数カ月以内につくった小さな探索事業ユニットだ。ソフトウェア産業では、オープンソースが深刻な破壊的脅威として出現していることをローリーは知っていた。より多くの選択肢や柔軟性を顧客に与えるオープンソースは、ソフトウェア産業の利益を脅かしつつあった。

ローリーはこのトレンドの先頭に立ち、破壊者になる機会にしたいと思っていたが、足下の幹部チームは、経費削減と同時に差し迫った危機をやり過ごすことしか頭にない。これはローリーからすれば想定内だった。「みんなが以前からこの事業をつぶそうとしてきた。この邪魔な事業をしている余裕はないと弁明するために、私のオフィスに四回もやって来たメンバーもいた」

ローリーは探索ユニットを立ち上げるために、IBM出身でオープンソース推進派のボブ・バセルムズを雇い入れ、年間三〇〇万ドルの予算を与えた。唯一課した条件は、三年以内に損益分岐点に達することだ。バセルムズはこの目標を達成するために、マイシスの中核サービスの隣接分野であるカーボン・クレジット取引と医療情報交換[1]の二つに特化することにした。同ユニットの商用オープンソース製品には、ソフトウェアのライセンス供与とサービス提供で収益を上げるモデルではなく、別のビジネスモデルを採用する。そのため、バセルムズが考え出したことは何であれ、マイシスにとって新しいイノベーションの組織能力であり、新しいビジネスモデルだった。

対照的に、マイシスの本業である銀行、証券、ヘルスケア分野向けのソフトウェアおよびサービスでは、全く異なる様相を呈していた。これらの事業ユニットでは、広範な製品・サー

［1］患者の医療情報をデジタル化して、医療機関などの間で共有する仕組み。

ビスのポートフォリオ全体で、品質上の欠陥を見つけ出しては解決するという骨の折れる仕事に着手してきた。厳格な業績改善手法を用い、細かな規律を定め、製品の品質問題を追跡し、アフターサービスを行うことに全力を傾けていたのだ。

それでも、顧客が抱える問題は手つかずのまま山積しており、全チームが一丸となって顧客の目で自社ブランドを見直す課題に取り組んでいた。それに逆行するようなオープンソース・チームに対して、反感は増すばかりだった。探索での自由度は、ローリーが本業に導入したハード主体の業績という組織文化とは真逆である。

このような軋轢にもかかわらず、マイシス・オープンソース・システムの打ち切りについて、ローリーは全く受けつけなかった。彼はすでに二年にわたって本業の強硬派たちを遠ざけてきた。たとえ配下のチームに取り囲まれて探索ユニットをつぶせと迫られても、オープンソースの予算削減を拒んだ。

オープンソースが引き起こす緊張状況を、ローリーは歓迎していた。彼の考えでは、短期的に業績を上げるとともに、長期的な選択肢を持つことも大切だ。ヘルスケアシステムで勝者となるのは、オープンソースのサービスだと信じていた彼は、この急成長市場でシェアを高めるための選択肢を求めていた。

ローリーが望んでいたのは、二つの領域を同時に手掛けることだった。その領域とは、グループ企業のオールスクリプツ事業を通じた主流の電子医療記録と、医療情報交換を通じたオープンソース・システムである。対照的な事業ユニットの間で財務や顧客に関するレバレッジが利く。また、組織を分けて、トップが目に見える形で強引に統合を図らない限り、この両利きの経営の構想はうまくいかないことも承知していた。

このような設計にしたのは、オープンソース製品の独立性を守るためである。同製品は全国の医療システムの改善で重要な役割を果たし、医療機関が継ぎ目なくデータを交換できるようになると、ローリーは期待をかけていた。この二つの製品を担当する組織間で少し距離を保っていれば、オープンソース・システムは、オールスクリプツや他の競合サービスなどと対等に競争することができる。

オープンソース・システムが一対一の競争で勝利を収めるようになると、役員室は緊迫した雰囲気になった。オールスクリプツ事業のCEOであるグレン・トゥルマンは、自分が手掛ける専用ソフトウェアで優位に立ちたいと思っており、オープンソース・システムを直接の脅威と見ていた(実際にそうだった)。

それでもローリーは譲らず、自分の戦略は実り多きものだと捉えていた。オールスクリプツの年間売上成長率は三〇％以上に大きく上昇したが、マイシスのオープンソースも、有力な取引先との契約件数がますます伸びていた。こうした契約を結ぶことで、候補となる病院、医師、保険会社はいずれも重要な医療情報の閲覧や交換ができるようになる。それと同時に、オープンソース・システムはマイシスの他の事業部門にも影響を与えていた。銀行向けの新商品は大規模オープンソースの要素を備え、マイシスのウェブサイトは完全にオープンソースとなっていたのだ。

オールスクリプツも最終的に、この新しい組織能力に戦略的価値を見出し、自らの事業ユニットにも取り込み始めた。マイシスのエグゼクティブ・バイスプレジデントたちは、オープンソースが想定していたような腹立たしい資源の消耗ではなく、マイシスの長期的未来を確保するために不可欠な実験だと認めたのである。

幹部チームの激しい抵抗に遭っても、ローリーはマイシス・オープンソース・システムで新しいビジネスモデルと新しい組織能力の実験を進めながら、伝統的なソフトウェア事業でコスト削減と効率性をめざすという一見矛盾した戦略を明快に説明することができた。そして、オープンソース事業に勢いが出るまで、探索と深化の間の緊張関係にも耐え続けた。彼は構造的に分離させたユニットのために時間をとり、意思決定のやり方も変えることで、一貫して矛盾した状態でいられたのだ。

マイシス・オープンソース・システムがうまくいくことが証明されると、ようやくオープンソースの組織能力が各事業にとって脅威ではなく機会になると理解する既存ユニットが増えていった。その後、配下のチームに任せれば、自分事として探索と深化に取り組んでもらえるようになった。

◆BTのベン・ヴェヴァイエン――リーダーシップスタイルの刷新

次に、歴史ある大組織で両利きの経営と変革を推進したリーダーの事例を挙げて、両利きの経営のマネジメントにおける対照的なリーダーシップスタイルを見ていこう。こうした際には、心に訴えかける志を掲げて、会社を巻き込んでいくことも大事になる。

二〇〇二年にベン・ヴェヴァイエンはBTのCEOに就任した。オランダ出身で当時五一歳だった彼は、BTの同僚たちに言わせると「自然児」だ。BTをブロードバンドの会社に転換させるために、ルーセント・テクノロジーズから引き抜かれた彼は早速、派閥争いや社内政治でがんじがらめの組織に足を踏み入れることになった。

BTは以前から個人客にとってインターネットが意味することに理解を示さず、家庭でブロードバンドやDSL（デジタル加入者線）を使えるようにするために多額の投資を行うことを拒んできた。その結果、英国は国際的にもDSLで出遅れてしまい、消費者市場への普及状況でエストニアの下位に甘んじることになる。BTは電話通信という一つの課題に全力を注ぎ、新たに浮上してきたトレンドを顧みなかったため、現状が脅かされるようになったのだ。BTの二五人の経営委員会のメンバーは、縦割りの断片化された幹部チームだった。これまでそれぞれの担当の事業部門を超えて仕事をしたことはない。

こうした断片化の影響で、BTはブロードバンドの世界で競合する製品ユニットを二つ立ち上げたが、どちらも資金不足の状態にあった。全社的な目標や権限もないまま、二つのユニットは公然と顧客を奪い合い、市場に対して矛盾したアプローチをとっていたのだ。この新ユニットが引き起こした対立について、経営委員会が公に議論したことはない。イノベーションと監督は下位のマネジャーに任せきりだった。(4)

ヴェヴァイエンはこのやっかいな状況について調査し、二〇〇三年にブロードバンドを最優先課題に設定した。そして、社内の同僚たちを飛び越えて部門横断型戦略を進める最高ブロードバンド責任者として抜擢したのが、皆から一目置かれる事業部門リーダーのアリソン・リッチーである。

ヴェヴァイエンは幹部チームの名前を、その役割に合わせて運営委員会に変え、サイズを縮小し、リッチーと主要オペレーション部門のリーダー六人のグループとした。ヴェヴァイエンとこの新チームは、ＢＴのブロードバンド戦略を設定し、みんなが感情移入できるようなありたい姿(「完全にあなたの世界をつなぎます」)を示し、顧客サービスと感情に焦点を合わせたＢＴの新しい組織文化(親切、信頼感、刺激的、思いやりの心など)をつくっていった。

事業の境界線を越えて協力しない限り、ブロードバンド事業は成長できない。ヴェヴァイエンにはそれがわかっていたので、トップチームの報酬制度に協力的行動という項目を入れ、事業横断的な統合活動を促進した。また、新しいチーム内の協働を促すため、外部のファシリテーターを起用し、互いの課題を議論して一緒に問題解決を図れるように支援している。さらに、ヴェヴァイエン自身も個人的にフィードバックやコーチングを受け、評価内容を踏まえて行動することで、自分のリーダーシップスタイルをより受容的で協力的なものへと変えようとしたのだ。

ＢＴがブロードバンドの探索だけでなく、既存事業の深化も実行できるように、ヴェヴァイエンとリッチーは、全社横断で戦略的舵取りや作業を行うグループを新設した。作業チームは部門横断的に協力し、スキルを実践する組織能力を構築する必要がある。そこで、全社的な問題解決、組織文化、リーダーシップ、変革の実行を学べるように戦略的行動ワークショップを始めた。リッチーはブロードバンドの勢いを保つために、ヴェヴァイエンの情熱や熱量をうまく活用した。

こうして、幹部チームと部門横断の作業グループは一緒に踊ることを学んでいった。このトップダウンとボトムアップの変革戦略は、ＢＴの社内革命に発展した。二〇〇五年には、ＢＴのブロードバンド加入者は五〇〇万人となり、英国の人口の九〇％以上が利用できるようになった。

この目覚ましいＢＴの変革を後押ししたのは、明確なブロードバンド戦略や、事業間の協力や顧客満足を重視する文化面への移行とともに、心に訴えかけて人々を奮い立たせる志に、ヴェヴァイエン自身が注意を向けたことにある。変革を牽引するにあたり、ヴェヴァイエンは自身のリーダーシップスタイルを刷新すると同時に、幹部チームの組織能力と意思決定プロセスも再構築した。幹部チームや部門横断型ブロードバンドの作業グループは組織能力を習得し、既存事業とブロードバンドの探索という対照的な事業の要件を評価し、対応できるようになったのだ。

◆ゼンサー・テクノロジーズのナタラジャン――懐疑的な幹部チームから庇護する

最後に紹介するのは、ゼンサー・テクノロジーズCEOのガネシュ・ナタラジャンだ。同社は、インドで上位二五社に入るビジネスプロセス・アウトソーシング（BPO）大手で、フォーチュン500のうち三〇〇社にサービスを提供している。(5)

二〇〇五年の段階で、同社の事業は成長していたが、抜本的なソフトウェアのプロセス・イノベーションとなりそうなSBP（ソリューション・ブループリント）を実装する機会を見つけた。ソフトウェアの開発コストが二五％以上削減されるのと同時に、品質や適時性も向上するので、SBPは戦略的に大いに有望だ。

ナタラジャンの見立てでは、SBPは革命的なソフトウェア開発の手法である。これを使えば、クライアントとの協力関係が増し、製品開発のフレームワークがさらに効率的になり、新規クライアントの開拓につながる別の営業プロセスが採用できるだろう。このようなイノベーションは、ゼンサーが評判の高いティア3（三次下請け）会社から、「望ましいティア2のサプライヤー」へと移行するための推進力となるかもしれない。

ところが、ゼンサーの既存顧客、幹部チーム、営業部隊、製品開発スタッフによるSBPの受け止め方はそれほど熱狂的ではなかった。マイシスのローリーのチームやBTのヴェヴァイエンのチームと同じく、ナタラジャンの幹部チームや事業ユニットのリーダーたちは、今現在の事業に忙殺され、ビジネスモデルの変更が求められるアプローチを探索する必要性をほとんど感じていなかったのだ。ナタラジャンが彼らに新しいソフトウェア開発の手法を探索するように迫ると、数人の上級マネジャーは、SBPをただ既存の事業に組み込めばよいと提案した。この他、SBPを新規事業として分社化してほしいとする声も上がった。

対照的に、SBPプロジェクトのリーダーが望んだのは、自分の事業ユニットをCEO直属にすることだった。この起業家精神あふれるリーダーは、その優れた技術力で知られていたが、経営スキルで一目置かれたことはない。そういう人物がナタラジャンの幹部チームに加わるという案は、マネジャー間で物議を醸した。ナタラジャンはこの難題をじっくりと考えてみた。確かに自社はSBPを追求すべきであるし、幹部チーム内でこの探索活動の戦略的重要性をめぐって意見が分かれている。

ナタラジャンは、SBPをCEO直属の別ユニットのままにしておくことに決めた。この探索ユニットは、起業家精神あふれるリーダーが率いる独自の統合型組織とする。幹部チーム内で戦略上や性格上の違いがあるので、既存の事業部門とSBPユニット間の対立や、相互依存関係が生じそうなポイントについては、ナタラジャンが個人的に対処した。こうして、既存ユニットには規律を守らせつつ、SBPはより起業家的な形で引っ張ることができた。

SBPユニットはゼンサーのために速やかに新規顧客を獲得し、規模を拡大していったが、ナタラジャンはその間を通じて懐疑的な幹部チームのメンバーからSBPユニットの庇護に努めた。そして一年半が経ち、技術の進展や顧客の増加によって、SBPが無視できないほどの成功を収め、戦略的にも顧客面でも正当性を示せるようになった段階で、SBPはゼンサーの製品や産業組織の中にSBPを再統合した。それに伴い、SBPの起業家精神あふれるリーダーは、新しい会社を立ち上げるためにゼンサーを辞めていった。

3 両利きの組織を導く
——本業と探索事業のバランスをとる

ここでは、これまでの章で見てきたリーダーたちの事例を参考にしながら、両利きの組織をうまく率いていくための一連のリーダーシップの実践や戦略を考えてみたい。

ハヴァスのジョーンズとNASAのデービスは新領域を探索しながら、これまでの組織能力を有効活用することにより、自組織を変革したいと強く望んでいた。しかし、熱心に取り組む幹部チームをつくることも、オープンで伝統的な広告と結びつけて対立をうまく収めることもできなかった。最初の挫折を経て、デービスはＮＡＳＡでオープンなサイエンスと伝統的なサイエンスを組み合わせる方法を学んだ。対照的に、ローリー、ヴェヴァイエン、ナタラジャンは、自社の過去と未来をめぐる葛藤を織り込んだ戦略を見事に追求し、バランスをとる行動によって本業に悪影響を与えることもなかった。彼らはその際、先述したように相互に関係する五つの原則を用いていた。それぞれを詳しく解説していこう。

第一原則　心に訴えかける戦略的抱負を示して、幹部チームを巻き込む

戦略的抱負（ありたい姿）はみんなにとって、個々の製品や機能よりも一般的なアイデンティティとなる。社内に熱量や強い気持ちをもたらし、矛盾するローカル戦略を受け入れる包括的なフレームワークとしても役立つ。たとえば、ゼンサーのナタラジャンが掲げた「望ましいティア2のサプライヤーになる」という抱負は、ＳＢＰとビジネスプロセス・アウトソーシングの共存に向けた包括的なフレームワークとなった。

ただし、単に抱負を打ち出すだけでは十分ではない。ナタラジャンは感情に訴えかける抱負をはっきりと打ち出したが、このアイデンティティへと転換するために組織全体を巻き込むまでには時間がかかっている。同様にＮＡＳＡのデービスは、宇宙空間で宇宙飛行士の安全を守るサービスにオープンソース・ツールを構築して問題解決のやり方を変えようとしたが、感情

面で科学者を巻き込めなかった。ハヴァスと広告産業を変えたいというジョーンズの抱負は感情に訴求するものだったが、幹部チームに受け入れてもらえず、ハヴァス全体に浸透しなかったのである。

一方、ヴェヴァイエンとリッチーはBTのブロードバンド関連の抱負に、新しい幹部チームを、また、そのしばらく後にはより大きな社内コミュニティを巻き込むことができている。同様に、第5章では、チバビジョンのブラッドリーの「生涯にわたってもっと健康な目を」や、USAトゥデイのカーリーの「新聞ではなくネットワーク」などのビジョンの力を見てきた。

こうした包括的な戦略的抱負は、探索事業と本業がともに繁栄するコンテクストをもたらす。感情に訴えかける抱負がない場合、強力な本業ユニットは陰に陽に探索ユニットに抵抗する。戦略的抱負は、社内のメンバーが探索のイノベーションを脅威と捉える（ハヴァスやNASA）のではなく、機会だと理解する（ゼンサーやマイシス）のを助けてくれるのだ。

このように両利きの組織の構想を実行する際に戦略的抱負は必要だが、それで十分ではないのも明らかだろう。(6) 感情に訴えかけ、共通のアイデンティティをもたらす抱負を全社的に浸透させるには、幹部チーム全体がオーナーシップを持って臨む必要がある。そこで第二原則へとつながっていく。

第二原則　どこに探索と深化との緊張関係を持たせるか、明確に選定する

CEOや事業部門のリーダーは、確立された事業に疑問を呈することを嫌うことが多い。しかし、これに対峙できなければ、組織内の抵抗が直ちに正当化され、派閥間のいがみ合いを許してしまう。事業部門は、より広範な組織目標をないがしろにして自分の芝生を守ろうとするものだ。幹部チームは、歴史のある本業と未来志向の探索活動との間の葛藤を理解し認めなくてはならない。ハヴァスで見たように、派閥間の葛藤をうまく管理しないと、イノベーションをつぶしたり、傍流に追いやったりすることでしか「解決」できなくなる。

私たちの研究では、効果的なアプローチが二つ見つかった。一つは、CEOもしくは事業部門のリーダーが重要な選択をすることだ（ローリーやナタラジャン、フレックスのマクナマラ、チバビジョンのブラッドリーなどがそうだ）。もう一つは、ヴェヴァイエンやカーリー、アマゾンのベゾスのように、幹部チームが一緒になってこうした選択をすることである。

最初の選択肢は、CEOか事業部門のリーダーが、探索と組織のリーダーを分けて管理するハブ・アンド・スポーク型だ。この方法では、社内における現在と未来の間の葛藤は上級リーダーの手に委ねられる。ローリーとナタラジャンは、過去の成功を踏まえながら、同時に探索事業を生み出すための明確な戦略を持っていた。幹部チームにはイノベーションストリームに伴う戦略的な矛盾に対処する組織能力がないことも織り込み済みだ。また、幹部チームの協力という組織能力を構築するための時間的余裕がないと考えていたので、過去と未来の間で妥協すべき点は個人の責任で何とかすることにしたのだ。

一方、チーム重視のモデルでは、幹部チームが意思決定、資源配分、現在と未来の間での妥協などの方法を一緒に学んでいく。この選択肢では、より高いレベルの協働や参加型のリーダーシップスタイルが育まれる。チームメンバーは重大な問題について異議を唱える義務があることを共有している。また、問題を見つければ歯に衣着せずに指摘し合う。

このチーム重視のやり方では、事業部門のリーダーが鍵となる。長期的な成長ドライバーに明確に焦点を合わせて、個々の担当事業の損益ではなく、全社の業績に基づいて報酬が決まるようにするのだ。その効果はてきめんで、どんな問題でもオープンに議論されるようになる。(7) たとえばBTでは、事業部門とブロードバンド案件との葛藤にみんなで対処できるように、ヴェヴァイエンは幹部チームを完全につくり替え、名称も変えた。チームの報酬制度も変更し、ブロードバンドの業績やチームとして協業できることも考慮するようにしたのだ。AGCのCEOの島村も、同じように経営幹部を巻き込み、「キャビネット(内閣)」と呼ばれるチームをつくった。

第三原則　幹部チーム間の対立を回避せずに、向き合う

幹部チームの対立は通常、探索ユニットと深化ユニットの間の相互依存関係に対応したうえで、どのように資源と組織能力を配分し活用するかを中心に展開していく。ローリーやヴェヴァイエンのように両利きの経営で成功しているリーダーは、自分自身もしくは幹部チーム内で、

こうした葛藤にきっちりと向き合う。

これに対して、NASAやハヴァス、第2章のSAPのように、あまり成功していない幹部チームは、社内の葛藤をうやむやにしたまま突き進んでいく。そうすると力関係に差があるので、社内のレガシー事業がたいてい探索活動に勝利する。

ハブ・アンド・スポーク型でイノベーションストリームに伴う葛藤に対処する方法は、上級幹部の組織能力と熱量に左右される。より手堅いのは、リーダーとチームが一緒に対立に取り組んでいく方法だ。カーリーやヴェヴァイエンなどの事例からわかるように、こうしたリーダーは、対照的な課題についてチームが学ぶ環境づくりをして、葛藤について理解を深め、探索ユニットと深化ユニット間で迅速かつ頻繁に資源を移行させることができる。チーム重視の場合、チームが対照的なイノベーションタイプについて独自の役割を担い、時間や場所、ワークショップを分けて両利きの経営に伴う葛藤を克服する。

包括的な戦略的抱負(第一原則)の助けを借りながら、効果的に両利きの経営を進めているリーダーは、探索と深化を同時に行うことの戦略的なメリットを明確にし、チームが自分事として取り組めるように支援している。このようなチームは対立している論点を課題に盛り込み、みんなで解決を図る。妥協点を探るのではなく、全体的な課題を克服して前進させる方法を見つけ出していくのだ。[8]

ヴェヴァイエンは新しい運営委員会を発足させる際に、既存の事業部門の文脈の中でブロードバンド事業の構築をめぐる対立や矛盾に向き合い、対処する組織能力をチーム内に培っただけでなく、自らのリーダーシップスタイルも見直した。

一方、ローリーやナタラジャンは、探索事業が戦略面や顧客面で妥当性があり、(戦略的な脅威ではなく)戦略的な機会であることが社内で認識された後で、ハブ・アンド・スポーク型からチーム重視型へとアプローチを変えた。第6章のIBMのEBOプロセスと同じく、これは探索事業が成功して卒業し、成熟組織に統合された後に行っている。

第四原則 意図的にユニットごとに異なる基準を課して「一貫して矛盾する」リーダーシップ行動を実践する

両利きの経営のリーダーは、あるユニットには利益と規律を求めながら、別のユニットには実験を奨励する。一方の事業では戦略を支援しながら、他方の事業ではカニバリゼーションを追求させるのだ。こうしたリーダーは定義上、時間軸や優先順位(利益の最適化、シェアの拡大・構築)において矛盾をはらみつつ、探索と深化の戦略を実行していく。マイシスのローリーは、オープンソースの開発グループには緩い実験的な目標を持たせるのと同時に、伝統的なソフトウェア開発組織には厳格なコスト制約を課していた。

同様に、BTのヴェヴァイエンは、ブロードバンド事業でリッチーを起用したが、既存の事業部門に対するリーダーシップスタイルや行動はまるで違う。既存事業には厳しい予算と利益目標を課し、各事業リーダーにはそれぞれの事業領域で競争のやり方を理解していることを求めた。それとは対照的にリッチーに期待したのは、もっと緩い実験的なものであり、彼がブロードバンドでの戦い方を学習できることに関心を向けていた。

この一貫して矛盾含みのリーダー行動は、探索と深化における対照的な組織的要件とともに、ヴェヴァイエンがその両方に対して本気であることを、幹部チームにはっきりと示している。ヴェヴァイエンが矛盾を包含し、かつ尊重することができたのに対し、ハヴァスのジョーンズは幹部チームに探索と深化の説明責任を持たせることができなかった。

私たちが研究してきたリーダーやチームでは、ゼネラルマネジャーが探索ユニットには既存ユニットと異なる配慮が必要なことを理解していた。この一貫して矛盾する行動は、全社的な戦略的抱負のおかげでまとまり、意味を成す(だから、第一原則が重要なのだ)。ナタラジャンが、伝統的なソフトウェアとともに非伝統的なソフトウェアもつくるという抱負を実行に移せたのは、ゼンサーが「望ましいティア2のサプライヤーになる」というビジョンをはっきりと打ち出せたからにほかならない。それでSBPが勢いづき、新規顧客を何件か獲得できた後で、もともと懐疑的だった幹部チームに対して、SBPがどれほど自社のビジネスモデルを補完できるかをより明確に示せたのだ。彼はさらに、SBP事業の発展をゼンサーの全体的なビジョンに結びつけることもできた。

第五原則　探索事業と深化事業に関する議論や意思決定の実践に時間を割く

探索ユニットと深化ユニットの業績を同時に検討するとき、イノベーション事業にも、本業と同じ利益率のルールを課している場合が多い。成功している企業では、活動別に評価を分けることで、成長サイクルのある時点でその事業にとって何が重要かに絞った議論ができる。ナタラジャン、ローリー、ヴェヴァイエンは、探索ユニットと深化ユニットを分けて評価していたが、ジョーンズは、態度を決めかねている各国担当マネジャーにこうした評価を任せきりにしていた。

どのように成功を評価するかは、本業と探索事業の両方をマネジメントするときに最も難しい問題の一つだ。成功した事業では、フィードバック・メカニズムや厳格なコントロールシステムを意思決定の参考としながら、業績のマネジメントに熟達していく。企業が一層成功して収益性が高まるほど、フィードバック・システムも精緻化される。ゼンサーがこれほど大成功した主な理由は、こうした厳格なシステムや評価基準にあった。

企業が探索事業を始めるときによく見られる過ちが、イノベーションユニットに既存事業と同じ目標や指標を適用してしまうことだ。しかし、第7章で見たように、こうした評価指標は時代遅れで、探索ユニットの進捗状況を適切に評価しきれない。探索では間違いから学んでいくので、エラーをコントロールすることは評価指標として役立たない。フィードバックとフィードフォワード（機会を予測すること）とのバランスのとり方を、幹部チームは学ぶ必要がある。(9)

フィードフォワードではありたい姿を起点に、何が可能なのか、自社はどのような機会が生み出せそうかを考えていく。つまり、幹部チームは、探索事業にマイルストーンを達成する責任を課し、主な成功指標（顧客の採用率、デザインウィン、[2] トラクションなど[3]）を用いて、新規事業が順調に進んでいるかどうかを判断する。

たとえば、ゼンサーのＳＢＰの探索では、ナタラジャンは業績の重要指標として、開発関連のマイルストーンとともに、主要ユーザーや新規顧客の反応を見ていた。対照的に、ジョーンズは各国担当マネジャーに対して、伝統的な広告やメディアの売上以外の業績評価に注意喚起することができなかった。

★　★　★

これら五つの原則は、両利きの経営のリーダーや幹部チームにとって相当大きなプレッシャーとなる。チームは矛盾する戦略やリーダーシップスタイルを用いる必要がある。これまでミドルマネジャーは戦略にかかわる組織アーキテクチャーに注力してきたが、両利きの経営の

[2] 半導体部品などで用いられる指標。開発中の他社製品に採用された自社製品のうち、どの程度、売上につながっているかを見る。
[3] 新規事業やスタートアップの成長のきざしを示すデータ。

リーダーの場合、矛盾含みの戦略要件に注意を向けて対処しなければならない。

しかし、結局のところ、幹部チームは往々にして自分で自分の足を引っ張るような行動をとってしまう。それが、これから見ていく「幹部チームの皮肉」である。

4 幹部チームの皮肉と自己刷新

両利きの構造を導入するのは簡単だが、うまく運営していくには、たとえ将来が十分にわからなくても、過去を断ち切る可能性のある難しい意思決定をしなくてはならない。これは組織がうまくいっているほど、また、幹部チームが一緒に長く働いているほど、一層難しくなるかもしれない。第2章で取り上げたサクセストラップである。順調に推移している期間が長くなるほど、成功の秘訣が体系化されやすい。幹部チームが外部志向でなくなるほど、チームメンバーの話すことや考えることが次第に似てきて、相容れない意見を口にしなくなる。幹部チームのプロセスは時間とともに硬直的で後ろ向きになることが多い。

組織論の学者であるルース・ワーグマンとリチャード・ハックマンは、上位層のチームになるほど、彼らの呼ぶところの「幹部チームの皮肉」が見られると指摘する。[10] 彼らの研究によると、幹部チームには資源やリーダーシップが不足しており、会議に多大な時間を無駄に費やし、チームのプロセスを複雑にするような権力の行使がはびこり、直面する真の課題については堂々と議論できない。幹部チームの中では受け入れた実践方法やプロセスについて、自分の管轄するチームでは認めないことも判明した。

この点において、より上位のチームになればなるほど、本当のチームとしての機能をうまく果たさなくなる可能性がある。そうした幹部チームの内部力学の結果は破壊的だ。ハヴァスの事例で見たように、幹部チーム間でさまざまなメッセージが入り乱れ、イノベーションストリームの相矛盾する要件に対応できず、下位層にまで対立を押し広げ、両利きの経営を抑制する内部の力となっていく。

今日の戦略を深掘りすることへの短期的圧力や組織特有の幹部チームにおける慣性を考えると、リーダーや幹部チームは、探索と深化を同時にリードする要件にうまく対処できないことが多い。ローリーとナタラジャンはこれをやってのけたが、そうした能力は比較的まれで、ハヴァスやNASAで見られた状況のほうが一般的だ。つまり、リーダーや幹部チームは自社の過去にとらわれてしまう。これは、組織がイノベーションを推進し続けるために、幹部チームの構成員を大幅に入れ替えなくてはならない可能性を示唆している。

ただし、絶対にそうなるとは限らない。リーダーと幹部チームが自己刷新して、両利きの経営に伴う葛藤について対処すればよいのだ。言い換えると、個人と幹部チームの刷新と、組織の刷新とを結びつけることは可能だ。ヴェヴァイエンやカーリー、デービスは、両利きの組織を築く状況の中で自らのリーダーシップスタイルを刷新して成功したリーダーの代表例だろう。

ヴェヴァイエンはBT変革の旅におけるさまざまな瞬間に対応するために、自らのリーダーシップスタイルを意識的に適応させている。変革の第一段階には、攻撃的で対決的なトップダウンのアプローチを用いた。たとえば、四〇〇人以上の経営幹部が参加する会議では、ハンドマイクを持って部屋を歩き回りながら、個々人に各自の行動を説明し、ブロードバンドを無視する場合には個人的に責任をとるよう求めたのだ。こうした挑発的なやり方は、ヴェヴァイエンがブロードバンドに力を入れていることを示すシグナルとなり、最高ブロードバンド責任者という役職や新しい組織能力を構築する取組みにお墨付きを与えることとなった。

しかし、この威圧的で要求の厳しいリーダーシップスタイルには代償も伴う。人事担当取締役からのフィードバックは、このようなリーダーシップスタイルは、ヴェヴァイエンが社内でより協力的にブロードバンド戦略を実行する妨げになりかねないというものだった。ヴェヴァイエンはその後、自分のリーダーシップスタイルとその影響について四〇〇人以上のリーダーから幅広いフィードバックを集めるために尽力した。

この活動を通じて、対決的なアプローチが自分とチームの協力、あるいはメンバー間の協力において阻害要因となっていることが明らかになった。そうしたデータやコーチの支援を踏まえて、ヴェヴァイエンはより受容的なリーダーシップスタイルを採り始めた。彼は幹部チームのメンバーが各自のリーダーシップスタイルを振り返ることも奨励し、自分と幹部チームがうまく協働できるように集団力学の専門家を迎えた。

こうしてヴェヴァイエンのチームはファシリテーターの支援を受けながら、リーダーシップ演習、リーダーの振る舞い、トップチームの力関係を研究し、足りない部分については一連の戦略的行動ワークショップを実施した。このワークショップは事業部門横断で行われ、参加者がそれぞれ実際に行っている行動をモデル化する行動学習が用いられていた。その過程で、ヴェヴァイエンらは新しい自分に生まれ変わる方法を学び、さらに、BTのブロードバンドのありたい姿と関連する組織文化をモデル化した。

同様に、USAトゥデイのカーリーは、幹部チームに新聞だけでなくオンラインでもコンテンツを提供するように何度か試みた後でようやく、この問題を引き起こす要因が自分のリーダーシップスタイルや、幹部チーム内の組織能力とプロセスにあることを認めた。USAトゥデイが伝統的な新聞を活用しながら、デジタル・プラットフォームへと移行できた鍵は、カーリーの積極果敢なリーダーシップスタイル、USAトゥデイについての明確なビジョン、そして、より小規模で協力的な幹部チームにあった。

◆結論

本書の基本的なテーマは、リーダーシップと、イノベーションストリームに関連した変革を牽引すること。つまり、リーダーの行動力を高めることにある。この章では、両利き組織を実行する際のリーダーシップ課題に焦点を合わせた。第2章で解説したサクセストラップは、基本的にリーダーシップの失敗といえる。イノベーションストリームを管理するうえでリーダーが直面する基本的課題は、矛盾を受け入れ対処しなくてはならないことの一つだ。

私たちが見つけた五つのリーダーシップ原則は、両利きの経営をリードするために活用できる言動を示したもので、いずれも重要である。実際に、これらのリーダーシップ行動のどれか一つでも欠けた場合に、どんな結果になるか考えてみてほしい。

イノベーションの実行には、常に重要な組織変革が必要となる。最終章では刷新と変革でリーダーシップをとるうえでの実用的な事項を中心に取り上げたい。

Leading Change and Strategic Renewal

第10章

成功し続けるために

「新しい秩序を率先して導入することほど、引き受けにくく、危険を伴い、成功が覚束ないものはない」

――ニッコロ・マキャヴェリ

10

本章のポイント

by Iriyama

業績が好調に推移している最中に、矛盾を内包する両利き経営にあえて舵を切って成功してきた事例として、ＩＢＭとハイアールの名経営者が取り組んだ様子を紹介する。余裕のあるうちに、イノベーションを促すメカニズムを組織に埋め込み、刷新を図っていくことが重要である。業績好調な企業にお勧めの読者もおられるかもしれないが、危機感を持ちにくいようなときにこそ、本章は特に一読する価値があるだろう。

Keyword

- リーダーシップ
- 戦略的刷新

第9章では、両利きの組織の構築における最後の真実を取り上げたが、特に伝えたいのが、両利きの組織をつくる際には常に組織の刷新がついて回ることだ。組織を刷新する難しさは方々で書かれてきたが、先を見越した変革、つまり、実際に危機に直面する前に探索と深化を効果的に行うための変革を主導することは、はるかにやっかいである。

その点で参考になるのが、ＩＢＭで行われた一九九九～二〇〇八年の組織変革と、中国の家電トップのハイアールで二〇〇四～一四年に張瑞敏《チャン・ルエミン》が推進した革新プロジェクトだ。また、第9章で取り上げたマイシスのローリー、ゼンサーのナタラジャンの例も踏まえつつ、先を見越した変革が比較的成功している事例と、ハヴァスやＮＡＳＡなど、うまくいかなかった事例とを対比してみたい。

私たちはＩＢＭでの実体験やその他の類似の取組みを分析し、破壊の脅威を克服するだけでなく、先導する戦略的刷新に向けた実践方法（プラクティス）を抽出した。刷新とは、単発の出来事やステップ、プログラムではなく、全体的な抱負を支える学習アプローチだと、私たちは考えている。

ただし、感情に訴えかける魅力的な抱負を超えて、リーダーがとるべき一連の実践方法がある。それは、私たちがこれまで組織刷新について考えてきたことを、リーダーや幹部チームの自己刷新と結びつけたもので、組織学習というマインドセットに続く道を歩もうとするリーダーにはお勧めのやり方だ。幹部チームの役割は、部下のリーダー人材が日々の業務の中で刷新を実践するように鍛えることにある。

これを実践することは、本業で緊急事態が起こるとつぶされやすい、別枠の長期の優先項目であってはいけない。むしろ、より幅広いリーダーたちのコミュニティの中で、各人の選択、行動、態度を変え、社内の戦略的刷新を支える社会的気運をつくるために、計画的に取り組まなくてはならないことだ。

1 戦略的刷新が適切かどうかを理解する

戦略の説明や戦略的刷新（とそれに関連した自己刷新）に関するステップを紹介する前に、「戦略的刷新は自分たちの組織にとって適切か」と問いかけてみることが大切だ。戦略的刷新は誰にでも役立つとは限らない。まずは、自社がどのような市場の変化に直面しているかを見極める必要がある。それは漸進型(今日の中核となる組織能力の改善)か、断絶を伴う(中核となる組織能力、構造、プロセス、文化の変革を迫られる)のか。

どの事業でも、製品の不備や営業活動の失敗といったオペレーション上の問題に対応するためには、問題解決に長じる必要があり、たいていは対策用ツールキットを装備している。同じように、現在のオペレーションを継続的に改善し、効率性を高めて業績を向上させようと、先を見据えて尽力している企業が多い。

こうした漸進型の変革は必須かもしれないが、だからといって、(コロナ禍のような)断続的な環境変化、迫り来る市場や技術の不連続性に対応していることにはならない。二〇〇一年にロバート・S・モラー三世がFBI長官に就任したとき、FBIの伝統である刑事事件の解決が重視されていた。FBIでは以前からテロ対策にあたっていたが、本業である犯人の捜索や逮捕ほど中心的な任務ではなかったのだ。この時点で、モラーには戦略的刷新の機会があった。つまり、テロ対策がFBIにとって重要だという認識に基づいて、先を見越した変革を行うこともできたはずだ。

ところが、就任して数週間後に同時多発テロが起こり、モラーを取り巻く戦略的状況は急変する。それまでは戦略的機会だったものが突然、戦略的危機へと転じたのだ。明らかに危機だとわかっていても、FBIの文化、構造、権力分布、組織能力、長年かけて築き上げたアイデンティティなどの要因が重なると、改革を実行することは難しかった[1]。

直近では、コロナ禍によるパンデミックで、世界中の企業の戦略的状況が突然、一変した。危機的状況では、組織のあらゆることをオープンに見直すという方向転換を通じて、速やかに改革していく必要がある。しかし、能動的に戦略的刷新に取り組むためには、新しい働き方をしなくてはならない。つまり、組織が市場の中で変革を先導できる意図的な取組みが求められるのだ。戦略的刷新の目標は危機に先んじて動くことなので、こうした変革に取り組むリーダーにとって、やる気を促し、資金を調達し、引っ張っていくのはことさら難しい。危機など起こっていないのに、どうして自ら改革すべきなのかと、みんな思っているからだ。

先を見越した変革の取組みとは、より速く学び、競争相手よりも未来像を形作るのが優れていることをいう。資金が不足し、満足にリーダーシップが発揮されないまま、こうした変革を進めていった事例は数え切れない。ゼロックス、コダック、ファイアストンはいずれも危機が起こる前に動こうとしたが、失敗に終わった。ＦＢＩのように、こうした組織では現状のダイナミックな保守主義が手強い強敵となる。

したがって、リーダーは戦略的刷新に取り掛かる前に、この先を見越した動きが本当に必要だと確信していなければならない。以下の四つの問いは、戦略的刷新が適切かどうかの判断に役立つだろう。

①業績のほとんどは、成長機会が限られた成熟期の戦略によるものか

成功ほど自己満足につながるものはない。戦略的に最も疑ってかかるべき瞬間は、絶好調のときだ。

第9章のハヴァスの事例では、伝統的な広告代理店の成長が二〇一二年に減速し、顧客は費用対効果に優れた広告キャンペーンを強く求めていた。この状況でもハヴァスは好調だったが、デイビッド・ジョーンズや重役たちはV&Sの買収という賭けに出た。クラウドソーシングのコンテンツは成長の重要な一部であり、既存の広告やメディア戦略を補完しうるものだ。広告業界における変化が間もなく起こり、ハヴァスにはこの破壊的変化をリードしていく組織能力がある、とジョーンズは見ていた。

しかし二〇一三年の時点で、ハヴァスは既存の戦略を用いて非常に順調に推移していた。各国担当マネジャーやクリエイティブ・ディレクターのうち、クラウドソーシングのコンテンツを戦略的な機会として捉えた人はごく少数だった。一方、ジョーンズが率いる幹部チームの主要メンバーは、自社の組織能力やこれまで成功してきたビジネスモデルに対して、V&Sは脅威だと捉えていたのだ。

公共部門でもこれと同じような力学が働く。イノベーションと戦略的刷新に対する抵抗の典型例として、歴史家のエルチング・モリソンは、命中率や正確さが三〇〇〇%向上する連続照準射撃に対する米海軍の反応について書き残している。

一八九八年、海上での射撃方法の改善率は限られていたので、海軍は航海術と戦闘に関する組織能力を組み合わせて戦っていた。他国の艦隊と同じく、米海軍も射撃精度に限界があると感じていたが、そうはいっても一九世紀後半では最も成功していた部類に入る。現状の戦略はすこぶる順調だったので、米海軍の上級士官は連続照準射撃の脅威(または機会)に目もくれなかった。

この新しい射撃方法がようやく導入されたのは、セオドア・ルーズベルト大統領の発令後である。ルーズベルトは、米国が新しい海軍戦に適応しなければ、他国の海軍が導入するだろうと説得し、先を見越した刷新に乗り出したのだ。[2] 既存戦略が成熟し、その業界を様変わりさせる技術的な可能性があるときにこそ、探索と企業刷新を行うべきなのだ。

②自社戦略の移行につながる製品、サービス、プロセスの機会はあるか

米国では、「セール」や求人募集の広告が紙媒体からオンラインへと移行するにつれて、全国紙や地方紙の利益が奪われた。この状況では漸進型イノベーションの効果は知れていた。今やクレイグリスト[1]を使えば、無料で地域のリスティング広告が打てるというのに、新聞にカラー広告や改良版の印刷機が導入されたところで、最終的な運命において何ら重要ではない。

第5章で見てきたように、USAトゥデイのトム・カーリーは競争相手がそうするよりはるか前の二〇〇〇年に、同社の新聞をマルチプラットフォームのニュース組織(新聞、オンライン、

テレビ）に移行する機会を理解していた。

ウェブはニュースや広告機関よりもはるかに影響力がある。V&SのCEOであるジョン・ウィンザーは、二〇一四年に個人的なマニフェストの中で次のように指摘した。

「エアビーアンドビーは最大のホテルチェーンだけでなく、官僚機構にも殴り込みをかけ、同社の前に立ちはだかるニューヨーク市の住居法や税法の改正をめざしている。エアビーアンドビーの時価総額は、現在一〇〇億ドル。ホテル産業と世界中のサポーターを取り込むだけの資本がある。

アプリを用いてカーシェアリング・サービスを展開するウーバーも時価総額が一八〇億ドルを超え、世界的現象となっている。皮肉な成り行きだが、二〇一四年六月にロンドン、パリ、ベルリン、マドリードのタクシー運転手がウーバーに抗議してストライキを打った。その結果はというと、ウーバーが数十万人もの新規会員を獲得したのだ。

消費財のデザインとイノベーションではクワーキー（発明家コミュニティ）が、自動車事業ではローカル・モーターズ（3Dプリント電気自動車を開発）が、レンタカー事業ではリレーラ

---

［1］米国発のコミュニティサイトで、求人募集や広告など地元情報の掲示板として多くの人に利用されている。

イズ（P2Pカーシェアリング）が、金融部門ではキックスターター（クラウド・ファンディング）とエンジェルリスト（起業家とエンジェル投資家をつなげるSNS）が、既存事業を混乱に陥れている。

何らかの業界名を挙げれば決まって、そこには、新しいオープンシステムのプレーヤーが存在し、ネットワーク化された世界の力を活用してパラダイムシフトをもたらす競合相手となっているのだ[3]」

ある産業セグメントから急速に利益が失われていくことは珍しいことではない。学界から学術出版、広告、資本市場に至るまで、あらゆる事業領域で、新しいデジタル・ビジネスモデルによって既存事業の利益が危険にさらされている。一部の不連続性は予測しようがないが（たとえば、FBIのモラーの状況）、技術、市場、競争、規制における一連の移行は予測可能だ。リーダーの重要な仕事は、最も魅力的な戦略上の機会に向かって自社を挑戦させることにある。本書を通じて見てきたように、今日の機会は明日の脅威になるのだ。

第9章のマイシス、NASA、ゼンサーの事例で見てきたように、実験と探索を始めるべきときは技術の動乱期である。こうした実験をする企業は、現状に満足している企業よりも、今後の技術を効果的に学び、具現化しやすい。

先を見越して技術的変革を具現化するということの理屈は、非営利の事業領域にも当てはまる。

NASAのデービスが見抜いたのは、オープンイノベーションを用いた初期の実験によって、自ら率いる宇宙ライフサイエンス局、ひいてはもっと広範なNASA全体で、科学研究の実施方法が根本的に変わることだった。しかし、技術的な機会が今の業界の外部にあると、新しい技術の選択肢を探索するのは一層難しくなる。

③中核市場の外部に機会（または脅威）はあるか

ノキアにとって、iPhoneとアンドロイドについて予測しにくかった理由の一つは、どちらも携帯電話業界の外部から登場したからである。ノキアの経営幹部はベンチマーキングのデータや経営コンサルタントの分析に目を通し、アップルやグーグルではなく、エリクソン、サムスン、モトローラの動向を気にしていた。これまでリードしてきた業界という前提にロックインされ、アップルがどこまでルールを破ってくるかについては予想もしなかったのだ。

技術の移行と、それに伴う組織の断続的な変革は業界外からもたらされることが多い。新規参入者はある産業の基本中の基本となっていることに疑問を投げかけ、多くの場合、既存企業の免疫反応を誘発する。既存企業は往々にして、数々の組織の前提や認知モデルにがんじがらめになり、新しい技術領域を効果的に探索できなくなっている。

ハヴァス、USAトゥデイ、米海軍の事例が示唆するように、リーダーシップチームにとっては、伝統的な市場や競争相手の外側で始まる機会を正しく評価しにくいことが多い。戦略的刷新の重要性が強調される（そして、より困難になる）のは、そうした刷新の機会によって自社の組織能力やアイデンティティが脅かされるときだ。

④その機会は、自社の中核となる組織能力やアイデンティティの脅威となるか

それがどこから生じたかはさておき、機会や脅威は企業の中核となる組織能力と関連するアイデンティティに影響を及ぼす。USAトゥデイやハヴァスの場合、ウェブをめぐる機会によって、ニュースや広告において新しい組織能力や新しい仕事のやり方が求められるようになった。この組織能力の移行はその後、アイデンティティの移行に伴う葛藤につながった。

同様に、NASAのクラウドソーシングを用いたリサーチは、それまでとは根本的に異なる研究開発手法だった。従来の研究開発では科学者が技術的問題を設定して自ら解決を図るが、オープンイノベーションのツールを使う場合、科学者が設定した問題を解決するのは他の人々である。ジェフ・デービス率いる宇宙ライフサイエンス局は、研究組織から「宇宙空間で宇宙飛行士の安全を守る」ことへとアイデンティティを転換しなければならなかった。

技術の移行に組織能力やアイデンティティの移行が関係している場合、組織の刷新が決定的に重要となる。しかし、ここまで見てきたように、探索的なイノベーションが組織能力の移行やプロフェッショナルとしてのアイデンティティの脅威に絡んでくると、企業はこうしたイノベーションに激しく抵抗し、過剰学習で叩き込まれた行動に戻るリスクがある。そうなると、

既存組織は安定市場や縮小市場により良い製品やサービスを届けることにかまけて、次の波に乗り遅れてしまうのだ。

一連の状況がますます当たり前になってくる中で、成功したビジネスモデルをただ深化させるだけでは、短期的に成功しても長期的には危機を招いてしまう。マイシス、ハヴァス、ゼンサーの事例で見てきたように、自社や業界向けの成熟戦略によって主に業績が決まるような場合は、製品やサービスの補完や代替するイノベーションを探索するうえで機は熟しているのかもしれない。

しかし、こうした実験とそれに伴う移行には、新規プレーヤー、新しい組織能力、自社のアイデンティティの移行が必要となる場合が多い。このような刷新が非常にやっかいなのは、自社の歴史に逆らうことになり、後になってみないと成功しているかどうかがわからないことだ。本書を通じて見てきたとおり、今日の刷新の機会はしばしば明日の企業再建につながる。

戦略的刷新をしようと動機づけるのは難しいが、企業には豊富な時間や資源があり、戦略的にも明確なので、再建よりも刷新のほうがうまくいくこともある。私たちの経験上、戦略的刷新はリーダーシップチームの戦略上、最も重要でかつ最も難しい課題といえる。これをやり遂げるには、どうすればよいのだろうか。

それを考えるために、ＩＢＭが一九九九〜二〇〇八年に設定した非常に優れた基準をいま一度見ていこう。ハイアールが二〇〇四〜一四年に行った一連の革新も参考になる。さらに他の事例も見ながら、能動的な戦略的刷新を効果的に導くための行動を明らかにしたい。

2

IBMの戦略的刷新(一九九九～二〇〇八年)

一九九九年、IBMは臨死体験を切り抜けたばかりだった。株価は一〇年で最低水準にあり、一五万人の雇用が失われ、企業分割は間近だと経済紙が報じる中で、伝説的CEOのルイス・ガースナーが、財務面や競争上の失策で揺らいでいた同社を生まれ変わらせたのだ。

こうしたサクセスストーリーにもかかわらず、二〇〇〇年になると同社の成長は減速していく。そこで、ガースナーの後任としてサム・パルミサーノが、戦略的刷新が必要な企業のあらゆる特徴を示している組織を引き継ぐことになった。

IBMは自己変革に集中的に取り組んだことで、短期的な業績向上のための規律正しいマシンにはなれたものの、そのせいでイノベーションや成長が生み出せない状態にあった。破壊の脅威をもたらした新技術の多く(ルーター、ウェブ基盤、音声認識、RFIDなど)はIBMが発明したにもかかわらず、うまく商業化できずにいたものだ。

シスコ、アカマイ、ニュアンスなどの競合他社は、スタートアップの文化から誕生し、当時のＩＢＭには異質の存在だった。利益を出せるのは、複雑な技術に責任を持ち、解決策を統合できる企業だが、老舗企業であるＩＢＭの従業員は、ハードウェア技術で成功した過去に強いこだわりを持っている。ＩＢＭの新ビジョンに貢献する方法を受け入れたり、理解したりすることは容易ではなかった。

それでも、ＩＢＭは一九九九年から二〇〇八年にかけて戦略的刷新に踏み切った。二〇〇〇年の財務状況からすれば、二〇〇八年のＩＢＭは根本的に全く新しい会社といえる。ハードウェアとソフトウェアのビジネスから、コンサルティング、アナリティクス、産業別のソリューションなどの事業価値へと転換していたのだ。臨死体験から学んだＩＢＭは、競合するＨＰ、デル、サン・マイクロシステムズなどが犠牲になるのを尻目に、次の転換点では先行することができた。

この戦略的刷新を説明する要因はいろいろとあるが、私たちは広範な研究と実体験から、どの戦略的刷新のプログラムにも関係していると思われる主要な実践方法を見つけ出した。(4)

◆受け継がれてきたアイデンティティを見直し、更新する

まずパルミサーノは慣性を克服するために、ＩＢＭの成長課題と、「絶えず自己再生する」伝統を蘇らせる意向を従業員にはっきりと示した。「たとえ異なるアイデンティティを持って

いようとも、いま一度自己改革する」ことをIBMに求めたのだ。従業員には、「世界最高クラスの企業として」IBMをつくり替えるために手を貸してほしいと呼びかけた。この抱負は、刷新された共通の価値観（クライアントの成功、イノベーションが重要、信頼と個人的な責任感）に支えられたものだ。

これは素晴らしいスローガンだったが、パルミサーノには自社のありたい姿や組織文化を打ち出す以上のことが求められていた。新しい目的意識とアイデンティティをつくりながら、自社を引っ張っていかなくてはならなかったのだ。

そこでパルミサーノが用いたのは、家族やコミュニティに対する従業員の思いに訴えかけるやり方だ。すべての主要市場でリーダーシップに関するワークショップを行い、経営幹部たちに、自分が最も大切だと思う人にとって重要な問題を解決するための抱負を語ってもらった。「あなたや知り合いは、世の中でどのような問題に不満を抱いているか」と問いかけ、まさにその懸念に対応するために、事業を超えて同僚と協力するように求めたのだ。

その後間もなく「Smarter Planet（地球をより賢く、よりスマートに）」という広告キャンペーンが生まれたが、これは、世の中で何か重要なことをするときに、いかにIBMが最高の状態であるかを伝えたいという情熱に裏打ちされている。IBMがハードのコンピュータ販売から、ソリューションを提供する企業へと移行したことを目に見える形で表したものとして、従業員たちはキャンペーンに自分自身の物語を重ね合わせたのである。(5)

IBMの新しいアイデンティティは、航空交通管制から月面着陸まであらゆるものを支える技術を提供してきた、輝かしい過去を色濃く反映していた。しかし、気候変動や人口密度、世界の安全保障という今の時代ならではの要素もある。「世界最高クラスの企業として」IBMが自己変革を遂げるように促すパルミサーノの抱負は、同社の過去と未来を語っていたのだ。

パルミサーノは成長への抱負を明確にしただけでなく、その実現に向けて、上級幹部たちと一緒に、トップダウンとボトムアップの学習プロセスの構築にも取り組んだ。この学習プロセスは、新しくつくり直した戦略的計画プロセスにおいて定着していった。

◆戦略計画をつくり替える

パルミサーノは、その卓越したオペレーション手腕を買われてCEOに昇進した。彼は四半期末になると、世界中の個々の取引先と連絡を取り合うCEOとして知られていた。あるいは、予告なしに毎週の営業訪問に同行し、業績予想が実現するように個人的に後押しすることもあった。

しかし、戦略的刷新を引っ張っていくためには、一連の活動を通じて、もっと幅広いリーダー人材を巻き込み、パルミサーノが始めた変革を自分事として実行してもらう必要があることにも気づいていた。それを実践するには、短期業績にきわめて重要な財務上やオペレーション上の規律とバランスをとりながら、多様性を受け入れ、学習することが大切だ。

パルミサーノは、企業の未来像をつくる際に、革新的な幹部チームの仕組みを採用している。三〇人以上のリーダーを(そのほとんどは数十億ドル事業を率いた経験がある)自社の未来像をつくる作業に参加させた。チームは三つあり、複数チームを兼任する参加メンバーもいる。各チームは、事業のオペレーション、戦略、技術について意思決定する役割を担うこととなった。

ブルース・ハレルドは戦略担当シニア・バイスプレジデントとして、戦略的計画プロセスの刷新に取り掛かった。書類の枚数は多くても鋭い指摘はない、典型的かつ形式主義的な年間レビューよりも、新しい戦略的計画プロセスに移行し、ゼネラルマネジャーを規律ある会話に参加させて、目の前の業績ギャップや長期的な機会について話し合ったほうがよい。そのための議題を決める際には、シンプルなフレームワークを用いることにした(第2章と第6章を参照)。これはゼネラルマネジャーの意思決定項目をまとめたもので、戦略を策定し、その後の実行に向けてどのように調整するかを問うために必要となる。

ＩＢＭがそれまで成長機会を利用できなかったのは、戦略的インサイトがなかったからではない。実行に落とし込めなかったからだ。ハレルドとその同僚はそのような理解の下で、戦略プロセスを抽象的なレベルから具体化させていった。それ以前の戦略的計画は一般的で、日々の事業とは隔たりがある傾向が見受けられたが、今では「業績や機会のギャップがあるか」という新しい問いに注意が向けられる。業績ギャップがあれば(つまり、目標未達の場合)、ゼネラルマネジャーは「なぜか」という理由を問われた。

これにより、規律あるやり方で業績ギャップの根本原因を調べるようになった。新しい世界では、機会のギャップ（すなわち、利用されていない成長可能性）がある場合、どのように勝つか（あるいは、戦うときに何が障害になるか）に主眼が置かれる。この言葉は、本社と事業部門間の関係にありがちな防衛姿勢を崩し、ゼネラルマネジャーが全社の委任事項を守る儀式として戦略を捉えるのではなく、オーナーシップを持つように促した。

ＩＢＭは、戦略プロセスに関与する人々の層も広げることができた。歌舞伎の舞台のように型どおりに、みんなが期待されたことを話すだけだった年間戦略計画は、対話とデータに基づく戦略プロセス、すなわち挑戦や議論に満ちた活発なプロセスに置き換えられた。

パルミサーノとハレルド、さらに数人のシニア・バイスプレジデントたちは、刷新のこの部分を支援する一連のツールを開発した。その詳細は、第6章のＥＢＯシステムで取り上げている。次に紹介する戦略リーダーシップ・フォーラム（ＳＬＦ）も、この刷新の取組みにおける重要なツールとなった。

◆戦略リーダーシップ・フォーラム

ＥＢＯは、ＩＢＭの新しい探索プロジェクト（パーベイシブ・コンピューティングやライフサイエンスなど）の先駆となったが、パルミサーノはさらに広範なマネジメント層を巻き込む必要があった。ＩＢＭは、刷新の方法やパルミサーノが掲げた成長に向けた抱負をテストし、学習することが求められていたのだ。

ハレルドは、ＧＥでジャック・ウェルチが活用したワークアウトに倣って、経営陣が上から変革するよう圧力をかける動きと、ボトムアップの変革活動をセットにした反復可能なワークショップを開発した。(6) ただし、ＧＥのワークアウトは特定のオペレーション上の問題を解決するために用いられていたのに対し、ＩＢＭでは、拡大版のリーダーシップチーム内で戦略的選択や行動を再構築しようと、彼は考えていた。

ハレルドが考えたフォーラムのフォーマットは独特だ。三日半をかけてワークショップを行い、ビジネススクールの教員や専門のファシリテーターの指導の下で、事業チームは担当するユニットが直面する業績や機会のギャップの解決方法に取り組む。問題解決に向けて共通語を生み出し、刺激を与え、幹部たちの考え方に疑問を投げかけるための教育だ。参加者たちはイノベーションや変革のリードに関する外部の事例を用いながら、自社との類似点などを議論した。フォーラムの最後にはＩＢＭの最近の歴史を振り返り、破壊の脅威を楽観視した場合に、リーダーシップチームが直面する「成功がもたらす横暴さ」やリスクを洗い出していった。(7)

ＳＬＦごとに三〜四つの拡大幹部チームがつくられ、それぞれギャップを整理した文書（たとえば、「過去三年にわたって毎年市場シェアを失った」、「五年で一〇億ドルの事業の構築をめざす」など）と、ハレルド直属の全社戦略チームの協力を得て収集した事実情報を携えて、フォーラムにやって来る。チームは、パルミサーノの直属の部下からなるコーポレート部門のスポンサー人材と、社内の他部門からのゲスト参加者の両方から、ギャップ診断やその解消に必要な支援が受けられる。

その後の教育セッションでは、モデル化された規律ある問題解決手法を適用し、業績のギャップの根本原因を解明し、戦略的機会を実行する際の主な成功要因について計画を策定した。

これらは集中的に行われ、参加者は日常業務では対処しきれなかった問題を明らかにし、深く掘り下げていった。各チームは、コミュニティ全体に自分たちの診断結果と介入策を報告し、コーポレート部門のスポンサーだけでなく同僚たちからも重要なフィードバックをもらう。そして、セッション中に行った分析に基づいて、一連の行動項目を設定するのだ。ハレルドのチームは、ワークショップの成果が時間とともに半減していくことを心得ていたため、厳格なフォローアップの手法を用いて、これらの取組みが完全に遂行されるようにした。

事業部門のチームにとって、こうした目に見える成果も重要だったが、このセッションの永続的価値は目に見えない部分から生じていた。SLFでは毎回、複数の拡大チームが並行して課題に取り組むが、チームはワークショップの間に三回集まり、互いに各自の診断結果や行動計画を共有する。参加者はIBM内外の複雑な相互依存関係の中で揉まれながら、自分のユニットも含まれる広範な戦略的状況を学ぶ。また、規律のとれた形で診断する力や、本社の経営幹部だけでなくグループ内やグループ間で対話する力を養っていく。

ＳＬＦのワークショップを通じて絶えず聞こえてきたのは、リスク回避と漸進型変革の文化、財務力、プロセス的な物の考え方、ミスが許されないこと、事業ライン間の信頼関係の乏しさなどが、自己改革の阻害要因となっているという意見だ。そこで、パルミサーノと幹部チームは横断的なＳＬＦで学習したことを活かして、ＩＢＭ全体で文化、インセンティブ、組織能力開発に介入するようになった。

たとえば、ＳＬＦ内での協力の文化、チームワーク、高い期待などは、ＩＢＭ全体でイノベーションを強化するのに役立つと感じた上級リーダーたちは、対話による戦略アプローチを促し、事業間の境界線を越えた協力を阻んでいた組織の壁を取り払った。歴史的にタブーとされてきたことも含めて、さまざまな問題に取り組む中で、ＩＢＭ拡大版リーダーシップチームのマインドセットは進化していった。

二〇〇八年までには、パルミサーノを含めたＩＢＭの上位五〇人の経営幹部の八〇％がＳＬＦの参加者もしくは主催者となった経験があり、上位三〇〇人の経営幹部のうち六〇％以上が少なくとも一つのＳＬＦに参加していた。ＳＬＦとＥＢＯに触発された刷新の取組みは成果につながり、二〇一〇年までに売上は約一〇〇億ドル増え、利益率も大幅に向上した。何よりも重要なのが、さまざまな事業ユニット全体で探索と深化のやり方を学び、規律ある漸進型変革と先を見通した探索型変革の両方を受け入れたことだろう。

こうしたプロセスはＩＢＭ特有のものに見えるかもしれない。確かにそのとおりだが、全体的なテーマは他の市場のリーダー企業にも幅広く見られるものだ。たとえば、ハイアールグループが近頃行った変革について考えてみよう。

3 ハイアールの戦略的刷新（二〇〇四〜一四年）

二〇一二年、ハイアールグループの時価総額は二五〇億ドルで、中国を代表するグローバル企業の一つだった。実際に、世界最大手の家電メーカーとして、ボストン コンサルティンググループのアニュアルレポートに記載された最も革新的な企業ランキングでは第八位になっている。ハイアールを率いてきた張瑞敏《チャン・ルエミン》は、効率的かつ革新的な状態を維持し、世界中の顧客と近しい関係を維持しようと、先を見越した組織的実験を行ってきたことで知られる。(8) 二〇〇四〜一四年の間、張は同僚とともにいくつかの刷新活動を推進してきた。

二〇〇四年、国内や世界の競争相手の追い上げを受けて始めたのが全社レベルでの断続的な変革である。最前線の従業員に権限を与えて、顧客の要求に近いイノベーションに個人の責任で取り組んでもらいたいと張は考えていた。そこで、イノベーションを促すために、従業員一人一人が戦略的事業ユニットとなって、サプライヤーや顧客と一緒に業務にあたれるようにしたのだ。

この抜本的な分権化により、企業全体で大々的なイノベーションの機運が生まれた。二〇一〇年までに、ハイアールは世界最大の家電メーカーとなったが、極端な分権化により多大な代償を払うことになったと張は指摘する。非常に顧客志向で漸進型のイノベーションは行われていたが、それによって社内の協調性は減少したのに対し、個人間や部門間の対立は増大し、製品の増殖を招いたのである。

張はその対応として、自社を「顧客との距離をゼロにする」ために、一層精力を傾けた。極端な分権化と自律がもたらす代償に対処するため、ハイアールは二〇一〇年にチームベースの組織構造をとっている。それは「ZZJYT（自主経営体）」と呼ばれる何千もの小さなチームで構成され、各チームが自律的に自己組織化しながら顧客接点を担う。

ZZJYTのティア1（最上層）は、顧客対応にあたる機能横断型チームで、主力製品やサービスに関する活動を担う。これらのチームは意思決定、資源配分、支出、報酬を自己管理していた。ティア2のZZJYTは、ティア1を機能面で支援するグループだ。ティア3のZZJYTは、事業部門の戦略の監督や策定にあたる。

各ZZJYTの従業員にはCEOのように考え、振る舞ってほしいと、張は思っていた。ティア1のZZJYTは、たとえティア2やティア3が強制してくることを突っ張ねてでも、責任を持って顧客に近い立場をとるように言われていた。

二〇一二年までに七万人の従業員が、ティア1のZZJYTである二〇〇〇チームに配属された。チームの評価には、市場の結果（従来の財務指標）と戦略上の結果（顧客対応の結果である顧客満足度や新製品など定性的要因）の両方の成果指標が用いられる。成績不振のチームは吸収や解散の対象になりやすかった。

この構造に移行することで、ローカルの顧客対応型イノベーションは維持されたが、ティア1のZZJYTはそれぞれ全社の業績マトリクスに照らして最大の成果を出すために運営されていたので、少なからず対立が生じ、調整やアウトソーシング費用が増えるなどの問題が残っていたと、張は指摘する。

ローカルでの革新性を保ちながら、調整と統制を強化する別の試みとして、張は二〇一三年にCOI（コミュニティ・オブ・インタレスト）を発足させた。各COIには公式のリーダーが配置され、複数のZZJYTで構成されていた。たとえば、空調COIにはさまざまな機能のZZJYT（デザイン、製造、マーケティング、営業）が参加し、熱心なリーダーが統括していた。ティア2とティア3のZZJYTは、こうした製品・サービス志向のCOIを支援する。

この中央集権的な組織設計を入れたことで、内外の調整コストが改善された。しかし、こうした集中型COIは漸進型イノベーションに優れていたが、抜本的変革にはあまり効果的ではなかった。

他にも、先を見越した調整措置として、張は二〇一四年にCOI構造と同時に、ミニ会社である小微《シャオウェイ》を複数立ち上げている。顧客との距離をゼロに保ちながら、主要な製品やサービスのイノベーションを促進しようというのだ。シャオウェイは従来の顧客接点を担う機能横断型ZZJYTのようだが、独立企業であり、担当する特定コミュニティのリーダーに報告を上げる形となっていた。法律上はハイアールが一部出資する別組織である。チームリーダーは通常、担当するシャオウェイの株式を五〜一五％程度保有することとなった。

たとえば、空調COIはシャオウェイの構造を使って、エアコンの見直しを始めた。それは（断続的に冷風を放出するのではなく）、静かに安定的に冷風を流し続けるという、画期的な製品イノベーションであり、世界初のアップル公認機器として、iOSを通じてユーザー接点を担った。他にも、物流サービス、浄水サービス、デジタル製品などのシャオウェイがあった。

張の心積もりでは、シャオウェイとその親となるCOIとの間に戦略的な相互依存関係がない場合、三年以内にそのシャオウェイを株式公開する。戦略的な影響力がある場合は、第三者の専門家が決める価格で、ハイアールが各シャオウェイを買い戻してもよい。なお、市場で平均以下の成績となった実験は中止となる。

二〇一五年一月までに、深化型ZZJYTと探索型シャオウェイの組合せにより、効率性とイノベーションを両立させるというハイアールの抱負が実現した。市場もこれに気づき、ハイアールの株価は上海総合指数を三九％上回った。二〇一九年まで、イノベーションと社内起業家精神に対するこの規律ある野心的なアプローチによって、ハイアールは業界リーダーの座を維持し続けてきた。

IBMのパルミサーノは九年間かけて一連の実験に乗り出し、探索と深化のやり方を学んだ後、戦略的刷新を実行できるようになった。ハイアールのプロセスはそれとは異なるが、やはり上級リーダーとその組織が一〇年かけて両利きの組織を築き、自己刷新するすべを学んだことを示している。

顧客との距離をゼロにして、低コスト、相当量のイノベーションを実現するという張の抱負に沿って、ハイアールは一連の組織設計を実験し、技術、市場、進化する顧客の要求について学習していった。抜本的に分権化させることで、相当数のイノベーションが解き放たれたのだ。ただし、こうしたイノベーションには多額のコスト、対立、戦略的なコントロール不足もついて回った。その後の一連の刷新に向けた取組みを経て、張が最終的に発見したことがある。それは、効率的かつ革新的で、グローバル顧客に近い存在になるためには、戦略的な関連性を持たせながら、幹部チームを結束させて全体的な差別化を図る、両利きの組織設計がより効果的なアーキテクチャーであることだ。

張は先を見越した変革を用いて、探索と深化における優れた能力を同時に社内で構築しようとした。このため、各COIのリーダーは既存戦略を深化するためにZZJYTを活用するとともに、シャオウェイが新しい事業領域を探索できるように手助けした。

ＩＢＭのＥＢＯと同じく、ハイアールではゼネラルマネジャー層が統合ポイントとなり、ＣＯＩへの再統合、スピンアウト、中止などの探索活動に関する判断を行った。ＩＢＭのケースで見てきたように、ハイアールにおける学習は、時間をかけて自社を刷新する方法を学ぶことのできる、熱心な上級幹部がいる状況で起こったものだ。

4 戦略的刷新をリードする

ＩＢＭとハイアールは、それぞれやり方が違うものの、いくつかのパターンが見られる。それは、戦略的刷新で効果的にリーダーシップを発揮する（つまり、危機がない状況で変革をリードする）ための一連の特性の習得に役立つものだ。私たちは、さまざまな事例の研究や実践から、効果的な戦略的刷新と関連する五つのリーダーシップ・プラクティスを突き止めた。(9)

①成長に向けて、感情移入のできる抱負を定める

第9章で挙げたリーダーシップの話を踏まえると、受動的な変革を駆り立てるのは、危機やそれに伴う恐怖感だ。しかし危機がなくても、他のところから感情的エネルギーが湧いてくる

必要がある。戦略的刷新の動機づけとして、企業全体のアイデンティティにつながる、感情に訴えかける抱負が用いられる。成功している刷新事例には、企業戦略とともに、「自分たちは何者で、何をするのか」を規定する志が結びついているのだ。

成長に向けた抱負があると、みんなが将来を予想し、より高いレベルへと業績を転換させるための目標設定に役立つ。ＩＢＭのパルミサーノは従業員に呼びかけるために、自らが策定した成長戦略を「世界最高クラスの企業として」というＩＢＭの歴史的なアイデンティティと再び結びつけた。ハイアールの張は「顧客との距離をゼロにする」ように求めたが、これが心に訴えかける抱負であり、そのおかげで複数の刷新の取組みが根づいていった。こうした抱負が表しているのは、狭い財務目標ではなく、もっと幅広いインパクトである。

チバビジョンの「生涯にわたってもっと健康な目を」というアイケア・ソリューションの戦略的刷新と、ある英国企業が定めた「五／一〇／二〇一〇」というビジョン（二〇一〇年までに五％の売上成長率、一〇％の利益成長率を達成する意）とを比べると、後者の言い回しはキャッチーだが、これに触発されたのはただ一人、ＣＥＯだけだった。この企業はビジョンに掲げた数字を達成できなかっただけでなく、三年も経たないうちに株価が暴落している。常に短期の業績ばかりに目を向けていたのがその一因だ。

同じく、ＮＡＳＡには感情に訴える抱負がなく、デービス配下の科学者たちには、自身の研究方法を刷新しようという動機がなかった。「宇宙空間で宇宙飛行士の安全を守る」という抱負が打ち出されて初めてチームを巻き込めるようになり、オープンイノベーションを妥当なツールとして受け入れさせ、組織やプロフェッショナルとしてのアイデンティティを変えていくことができたのだ。

希望は損失よりもはるかに説得力のある動機づけ要因であり、恐怖感という衰弱を招く効果を伴わない。ただし留意したいのは、従業員が重視していることと抱負が響き合っていなければならない点だ。こうした抱負は、ハイアールのようにトップダウンのこともあれば、IBMのようにトップダウンとボトムアップの両方ということもある。IBMでは、パルミサーノがトップダウンで抱負を明確に打ち出しつつ、ボトムアップとしてアイディアジャムという技術面の触媒を通じて幅広い従業員を巻き込んでいった。

抱負は短い言葉で、感情に訴えかけ、企業戦略に直接結びつき、幹部チームがオーナーシップを持って取り組めるものがよい。それから、抱負そのものは単なる言葉にすぎない。トップが率先して、折々に情熱を込めて語ることが大切だ。ハヴァスの場合、「技術、メディア、クリエイティビティでリーディングカンパニーになる」というジョーンズの抱負は聞き流されてしまった。ミドルマネジャーからすれば、幹部チームがオーナーシップを持って、この抱負に臨んでいないことが見え見えだったからである。

②儀礼的な文書化された計画プロセスではなく、対話として戦略を扱う

抱負を現実のものにするためには、戦略を対話と見なして、儀礼的な計画プロセスを離れ、事実ベースの会話を直接行う必要がある。

ＩＢＭの事例では、リーダーたちが厳しく不愉快な問題を話し合うことを制度化していた。困難な問題に意識を向けないと、現実の脅威や機会に対処する戦略にはならない。会議で綺麗事ばかりを並べ、議論しにくい話題を避けていれば、効果の薄い戦略が導き出されるだけだ。同じデータを議論するにしても、対話としての戦略は味気ないパワーポイントのプレゼンテーションに代わる、オープンでかつ魅力的な方法といえる。

私たちが一緒に仕事をしたある企業では、部屋中に市場データ、競合他社の分析、ベンチマーキング情報というお決まりの戦略メニューが書かれた紙を張り出し、幹部チームに「ギャラリー・ウォーク」を通じてこれらのデータの向上を図るように促していた。

南アフリカのネッドバンクでは、グループ・マネジージング・エグゼクティブのイングリッド・ジョンソンが経営陣を大きく入れ替え、上級リーダーを一連の「立ち止まって振り返る」セッションに参加させた後でようやく、変革に弾みがつくようになった。これらのセッションは、リーダーが自分に対する期待を探り、日々の仕事の優先順位に結びつけていくための安全な場となったのだ。

ＢＴでも、ヴェヴァイエンがブロードバンドという戦略的優先事項を明確にし、最高ブロードバンド責任者を置き、ＢＴ全体でブロードバンドの実行にかかわる事柄について相互に関与する場と期待感が生まれた後にようやく、ブロードバンド変革に勢いが出てきた。事実に基づく対話、本物のデータを用いた会話をしなければ、戦略的刷新は失速することを私たちは学んできたのである。

③今後起こることを教えてくれる実験を通じて成長する

戦略的な対話をすることで、実験を通じて成長する可能性が高まり、それが既存組織内の新規事業に役立つ。スタートアップに投資をするベンチャーキャピタルの世界ではよく行われていることだが、実験は未来のビジョンをテストし、学ぶ機会となる。

第8章で見てきたとおり、既存事業が成熟して技術革新が起こりうる場合、アイディエーションやインキュベーションに関連した実験は重要だ。実験すれば、進化する産業について競合他社よりも効果的に学ぶのに役立つ。しかし、漸進型イノベーションと違って、実験が成功するかどうかは、後になってみないとわからない。IBMで見たとおり、両利きの経営のこうした試行錯誤の側面が、効果的な探索にきわめて重要なのだ。

他にも、通常はもっと小さな規模で、IBM式の実践方法を採用してきた企業も多い。一九二九年創業の米国のメディア会社、シスネロスは二〇一〇年に、デジタルメディアでプレゼンスを築こうと決意した。同社が特化してきたヒスパニック系視聴者向けのテレビ番組(メロドラマ)は依然として人気があったが(米国の番組ランキングでトップ一〇入りしている)、オンライン配信とモバイルエンタテインメントが破壊的変化をもたらす中で、自社も一枚噛みたいと思ったのだ。しかし、残念ながら明確なビジネスモデルはなく、誰がこの事業領域で儲けられるのかも定かではなかった。

そこで、この新しい機会について学ぼうと、アドリアーナ・シスネロス(当時は戦略担当取締役)は、デジタルメディアのパイロット事業「プロジェクト・ジェネシス」をスタートさせた。一連のプロジェクトはいずれも、安定した売上が約束されているわけではない。実行可能な価値提案のやり方をテストし、学習を積み、有望な結果が出たものがあれば拡大していくしかないのだ。そうした新規事業の一つが、ヒスパニック系視聴者を対象としたモバイル広告サービス「アズモヴィル」だった。これは大成功し、二〇一二年の大統領選挙の際にはバラク・オバマ陣営がヒスパニック向けに同サービスを利用したほどだ。

ハイアールの張は、事業ユニット全体で何千もの自治的な機能横断型チームをつくった。ほとんどのZZJYTが漸進型イノベーションにしか取り組んでいないことに気づくとすぐに、探索を担当する別ユニットのシャオウェイを用いて、実験する組織能力を強化した。こうした実験のうち、上位組織であるCOIの戦略に合っているものはその後統合され、戦略的に活用できなければスピンアウトさせた。また、市場で失敗したシャオウェイは解散となる。このように非常に分権化された形で実験を行うことで、ハイアールはイノベーションを生み出し、伝統的にあまりイノベーションが活発ではない白物家電市場で競争相手に先行することができたのだ。

④リーダーシップコミュニティを刷新活動に巻き込む。少なくともトップ層からの圧力と同程度の圧力がボトムアップで生まれるようにする

能動的であれ、受動的であれ、あらゆる断続的な変革は、幹部チームが一丸となって変革課題に注力することに根差している。成功している戦略的刷新に典型的なのが、何段階か下位の人々も積極的に関与していることだ。この拡大版リーダーシップチームは、戦略的刷新の実行、つまり、インキュベーションからスケーリングへの移行において特に重要である。

シスネロスのプロジェクト・ジェネシスの実験を通じて、アドリアーナと幅広い人が参加するリーダーシップチームは、既存事業が健全な状態にある中で探索イノベーションを行うことについて学んだ。シスネロスは過去にモバイルとインターネット事業の立ち上げに失敗したことがあり、組織内ではこうした技術への抵抗感が強い。このような経緯がある場合、変革実行に向けて採用するプロセスがきわめて重要になってくる。

アドリアーナは父親のグスタボ・シスネロスの力強い支援を受けながら、各事業から機能横断型かつ職位横断型のチームをつくって権限を与え、特定のプロジェクトに専念させることにした。各チームには守るべきプロセスが設定されており、外部のファシリテーターの助けを借りることができる。また、経営陣が期待する内容も明確になっていた。「日々のマネジメント

を超えて、デジタル事業を行うために何が必要かを示しながら、自社の未来をいま一度考えていくためにこうしたチームが必要だった」と、アドリアーナは言う。

ＩＢＭ、ＮＡＳＡで個人的に学習したデービス、ＢＴのリッチーの事例で見たとおり、刷新プロジェクトの周りにリーダーシップコミュニティをつくれば、新しい戦略の実現において抵抗勢力になりそうな人を積極的なプレーヤーへと変えていくことができる。こうしたコミュニティ生成の実験は、トップダウンとボトムアップの二つの活力を持った企業内で社会的気運を生み出すのに役立つのだ。

これとは対照的に、ハヴァスのジョーンズはこの拡大版リーダーシップコミュニティを巻き込んで自社を変革することができなかった。スケーリングには、献身的な幹部チーム、心に訴えかける抱負、より大きな組織における社会運動が求められる。

⑤実行のための規律を持たせる。刷新は残業でこなせるほど甘くない

これは戦略的刷新ならではの実践方法ではなく、日々の業務でも重視されていることから借用したものだ。企業業績を左右する他のプロジェクトと同じくらい、刷新でも実行に力を入れなくてはならない。

この点については、私たちと意見を異にする人たちもいる。それは、熱心な少数派が残業することが長期的な業績の前提になっている場合、自発的アプローチに賛同する人たちだ。そう

した自発的アプローチは、人畜無害なので承認されやすいというメリットがある。つまり、現状に影響がなければ、先を見越した変革に「イエス」と言うのは簡単なのだ。

私たちの研究結果や経験からいうと、必要なのはその逆である。シスコのカウンシル・アンド・ボードの運命がまさに物語っているのは、明確な業績期待を示して適切な準備をしない限り、現状の専制政治が刷新という課題に勝ってしまうことだ(第6章を参照)。戦略的刷新は片手間にやるべきことではない。IBMのSLFも自発的なものではなく、そのワークショップはパルミサーノのトップダウンとボトムアップの戦略的刷新のアプローチの一部に含まれていた。

同じく、BTのブロードバンド変革やゼンサーのSBPソフトウェア・ソリューションの実装は、リーダーのヴェヴァイエンとナタラジャンが個人的に探索型イノベーションの重要性を示し、直属のユニットを立ち上げてからようやく実行に移された。各イノベーションユニットは専任の起業家精神あふれるリーダーが率い、専用の組織と専用の資源を持っていたが、フルタイムで従事する組織と人材があって初めて、BTとゼンサーは広範な組織や顧客からの抵抗に遭いながらも革新を実行することができた。

★　★　★

この章では、戦略的刷新を効果的に行うためのリーダーシップの実践方法について明らかにしてきた。私たちの経験からいうと、イノベーションや戦略的刷新をリードする際には、ステップやフェーズよりも、リーダー層の情熱、対話、参加、文脈、会話、リーダーやチームが深くかかわり合うことのほうが大事だ。

戦略的刷新を引っ張っていくというテーマは、大企業（ハイアールやIBMなど）にも、中小企業（マイシス、シスネロス、ゼンサーなど）にも、非営利団体（FBIやNASAなど）にも当てはまる。心に訴えかける抱負と逆説的な戦略課題（探索と深化）によって、戦略的刷新の取組みが活気づく。実行しながら学び、大きなコミュニティの中で学習したことを共有し、幹部チームの監督下で進めていけば、社会的気運が生まれる。これは、先を見越した断続的な変革にとって非常に大切なことだ。

戦略的刷新はトップから始まるとしても、役員室の中で実行されるわけではない。それよりも、逆説的な戦略課題の中でトップダウンとボトムアップの変革プロセスが全社的に実施されてこそ、先を見越した断続的な変革は効果を出せる。しかし、知っていることは行うことと同義ではない。私たちの提案どおりに実践すれば、上級幹部は過去に築き上げた橋を燃やすことなく、将来に向かって橋を架けられる。

そして最後に、一部のリーダーがそうだったように、戦略的刷新は時間をかけて学ぶことができる。組織再編は多くの場合、個人や幹部チームの自己刷新と結びついているのだ。

5

最初の問いに戻ろう

イノベーションのジレンマを解決するツールが揃ったところで、この本を書くきっかけとなった「なぜこれほど多くの主要組織が変革を前につまずいてしまうのか」という疑問に立ち返ってみよう。

これまで見てきたとおり、こうした失敗の原因は、資源や戦略的な洞察力がなかったからではない。むしろ、明確に異なる二つのゲームを同時にできなかったから、というケースが多かった。大半の既存企業は、これまでのゲームは得意でも、明日のゲームのルールづくりには長けていない。サクセストラップは残酷なものだ。しかし、ここまで読み進めた今、その病根について読者の理解が深まっていれば幸いである。

最も成功している企業がイノベーションストリームを構築し、両利きの行動をとっていることはもう明らかなはずだ。深化ユニットで重視されるのは漸進型イノベーションと絶え間ない改善だが、探索ユニットでは実験と行動を通じた学習である。探索ユニットはスピンアウトさせずに、深化ユニットの中核となる資産と組織能力を探索ユニット内で活用する。内部的に矛盾をはらんだ探索ユニットと深化ユニットを共存させるには、包括的で心に訴えかける抱負、基本的価値観、幹部チームの強い結束力が必要になる。

こうした要素がすべて合わさると、探索ユニットは未来を見出す権限を与えられ、幹部チームは一定の尺度で有望な実験を行う選択肢（明日の主流事業への道を開くか、別の事業をさらに追加するか）が持てるようになるのだ。

イノベーションのゲームでは、特に自組織が絶滅の脅威に直面するときには、まるでランニングマシンに乗っているような感覚になりやすい。しかし、探索は業界内でゲームを変える道だったことを思い出してほしい。探索によって競争相手より先に未来を見出していけるのだ。リーダーにとって（実際には、勝利を収める組織にかかわる全員にとっても）、これは刺激的な可能性といえる。ただし、両利きの経営を引っ張っていくには、感情的にも戦略的にも明確であることと、矛盾を受容する力が求められる。

読者の皆さんにぜひ考えていただきたいことがある。恐竜はユニコーン[2]を打ち負かすことができるし、ユニコーンはすぐに恐竜になりうる。[10] 本書をきっかけに、自分たちも両利きの組織をつくる必要があるという洞察を得て次の戦略的刷新へとつながること、そして何よりも、皆さんが業界をリードし、破壊を仕掛ける側になることを願ってやまない。

---

[2] 恐竜は大きすぎて時代遅れな企業を、ユニコーンは企業価値一〇億ドル超の未上場スタートアップを意味する。

イノベーションの時代の経営に関する卓越した指南書

冨山和彦

かつて日本最大の民間企業だったカネボウ、業界の破壊的イノベーターとして登場して小売業日本一となったダイエー、わが国のフラッグキャリアとして航空産業トップに長年君臨した日本航空。それ以外にもエレクトロニクス、通信、半導体、液晶など、企業再生の専門家として、あるときは管財人的な立場で、あるときは買収者、経営当事者として、またあるときはコンサルタント、アドバイザーとして、私は数多くの有力企業の栄枯盛衰、とりわけ業界の覇者の交代劇に深くかかわってきた。

マスコミ報道などでは、最終局面におけるいろいろな問題、病理が顕著に報道され、不正会計や経営者の暴走など、スキャンダラスで固有名詞的な話題に注目が集まり、「まとめ」や「処方箋」には、経営体制を一新するとか、経営者への権力集中を是正するとか、監査機能やガバナンスを強化するとか、お定まりの文句が並ぶ。最近のカルロス・ゴーン事件も同様だ。

しかし、いわば企業の「主治医」として「患者」の今後のQOLに責任を持って事案に対峙する立場からは、さらにその背景にある根本的な病原に注目が行くわけで、そこではそんな常套句、間違ってはいないが表層的な対症療法では、病気は再発するとしか思えない。ガン、循環器障害、肝機能障害、糖尿病、……それぞれ背景には罹患しやすい因子、生活習慣であれ、遺伝子であれ、が存在するはずで、そこまで掘り下げないと、経営的な現実たる本質には到達できない。

かかる思考と観察から毎回対峙する根本的な問いは、次のとおりである。

なぜ、圧倒的な顧客基盤と経営資源を有するナンバーワン企業の多くが、時代の変化、とりわけ破壊的イノベーションの波に飲み込まれ、はなはだしい衰退に追い込まれるのか?

本書の著者の一人であるチャールズ・オライリー教授は、ハーバード・ビジネススクールと私の母校であるスタンフォード大学経営大学院という、米国いや世界を代表するトップビジネススクールに籍を置く人気教授であり、日本企業研究の泰斗である夫人のウリケ・シェーデ教授(カリフォルニア大学サンディエゴ校)とともに私の長年の友人である。そしてオライリー教授とは、この疑問、現実経営におけるきわめて重大にして本質的な問いについて、長年にわたり語り合ってきた間柄である。彼はコンサルタントとして多くの企業経営、破壊的な挑戦をする側、挑戦を受ける側の両方でかかわっており、私のような人間にとっては、いつも知的かつリアルに豊穣な時間を共有してきた。

本書はこの根源的な問いに対し、豊富な事例研究、情報収集を積み上げ、アカデミックに卓越した内容になっていることはもちろん、何よりも「イノベーションの時代の経営」に関するきわめて実践的な示唆、提言がふんだんに盛り込まれている。そしてその中身は、(ある意味、自然なことかもしれないが)驚くほど経営最前線の実践者である私の問題意識、処方箋と重なる内容となっている。まさに、わが意を得たり! 待望の書である。

経営的リアリズム――イノベーションは迷惑千万!?

破壊的イノベーションにかかわる経営現象の理論的解明については、ハーバード・ビジネススクールのクレイトン・クリステンセン教授による「イノベーションのジレンマ」が有名である。そこでは有力な大企業が「合理的」に行動した結果として破壊的イノベーションに対応できなくなる必然性が説明されている。私も立場上、かかるメカニズムが働く様子を長年にわたり何度も目撃してきた。これは上記の根源的な問いに対する一つの論理的な答えではある。

その一方で、現実経営にかかわっている私たちのほとんどは、破壊的イノベーションの挑戦を受ける側にいる。世界には七〇億人を超える人々がいて無数の企業が存在している。

その中で既存産業の大構造転換や大絶滅を起こすような破壊性を持つイノベーションを起こす確率について、自分自身、あるいは自社が起こす確率と、別の誰かが起こしてしまう確率とで、どちらがより高いかは自明である。要はイノベーション、とりわけ人々の生活を異次元に豊かに便利にし、経済社会構造をも大きく変えるような破壊的イノベーションは、ほとんどのビジネスパーソンにとって迷惑千万なのだ。

となると、次なる実践的な問いは、

誰かが起こした（起こしつつある）破壊的なイノベーションに対して、どうすれば後手に回らずに的確に対応できるか？　一度ならず何度でも

ということになる。

実際、一九八〇年代の終わりにダウンサイジングと水平分業化というデジタル革命、デジタル・トランスフォーメーションによる破壊的イノベーションの波に飲み込まれて破綻しかかったＩＢＭは、ビジネスモデルを「コンピュータメーカー」から「サービスカンパニー」に転換することで生き残った。

一九九〇年代半ばからデジタル革命はインターネット化とモバイル化による新たなイノベーションフェーズに移るが、前段階の覇者であったマイクロソフトは、破壊的な大波すなわちB2Cの世界におけるメガプラットフォーマーであるGAFAの勃興に対して、結局のところ、正面衝突しなかった。

そして、個人向けのパッケージソフトウェア供給から法人向けのITソリューションサービスやネットワーク・ソフトウェアインフラサービスなど、よりB2B的な幅広い事業ドメインへと転地、展開し、ビジネスモデルの転換も進めて、今日まで成長力と収益力を維持している。

日本でもデジタルカメラの登場で銀塩フィルムビジネスが産業ごと消滅する破壊の危機に際して、富士フイルムやコニカミノルタは見事に対応したが、この産業の圧倒的なグローバルチャンピオンだった米国のコダックは破綻に追い込まれた。

また、わが国のダイエー、米国のブロックバスターやトイザらスがそうであったように、前時代の破壊的イノベーションの覇者が、時代の転換であっという間に衰退に追い込まれるケースもある。しかし、GMS（総合スーパー）業態で流通革命を起こしたダイエーに代わり、コンビニエンスストアという新たなビジネスモデルでパラダイム転換を起こして小売業のトップに立ったのは、前のGMS時代からのダイエーのライバルであったヨーカドーグループ（現セブン&アイグループ）である。しかも、その破壊的イノベーションのシーズは、米国で探索し、日本に移植したものを深化・進化させたものである。

要は、イノベーションのジレンマは宿命的ではなく、経営のやり方次第で明暗が分かれるということなのだ。

本書では、こうしたイノベーションの時代を見事に経営して乗り越えたケースと乗り越えられなかったケースが、幅広い産業、いろいろな国、そして、伝統的な会社から新興企業にわたってカバーされている。おそらく読者の皆さんの企業は、そのどれかに近い立場にいるはずだ。本書の読み方の一つは、豊富な事例研究の中に自らにとってのレッスン、示唆を見出すことである。

両利きの経営とハイブリッド型経営

本書の後半は、そうした事例研究を踏まえ、破壊的イノベーションの時代を乗り越え、自らの成長力に転化するための経営論に軸足を移していく。ますますもって実践的研究者である著者たちの面目躍如というべき分析と提言が展開されていく。

イノベーションの経営に関連して、世の中では華やかに「デザイン思考の経営」であるとか、「オープンイノベーション経営」とか、ある種のバズワードが躍っている。概念的にはそれぞれに正しいし、重要な意味を持っている。

しかし現実の経営において、それも既存の収益事業を持ち（だからこそ、今日ただ今、その企業は存在している）、その事業に適応した組織能力を有し、相応の固定費を抱えている企業がイノベーションに対峙するとき、頭でわかっていてもデザイン思考に転換できない、オープンイノベーションを阻む要因がごまんとあるのだ。

評論家的に経営を語る人は「そんなのぶち壊してしまえ」と気楽に語るが、それで既存事業そのものが壊れてしまった場合、イノベーションへの投資原資はどこから持ってくるのか!? お気楽評論家たちは壊れた事業の厳しいリストラで返り血を浴び、資金繰りに奔走したことがあるのか!?

少人数で、ある意味ダメモトでみんながハイリスクを承知で参画し、エンジェルやベンチャーキャピタルのハイリスクの資金を元手にイノベーションに挑戦するスタートアップ企業に対し、既存の企業、とりわけ上場企業となると、全く異質のステークホルダーとリスクプロファイルを前提に企業は構成されている。私自身は両方の世界にリアルに身を置いているが、この根本的な違いがわかっていない手合いがあまりにも多い。

本書が指摘するとおり、イノベーションの時代を経営するには、一方で既存事業を「深化」して収益力、競争力をより強固にする経営と、イノベーションによる新たな成長機会を「探索」し、ビジネスとしてものにしていく経営の両方が求められる。著者たちはこれを「両利きの経営」という言葉で表現しているが、私は以前から「ハイブリッド型経営」という言葉で同じ問題意識を提唱してきた。

既存事業はもちろん、破壊的イノベーションで生まれた新事業も市場が立ち上がり、同類企業が一斉に誕生、あるいは参入してレッドオーシャン化する中での生き残りの鍵は、実は改良的イノベーション力にある場合が多い。漸進的に改善改良を進め、競争力を強化しているモードにおいては先行している市場占有率の高い企業、よりたくさんの改善改良経験を重ねられる企業のほうが構造的に有利になる。持続性のある競争障壁は、むしろこの段階で形成される場合が少なくない。破壊的なアイディアなど、そうそう遭遇できるものではなく、現実経営の大半の時空は、「深化」や「改良的イノベーション」に支配されるのだ。

あのアップルでさえ、私の見立てでは、スティーブ・ジョブズ亡き後は巧みなマーケティングや購買力など、ほぼ改良的イノベーション力で高収益をあげてきた(最近、いよいよその限界効用も低減してきた気配だが)。

本書でも紹介されているアマゾンは、むしろ誰かが思いついた斬新なアイディアや、テクノロジー・ブレークスルーを「探索」し、取り込んで、次々と「深化」させて競争障壁を築いてきた会社である。スポーツでいえば、老練なベテラン選手のような巧みさ、したたかさである。偶然頼みの破壊的イノベーションシーズを自作することにこだわらない、したたかなマネジメント力こそ、われわれが学ぶべき点なのだ。

両利きの経営をいかに実現するか

ここでやっかいなのは、深化し漸進的な改良を行うことに適した組織能力と、探索し創造する組織能力との間には、水と油のような関係性がある点だ。組織特性でいえば、前者は同質的で連続性を持った組織体、後者は多様性と非連続性を前提とした組織体と相性が良い。

その意味で日本の製造業が好調だった時代あるいは事業領域が、アナログ技術中心、擦り合わせ型ものづくり中心で、エレクトロニクスでいえば一九六〇年代から八〇年代までの破壊的イノベーションの直撃をまだ受けない改良的イノベーションの時代だったことには必然性がある。新卒一括採用．終身年功制で働く人々で構成される、極端に同質的で連続的な組織体は改良的イノベーションに向いているのである。しかし、そうした組織体がひとたび破壊的イノベーションの大波を受けたときにいかに脆いかは、この二〇年間のわが国エレクトロニクス産業の惨敗史を見れば明白である。

また、資源配分という意味でも探索領域と深化領域にはトレードオフ的な関係性があり、これはむしろ探索に成功した事業が成長する段階で顕在化する。既存の大きな事業体が深化を続けるための資源投入と新たな事業の急速な成長で必要となる資源投入の間にトレードオフの罠が生じるのだ。本書はこの問題の多発性、重要性についても驚くべき事実を教えてくれる。

そして、何よりも本書が明らかにしているのは、日米を問わず、ハイブリッド型の経営を実践すること、しかもそれを持続的に行う「両利き」の組織能力を企業が身につけることが困難であることと、これまた日米を問わず、経営次第、経営者次第でそれは実現できるという示唆である。実にencouragingではないか！　そして本書には、そのための経営のあり方、経営者のあり方について有用かつ実践的な方法論が提示されているのだ。

第四次産業革命の時代を生き抜く知恵がここにある

現在、デジタル革命がＡＩ、ＩｏＴ、ビッグデータ・フェーズにシフトし、さらなる破壊的なイノベーションの波が、コンピュータ産業、エレクトロニクス産業の枠を超え、自動車、機械、医薬、エネルギー、さらにはサービス産業や農林水産業など、すべての産業分野に及びつつある。いわゆる第四次産業革命の大波である。

その波を避けるのか、受け流すのか、乗るのか、その力の一部を取り込んでエネルギーにするのか、それとも破壊されてしまうのか。

現在、デジタル革命の覇者といわれている企業と、破壊的イノベーションの起点となった企業とは、実はほとんどの場合、別の顔ぶれになっている。コンピュータのダウンサイジングの到達点であるパーソナルコンピュータ・ビジネスを先導して先行したのは誰であろう、それで破壊されかかるＩＢＭ自身だったし、インターネット時代の起点はネットスケープやヤフー、ＡＯＬであり、本格的なスマートフォンシフトの先駆けはブラックベリーである。

イノベーションの経営というと、自らがゼロから一へのイノベーションを最初に起こせないと生き残れないような言説が躍るが、歴史的事実は、それが「虚偽の風説」であることを証明している。

浅薄な経営評論家たちは、ＧＡＦＡの覇権、アリババやテンセントの覇権は永遠に揺らがない、産業の進化発展は最終段階だ、などと戯言も言うが、四〇年前のコンピュータ産業におけるＩＢＭの覇権の強固さは、今のＧＡＦＡどころではない。賢者は歴史から学ぶというが、フランシス・フクヤマ教授には悪いが、歴史の教訓は「歴史の終わり」は来ないということである。

一九八〇年代から続くデジタル革命の時代において、残念ながら日本企業から顕著な勝ち組が生まれることはほとんどなかった。だからこそ、デジタル革命が新しいフェーズに移りつつある今、本書は日本のビジネスパーソンこそが読むべき必携の書なのだ。

読者の皆さんには、第四次産業革命の時代において右手と左手を巧みに使い分ける能力を身につけ、「改良的イノベーション力」を基盤としつつ、新たな「破壊的イノベーション」の果実を自社の成長力へしたたかに取り込む経営を実践する知恵と方法論を本書から貪欲に吸収してもらいたい。

チャンスと危機は、同じコインの表裏である。拙著『ＡＩ経営で会社は甦る』（文藝春秋）でも詳論したが、デジタル革命による破壊的イノベーションの次フェーズ、リアル×シリアスあるいはサイバー×フィジカルフェーズは、大きな会社にも小さな会社にも、古い会社にも新しい会社にも、グローバル企業にもローカル企業にも、さらには、今までは旗色が悪かった日本企業全般にとっても、平等に大きなチャンスと大きな危機をもたらす時代である。

これをチャンスにできるか否かは、経営にかかわる皆さんの腕次第。本書を読みこなし、明日からの経営改革の知的パワー、「両利き」経営力としていこうではないか。

（二〇一九年二月）

DX・GX時代の「両利きの経営2・0」の登場

冨山和彦

本書『両利きの経営』が日本で出版されてから約三年が経過し、増補改訂版の登場である。

この間、私たちはコロナ禍の衝撃に見舞われた。そして、このコロナショックは本書の価値をますます高めるものとなっている。私もこの間に『コロナショック・サバイバル』と『コーポレート・トランスフォーメーション』(いずれも文藝春秋刊)を刊行したが、両書とも『両利きの経営』から大きなインスピレーションを得て、この未曽有の危機が、企業経営、とりわけ日本企業のあり方にいかなる根本的変容を問うかをテーマにしたものである。

本書の二人の著者も、オリジナル版が出た二〇一六年以降、その好奇心、探求心を全く失うことなく、さらなる事例集積、事例研究を続け、この増補改訂版、デジタル用語的にいえばアップデート版、すなわち「両利きの経営2・0」をものにしている。彼らの飽くことなき知的情熱には頭が下がる思いだ。

そして、破壊的イノベーションの波がさらに拡大・加速する時代認識の中で、増補改訂版において著者らが強い課題意識を持っているのが、どうすれば企業として「両利きの経営」力を獲得・強化できるのか？
そのために企業は、経営者は、ミドルマネジメントは、従業員は、いかなる変容、すなわちコーポレートトランスフォーメーション（CX）を遂行しなければならないか？

という点である。これは私が日本企業と日本経済に対して持っている危機感、課題意識そのものであり、まさに再びわが意を得たり！　の増補改訂版が最高のタイミングで登場してくれたことになる。

コロナ危機によるDX革命の拡大・加速にあなたの会社はついていけるか？

コロナ危機は世界の経済、政治、社会に大きな衝撃を与えた。それが私たちの未来に何をもたらすか、まだまだ見えない部分が多いが、以前から進行していたデジタル革命、DX（デジタルトランスフォーメーション）が拡大・加速していることは間違いない。

卑近な話でいえば、この間、いわゆる巣ごもり需要でテレビの売上が伸びたが、顧客の買い替え動機の少なからずが、ネット配信動画、ネットフリックスやアマゾンプライム、YouTubeを大きくてきれいな画面で見るためのディスプレイニーズだった。この間、劇的に売上、収益を伸ばし、時価総額を桁違いに増大させたのは、テレビメーカーではなく、本書が「両利きの経営」時代の主役の一つとして以前から取り上げているネットフリックスである。

私自身も同じ目的でテレビを買い替えたし、また、仕事においても会議のほとんどがリモートに切り替わり、コロナ禍で家に閉じこもることで、海の向こうとのコミュニケーション量はむしろ増えている。もちろん、人間関係の形成や学びにおいては、より体感的で非認知的な体験が重要なので、リモート化、デジタル化一辺倒になることのマイナス面もあるが、コロナ禍の二年余りの間にDXが生み出してきたサイバー空間は、明確に私たちの生活上の圧倒的な実在の場となったことは間違いない。それは経済的な付加価値の生産と消費においても、さらに重要な存在になることを意味している。

その一方で、日本企業の多くは、まだまだ「モノ」売りを軸としたリアルでフィジカルなビジネスモデル、いわば地上戦型のビジネスモデルしか持っておらず、組織能力的にも地上戦力しか持っていない。統計的にも、二〇二〇年に出された人材版「伊藤レポート」[1]で指摘されているとおり、日本企業の実態は投資面と企業価値構成面の両方でいまだに圧倒的に有形資産側に偏っており、米国企業はもとより、欧州企業と比較しても無形資産（ソフトウェア、データ、ブランド、顧客関係性、ノウハウ、知財など「コト」売りの付加価値の源泉となる非設備的な事業資産）の形成において大きく水をあけられている。

この三〇年間の日本経済の停滞も、サイバー空間で空中戦力、無形の付加価値創出力を擁する新興企業群、典型的にはGAFAMやネットフリックスに制空権を取られ、顧客価値の美味しいところをさらわれてきたことに大きく起因している。約二〇年前のソニーショックから始まった、いわゆる黒モノ家電（映像音響機器）の苦戦の歴史はその典型だ。

そして今、サイバー空間、サイバー経済圏は、自動車、金融、医療、物流運輸、飲食宿泊、教育、農林水産業など、ほとんどすべての産業領域を覆いつつある。データ集積によって飛躍的進化を続けるＡＩ技術などを駆使することによって、世界中から新たな空中戦プレーヤーが次々と現れ、またそれに呼応して地上戦の世界でもビジネスモデルの変容が次々と起こり始めている。

しかし今、日本で議論されているＤＸの多くは、デジタル技術を使って業務効率化を行う、わかりやすい例でいえば、「ハンコ」をやめて電子サインに代えるようなコストダウンサイドの話である。これさえも日本は後れをとってきたのだが、世界で進んでいるＤＸ

［1］二〇二〇年九月三〇日に発表された経済産業省「持続的な企業価値の向上と人的資本に関する研究会報告書――人材版伊藤レポート」。伊藤邦雄教授（一橋大学大学院特任教授、当時）を座長とし、持続的な企業価値の向上と「人的資本（human capital）」について議論した報告書。

の本質、その革命性の本質は、デジタル技術によって新しい付加価値モデル、事業モデル、産業モデルが生み出され、その結果、産業構造全体が大きく、時に破壊的に変容する、インダストリアルトランスフォーメーション（ＩＸ）にこそある。

これはまさにゲームチェンジであり、それも野球がソフトボールに変わる程度ではなく、それこそサッカーや、ストリートスポーツに変わってしまう。顧客はその新しいゲームに集まり、対価を払うようになってしまうようなことが起きるということなのだ。

業務効率改善型ＤＸであれば、野球チームのまま、野球選手のままで相応の効果を上げることができる。問題があるとすれば、それで自動化される雇用をどうするか、「配置転換か、採用を絞って自然減か」程度の話である。

しかし、ＩＸモードのＤＸ革命が起きると、野球チームの形、野球選手の構成員では対応が難しくなる。実際、黒モノ家電の敗北史は、野球チームの形をそのままに、野球選手たちが必死にプロのトップサッカーチームに対抗しようとした物語であった。航空戦主力の時代に陸軍と海軍だけで、せいぜい陸軍航空隊、海軍航空隊のレベルで本格的な空軍力を持つ企業と戦い続けた悲劇である。わが国の歴史においても、どこかで見てきた景色のように。

コロナ危機で破壊的なＤＸ革命がさらに拡大・加速することが確実な今、小手先の対応では同じ悲劇をより広い産業領域で繰り返すことになる。いや、すでに繰り返しつつある中で、その変化についていくにはどうすればよいか。地上戦力と空中戦力の両方を使いこなせる「両利きの企業」になるために、どこまで大きな改革、会社の形の基本的な部分の改造、CXに踏み込まなくてはならないか、それが今、リアルに問われているのである。

サステナビリティ革命、GX革命は私たちをさらに窮地に駆り立てる

この増補改訂版が出るまでの三年の間に起こったもう一つの大きな変化が、世界の経済システムがいろいろな意味で人間社会の持続可能性、サステナビリティにコミットしていかなければならない、といういわゆるSDGs、ESGムーブメントである。なかでも地球温暖化問題を中心とする環境問題(Environment)、多様性や包摂性、人権などの社会問題(Social)、そうした課題に企業が対峙していくための経営統治問題(Governance)が大きくかつリアルな課題として浮上した。

こうした変化には、むしろ資本市場がいち早く反応し、ESGへのコミットメントが弱い企業の資金調達は難しくなりつつある。また、カーボンニュートラルの実現のために国際的にさまざまな規制や開示ルールが整備されつつあり、これまた企業経営に大きなインパクトを生みつつある。まさにサステナビリティ革命、グリーントランスフォーメーション(GX)[2]革命の様相である。

こうした変化は、短期的利益の最大化や目前の株価の最大化よりも、長期持続的な成長を重視する、あるいは株主だけでなく社会全体に視座を置くマルチステークホルダー志向となる点で、伝統的な日本的経営の再評価だと見る向きも国内には少なからずある。「いよいよ『三方良し』経営の時代がやってきた」という類の話だ。

しかし、短期から長期というのは、一〇〇メートル走を毎回、全力で走っていたら営々と続いていく企業経営は息切れしてうまくいかないから、ここはマラソンの長距離走で競い合うことにしよう、という話であり、ちんたらジョギングでいいという話ではない。グローバル競争をやっている企業の場合、当然、オリンピッククラスの記録である二時間で四二・一九五キロを駆け抜けろ、加えて、その走り方は、温暖化ガスを出さず、多様性や人権にも配慮した美しいフォームでなければならない、ということなのだ。

そこで、過去三〇年間における日本の上場企業全体の長期的なパフォーマンスを見ると、売上成長においても、収益力においても、そして企業価値の向上においても、欧米や新興国の上場企業群に対して「長期持続的」に大きく後れをとっている。すなわち、長距離走力において大きく劣後しているのだ。そして、多様性指標や人的資本投資などのSocial指標においては、先進国の最低レベル。かつてはトップレベルであったEnvironment問題への対応力においても、設備集約型の大量生産工業モデルを軸とした日本の企業群の旗色はあまりよろしくない。

すなわち、「三方良し」の日本的経営の再評価だ！　などと寝ぼけたことを言っている場合ではないのである。そして、SDGs／ESG経営で求められているさまざまな野心的ゴールは、これまた破壊的イノベーションを誘発する可能性が高いものばかりだ。しかも、リモートワークによる移動負荷の軽減や再生エネルギー活用にかかわる分散グリッドのエネルギーマネジメントなどが典型だが、GXにおける課題解決はDXと相性が良く、両者は相乗的なイノベーションを生みやすい。要は破壊的イノベーションの時代は、今後もますます勢いづく気配である。

そこで個々の企業はもとより、全体としてもスタートアップエコシステムがきわめて脆弱で、「両利き」の産業社会構造をつくれていない日本経済は、ますます窮地に追い込まれるリスクをはらんでいるのだ。

結局、ポストコロナの時代は、DX×GXによってますます破壊的イノベーションが成長を牽引する時代になることが必定であり、それは日本企業、日本経済に対して、「両利きの企業」「両利きの経済社会」へと変容するCXの加速化を強烈に促しているのである。

---

〔2〕脱炭素社会の実現に向けて、温室効果ガスの排出源である化石燃料や電力の使用を再生可能エネルギーなどのクリーンエネルギーに転換することで、経済社会システム全体を変革し、成長させること。

破壊的イノベーションを競争力、成長力に転化する組織能力の変容とは

この増補改訂版において、著者らが特に力を入れたのが、新しく書かれた第4章「競争優位／競争劣位としての組織文化」と第7章「イノベーションの三つの規律」である。すなわち、次々と起こる破壊的イノベーションの波を自社の競争力、成長力に転化するための会社改造、私の言葉で言えばCX起動にかかわる変革のリーダーシップ（第4章）と、そこで獲得すべき組織能力と変容の段階的方法論（第7章）について、具体例に即して詳細に論じている。

著者の一人であるチャールズ・オライリー教授とは、この間も私は頻繁にコミュニケーションを継続してきた。そして、日本企業研究の世界的権威である夫人のウリケ・シェーデ教授も交え、日本企業の「両利きの経営」への変革について何度も熱い議論を交わしてきた。

新しい二つの章の議論は、まさにここ数年の私たちの議論のテーマであり、今回、第5章に加えられた日本の伝統企業、AGCの事例でわかるように、オライリー教授は自ら日本企業のCXに深くかかわるようになっている。そうした知的蓄積を踏まえ、「両利きの企業体」へと変容することの難しさと成功への方法論は、その本質論において、どこの国

の企業でも共通していることが、この増補改訂版から読み取れる。

なかでも一つ目の重要な共通項は、第4章で語られているように、ここで求められる組織変容は会社の形、それも目に見える制度や組織形態はもちろん、むしろそれ以上に経営層から現場まですべての組織構成員の行動様式をより強く規定する価値観やクセ、習慣などの集合体、すなわち、組織文化の変容にまで踏み込まなくてはいけない点である。

その意味で、経営トップが不退転の決意で長期的なコミットメントをしていかないと、このような根源的な組織能力の変容は起動できない。いわば革命的な大それた変容を本当に遂行することを組織全体に信用させるには、「まずは隗より始めよ」で、トップリーダー自身が自らと自らの周辺の人々の思考様式、行動様式を、求められる変容に向けて果断に転換していく、もし今の人材では難しいなら、その入れ替えも躊躇しないことを実践において示さなくてはならない。

経営トップが口で言っていることと、トップ層の現実の人事、あるいはトップレベルの意思決定と規律づけにかかわるガバナンス実態が乖離してしまうと（実際は、そうなるケースのほうが多いのだが）、本音の部分でリーダーの覚悟の程度が見透かされてしまい、組織構成員の大半は様子見を決め込み、CXは停滞してしまう。

二つ目の重要な共通項は、第7章の「両利きの経営」への展開ステップを見ればわかるように、ここで求められる大いなる変容は一日にしてならず、ということである。破壊的イノベーションの時代、ゲームチェンジング・ゲームの時代の「両利きの経営」は、いわば長年、野球ばかりやってきた組織が、サッカー、さらには斬新なストリートスポーツでも一流の競技能力を持つことを求めている。

オープンイノベーション、アクセラレータープログラム、[3]コーポレート・ベンチャーキャピタル(CVC)、デザイン思考、社内コンテスト、出島型事業開発、M&A(アクハイアリング的なものも含む)など、さまざまな手法を駆使しながら、新領域、新種目におけるアイディエーション、インキュベーション、スケーリングを行う組織能力を獲得・強化していく、長期にわたる継続的な経営努力が必要となる。ここで魔法のランプはなく、トップから現場までの、「両利きの企業体」に変容するCXを完遂する長期的な覚悟と粘り強い実践が問われるのである。

私は、経験論的に既存の大企業における本当の意味でCXを経営する時間軸は、一〇年が基本単位だと思っている。地上戦力と空中戦力の議論でいえば、両者を自在に使いこなせる会社になることが必須な事業ドメインにいると判断した場合、一〇年後に完全にそうなっているためには、その五年前、八年前、一〇年前(現在)にバックキャスティングして、いかなる改革を始動しておかなければならないか。これを真剣に考えると、ほとんどの場合、きわめて大胆で不連続な施策を今すぐに始動しておかないと、絶対に時間切れになることがわかってくる。

DX（MaaS化）[4]とGX（電動化）の波をダブルでこうむる自動車業界などは、この典型だろう。先日発表になったホンダとソニーの連携などは、まさにお互いに組織能力を結合させて、「両利き」の新しい事業体を創造しようという大胆な取組みである。

日本企業が直面する二つの罠

その一方で「両利きの経営」をめざすうえで、日本企業が特にはまりやすい罠がある。本書でいうところの「両利き」とは、新しい事業や機能をものにする探索力と、既存の事業や機能を磨き込む深化力の両方を持っているということだが、探索軸において一つ、深化軸においてまた一つ、合わせて二つの顕著な罠がある。

第一の罠は、探索軸における自前主義の罠、言い換えるとパクる力の欠如の陥穽である。

［3］事業会社や自治体がベンチャー企業やスタートアップ企業に対して出資や支援を行うことで協業をめざすプログラム。

［4］Mobility as a Serviceの略。自動車やバス、電車など、さまざまな交通手段を個別の移動手段としてではなく一つの移動サービスとして捉え、ICTを活用してシームレスにつなぐ新たな移動の概念。

イノベーションの本質はインベンション（発明）ではなく新結合である。新規性は「結合」にこそあり、自前で開発・発明したものも、何かと新たに結合することで、ビジネス的に大きなインパクトを生む、まさにイノベーションとなる。要は「パクる」力、上品な言い方をすればオープンイノベーション力が重要で、だからこそ、本書の著者らはここで世界中に何かを探しに行く「exploration（探索）」という言葉を使っている。

しかし、どうしても日本企業には、イノベーションは自力で新しい製品、サービスを発明し、自力で世の中にないものを世に送り出すことこそが真のイノベーションだ、という強烈な自前主義バイアスが働く。新規事業に「開発」という言葉を使うのも、その慣性の反映だ。イノベーションとインベンション、響きは似ているが、全く別物なのである。

冷静に考えればすぐわかることだが、ＤＸ×ＧＸの時代、世界中の人々や企業が無数のイノベーションに取り組んでいる中で、誰かが自分たちより素晴らしいことを思いつく確率と自分たちが思いつく確率のどちらが高いか。本書に出てくるさまざまな探索成功例、イノベーション成功例も、何がしかすでに世の中にあるものをパクることで実現している。

コロナ禍への対応においてきわめて重要な役割を果たしたｍＲＮＡワクチンも、イノベーションの源はモデルナ、ビオンテックといったスタートアップベンチャー企業で、日本で最も多く使われたファイザー製ワクチンは、ビオンテックが開発した技術を巨大製薬会社であるファイザーが共同で製品化したものである。医薬品産業の世界をはじめ、今や既存の大企業にとっても、イノベーション牽引型の成長のメインエンジンはベンチャー企業の破壊的イノベーションシーズなのである。

実はこの罠の背景には、やや日本企業特有のもっと根深い事情があり、そこがやっかいなのだ。日本企業は長年、大量生産大量販売型ビジネスモデルに代表される、集団的オペレーショナルエクセレンス、集団的改善改良力で大きな成功を手にしてきた。

このモデルでは同質的な集団が継続的に同じビジネスモデルや組織機能に従事することが有効で、新卒一括採用と終身年功制による同質的で固定的で閉鎖的な会社の形、いわゆる日本型経営がよりよくフィットする。ところが、かかる会社の形、組織能力特性、組織文化においては、外の世界から新しいビジネスモデル、ましてや別種目の事業やその前提となる異種の人材や組織文化をパクって内在化することはきわめて難しい。

それを克服するために、オープンイノベーション・イベントや出島的な新規事業開発に取り組むわけだが、本丸自身が同質的、固定的、閉鎖的な人材と組織と文化で運営されている限り、真の探索力は獲得できない。自らが本質的な部分で変わらない限り、自前主義の罠から脱出できないのである。そして、次のmRNA的な破壊的イノベーションシーズも欧米企業にさらわれることになる。

第二の罠は、深化軸における問題先送りの罠、言い換えると撤退力の欠如の陥穽である。「両利きの経営」が持続的に機能するには、既存事業の稼ぐ力が堅固で、その収益力で探索に必要なリスクの大きいイノベーション投資を支えるポートフォリオ経営が必要となる。そこで古くなり構造的に稼ぐ力を失っていく事業や機能は、さっさと切り離さなくてはならない。

古典的な成熟した規模型産業であれば、業界順位の下のほうには構造的にチャンスはなく、破壊的イノベーションで空中戦型企業に付加価値を奪われるレイヤーの事業や機能にも未来はない。改善改良で何とかなる話と、どうにもならない話があるのだ。

そこで傷が深くなる前、まだ収益力が残っているうちに事業や機能を構造的な勝ち組企業に人材ごと売却する、あるいは財務的に余裕のあるうちに希望退職を募り転職する人々に十分なお金と時間を与えることのほうが、破壊的イノベーションの時代の人を大事にする義経営である。

しかし、ここでも古い日本的経営の会社の形が強烈な慣性として働き、どうしても撤退戦は後手後手に回り、何年も赤字を垂れ流して組織もボロボロになったところで白旗を掲げ、大リストラに追い込まれることになる。

実はこの第二の罠が猛威をふるうのは、探索軸でスケールする成功事業が生まれてからである。本書が以前から指摘しているように、探索事業がスケールし、相当規模の成長資源(資金、人材)が必要となるために、社内資源配分や事業間の優先順位づけの問題が深刻化するのである。

私が経験した再生事例でいうと、たとえばカネボウは、主力事業だった天然繊維事業の成熟化に対応して化粧品事業の探索に成功し、売上の約三割、利益の大半を稼ぐ事業に成長させていた。しかし、繊維事業がどんどん収益力を失う中で化粧品の収益で繊維の赤字を補填する構造が固定化し、やがて両方が共倒れとなり、巨大粉飾事件を起こすことになる。もし一九八〇年代にカネボウがさっさと繊維事業から撤退し、化粧品の収益を、化粧品自身を含む成長分野に再投資していたら、全く違った展開になっていたであろう。

また、かつての小売業の覇者ダイエーの場合、その困窮原因は、店舗用の土地を自ら所有してその値上がりによる担保

日本企業が直面する2つの罠

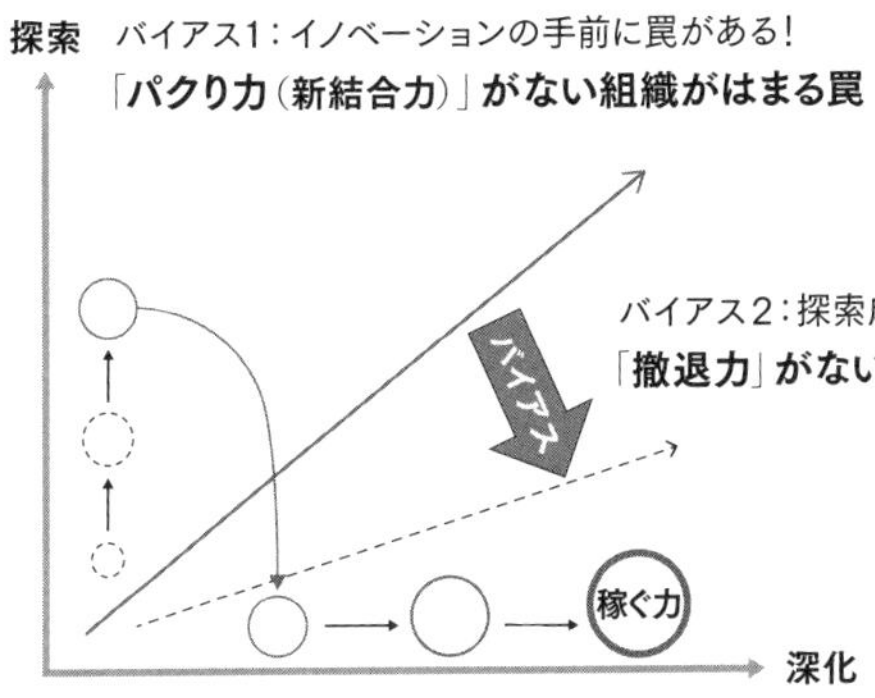
バイアス2：探索成功の先に罠がある！
「撤退力」がない組織がはまる罠

出所：冨山作成。

力の拡大を梃子に借金で出店スピードを加速する財務戦略モデルがバブル崩壊以降の不動産の値下がりで崩れたことと、もう一つは事業面において自らを小売業日本一に押し上げた大型量販店（GMS）業態が、コンビニエンスストアやカテゴリーキラー、SPAなどの新たな業態に覇権を奪われていったことにあった。

しかし、さすが稀代の大経営者の中内㓛さんは何もせずにそれを看過していたわけではなく、直ちに「パクり」力を発揮してローソンを立ち上げ、コンビニエンスストアのダントツ第二位に成長させていた。ところが、財務戦略モデルの崩壊で財務的に苦しくなった二〇〇〇年当時、黄昏のGMS業態（それでも、日本一の売上と多くの黒字優良店舗を擁していた）ではなく、ローソンを売却してしまうのである。

いずれのケースも、かつてその企業を日本一に押し上げた「祖業」から撤退できない、すなわち探索軸と深化軸でいうと、深化領域を残そうとする強烈なバイアスの罠から逃れられなかったのである。

経路依存性を打破し、本書を手に「両利きの経営」ジャーニーへ！

従来からの仕組み、システムの呪縛のために、環境変化に適応した合理的行動を取れないことを経路依存性と呼ぶ。私の師である元スタンフォード大学教授、故・青木昌彦先生が経済学の領域で理論化した概念だが、今の日本企業の多くも、高度成長期に出来上がった、当時としては合理性のあった制度や仕組みの経路依存性の罠にはまっている。

前記の「二つの罠」も、詰まるところ経路依存性の問題であり、これを打破するには有形無形の制度、組織文化や風土まで含めた仕組みの大転換をしないと、企業も個人も合理的な行動を取れない。すなわち、日本企業が「両利きの企業」へと脱皮変身するには、会社の形を基本構造のところから作り直し、立て直し、世界の中でも最も抜本的なCXを完遂しなくてはならないのである。

希望があるのは、今後のDX×GXのイノベーション主戦場は、空中戦完結的な領域ではなく、地上戦と連動するリアルな領域であり、少なくとも地上戦において日本企業は世界トップの組織能力を持っていること。そして、深化軸の大半は日本企業持ち前の飽くなき改善改良力とオペレーショナルエクセレンスがものをいうことだ。

そして、本書で取り上げている富士フイルムやAGC以外にも、情報出版業の破壊的消滅を見事に乗り切りデジタル型企業として成長を続けるリクルート、ドメスティックなタバコ専売企業からグローバル企業に変身したJT、建機事業に空中戦力を持ち込んだコマツ、黒モノ家電組立メーカーからデジタル時代に適応した事業ポートフォリオ企業に進化したソニー、伝統的大手製造業からBtoBサービス業に進化しつつある日立など、わが国においても経路依存性の罠を打破して「両利きの企業」へと進化するCX先進企業が次々と生まれている。やればできるということなのだ。

オライリー教授は、私たちIGPI（経営共創基盤）グループのアドバイザリーボード[5]のメンバーであり、定期的に意見交換を行っているとともに、私たちが支援している案件についても随時、相談に乗ってもらっている。IGPIグループは、大企業へのコンサルティング、企業再生アドバイザリー、スタートアップへの投資、ローカル企業への投資・経営など、いろいろな形で世の中の経営支援にかかわっているが、そこでの根底的なテーマは、まさに「両利きの企業」になるためのCXである。

日本企業のCXについての詳述は、拙著『コーポレート・トランスフォーメーション』に譲るが、企業の新旧、大小を問わず、本気でCXを進めようという読者の皆さんには、機会があればIGPIグループのドアを叩いていただき、私や私のパートナーたち、そして、オライリー教授とともに、「両利きの経営」ジャーニーに飛び出そうではないか！

（二〇二一年四月）

---

[5] IGPIアドバイザリーボードのメンバーは以下のとおり（敬称略、二〇二二年五月現在）。伊藤邦雄（一橋大学CFO教育研究センター長）、家田仁（政策研究大学院大学特別教授）、ウリケ・シェーデ（カリフォルニア大学サンディエゴ校教授）、五神真（第三〇代東京大学総長）、チャールズ・A・オライリー（スタンフォード大学経営大学院教授）、星岳雄（東京大学教授）、宮田亮平（元文化庁長官）。

原 注
Notes

第1章

(1) C. I. Stubbart and M. B. Knight, "The Case of the Disappearing Firms: Empirical Evidence and Implications," *Journal of Organizational Behavior* 27 (2006): 79-100.

(2) R. Agarwal and M. Gort, "The Evolution of Markets and Entry, Exit, and Survival of Firms," *Review of Economics and Statistics* 78 (1996): 489-498.

(3) R. Foster and S. Kaplan, *Creative Destruction* (New York: Currency, 2001)［リチャード・フォスター／サラ・カプラン『創造的破壊――断絶の時代を乗り越える』柏木亮二訳，翔泳社，2002年］.

(4) Innosight, Executive Briefing (Winter 2012).

(5) S. Anthony, S. Viguerie, E. Schwartz, and J. Van Landeghem, "2018 Corporate Longevity Forecast: Creative Destruction is Accelerating," *Innosight*.

(6) Stubbart and Knight, "The Case of the Disappearing Firms."

(7) "Netflix," HBS Case 9-607-138 (Boston: Harvard Business Publishing, May 2007).

(8) K. Frieswick, "The Turning Point," *CFO Magazine*, April 2005, p.48.

(9) K. Auletta, "Outside the Box," *New Yorker*, February 3, 2014, p.58.

(10) "Equity on Demand: The Netflix Approach to Compensation," Stanford GSB Case CG-19 (Stanford, CA: Stanford Graduate School of Business, January 2010).

(11) F. Salmon, "Why Netflix Is Producing Original Content," Reuters, June 13, 2013.

(12) D. Teece, G. Pisano, and A. Shuen, "Dynamic Capabilities and Strategic Management," *Strategic Management Journal* 18 (1997): 516.

(13) D. Sull, "The Dynamics of Standing Still: Firestone Tire and Rubber

and the Radial Revolution," *Business History Review* 73 (1999): 430-464.

(14) E. Danneels, "Trying to Become a Different Type of Company: Dynamic Capability at Smith Corona," *Strategic Management Journal* 32 (2011): 1-31.

(15) M. Tripsas and G. Gavetti, "Capabilities, Cognition, and Inertia: Evidence from Digital Imaging," *Strategic Management Journal* 21 (2000): 1147-1161.

(16) G. Colvin, "From the Most Admired to Just Acquired: How Rubbermaid Managed to Fail," *Fortune*, November 23, 1998.

(17) J. March, "Exploration and Exploitation in Organizational Learning," *Organization Science* 2 (1991): 71-87.

(18) Ibid.

(19) J. G. March, "Understanding Organizational Adaptation" (paper presented at the Budapest University of Economics and Public Administration, April 2, 2003), p.14.

(20) C. M. Christensen, *The Innovator's Dilemma* (Boston: Harvard Business School Press, 1997) [クレイトン・クリステンセン『増補改訂版 イノベーションのジレンマ――技術革新が巨大企業を滅ぼすとき』玉田俊平太監修，伊豆原弓訳，翔泳社，2001年]. C. M. Christensen and M. E. Raynor, *The Innovator's Solution* (Boston: Harvard Business School Press, 2003) [クレイトン・クリステンセン／マイケル・レイナー『イノベーションへの解――利益ある成長に向けて』玉田俊平太監修，櫻井祐子訳，翔泳社，2003年] も参照.

(21) Christensen, *The Innovator's Dilemma*.

(22) J. Bowers and C. Christensen, "Disruptive Technologies: Catching the Wave," *Harvard Business Review* (January-February 1995): 43-53 [ジョセフ・L・バウアー／クレイトン・M・クリステンセン「破壊的技術」『DIAMONDハーバード・ビジネス・レビュー』2009年6月号，pp.64-68].

(23) M. Tushman and P. Anderson, "Technological Discontinuities and

Organizational Environments," *Administrative Science Quarterly* 31(1986): 439-465.
(24) R. Henderson and K. Clark, "Architectural Innovation: The Reconfiguration of Existing Product Technologies and the Failure of Established Firms," *Administrative Science Quarterly* 35 (1990): 9-30.
(25) Christensen, *The Innovator's Dilemma.*
(26) Tripsas and Gavetti, "Capabilities, Cognition, and Inertia"; Christensen, *The Innovator's Dilemma*; D. Sull, R. Tedlow, and R. Rosenbloom, "Managerial Commitments and Technological Change in the U.S. Tire Industry," *Industrial and Corporate Change* 6 (1997): 461-500.
(27) H. Chesbrough and R. Rosenbloom, "The Role of the Business Model in Capturing Value from Innovation: Evidence from Xerox Corporation's Technology Spin-Off Companies," *Industrial and Corporate Change* 3 (2002): 529-555; Sull, "The Dynamics of Standing Still."

第2章

(1) C. O'Reilly, D. Caldwell, J. Chatman, and B. Doerr, "The Promise and Perils of Organizational Culture: CEO Personality, Culture, and Firm Performance," *Group and Organization Management* 39 (2014): 595-625.
(2) *SAP Annual Report* (2006).
(3) T. Federico and R. Burgelman, "SAP AG in 2006: Driving Corporate Transformation," Stanford GSB Case SM-153 (Stanford, CA: Stanford Graduate School of Business, August 8, 2006).
(4) A. Hesselcahl, "SAP Cutting Back on Development of Business by Design," *All Things D*, October 19, 2013 (http://allthingsd.com/20131019/sap-cutting-back-on-development-of-business-bydesign/).
(5) C. O'Reilly and J. Chatman, "Culture as Social Control: Corporations, Cults, and Commitment," *Research in Organizational Behavior* 18

(1996): 157-200.
(6) M. Tripsas and G. Gavetti, "Capabilities, Cognition, and Inertia: Evidence from Digital Imaging," *Strategic Management Journal* 21 (2000): 1147-1161.
(7) C. Deutsch, "At Kodak, Some Old Things Are New Again," *New York Times*, May 2, 2008.
(8) K. Inagaki and J. Osawa, "Fujifilm Thrived by Changing Focus," *Wall Street Journal*, January 19, 2012.
(9) C. O'Reilly and M. Tushman, "Organizational Ambidexterity: Past, Present and Future," *Academy of Management Perspectives* 27 (2013): 324-338; M. Hannan and G. Carroll, *Dynamics of Organizational Populations: Density, Legitimation and Competition* (New York: Oxford University Press, 1992).
(10) A. DeGeus, *The Living Company: Habits for Survival in a Turbulent Business Environment* (Boston: Harvard Business School Press, 1997)［アリー・デ・グース『企業生命力』堀出一郎訳，日経BP社，2002年］；L. Hannah, "Marshall's 'Trees' and the Global 'Forest': Were 'Giant Redwoods' Different?" Centre for Economic Performance, Discussion Paper 138 (1997).
(11) 1400年の歴史を持つ金剛組は，2006年に髙松建設の子会社になった．
(12) M. Tushman and E. Romanelli, "Organizational Evolution: A Metamorphosis Model of Convergence and Reorientation," *Research in Organizational Behavior* 7 (1985): 171-222.
(13) C. Krauss, "Is Exxon a Survivor? The Oil Giant Is at a Crossroads," *New York Times*, December 10, 2020.
(14) B. Stone, *The Everything Store: Jeff Bezos and the Age of Amazon* (New York: Little, Brown, 2013).
(15) Justin Fox, "At Amazon, It's All About Cash Flow," *Harvard Business Review* (October 20, 2014)［ジャスティン・フォックス「キャッシュフローに見るアマゾンの真の優位」DIAMONDハーバード・ビジネ

ス・レビュー・オンライン, 2014年11月7日 (http://www.dhbr.net/articles/-/2917)].

(16) Ibid.

(17) Stone, *The Everything Store*, p.187.

(18) J. Dyer and H. Gregersen, "The Secret to Unleashing Genius," *Forbes*, August 14, 2013.

(19) G. Bensinger, "Amazon Web Services Chief Fires Back at IBM," *Wall Street Journal*, November 13, 2013.

(20) J. Kantor and D. Streitfeld, "Inside Amazon: Wrestling Big Ideas in a Bruising Workplace," *New York Times*, August 15, 2015.

(21) M. Hansen, H. Ibarra, and U. Peyer, "The Best-Performing CEOs in the World," *Harvard Business Review* (January-February 2013) [モルテン・T・ハンセン／ハーミニア・イバーラ／ウルス・ペイエ「世界のCEOベスト100――業績データのみでランキングを決定する」『DIAMONDハーバード・ビジネス・レビュー』2013年3月号, pp.8-31].

(22) Interview with Jeff Bezos, *Business Week*, April 28, 2008.

(23) D. Teece, "Explicating Dynamic Capabilities: The Nature and Micro-foundations of (Sustainable) Enterprise Performance," *Strategic Management Journal* 28 (2007): 1319-1350; or C. O'Reilly and M. Tushman, "Ambidexterity as a Dynamic Capability: Resolving the Innovator's Dilemma," *Research in Organizational Behavior* 28 (2008): 185-206を参照.

(24) O'Reilly and Tushman, "Ambidexterity as a Dynamic Capability."

(25) Ibid.

(26) Kantor and Streitfeld, "Inside Amazon."

(27) Dyer and Gregersen, "The Secret to Unleashing Genius."

第3章

(1) M. Bustillo and G. Fowler, "Sears Scrambles Online for a Lifeline," *Wall*

Street Journal, January 15, 2010.

(2) E. M. Rusli, “Sears: Where America Doesn't Shop,” *Forbes.com*, August 30, 2007.

(3) “Eddie Lampert's Latest Bid to Lift Sears,” *CNNMoneycom*, June 24, 2008.

(4) シアーズの歴史は，複数の書籍や論文に取り上げられている．D. R. Katz, *The Big Store: Inside the Crisis and Revolution at Sears* (New York: Penguin Books, 1987)［ドナルド・R・カッツ『シアーズの革命――巨大企業の危機を救った男たち』堤清二監訳，鈴田敦之訳，ダイヤモンド社，1989年］；A. C. Martinez, *The Hard Road to the Softer Side of Sears: Lessons from the Transformation of Sears* (New York: Crown Books, 2001)［アーサー・マルティネス／チャールズ・マディガン『巨大百貨店再生――名門シアーズはいかに復活したか』菊田良治訳，松岡真宏解説，日経BP社，2004年］；D. Raff and P. Temin, “Sears Roebuck in the 20th Century Competition, Complementarities, and the Problem of Wasting Assets,” NBER Historical Working Paper 102 (1997).

(5) Katz, *The Big Store*, p.9.

(6) C. Grossen and K. Stringer, “A Merchant's Evolution: Spanning Three Centuries, Sears Roebuck Saga Mirrors Development of U.S. Business,” *Wall Street Journal*, November 18, 2004, BI.

(7) Raff and Temin, “Sears Roebuck in the 20th Century.”

(8) Katz, *The BigStore*, p.13.

(9) Martinez, *The Hard Road*, p.56.

(10) シアーズがその後何十年も困難に直面した理由については，注4のマルティネスの書籍を参照．

(11) Katz, *The Big Store*, p.25.

(12) Ibid., p.32.

(13) Ibid., p.41.

(14) Ibid., p.151.

(15) Ibid., p.427.

(16) Ibid., p.525.

(17) Ibid., p.409.

(18) N. Rahman and A. B. Eisner, "Kmart-Sears Merger of 2005," *Journal of the International Academy for Case Studies* 13 (2007):113-133.

(19) J. R. Laing, "Washed Out," *Forbes*, August 24, 2009, p.20.

(20) Bustillo and Fowler, "Sears Scrambles Online for a Lifeline."

(21) P. Evans and S. Kapner, "Mapping Lampert's Next Sears Move," *Fortune*, October 9, 2007.

(22) Martinez, *The Hard Road*, p.2.

(23) Raff and Temin, "Sears Roebuck in the 20th Century."

(24) Martinez, *The Hard Road*, p.34.

(25) Ibid., p.22.

(26) C. O'Reilly interview with Anthony Hucker, April 13, 2010.

(27) C. Dalton, "Interview with R. David Hoover," *Business Horizons* 49 (2006): 100.

(28) Ibid.

(29) R. Blodgett, *Signature of Excellence: Ball Corporation at 125* (Old Saybrook, CT: Greenwich, 2005), p.126.

(30) Ibid., p.125.

(31) Dalton, "Interview with R. David Hoover," p.104.

(32) Ball Corporation, *2011 Annual Report*.

(33) E. Pilshner, "Ball Rolls Out a Plan for Plastics," *Journal of Business Strategy* 17(1996): 51.

(34) Ball Corporation, *2012 Annual Report*.

(35) Blodgett, *Signature of Excellence*, p.115.

(36) D. S. Wilson, *Evolution for Everyone* (New York: Bantam-Dell, 2007), p.19［デイヴィッド・スローン・ウィルソン『みんなの進化論』中尾ゆかり訳，NHK出版，2009年］.

(37) E. Danneels, "The Dynamics of Product Innovation and Firm Competences," *Strategic Management Journal* 23(2002): 1095-1121.

(38) C. O'Reilly and M. Tushman, "Ambidexterity as a Dynamic Capability: Resolving the Innovator's Dilemma," *Research in Organizational Behavior* 28 (2008): 185-206.

(39) G. Hamel, *Leading the Revolution* (Boston: Harvard Business School Press, 2000) [ゲイリー・ハメル『リーディング・ザ・レボリューション』鈴木主税／福嶋俊造訳，日本経済新聞社，2001年].

(40) B. McLean and P. Elkind, *The Smartest Guys in the Room: The Amazing Rise and Scandalous Fall of Enron* (New York: Portfolio, 2003).

(41) R. Lowenstein, *When Genius Failed: The Rise and Fall of Long-Term Capital Management* (New York: Random House, 2000).

(42) C. Stubbard and M. Knight, "The Case of the Disappearing Firms: Empirical Evidence and Implications," *Journal of Organizational Behavior* 27 (2006): 79-100.

(43) J. March, "Exploration and Exploitation in Organizational Learning," *Organization Science* 2(1991): 71-87, 105.

(44) "How Fujifilm Survived: Sharper Focus," *Economist*, January 18, 2012.

(45) S. Komori, *Innovating Out of Crisis: How Fujifilm Survived (and Thrived) as Its Core Business Was Vanishing* (Berkeley: Stone Bridge Press, 2015), p.65 [古森重隆『魂の経営』東洋経済新報社，2013年].

(46) Ibid.

(47) "How Fujifilm Survived: Sharper Focus."

(48) Komori, *Innovating Out of Crisis*, p.88.

(49) Ibid., p.58.

(50) Y. Hanada, "Fujifilm Has Title of Japan's Top Medical Device Maker in Focus," January 3, 2021 (https://asia.nikkei.com/Business/Health-Care/Fujifilm-has-title-of-Japan-s-top-medical-device-maker-in-focus2).

(51) Komori, *Innovating Out of Crisis*, p.104.

(52) D. S. Landes, *Revolution in Time: Clocks and the Making of the Modern World* (Cambridge, MA: Harvard University Press, 1983).

(53) P. Gillin, "The Graying of the Newspaper Audience," *Newspaper Death Watch*, January 17, 2013 (http://newspaperdeathwatch.com/the-graying-of-the-newspaper-audience/).

(54) M. A. Pekars, "The Decline of the Media Industry," *Total Bankruptcy*, n.d. (http://www.totalbankruptcy.com/bankruptcy-news/bankruptcy-help/decline-of-the-media-industry.aspx).

(55) C. Kramer, "The Death of Print: Why Newspapers Are Folding," *Total Bankruptcy*, October 25, 2011 (http://www.totalbankruptcy.com/bankruptcy-news/bankruptcy-help/newspapers-filing-bankruptcy-800738095.aspx)

(56) E. Steel, "The Disc Isn't Dead, Just More Efficient," *New York Times*, July 27, 2015.

(57) R. Lawler, "Netflix Spins DVD-by-Mail Service Off into Qwikster, Says It's 'Done' with Price Changes," September 19, 2011 (video) (http://www.engadget.com/2011/09/19/netflix-spins-dvd-by-mail-service-off-into-qwikster-says-its/).

(58) D. Sull, "The Dynamics of Standing Still: Firestone Tire and Rubber and the Radial Revolution," *Business History Review* 73 (1999): 432.

(59) R. Foster, *Innovation: The Attacker's Advantage* (Philadelphia: Perseus, 1986)［リチャード・フォスター『イノベーション――限界突破の経営戦略』大前研一訳，TBSブリタニカ，1987年］.

(60) Clay Christensen, *The Innovator's Dilemma: When New Technologies Cause Great Firms to Fail* (Boston: Harvard Business School Press, 1997), p.77［クレイトン・クリステンセン『増補改訂版 イノベーションのジレンマ――技術革新が巨大企業を滅ぼすとき』玉田俊平太監修，伊豆原弓訳，翔泳社，2001年］.

(61) Raff and Temin, "Sears Roebuck in the 20th Century."

(62) Danneels, "The Dynamics of Product Innovation and Firm Competences."

(63) 同上（CEOと元CFOのコメントを引用）.

(64) M. Tripsas and G. Gavetti, "Capabilities, Cognition, and Inertia: Evidence from Digital Imaging," *Strategic Management Journal* 21 (2000): 1154.

(65) W. Bennis, cited in C. O. Kemp Jr., *Wisdom Honor & Hope: The Inner Path to True Greatness* (Franklin, TN: Wisdom Company, 2000), 207.

(66) T. Powell, "Organizational Alignment as Competitive Advantage," *Strategic Management Journal* 13 (1992): 119-134.

(67) J. Birkinshaw and J. Ridderstrale, *Fast Forward* (Stanford, CA: Stanford University Press, 2017).

第4章

(1) George Fisher, Harvard Business School video #706802.

(2) R. Foster and S. Kaplan, *Creative Destruction* (New York: Doubleday, 2001)［リチャード・フォスター／サラ・カプラン『創造的破壊――断絶の時代を乗り越える』柏木亮二訳，翔泳社，2002年］.

(3) L. V. Gerstner, *Who Says Elephants Can't Dance? Inside IBM's Historic Turnaround* (New York: HarperCollins, 2003)［ルイス・V・ガースナー『巨象も踊る』山岡洋一／高遠裕子訳，日本経済新聞社，2002年］.

(4) L. V. Gerstner, (speech at Harvard Business School, 2012).

(5) S. Nadella, *Hit Refresh: The Quest to Rediscover Microsoft's Soul and Imagine a Better Future for Everyone* (New York: HarperCollins, 2017)［サティア・ナデラ／グレッグ・ショー／ジル・トレイシー・ニコルズ『Hit Refresh――マイクロソフト再興とテクノロジーの未来』山田美明／江戸伸禎訳，日経BP，2017年］より引用.

(6) R・カルーチ，キャスリーン・ホーガンへのインタビュー（2019年10月14日）.

(7) Deloitte, *Global Human Capital Trends: The New Organization—Different by Design* (Westlake, TX: Deloitte University Press, 2016)［デロイトトーマツ「グローバル・ヒューマン・キャピタル・トレンド 2016

――新たな組織―デザインの転換」].

(8) J. R. Graham, C. R. Harvey, J. Popadak, and S. Rajgopal, “Corporate Culture: Evidence from the Field,” Social Science Research Network Paper, 2016, Abstract=2805602.

(9) M. Gelfand, “Culture’s Constraints: International Differences in the Strength of Social Norms,” *Current Directions in Psychological Science* 21(2012): 420-424.

(10) E. H. Schein, *Organizational Culture and Leadership* (San Francisco: Jossey-Bass, 1985) pp.2, 317 [エドガー・H・シャイン『組織文化とリーダーシップ』梅津祐良／横山哲夫訳, 白桃書房, 2012年].

(11) A. Valukas, “Report to the Board of Directors of the General Motors Company Regarding Ignition Switch Recalls,” Jenner & Block, 2014.

(12) J. A. Chatman and C. A. O’Reilly, “Paradigm Lost: Reinvigorating the Study of Organizational Culture,” *Research in Organizational Behavior* 36 (2016): 199-224.

(13) S. E. Asch, “Effects of Group Pressure Upon the Modification and Distortion of Judgment, in *Groups, Leadership and Men*, ed. H. Guetzkow (New York: Carnegie Press, 1951).

(14) S. Milgram, *Obedience to Authority* (New York: Harper, 1964) [スタンレー・ミルグラム『服従の心理』山形浩生訳, 河出文庫, 2012年].

(15) R. Cialdini, *Influence: The Psychology of Persuasion* (New York: Quill Press, 1991) [ロバート・B・チャルディーニ『影響力の武器――なぜ, 人は動かされるのか(第3版)』社会行動研究会訳, 誠信書房, 2014年]; J. Berger, *Invisible Influence: The Hidden Forces That Shape Behavior* (New York: Simon & Schuster, 2017) [ジョーナ・バーガー『インビジブル・インフルエンス　決断させる力』吉井智津訳, 東洋館出版社, 2016年].

(16) Chatman and O’Reilly, “Paradigm Lost.”

(17) J. P. Kotter and J. L. Heskett, *Corporate Culture and Performance* (New York: Free Press, 1992) [ジョン・P・コッター／ジェイムズ・L・

ヘスケット『企業文化が高業績を生む——競争を勝ち抜く「先見のリーダーシップ」207社の実証研究』梅津祐良訳，ダイヤモンド社，1994年]．
(18) C. A. O'Reilly, D. F. Caldwell, B. Doerr, and J. A. Chatman, "The Promise and Problems of Organizational Culture: CEO Personality, Culture and Firm Performance," *Group & Organization Management* 39 (2014): 595-625; C. A. O'Reilly and B. Doerr, "The Impact of Culture and Culture Alignment on Organizational Performance," Working paper, 2021.
(19) サウスウエスト航空についての詳細は，J. H. Gittell, *The Southwest Airlines Way* (New York: McGraw Hill, 2003)を参照．
(20) http://airlines.org/dataset/u-s-bankruptcies-and-services-cessations/.
(21) D. F. Caldwell and C. A. O'Reilly, "Cypress Semiconductor: A Federation of Entrepreneurs," Stanford GSB Case OB-84 (Stanford, CA: Stanford Graduate School of Business, April 6, 2012).
(22) 2020年4月，インフィニオンがサイプレスを買収した．
(23) J. Podolny, R. Khurana, and M. Hill-Popper, "Revisiting the Meaning of Leadership," *Research in Organizational Behavior* 26 (2004): 1-36.
(24) Cialdini, *Influence*.
(25) B. Galvin, P. Balkundi, and D. A. Waldman, "Spreading the Word: The Role of Surrogates in Charismatic Leadership Processes," *Academy of Management Review* 35 (2010): 477-494.
(26) C. A. O'Reilly and J. A. Chatman, "Culture as Social Control: Corporations, Cults, and Commitment," *Research in Organizational Behavior* 18 (1996): 157-200.
(27) R. Forooher, "Mary Barra's Bumpy Ride at the Wheel of GM," *Time*, September 25, 2014.
(28) B. Horowitz, *What You Do Is Who You Are: How to Create Your Business Culture* (New York: HarperBusiness, 2019) [ベン・ホロウィッツ『WHO YOU ARE——君の真の言葉と行動こそが困難を生き抜くチームをつくる』浅枝大志／関美和訳，日経BP，2020年]．

第5章

⑴ M. Tushman and M. Roberts, "USA Today: Pursuing the Network Strategy," HBS Case 9-402-010 (Boston: Harvard Business Publishing, July 2002).

⑵ N. Bomey, "Gatehouse Media Owner to Acquire USA Today Owner Gannett," August 5, 2019 (https://www.usatoday.com/story/money/2019/08/05/gannett-gatehouse-media-new-media-investment-group/1902550001/).

⑶ C. O'Reilly and M. Tushman, "The Ambidextrous Organization," *Harvard Business Review* (April 2004): 74-81 [チャールズ・A・オライリー3世／マイケル・L・タッシュマン「『双面型』組織の構築――既存事業と新規事業の並立を目指す」『DIAMONDハーバード・ビジネス・レビュー』酒井泰介訳，2004年12月号，pp.22-31].

⑷ L. Barrett, "Akami, Adobe Lead S&P 500 Charge in February," ZDNet, March 3, 2014 (https://www.zdnet.com/article/akamai-adobe-lead-s-p-500-charge-in-february/).

⑸ C. O'Reilly, D. Hoyt, D. Drabkin, and J. Pfeffer, "DaVita: A Community First, a Company Second," Stanford GSB Case OB-89 (Stanford, CA: Stanford Graduate School of Business, September 3, 2014).

⑹ D. Radov and M. Tushman, "Greeley Hard Copy, Portable Scanner," HBS Case 9-401-003 (Boston: Harvard Business Publishing, July 2003).

⑺ D. Caldwell and C. O'Reilly, "Cypress Semiconductor: A Federation of Entrepreneurs," Stanford GSB Case OB-84 (Stanford, CA: Stanford Graduate School of Business, April 6, 2012).

⑻ M. Kato, U. Schaede, and C. O'Reilly, "AGC in 2019: Your Dreams. Our Challenge." Stanford GSB Case OB-103 (Stanford, CA: Stanford Graduate School of Business, 2019).

第6章

(1) J. B. Harreld, C. O'Reilly, and M. Tushman, "Dynamic Capabilities at IBM: Driving Strategy into Execution," *California Management Review* 49(2007): 21-42; C. O'Reilly, J. B. Harreld, and M. Tushman, "Organizational Ambidexterity: IBM and Emerging Business Opportunities," *California Management Review* 51 (2009): 1-25を参照.

(2) J. Dobrzynski, "Rethinking IBM," *Business Week*, October 4, 1993.

(3) S. Lohr, "On the Road with Chairman Lou," *New York Times*, June 26, 1994.

(4) L. V. Gerstner, *Who Says Elephants Can't Dance?* (New York: HarperBusiness, 2002), p.123［ルイス・V・ガースナー『巨象も踊る』山岡洋一／高遠裕子訳, 日本経済新聞社, 2002年］.

(5) Ibid., p.133.

(6) Ibid.; P. Carroll, *Big Blues: The Unmaking of IBM* (New York: Reed Business, 1993)［ポール・キャロル『ビッグブルース――コンピュータ覇権をめぐるIBM vs マイクロソフト』近藤純夫訳, アスキー, 1995年］; D. Garr, *IBM Redux: Gerstner and the Business Turnaround of the Decade* (New York: HarperCollins, 1999).

(7) M. Tushman, C. O'Reilly, A. Fenelosa, A. Kleinbaum, and D. McGrath, "Relevance and Rigor: Executive Education as a Lever in Shaping Research and Practice," *Academy of Management Learning and Education* 6 (2006): 345-362.

(8) M. Baqhai, S. Coley, and D. White, *The Alchemy of Growth* (London: Orion Business, 1999).

(9) 2000～03年の間にアドキンスは, このユニットの売上をゼロから250億ドルまで成長させた. A. Deutschman, "Building a Better Skunk Works," *Fast Company*, December 19, 2007.

(10) D. Radov and M. Tushman, "Greely Hard Copy, Portable Scanner," HBS Case 9-401-003 (Boston: Harvard Business Publishing, 2003).

(11) D. Garvin and L. Levesque, "Meeting the Challenge of Corporate Entrepreneurship," *Harvard Business Review* (October 2006): 4-14［デイビッド・A・ガービン／リン・C・ルベスク「大企業の新規事業マネジメント――有機的成長を実現させる」『DIAMONDハーバード・ビジネス・レビュー』村井裕訳, 2007年8月号, pp.147-161］.

(12) C. O'Reilly, "Cisco Systems: The Acquisition of Technology Is the Acquisition of People," Stanford GSB Case Study HR-10 (Stanford, CA: Stanford Graduate School of Business, 1998).

(13) Inder Sidhu, *Doing Both: How Cisco Captures Today's Profit and Drives Tomorrow's Growth* (Saddle River, NJ: FT Press, 2010).

(14) E. McGirt, "Revolution in San Jose," *Fast Company*, January 2009.

(15) "Reshaping Cisco: The World According to Chambers," *Economist*, August 29, 2009.

(16) M. Phillips, "Cisco: Chambers Tells Troops, 'We Have Disappointed Our Investors,'" *Wall Street Journal*, April 5, 2011.

(17) B. Worthen, "Seeking Growth, Cisco Reroutes Decisions," *Wall Street Journal*, August 6, 2009.

第7章

(1) 本章は以下を編集した. C. O'Reilly and A. Binns, "The Three Stages of Disruptive Innovation: Idea Generation, Incubation and Scaling," *California Management Review* 61 (2019): 49-71.

(2) "Unlocking Innovation Through Startup Engagement: Best Practices from Leading Global Corporations," 500 Startups, n.d. (http://go.500.co/unlockinginnovation).

(3) C. Chandler, "The Meaning of Design Is Up for Debate. And That's a Good Thing," *Time*, March 12, 2018.

(4) Ibid.

(5) M. Schilling and C. Hill, "Managing the New Product Development

Process: Strategic Imperatives," *Academy of Management Perspectives* 12 (1998): 67-81.

(6) G. O'Connor and M. Rice, "Opportunity Recognition and Breakthrough Innovation in Large Firms," *California Management Review* 43(2001): 95-116; D. Harhoff and K. Lakhani, eds., *Revolutionizing Innovation: Fundamentals and New Perspectives* (Cambridge, MA: MIT Press, 2016); R. Stringer, "How to Manage Radical Innovation," *California Management Review* 42 (2000): 70-88.

(7) H. Chesbrough, *Open Innovation: The New Imperative for Creating and Profiting from Technology* (Boston: Harvard Business School Press, 2003) [ヘンリー・チェスブロウ『OPEN INNOVATION――ハーバード流イノベーション戦略のすべて』大前恵一朗訳，産能大出版部，2004年].

(8) S. Brunswicker and H. Chesbrough, "The Adoption of Open Innovation in Large Firms," *Research Technology Management* 61(2018): 35-45.

(9) L. Huston and N. Sakkab, "Connect and Develop: Inside Procter & Gamble's New Model for Innovation," *Harvard Business Review* (March, 2006): 1-8 [ラリー・ヒューストン／ナビル・サッカブ「P&G：コネクト・アンド・ディベロップ戦略――イノベーションに外部性を働かせる」『DIAMONDハーバード・ビジネス・レビュー』鈴木泰雄訳，2006年8月号，pp.44-56].

(10) H. Chesbrough, "Making Sense of Corporate Venture Capital," *Harvard Business Review* (March 2002): 4-11 [ヘンリー・W・チェスブロウ「事業戦略に『外部経済』を働かせる――事業会社のベンチャー投資戦略」『DIAMONDハーバード・ビジネス・レビュー』リット三佐子訳，2002年8月号，pp.163-172]；S. Anokhin, J. Wincent, and P. Okhazi, "Strategic Effects of Corporate Venture Capital Investments," *Journal of Business Venturing* 5 (2016): 63-69.

(11) T. Brown, *Change by Design* (New York: HarperBusiness, 2009) [ティム・ブラウン『デザイン思考が世界を変える（アップデート版）――イノ

ベーションを導く新しい考え方』千葉敏生訳，早川書房，2019年］.
(12) T. Kelley and D. Kelley, *Creative Confidence: Unleashing the Creative Confidence Within All of Us* (New York: Crown Business, 2013).
(13) M. Wilson, "Adobe's Kickbox: The Kit to Launch Your Next Big Idea," *Fast Company*, 2015 (https://www.fastcompany.com/3042128/adobes-kickbox-the-kit-to-launch-your-next-big-idea).
(14) N. Furr and A. Shipilov, "How Does Digital Transformation Happen? The Mastercard Case." INSEAD Case IN1463, 2018.
(15) M. Benner and M. Tushman, "Exploitation, Exploration, and Process Management: The Productivity Dilemma Revisited," *Academy of Management Review* 28 (2003): 328-356.
(16) E. Ries, *The Lean Startup* (New York: Crown Business, 2011)［エリック・リース『リーン・スタートアップ』井口耕二訳，伊藤穰一解説，日経BP社，2012年］；S. Blank, *The Four Steps to the Epiphany* (Pescadero, CA: K&S Ranch Publishers, 2013)［スティーブン・G・ブランク『アントレプレナーの教科書（新装版）』堤孝志／渡邊哲訳，翔泳社，2016年］.
(17) A. Osterwalder, Y. Pigneur, A. Smith, et al., *Business Model Generation* (Hoboken, NJ: Wiley, 2010)［アレックス・オスターワルダー／イヴ・ピニュール『ビジネスモデル・ジェネレーション――ビジネスモデル設計書』小山龍介訳，翔泳社，2012年］.
(18) A. Lashinsky, "The Accidental Guru," *Fortune*, March 1, 2018.
(19) Osterwalder, et al., *Business Model Generation.*
(20) C. O'Reilly, J. B. Harreld, and M. Tushman, "Organizational Ambidexterity: IBM and Emerging Business Opportunities," *California Management Review* 51 (2009): 75-99.
(21) Yコンビネーターのウェブサイト（http://www.ycombinator.com/），プラグ・アンド・プレイのウェブサイト（https://www.plugandplaytechcenter.com/）を参照.
(22) "Steve Blank on the Lean Startup Methodology," Soundcloud, n.d.

(https://soundcloud.com/innovatorsradio/s1e5-steve-blank-lean-startup).
(23) R. Sutton and H. Rao, *Scaling Up Excellence: Getting to More Without Settling for Less* (New York: Crown Business, 2014).
(24) R. Burgelman, *Strategy Is Destiny* (New York: Free Press, 2002), p.269［ロバート・A・バーゲルマン『インテルの戦略――企業変貌を実現した戦略形成プロセス』石橋善一郎／宇田理監訳，ダイヤモンド社，2006年］.
(25) B. Stone, *The Everything Store: Jeff Bezos and the Age of Amazon* (New York: Little, Brown, 2014)［ブラッド・ストーン『ジェフ・ベゾス 果てなき野望――アマゾンを創った無敵の奇才経営者』井口耕二訳，滑川海彦解説，日経BP，2014年］.
(26) C. O'Reilly and M. Tushman, "Ambidexterity as a Dynamic Capability: Resolving the Innovator's Dilemma," *Research in Organizational Behavior* 28 (2008): 185-206.
(27) M. C. Christensen, R. Alton, C. Rising, and A. Waldeck, "The New M&A Playbook," *Harvard Business Review* 89 (2011): 49-57［クレイトン・M・クリステンセン／リチャード・アルトン／カーティス・ライジング／アンドリュー・ワルデック「真実のM&A戦略――経営資源や資産ではなく『ビジネスモデル』を買収せよ」『DIAMONDハーバード・ビジネス・レビュー』編集部訳，2011年11月号，pp.74-88］.
(28) O'Reilly and Tushman, "Ambidexterity as a Dynamic Capability."
(29) N. Robischon, "Why Amazon Is the World's Most Innovative Company of 2017," *Fast Company*, February 13, 2017 (https://www.fastcompany.com/3067455/why-amazon-is-the-worlds-most-innovative-company-of-2017).
(30) Stone, *The Everything Store*.
(31) J. Dyer and H. Gregersen, "The Secret to Unleashing Genius," *Forbes* August 14, 2013 (https://www.forbes.com/sites/innovatorsdna/2013/08/14/the-secret-to-unleashing-genius/#3f6d6ff2361c).
(32) スティーブン・ケッセルとの個人的な会話より（2018年10月2日）.
(33) L. Denend and R. Burgelman, "Corning Incorporated (A): Reinventing

Business Development," Stanford GSB Case SM-167A (Stanford, CA: Stanford Graduate School of Business, 2008).

(34) C. Caldwell and C. O'Reilly, "Cypress Semiconductor: A Federation of Entrepreneurs," Stanford GSB Case OB-84 (Stanford, CA: Stanford Graduate School of Business, 2012).

(35) S. Thompson, "Jeff Bezos Credits Amazon's Success to This 1 Thing: Too Bad Most Companies Aren't Willing to Do It," *Inc.*, August 1, 2017 (https://www.inc.com/sonia-thompson/jeff-bezos-credits-amazons-success-to-this-1-thing.html).

(36) A. Binns, M. Tushman, and W. Smith, "The Ambidextrous CEO," *Harvard Business Review* 89(2011): 74-80［アンディ・ビンズ／マイケル・L・タッシュマン／ウェンディ・K・スミス「双面型リーダーの条件――コア事業とイノベーション事業を両立させる」『DIAMONDハーバード・ビジネス・レビュー』関美和訳, 2011年9月号, pp.38-48］；C. O'Reilly and M. Tushman, "Organizational Ambidexterity in Action: How Managers Explore and Exploit," *California Management Review* 53 (2011): 5-22.

第8章

(1) R. Burgelman, "Designs for Corporate Entrepreneurship," *California Management Review* 26(1984): 154-166.

(2) R. Burgelman, "Corning Incorporated (A)," Stanford GSB Case SM-167 (Stanford, CA: Stanford Graduate School of Business, November 16, 2010).

(3) M. Tushman, W. Smith, R. Wood, G. Westerman, and C. O'Reilly, "Organizational Design and Innovation Streams," *Industrial and Corporate Change* 19 (2010): 1331-1366.

(4) D. Laurie and J. B. Harreld, "Six Ways to Sink a Growth Initiative," *Harvard Business Review* (July-August 2013): 82-90［ドナルド・L・

ローリー／J・ブルース・ハレルド「成長には何が必要か――新規事業が頓挫する6つの理由」『DIAMONDハーバード・ビジネス・レビュー』2014年8月号，pp.100-111］．

(5) C. O'Reilly and M. Tushman, "Organizational Ambidexterity: Past, Present and Future," *Academy of Management Perspectives* 27 (2013): 324-338.

(6) C. O'Reilly, J. B. Harreld, and M. Tushman, "Organizational Ambidexterity: IBM and Emerging Business Opportunities," *California Management Review* 51 (2009): 1-25.

(7) "Interview with Jeff Bezos," *Foreign Affairs* 94 (January-February 2015): 2-6.

(8) C. O'Reilly, D. Caldwell, J. Chatman, and B. Doerr, "The Promise and Problems of Organizational Culture: CEO Personality, Culture and Firm Performance," *Group and Organization Performance* 39 (2014): 595-625.

(9) J. G. March, "Exploration and Exploitation in Organizational Learning," *Organization Science* 2(1991): 71-87.

(10) J. Uotila, M. Maula, T. Keil, and S. Zahra, "Exploration, Exploitation, and Financial Performance: Analysis of S&P 500 Corporations," *Strategic Management Journal* 30 (2009): 221-231.

第9章

(1) K. R. Lakhani and M. L. Tushman, "Havas: Change Faster," Harvard Business School Multimedia/Video Case 615-702 (Boston: Harvard Business Publishing, September 2014); and "Victors and Spoils: 'Born Open,'" Harvard Business School Multimedia/Video Case 415-701 (Boston: Harvard Business Publishing, September 2014)を参照．

(2) オープンイノベーションや，同僚やコミュニティベースのイノベーションは，ウェブやコミュニティに問題を投稿し，（協力もしくは競争し

ながら）解決策を考え出すイノベーション手法．こうしたコミュニティは非常に低コストできわめて効果的である．

(3) M. Tushman, H. Lifshitz-Assaf, and K. Herman, "Houston We Have a Problem: NASA and Open Innovation (A)," HBS Case 414-044 (Boston: Harvard Business Publishing, May 2014; revised November 2014）を参照．

(4) M. L. Tushman, D. Kiron, and A. M. Kleinbaum, "BT Plc: The Broadband Revolution (A)," HBS Case 407-001 (Boston: Harvard Business Publishing, September 2006; revised October 2007), and "BT Plc: The Broadband Revolution (B)," HBS Supplement 407-002 (Boston: Harvard Business Publishing, September 2006; revised October 2007).

(5) M. Tushman and D. Kiron, "Ganesh Natarajan: Leading Innovation and Organizational Change at Zensar (A)," HBS Case 412-036 (Boston: Harvard Business Publishing, September 2011; revised October 2014), and "Ganesh Natarajan: Leading Innovation and Organizational Change at Zensar (B)," HBS Supplement 412-037 (Boston: Harvard Business Publishing, September 2011; revised October 2014）を参照．

(6) J. Winsor, J. Hyun Paik, M. Tushman, and K. R. Lakhani, "Overcoming Cultural Resistance to Open Source Innovation," *Strategy & Leadership* 47, no. 6 (2019): 28-33; R. Raffaelli, M. A. Glynn, and M. Tushman, "Frame Flexibility: The Role of Cognitive and Emotional Framing in Innovation Adoption by Incumbent Firms," *Strategic Management Journal* 40, no. 7 (July 2019):1013-1039; C. O'Reilly and M. Tushman, "Organizational Ambidexterity in Action: How Managers Explore and Exploit," *California Management Review* 53(2011): 1-25.

(7) A. Binns, B. Harreld, C. O'Reilly, and M. Tushman, "The Art of Strategic Renewal: Transforming Organizations Without a Crisis," *Sloan Management Review* 55 (2014): 21-24; W. K. Smith, "Dynamic Decision Making: A Model of Senior Leaders Managing Strategic Paradoxes," *Academy of Management Journal* 57 (2014): 592-623も参照．

(8) さらなる詳細は，W. K. Smith, A. Binns, and M. L. Tushman, "Complex

Business Models: Managing Strategic Paradoxes Simultaneously," *Long Range Planning* 43 (2010): 448-461以下を参照.

(9) フィードバックとフィードフォワードの違いは, P. Robertson, *Always Change a Winning Team* (London: Cyan Communications, 2005) を参考にした.

(10) R. Wageman and R. Hackman, "What Makes Teams of Leaders Leadable?" in *Advancing Leadership*, ed. N. Nohria and R. Khurana (Boston: Harvard Business School Press, 2009).

第10章

(1) R. Gulati, R. Raffaelli, and J. W. Rivkin, "Does 'What We Do' Make Us 'Who We Are'? Organizational Design and Identity Change at the Federal Bureau of Investigation," Working paper (2015); J. W. Rivkin, M. Roberto, and R. Gulati, "Federal Bureau of Investigation, 2009," HBS Case 710-452 (Boston: Harvard Business Publishing, March 2010, revised May 2010) を参照.

(2) E. E. Morison, *Men, Machines, and Modern Times* (Cambridge, MA: MIT Press, 1966); B. F. Armstrong, *21st Century Sims: Innovation, Education, and Leadership for the Modern Era* (Annapolis, MD: Naval Institute Press, 2015) を参照.

(3) 2015年に筆者（タッシュマン）がウィンザーから直接聞いた内容に基づく.

(4) J. Harreld, C. O'Reilly III, and M. Tushman, "Dynamic Capabilities at IBM: Driving Strategy into Action," *California Management Review* 49 (2007): 21-43 に基づく.

(5) IBMの「Smarter Planet」キャンペーンは, ビッグデータ解析, モバイル技術, ソーシャルビジネス, クラウドを通じて企業や機関を変革するための, 企業に提供可能なデータの活用に基づいていた.

(6) ワークアウトは, ジャック・ウェルチがGE全体で規律的な問題解決

を促すために採用した体系的メソッド．こうしたマネジメント主導のワークショップを全社的に行う必要があった．

(7) Harreld et al., "Dynamic Capabilities at IBM"; C. A. O'Reilly III and M. L. Tushman, "Organizational Ambidexterity: Past, Present, and Future," *Academy of Management Perspectives* 27 (2013): 324-338; M. Tushman, C. O'Reilly III, and J. Harreld, "Leading Proactive Punctuated Change," in *Leading Sustainable Change: An Organizational Perspective*, ed. R. Henderson, R. Gulati, and M. Tushman (New York: Oxford University Press, 2015) を参照.

(8) D. Campbell, M. Meyer, S. X. Li, and K. Stack, "Haier: Zero Distance to the Customer (A), (B), and (C)," HBS Cases 115-006, 115-056, and 115-057 (Boston: Harvard Business Publishing, April 2015, revised June 2015) に基づく.

(9) O'Reilly and Tushman, "Organizational Ambidexterity"; Tushman et al., "Leading Proactive Punctuated Change"; R. Raffaelli, M. A. Glynn, and M. Tushman, "Frame Flexibility: The Role of Cognitive and Emotional Framing in Innovation Adoption by Incumbent Firms," *Strategic Management Journal* 40, no. 7 (July 2019): 1013-1039; and S. Raisch and M. Tushman, "Growing New Corporate Businesses: From Initiation to Graduation," *Organization Science* 27, no.5 (2016):1237-1257 に基づく.

(10) Mach49 のウェブサイト（http://www.mach49.com/）.

【監訳・解説者紹介】

入山章栄（いりやま・あきえ）

早稲田大学ビジネススクール教授
1972年東京都生まれ。慶應義塾大学経済学部卒業、同大学大学院経済学研究科修士課程修了。三菱総合研究所で主に自動車メーカーや国内外政府機関へのコンサルティング業務に従事した後、2008年ピッツバーグ大学経営大学院でPh.D.を取得。ニューヨーク州立大学バッファロー校ビジネススクールのアシスタントプロフェッサーなどを経て、2019年より現職。専門は経営戦略論、国際経営論。
主な著書に『世界標準の経営理論』（ダイヤモンド社）、『世界の経営学者はいま何を考えているのか』（英治出版）、『ビジネススクールでは学べない世界最先端の経営学』（日経BP社）のほか、*Strategic Management Journal*、*Journal of International Business Studies*などの国際的ジャーナルへの論文発表も多数。

【解説者紹介】

冨山和彦（とやま・かずひこ）

経営共創基盤（IGPI）グループ会長、日本共創プラットフォーム（JPiX）代表取締役社長
1960年東京都生まれ。東京大学法学部卒業、スタンフォード大学経営学修士（MBA）、司法試験合格。ボストン コンサルティング グループ、コーポレイトディレクション代表取締役を経て、2003年産業再生機構設立時に参画し、COOに就任。2007年の解散後、IGPIを設立し、代表取締役CEOに就任。2020年10月よりIGPIグループ会長。2020年JPiXを設立。パナソニック社外取締役、メルカリ社外取締役、日本取締役協会会長。内閣官房新しい資本主義実現会議有識者構成員、内閣府規制改革推進会議議長代理、金融庁スチュワードシップ・コード及びコーポレートガバナンス・コードのフォローアップ会議委員、国土交通省インフラメンテナンス国民会議会長など、政府関連委員を多数務める。
主な著書に『なぜローカル経済から日本は甦るのか』（PHP新書）、『コロナショック・サバイバル』『コーポレート・トランスフォーメーション』（いずれも文藝春秋）などがある。

【訳者紹介】

渡部典子（わたなべ・のりこ）

ビジネス書の翻訳、記事執筆、編集などに従事。慶應義塾大学大学院経営管理研究科修了。研修サービス会社などを経て独立。
主な訳書に『プラットフォーム・レボリューション』『リバース・イノベーション』（いずれもダイヤモンド社）、『バフェット　伝説の投資教室』（日本経済新聞出版社）、『トレイルブレイザー』（東洋経済新報社）、『最強の商品開発』（中央経済社）などがある。

【原著者紹介】

チャールズ・A・オライリー (Charles A. O'Reilly III)

スタンフォード大学経営大学院教授
カリフォルニア大学バークレー校で情報システム学の修士号、組織行動論の博士号を取得。同校教授、ハーバード・ビジネススクールやコロンビア・ビジネススクールの客員教授などを経て現職。専門はリーダーシップ、組織文化、人事マネジメント、イノベーションなど。スタンフォード大学のティーチングアワードやアカデミー・オブ・マネジメント生涯功労賞などを受賞。また、ボストンのコンサルティング会社、チェンジロジックの共同創業者であり、欧米やアジアの幅広い企業向けにコンサルティング活動やマネジメント研修(破壊に対応するための企業変革や組織刷新、リーダーシップなどのプログラム)に従事してきた。スタンフォード大学のSEP(エグゼクティブ・プログラム)でも教鞭を執る。
主な著書に*Winning Through Innovation: A Practical Guide to Leading Organizational Change and Renewal*(邦訳『競争優位のイノベーション』ダイヤモンド社)、*Hidden Value: How Great Companies Achieve Extraordinary Results with Ordinary People*(邦訳『隠れた人材価値』翔泳社)などのほか、論文や記事の執筆も多数。

マイケル・L・タッシュマン (Michael L. Tushman)

ハーバード・ビジネススクール教授
コーネル大学で科学修士号、マサチューセッツ工科大学(MIT)で組織行動論の博士号を取得。コロンビア大学教授、MIT客員教授、フランスINSEAD教授などを経て現職。専門は技術経営、リーダーシップ、組織変革など。アカデミー・オブ・マネジメント特別功労賞や全米人材開発機構(ASTD)生涯功労賞などを受賞。また、ボストンのコンサルティング会社、チェンジロジックの共同創業者であり、コンサルティング活動やマネジメント研修に従事。ハーバード・ビジネススクールのAMP(アドバンスト・マネジメント・プログラム)、マネジメント育成・変革リーダーシップ・組織刷新プログラムのファカルティ・ディレクターも務める。
主な著書に*Winning Through Innovation: A Practical Guide to Leading Organizational Change and Renewal*(邦訳『競争優位のイノベーション』ダイヤモンド社)、*Competing by Design: The Power of Organizational Architecture*(邦訳『競争優位の組織設計』春秋社)などがある。

両利きの経営（増補改訂版）
「二兎を追う」戦略が未来を切り拓く

2022年7月7日　第1刷発行
2024年3月19日　第5刷発行

著　者――――チャールズ・A・オライリー／マイケル・L・タッシュマン
監訳・解説者――入山章栄
解説者――――冨山和彦
訳　者――――渡部典子
発行者――――田北浩章
発行所――――東洋経済新報社
〒103-8345　東京都中央区日本橋本石町1-2-1
電話＝東洋経済コールセンター　03(6386)1040
https://toyokeizai.net/

装　丁…………………橋爪朋世
本文デザイン・DTP…米谷　豪（orange_noiz）
印　刷…………………図書印刷
編集協力………………相澤　摂
編集担当………………佐藤　敬
Printed in Japan　　ISBN 978-4-492-53451-9